Radsport extrem

John Hughes und Dan Kehlenbach

RADSPORT EXTREM

Die komplette Anleitung für Radmarathons, RTFs, Ultra- und Etappenrennen

Übersetzt aus dem amerikanischen Englisch von Ansgar Knirim

spo|medis

Dieses Buch ist Carol Garnand, LuAnn Kehlenbach und unseren Familien gewidmet, deren Liebe, Unterstützung und Ermutigung von unschätzbarem Wert sind.
Wir widmen dieses Buch außerdem Ihnen – den Ausdauerradsportlern, die stets ein Stück weiterkommen wollen.

Die Originalausgabe erschien 2011 unter dem Titel „Distance Cycling" bei Human Kinetics.

Copyright © 2011 by John Hughes and Dan Kehlenbach

Bibliografische Information der Deutschen Nationalbibliothek
Die Deutsche Nationalbibliothek verzeichnet diese Publikation in der Deutschen Nationalbibliografie; detaillierte bibliografische Daten sind im Internet über http://dnb.d-nb.de abrufbar.

© der deutschsprachigen Ausgabe: spomedis GmbH, Hamburg 2013

Alle deutschsprachigen Rechte vorbehalten.
Dieses Buch oder Teile dieses Buchs dürfen nicht ohne die schriftliche Genehmigung des Verlags vervielfältigt, elektronisch gespeichert oder auf andere Medien übertragen werden.

Übersetzung aus dem amerikanischen Englisch: Ansgar Knirim
Layout: Melanie Trommer
Satz: cs print consulting GmbH, Berlin; Melanie Trommer
Abbildungen: siehe Bildnachweis
Druck und Bindung: FINIDR, s. r. o., Český Těšín

Printed in the Czech Republic.

ISBN 978-3-936376-92-0

www.spomedis.de

Inhalt

Vorwort von Frank Vytrisal		6
Vorwort von John Hughes		7
Einführung		9
Kapitel 1	Die Strecke bewältigen	13
Kapitel 2	Auswahl Ihrer Veranstaltung	25
Kapitel 3	Grundlagentraining	39
Kapitel 4	Treibstoff für den Langstreckenradsportler	83
Kapitel 5	Ausrüstung für die Langstrecke	107
Kapitel 6	Vorbereitungstraining für die Langstrecke	141
Kapitel 7	Centurys und 200-km-Events erfolgreich bewältigen	179
Kapitel 8	Ultimatives Training für Ultradistanzen	199
Kapitel 9	Mehrtagesrennen meistern	235
Kapitel 10	Ultradistanzfahrten	263
Kapitel 11	Verletzungen vorbeugen	307
Anhang		331

Vorwort von Frank Vytrisal

Mit meinen 46 Jahren kann ich auf 40 Jahre Ausdauersport zurückblicken. In meiner Kindheit und Jugend war es der Schwimmsport, der mich in den Bann zog, später dann der Triathlon. Das Radfahren war dabei immer die Disziplin, die mich am meisten fasziniert hat.

Der Radsport bietet mir auf vielfältige Weise tiefe Befriedigung und Ausgleich zu meinem beruflichen Alltag. Der gesellige Aspekt ist mir zum Beispiel sehr wichtig. Am Wochenende mit Freunden fünf Stunden lang durch den Odenwald zu fahren, zu plaudern, zu lachen, völlig vom Alltag abzuschalten, gibt dem Geist die nötige Frische für die Woche. Ich finde, dass man in keiner anderen Sportart die Natur und Landschaft so genießen und kennenlernen kann wie beim Radfahren. Das Highlight des Jahres bildet für mich eine Radwoche mit möglichst vielen Pässen in den Alpen. Die Kombination aus langen Trainingstouren mit Freunden und einem unvergleichlichen Naturerlebnis, wenn ich durch Bergwelten mit Gletschern und Seen fahre, machen für mich die Faszination Ultracycling aus.

Je länger die Touren im Training waren, desto reizvoller, interessanter und erfüllender waren sie für mich. Dabei geht es mir nicht in erster Linie um das Zurücklegen einer gewissen Strecke, vielmehr um die Grenzerfahrung von Körper und Geist. Diese Grenze zu spüren, zu erleben, sie zu überwinden und zu verschieben, macht für mich die Leidenschaft des Ultracyclings aus.

Den Grundstein für unseren Sieg in der Kategorie 4er-Teams beim Race Across America 2013 haben meine Mitfahrer und ich durch eine intensive Vorbereitung gelegt. Mit „Radsport extrem" kann sich jeder Radsportler gezielt auf sein großes Rennen vorbereiten und sich seinen großen Traum von der Ultradistanz erfüllen.

Ich wünsche Ihnen viel Spaß bei der Lektüre dieses Buchs, beim Planen Ihrer Tour – und dass Sie die Faszination Ultracycling auf jedem Radkilometer genießen können.

Frank Vytrisal

Vorwort von John Hughes

Vor einigen Jahren eröffnete mir meine 16-jährige Bekannte Kira, dass sie gemeinsam mit mir am „Buff Classic", unserer örtlichen Centuryveranstaltung in Boulder, Colorado, teilnehmen wolle. Gute Idee – aber das Rennen sollte schon in sieben Wochen stattfinden!

Kira besaß nur ein Mountainbike (MTB), und am ersten Wochenende fuhren wir 32 Kilometer, weiter als sie jemals bisher gefahren war. Wir legten einige Zwischenstopps ein, um die Aussicht zu genießen (die Bezeichnung „Verschnaufpause" vermied ich dabei), und nach etwa 20 Kilometern kehrten wir ein, um einen Snack zu uns zu nehmen. Wir schauten auf Boulder zurück und sie war zufrieden, wie weit wir gekommen waren.

Am nächsten Wochenende fuhren wir 48 Kilometer weit, immer noch auf unseren MTBs, und legten stündlich eine Rast ein, um Müsliriegel zu essen. Nach der Fahrt fragte sie: „Weißt du vielleicht, wie ich an ein Rennrad kommen kann?" Eine Bekannte aus dem Rocky Mountain Cycling Club lieh ihr ein klassisches Bianchi-Rennrad mit Siebengangschaltung und Rahmenschalthebeln, und ich brachte Pedalen mit Haken am Rad an.

Zu Beginn unserer dritten Ausfahrt fuhr sie um den Block, um den Ein- und Ausstieg an den Pedalhaken zu üben. Dann machten wir uns in Richtung Norden auf. Nach einigen Kilometern nahm ihr Vorderrad Tuchfühlung mit meinem Hinterrad auf, es kam jedoch nicht zu einem Sturz. Wir stoppten und unterhielten uns über das Fahren in der Gruppe. Während unserer vorherigen Ausfahrten hatte ich ihr Tipps zum Fahren im Straßenverkehr gegeben, aber nicht über Sicherheit mit ihr gesprochen.

In Woche vier nahmen wir eine 40-km-Ausfahrt in der Wochenmitte hinzu, die einige kurze Kletterpassagen und Abfahrten beinhaltete, in denen wir das Bergfahren im Wiegetritt und das Kurvenfahren im Gefälle üben konnten. Am Wochenende fuhren wir 80 Kilometer und übten dabei Nahrungsaufnahme (stündliches Essen) und Tempoeinteilung (Fahren bei Unterhaltungstempo). Bis jetzt war Kira in Laufshorts, einem T-Shirt und Laufschuhen gefahren. Nach der Ausfahrt fand sie, dass die Laufshorts unbequem waren und fragte ihre Schwester, ob sie ihr eine Radhose leihen könne. Das „Buff Classic" beinhaltet eine fünf Kilometer lange Steigung von sechs Prozent bis zum Carter Lake, daher fuhren wir unter der Woche die Olde Stage Road hinauf, dort gibt es eine drei Kilometer lange, siebenprozentige Steigung. Sie kletterte gleichmäßig, und nachdem wir vom Gipfelpunkt nach Hause gerollt waren, berichtete sie ihrer Mutter stolz: „Ich bin die Olde Stage Road hinaufgefahren!"

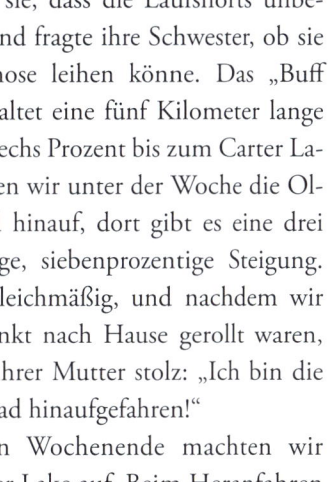

Am fünften Wochenende machten wir uns zum Carter Lake auf. Beim Heranfahren an den Bergabschnitt konnte Kira die Serpentinen sehen. „Das ist doch gar nichts, schließlich habe ich Olde Stage geschafft", sagte sie. Dieser Satz wurde zu unserem Mantra. An diesem Tag fuhren wir 77 Kilometer und hielten stündlich an, um etwas zu essen. Ich hatte mein Essen in der Trikottasche verstaut, sie hatte ihres in der Satteltasche. Auf dem Rückweg fragte sie, ob sie sich eines meiner Radtrikots ausleihen dürfe, weil ihr auffiel: „Die Taschen sind so praktisch."

Für unser Abschlusstraining fuhren wir zunächst rund 40 Kilometer Richtung Norden. Dann kletterten wir wieder zum Carter Lake hinauf und nahmen den nördlichen Teil der Route des „Buff Classic", eine Strecke von weiteren 80 Kilometern.

Kira war nun bereit. Sie hatte gelernt, was und wann sie essen sollte. Sie hatte sich entschlossen, ein Rennrad zu fahren und Radsportkleidung zu tragen. Sie hatte Klettern und Bergabfahren geübt. Sie wusste, wie man in der Gruppe und im Straßenverkehr fährt.

Sie war mental vorbereitet, sie hatte die gesamte Strecke abgefahren und war zweimal zum Carter Lake hinaufgefahren. Sie wusste, wie sie ihr Tempo findet, wie sie auf ihren Körper hört. Wir fuhren ein tolles Rennen und in der zweiten Hälfte holte sie Fahrer auf teuren Rädern ein, die offenbar nicht so gut wie sie über das angemessene Tempo und die richtige Ernährung Bescheid wussten. Obwohl Kira dies nicht bewusst war, weil wir viel Spaß zusammen hatten, hatte ich von Beginn an geplant, wie ich ihr im Verlauf dieser sieben Wochen alle notwendigen Fähigkeiten vermitteln würde, und ich hatte ihr derweil Raum für eigene Entscheidungen gegeben.

Dan und ich haben „Radsport extrem" geschrieben, um unser Wissen und unsere Begeisterung für diesen Sport mit Ihnen zu teilen und Ihnen zu helfen, Ihre Ziele im Ausdauer-Radsport zu erreichen, welche auch immer es sein mögen.

John Hughes

Einführung

Vielleicht haben Sie mit einer Fahrt um den Block angefangen. Nach kurzer Zeit sind Sie dann durchs ganze Viertel und wenig später durch die ganze Stadt gefahren. Das Fahrrad war Ihr Vehikel, um Freiheit zu erleben, es ließ Sie als junger Mensch neue Ecken und Winkel Ihrer Umgebung entdecken. Als Erwachsener mit einer Vielzahl an Pflichten haben Sie vielleicht nur am Wochenende einige Stunden Zeit für eine Tour. Oder aber Ihr Fahrrad verstaubt gar in einer Garagenecke und wird nur gelegentlich für eine Tour mit Freunden oder der Familie ans Tageslicht geholt. Kommt Ihnen das bekannt vor? Erlauben Sie uns, den Sinn fürs Abenteuer und die Freude daran wiederzubeleben, lange Distanzen aus eigener Kraft zurückzulegen und dabei die Sonne, den Wind und auch das Erfolgserlebnis zu genießen. Langstreckenradsport bedeutet so viel mehr, als nur Kilometer abzuspulen. Es geht um den Weg, darum, neue Abenteuer zu planen. Es ist ein sehr persönlicher Weg. Auf diesem Weg kann man die Kameradschaft mit anderen Fahrern genießen, neue Freundschaften entwickeln und die Größe in sich selbst entdecken.

Wir beide fahren Rad, weil wir es lieben! Wir sind nicht in erster Linie Rennfahrer, wir haben einfach Spaß daran, auf unseren Rädern unterwegs zu sein. Wenn Sie das Radfahren ebenso lieben wie wir und ein besserer Ausdauerfahrer werden möchten, dann ist dieses Buch genau richtig für Sie. Wir haben es geschrieben für:

→ Radsportler, die sich auf ihre erste Langstreckenfahrt vorbereiten und Distanzen von 100 bis 200 Kilometern in Angriff nehmen wollen,
→ Ausdauerfahrer, die diese Distanzen mit weniger Anstrengung bewältigen möchten,
→ Sportler, die ihre persönliche Bestzeit auf ihrer vertrauten Langstreckendistanz verbessern möchten,
→ Langstreckenveteranen, die auf Mehrtagestouren mehr von der Landschaft sehen möchten und
→ routinierte Ausdauerfahrer, die bereit für die Herausforderung sind, Distanzen zwischen 200 und 1.200 Kilometern anzugehen.

Der Fokus unseres Buches liegt auf Langstreckenfahrten, schwerpunktmäßig widmen wir uns dabei den besonders in den USA weit verbreiteten und beliebten Centuryveranstaltungen. Centurys werden in der Regel von einem Radsportclub organisiert und durchgeführt. Hier steht mehr der Spaß und das Radfahren als Gemeinschaftserlebnis im Vordergrund als der Wettbewerbsgedanke. Entsprechend werden auch verschiedene Streckenlängen angeboten, sodass sowohl Familien, Hobbyradler als auch ambitionierte Fahrer auf ihre Kosten kommen. Das klassische Century geht über 160 Kilometer, daneben gibt es unter anderem das metrische Äquivalent über 100 Kilometer, außerdem halbe Centurys über 80 Kilometer, viertel Centurys über 40 Kilometer sowie doppelte metrische Centurys über 200 Kilometer und doppelte Centurys über 320 Kilometer. Darüber hinaus gibt es die überregionalen, großen und sehr bekannten alljährlichen Centuryveranstaltungen wie das „Seattle to Portland Bicycle Classic" mit bis 10.000 Teilnehmern oder den „Hotter'N Hell

Einführung

Hundred" in Wichita, Texas mit bis zu 14.000 Fahrern.

Wir beziehen uns in diesem Buch primär auf die beliebte klassische Centurydistanz von rund 160 Kilometern (also 100 Meilen) sowie auf 200-km-Fahrten. Sie können aber auch alle Informationen, Tipps und Trainingsprogramme für die Vorbereitung und Durchführung jedes anderen Langstreckenevents nutzen und entsprechend anpassen.

Für viele Radsportler stellt die Teilnahme an einer solchen Veranstaltung den Höhepunkt der Radsportsaison oder des ganzen Jahres dar. Wie Marathonläufer bereiten sich viele Radsportler das ganze Jahr auf eine Langstreckenfahrt als großes Ziel vor. Obwohl es sich bei diesen Veranstaltungen nicht um Rennen handelt, versuchen die Teilnehmer oft, ihre bisher erreichten Zeiten zu verbessern oder vor anderen Fahrern ins Ziel zu kommen.

Sportwissenschaftler haben gute Bücher über Physiologie und spezialisierte Trainingsmethoden geschrieben und viele erfolgreiche Trainer und Radsportler haben hilfreiche Bücher über sinnvolle Trainingsgestaltung verfasst. Unser Buch vereint solide sportwissenschaftliche Grundlagen und jahrelange Erfahrungen als Trainer auf eine Art, die für Leser mit wenig oder gar keinem sportwissenschaftlichem Hintergrundwissen nützlich ist. Wir sind beide aktive Trainer und wissen, dass erfolgreicher Radsport von sehr viel mehr als dem Training abhängt. In diesem Buch zeigen wir die ganze Bandbreite an Methoden, die Ihnen helfen, erfolgreich ins Ziel zu kommen. Sportlicher Erfolg ist abhängig von diesen sechs Faktoren:

→ Planung: Selbsteinschätzung, Zielfestlegung und Saisonplanung
→ Training: Ausdauer-, Kraft- und Dehnungsübungen als Grundlagentraining sowie veranstaltungsspezifisches Training
→ Mentale Fähigkeiten: Entspannungs- und Visualisierungstechniken und die Bewältigung schwieriger Phasen während einer Fahrt
→ Ernährung: Ganzjährig gute Ernährung, Ernährung vor einer Veranstaltung und Energieaufnahme während der Fahrt und danach zur Regeneration
→ Ausrüstung: Auswahl und Anpassung des Fahrrads, Bekleidung, Werkzeuge, sonstiges Zubehör sowie Wartung des Fahrrads vor und während der Fahrten
→ Technik: Sicherheit, ökonomisches Fahren, Fahren in der Gruppe, Tempowahl bei Veranstaltungen sowie Umgang mit Problemen wie platten Reifen

Wir haben dieses Buch als Trainer geschrieben, die Sportler auf leicht verständliche Weise ansprechen. Wir geben Anleitungen auf die gleiche Art, wie wir einen Radsportler im Rahmen eines persönlichen Trainings begleiten würden. Wir begleiten Sie Schritt für Schritt durch den Prozess der Vorbereitung und Durchführung von Langstreckenradsportevents.

Wir haben 8- und 15-wöchige Trainingsprogramme für Fahrer aufgestellt, die sich auf die erste Century- oder 200-km-Veranstaltung vorbereiten, und die exemplarisch zeigen, wie Sie die Grundprinzipien des Trainings – Progression, Überlastung, Spezifität, Variation und Individualität – in die Praxis umsetzen, damit Sie Ihr Ziel erreichen. Wir helfen Ihnen, Ihre Fahrtechnik zu verbessern und Schwierigkeiten zu überwinden.

Einführung

Wenn Sie eine Century- oder 200-km-Fahrt gemeistert haben, sind Sie vielleicht bereit für eine neue Herausforderung. Die abschließenden Kapitel helfen Ihnen, zwischen mehreren Optionen wählen zu können: mehrere Centurys im gleichen Jahr zu absolvieren, die Herausforderung eines 300-km- oder doppelten Century-Events anzunehmen, eine Wochenend- oder Wochentour zu absolvieren oder eine Serie von Brevets zu fahren. Wir vertiefen Ihr Wissen über die sechs Erfolgsfaktoren, damit Sie Ihr Ziel erreichen.

In den Kästen finden Sie Einzelbeiträge zu den Themen Sicherheit und Leistung. Hier geben erfahrene Ausdauersportler Praxistipps, darunter erfolgreiche Finisher von Centurys und Doppel-Centurys, Brevets- und Langstrecken-Fahrer sowie Sieger des Race Across America (RAAM), dem legendären Rennen, das über 4.800 Kilometer von der Westküste bis zur Ostküste der Vereinigten Staaten führt und als das härteste Radrennen der Welt gilt. Diese Einzelbeiträge behandeln die Fragen, die uns gewöhnlich von Radsportlern gestellt werden: Was kann ich von Ultralangstreckenfahrern über den Umgang mit Ermüdung lernen? Was soll ich während einer Trainingsfahrt oder Veranstaltung essen? Wie fahre ich sicher im Straßenverkehr oder bei Regen? Wie fahre ich in der Gruppe? Wie bewältige ich Abfahrten und Kurven am besten?

Stellen Sie sich dieses Buch als Ihren persönlichen Radsporttrainer vor und machen Sie es zu Ihrem ständigen Begleiter auf Ihrem Weg, ein besserer Langstreckenradsportler zu werden. Anders als viele andere Fachbücher enthält dieses Buch praktische Ratschläge, von denen Radsportler aller Leistungsniveaus profitieren und Anregungen erhalten können. Erfolgreich im Ausdauerradsport zu sein, ist nicht gleichbedeutend mit endlosem Training und der Aufgabe des normalen Lebens. Radsportler wie du und ich, die ihren alltäglichen Verpflichtungen nachkommen müssen, haben jede Art von Veranstaltung erfolgreich absolviert, von der 80-km-Tour bis hin zum legendären Race Across America. Dieses Buch wird Ihnen dabei helfen, die schwierige Balance zwischen Training und Alltagsleben zu halten, damit Sie Spaß und Erfolg im Radsport haben.

Fahren wir los – Ihr großes Event findet gleich um die Ecke statt!

Kapitel 1

Die Strecke bewältigen

Kapitel 1 Die Strecke bewältigen

Das Fahrrad ist eine wunderbare Erfindung. Auf der ganzen Welt fahren die Menschen Fahrrad, und das aus vielen Gründen. Manche nutzen es als Transportmittel für Menschen, Waren und Dienstleistungen. Andere pendeln mit dem Fahrrad zur Arbeit oder fahren Rad, um gesund und fit zu bleiben. Rad fahren ist auch eine hervorragende Gelegenheit, um Zeit mit anderen zu verbringen, ob auf einer entspannten Ausfahrt mit Freunden am Wochenende, einer Familientour mit Picknick oder auf einem Wochenendausflug mit dem Partner oder der Partnerin. Fahrrad fahren ist in all seinen Formen eine lohnende und Freude bringende Aktivität. H. G. Wells sagte einmal: „Jedes Mal, wenn ich einen erwachsenen Menschen auf einem Fahrrad sehe, ist mir um die Zukunft der Menschheit nicht bange" (Strickland, 2001, S. 18).

Laut einer Umfrage der Outdoor Foundation, einer amerikanischen Non-Profit-Organisation, die sich für die Ausweitung von Freiluftaktivitäten in den USA einsetzt, steht Fahrrad fahren bei den beliebtesten Aktivitäten im Freien in den Vereinigten Staaten an zweiter Stelle. 42 Millionen Erwachsene und Kinder über sechs Jahre fuhren 2,62 Milliarden Mal mit dem Fahrrad, das macht im Durchschnitt 62 Fahrten pro Radfahrer. Die Studie von 2008 erforschte die Motivationsfaktoren, die hinter der Teilnahme an Aktivitäten im Freien stecken und kam zu dem Schluss, dass Spaß der Grund Nummer eins fürs Fahrradfahren ist. In Deutschland fahren laut dem Fahrrad-Monitor 2011, der vom Bundesministerium für Verkehr, Bau und Stadtentwicklung in Zusammenarbeit mit dem ADFC beauftragt wurde, 41 Prozent der Deutschen mehrmals pro Woche Rad, 15 Prozent nutzen es sogar täglich.

Die Beliebtheit des Fahrradfahrens hat zur Etablierung zahlloser Radsportveranstaltung auf der ganzen Welt geführt. Die Teilnahme an einer solchen Veranstaltung kann für Sie der Schlüssel zu Spaß und Abenteuer sein und Ihnen ermöglichen, Straßen, Pfade und Routen zu entdecken, die Sie mit dem Auto niemals bemerkt hätten. Diese Touren werden mit Sicherheit ein Lächeln auf Ihr Gesicht zaubern.

Dieses Kapitel beleuchtet, warum wir Fahrrad fahren und bietet einen Überblick über die verschiedenen Arten von Radsportveranstaltungen auf der ganzen Welt.

Fitness-Aspekte des Radsports

Abgesehen von der Tatsache, dass es Spaß macht, ist das Radfahren eine effektive Art, den Kreislauf zu trainieren. Ein starkes Herz-Kreislauf-System ist von entscheidender Bedeutung für die Gesundheit und das allgemeine Wohlbefinden und trägt zu einer hohen Lebensqualität bei. Heutzutage sind Herzkrankheiten die Todesursache Nummer eins, sowohl weltweit als auch in den Vereinigten Staaten, so die Mayo Clinic, eine US-amerikanische Non-Profit-Organisation, die weltweit führend in der Gesundheitsfürsorge ist, auf ihrem Internetportal zum Thema „Heart Disease". Regelmäßiges Training im aeroben Bereich stärkt das Herz-Kreislauf-System und reduziert das Risiko von Erkrankungen desselben deutlich. Tabelle 1.1 listet die Vorteile auf, die ein Training des Herz-Kreislauf-Systems – wie beispielsweise Radfahren – für den Körper bringt.

TABELLE 1.1 Körperliche Veränderungen im Zusammenhang mit Herz-Kreislauf-Training
Verbessert die Gesundheit des Herz-Kreislauf-Systems
Hilft dabei, ein gesundes Gewicht zu halten
Senkt den Blutdruck
Erhöht den Spiegel des „guten" HDL-Cholesterins
Senkt den Spiegel des „schlechten" LDL-Cholesterins
Fördert einen gesunden Schlaf
Vermindert das Diabetesrisiko, kann zum Diabetesmanagement eingesetzt werden
Vermindert das Risiko chronischer Erkrankungen
Verbessert die Funktion des Immunsystems

Nach Wilmore und Costill 1994

Fahrrad fahren ist gelenkschonender als Laufen und andere Aktivitäten mit hoher Aufprallbelastung. Bei richtiger Anpassung des Fahrrads an den Fahrer verursacht diese Aktivität nahezu keine Aufprallbelastungen und eine nur geringe Belastung des Bewegungsapparates. Aufgrund dieser Tatsache ist Rad fahren in vielen Fällen die erste Wahl bei Rehabilitationsmaßnahmen nach Verletzungen. Für Menschen mit Knie-, Sprunggelenks- oder Hüftproblemen stellt das Radfahren eine Möglichkeit dar, weiter sportlich aktiv zu sein, ohne dass sich bestehende gesundheitliche Probleme verschlimmern. Nach einem langen Tag können Sie bei einer Ausfahrt auf dem Rad Entspannung finden. In dem Moment, in dem Sie in die Pedale treten, erwachen Ihre Sinne und mit der Zeit scheinen Ihre Sorgen zu verschwinden. Neben den physiologischen Vorteilen verbessert Rad fahren auch die psychische Befindlichkeit und baut Anspannungen ab. Stress ist heutzutage weit verbreitet und Radsportler sind tendenziell zufriedener und weniger gestresst als Nichtsportler. Als Ergebnis daraus kann Radsport zu besseren Beziehungen im familiären Bereich sowie unter Freunden und Kollegen führen. Und bessere Beziehungen außerhalb des Radsports wirken sich wiederum positiv auf das Training aus. Ihre Bezugspersonen werden mehr Verständnis für Ihre Ziele als Radsportler aufbringen und Sie verspüren so weniger Konfliktpotenzial, wenn sich Ihr Trainingsumfang vergrößert. Sie werden sowohl im Radsport als auch im übrigen Leben erfolgreicher sein und dabei die Unterstützung anderer erfahren.

Soziale Aspekte des Radsports

Setzen Sie sich mit ein paar Freunden aufs Fahrrad und machen Sie eine Tour oder werden Sie Mitglied in einem Radsportverein, damit Sie das Fahren in Gesellschaft genießen können. Auf der ganzen Welt bieten Tausende von Radsportgruppen Aktivitäten von entspannten Fahrten für die ganze Familie bis hin zu Rennen auf internationalem Niveau an. Ganz gleich, welche Art von Radfahren Sie bevorzugen, Sie werden sicherlich einen Verein in Ihrer Nähe finden, in dem Sie noch mehr Freude an diesem Sport finden werden.

Kapitel 1   Die Strecke bewältigen

Viele Klubs veranstalten regelmäßig Tourenfahrten, bei denen Sie sich mit anderen Fahrern austauschen und von ihnen lernen können. Regelmäßig stattfindende Vereinsfahrten werden wir im späteren Verlauf dieses Kapitels genauer in den Blick nehmen. Viele Klubs veranstalten über das Jahr auch Tourenfahrten über die metrische Centurydistanz (100 Kilometer), die klassische Centurydistanz (160 Kilometer,) die international verbreitete 200-km-Distanz sowie weitere Ausfahrten. Viele dieser Veranstaltungen sind extrem populär geworden, ziehen Teilnehmer aus dem ganzen Land an, bieten reizvolle Herausforderungen und gute Gelegenheiten, gleichgesinnte Radsportler zu treffen. Centuryveranstaltungen stehen oft im Mittelpunkt eines Trainingsprogramms, das im Winter beginnt und den Teilnehmer darauf vorbereitet, erstmalig eine solche Distanz zu bewältigen oder seine Vorjahreszeit bei einer bestimmten Veranstaltung im Sommer oder Herbst zu verbessern.

Neben den Ausfahrten bietet ein Radsportklub auch die Möglichkeit, sich mit gleichgesinnten Radsportlern auszutauschen. Die meisten Klubs halten regelmäßige Treffen ab, bei denen Präsentationen über Trainingsgestaltung, Fahrradinstandhaltung und andere Themen sowie Diavorträge von Touren gezeigt werden. In vielen Klubs ist man stolz darauf, anderen zu helfen, sowohl im Radsport als auch im Alltag. Wohltätigkeitsfahrten, gemeinsame Abendessen, zu denen jeder etwas mitbringt, und andere Klubveranstaltungen bieten Gelegenheiten, der Gemeinschaft als Radsportler etwas zurückzugeben.

Klubmitglieder, die keine aktiven Radsportler sind, sind ebenfalls sehr wichtig, da viele Veranstaltungen ohne den Einsatz von Freiwilligen nicht durchführbar wären. In einer Radsportgruppe mitzuwirken, bietet Kameradschaft, Gemeinschaft und die Möglichkeit, Wissen weiterzugeben, zu lernen und sich von anderen inspirieren zu lassen.

Aber selbstverständlich müssen Sie kein Mitglied einer Gruppe sein, um den Radsport genießen zu können. In vielen Teilen der Welt ist der Zugang zu organisierten Klubs eingeschränkt. Trifft dies für Sie zu, setzen Sie sich einfach mit Ihren Radsportfreunden bei einem guten Essen zusammen und planen Sie Ihre Touren auf eigene Faust. Es ist spannend, eine Karte auf dem Tisch auszubreiten und mit einem Textmarker eine Route zu planen. Für John Marino und Michael Shermer war es 1982 nicht anders, als sie die Strecke für das erste Great American Bike Race vom Santa Monica Pier in Kalifornien bis zum Empire State Building in New York planten. Marino hatte den Rekord für die Durchquerung des Kontinents mit einer Zeit von knapp über 12 Tagen aufgestellt und Shermer war mit einer Zeit von 4 Tagen und 14 Stunden Rekordhalter für die Strecke Seattle, Washington bis San Diego, Kalifornien. John Howard und Lon Haldeman nahmen ebenfalls am Rennen teil. Howard war dreifacher Teilnehmer der Olympischen Sommerspiele und viermaliger US-Meister im Straßenrennen. Haldeman hatte mit einer Zeit von 24 Tagen, 2 Stunden und 34 Minuten den Rekord für die doppelte Durchquerung des Kontinents aufgestellt und dabei auch Marinos Rekord für die einmalige Durchquerung gebrochen. Haldeman gewann das Rennen 1982 und 1983, das nun als das das anspruchsvollste Ultradistanz-Radrennen der Welt bekannt ist, nämlich das Race Across America.

Die Strecke bewältigen Kapitel 1

Typen von Teilnehmern

Beim Start jeder Art von Langstreckenradsportveranstaltung begegnet man höchstwahrscheinlich einem breiten Spektrum von Radsportlern aller Couleur: Ambitionierte Sportler in Profikleidung, die ihre Rennmaschinen bereit machen, eher lässige Fahrer auf Tourenrädern, Kinder auf Anhängerfahrrädern mit ihren Eltern, Paare auf Tandems und manchmal auch Leute in Liegerädern. Die Rennfahrer mixen ihre Sportgetränke, während die

Die Bedeutung der Zielfestlegung

Von Lon Haldeman

Langstreckenradsportler sind in der Regel zielorientiert. Für die meisten Fahrer, die diesen Sport betreiben, sind das Setzen und Erreichen von Zielen das, was den Sport ausmacht. Viele Fahrer wollen neue Fortschritte erzielen, die nur außerhalb ihrer Komfortzone liegen. Es ist jedoch wichtig, sich realistische Ziele zu setzen.

Für die meisten Fahrer ist eine lange Distanz eine, die weiter als das ist, was sie bisher gefahren sind. Als ich zehn Jahre alt war, fuhr ich mit meinem Fahrrad mit Rücktrittbremse fünf Kilometer in Richtung des Wasserturms der nächsten Stadt. Als ich dort ankam, hielt ich mich für einen Langstreckenfahrer. Nachdem ich diese Strecke gemeistert hatte, fuhr ich im nächsten Monat zehn Kilometer bis in die nächste Stadt. Schon in diesem Alter war der Prozess des Festlegens und Erreichens von Zielen ein aufregender Aspekt und eine Belohnung, die das Langstreckenfahren für mich bereithielt.

Dieser Sport bietet eine Fülle an persönlichen Zielen. Für manche Fahrer ist das Ziel die persönliche Herausforderung, sich selbst zu testen, etwa in Form der Bewältigung der 160 Kilometer langen Centurydistanz. Für andere ist das Ziel, einen neuen Rekord aufzustellen und der Beste zu sein. Wieder andere schätzen den sozialen Aspekt von Langstreckentouren, genießen die Umgebung und freuen sich, neue Orte zu sehen.

Die Vorteile der Zielfestlegung bestehen auch in der praktischen Umsetzung bezüglich der Veranstaltungsplanung, des Kaufs von Ausrüstung und der Erstellung effizienter Trainingspläne. Beispielsweise unterscheidet sich das Training, das für die erfolgreiche Bewältigung einer Distanz von 640 Kilometern in 24 Stunden erforderlich ist, deutlich vom Training zur Vorbereitung auf die 160 Kilometer lange Centurystrecke. Indem wir ein Ziel definieren, wird die Art von Training zur Erreichung des Ziels klarer. Die Festlegung von Zielen erleichtert auch eine Fülle von Entscheidungen, etwa welche Ernährung benötigt wird und sogar, welche Art von Fahrrad man fahren sollte.

Träumen, Ziele festlegen und Planen können zu den interessantesten Aspekten beim Langstreckenradsport zählen. Es sind die ersten Schritte auf dem Weg zu einer Radsportsaison, die mehr Erfolg und Freude bringt.

Hobbyfahrer sich mit Kaffee und Kuchen stärken. Menschen aus allen Schichten und mit den verschiedensten sportlichen Hintergründen haben Spaß an Radsportevents. Organisierte Centurys und 200-km-Events bieten oft auch Kurzstreckenalternativen an, zum Beispiel über 30, 50, 80, 100 Kilometer, um eine Vielzahl an Sportlern anzusprechen und der ganzen Familie eine Teilnahme zu ermöglichen. Erfahrene Radsportler können die 160 Kilometer im Renntempo absolvieren, während andere die Distanz entspannt fahren oder eine kürzere Strecke wählen. Und anschließend genießen alle das Programm nach dem Rennen. Eine kürzere Strecke zu fahren, ist eine sinnvolle Einführung in organisierte Veranstaltungen und ein Schritt auf dem Weg zur Bewältigung längerer Distanzen.

Ob Sie bei einer organisierten Veranstaltung, einer Vereinstour oder allein fahren – seien Sie ein Botschafter für unseren Sport. Tun Sie Ihr Bestes, um anderen den Spaß und die Vorteile des Radsports zu vermitteln und verhalten Sie sich beim Fahren rücksichtsvoll.

Arten von Radsportveranstaltungen

Wenn man sich Internetpräsenzen von Radsportvereinen ansieht oder durch Radsportzeitschriften blättert, findet man Informationen über Tausende von Radsportveranstaltungen auf der ganzen Welt, die Radsportler aller Leistungsniveaus ansprechen. Von Wohltätigkeitstouren bis zu Mehrtagesveranstaltungen gibt es Events für jeden Radsportler, der Spaß auf dem Rad haben will. Hier besprechen wir einige der meistverbreiteten Veranstaltungstypen.

Vereinstouren

Die meisten Radsportvereine bieten geführte Touren während der Saison an. Die Teilnahme an solchen Ausfahrten ermöglicht es, andere Fahrer zu treffen, von ihnen zu lernen, neue Ausrüstung zu testen, neue Routen kennenzulernen und die Umgebung zu erkunden. Das Niveau dieser Touren reicht von entspannten Fahrten mit Zwischenstopps in Cafés oder Kunstgalerien bis hin zu schnellen Fahrten auf dem Niveau von Teamzeitfahren. Als Orientierungshilfe bieten viele Vereine Fahrten in verschiedenen Kategorien je nach geplanter Geschwindigkeit und Streckencharakteristik an (siehe Tabelle 1.2). Vereinsausfahrten bieten neben dem Spaß auch die Möglichkeit, Kontakte mit anderen zu knüpfen.

Bei diesen Touren können Sie auch die Dynamik des Fahrens in der Gruppe und die dazu gehörenden Verhaltensregeln kennenlernen, dies sind wichtige Kenntnisse für einen Radsportler. Sie können sich daran gewöhnen, andere Fahrer mitzuziehen, mit dem Straßenverkehr umzugehen, sich mit anderen zu verständigen und weitere Fähigkeiten entwickeln, die Sie nicht trainieren können, wenn Sie alleine fahren. Für die Teilnahme an den meisten organisierten Veranstaltungen sollten Sie sicher in einer Gruppe fahren können, und die Vereinstouren werden Ihnen dabei helfen, effizienter und sicherer zu fahren.

TABELLE 1.2	Beispiel für Geschwindigkeitskategorien
A-Touren: 32 Kilometer pro Stunde und darüber	
B-Touren: 27–32 Kilometer pro Stunde	
C-Touren: 24–27 Kilometer pro Stunde	
D-Touren: 21–24 Kilometer pro Stunde	
E-Touren: weniger als 21 Kilometer pro Stunde	

Individuelle Touren

Ungeachtet der vielen Vorteile, die Vereinstouren haben, kann es sein, dass in Ihrer Nähe keine angeboten werden oder diese nicht zu Ihren Bedürfnissen oder Ihrem Zeitplan passen. Wenn Sie allein oder mit Freunden fahren, können Sie freier bestimmen, wann und wo Sie fahren. Individuelle Touren lassen sich mit anderen Aktivitäten wie Pendeln zur Arbeit und Familienausflügen kombinieren. Viele Fahrer wählen bewusst Solotouren, um mentalen Druck abzubauen.

Auch wenn Sie Zugang zu Vereinstouren haben, bieten Soloausfahrten wichtige Möglichkeiten, sich selbst zu verbessern. Jeder Fahrer hat Schwachpunkte und alleine fahren ermöglicht es einem am besten, an diesen zu arbeiten. Sie möchten Ihre Ausdauer verbessern? Fahren Sie in Ihrem optimalen Ausdauertempo, statt mit schnelleren Fahrern zu fahren. Sie haben Schwächen im Bergfahren? Bewältigen Sie eine hügelige Route in einem für Sie gut fahrbaren Tempo. Sie möchten Ihre Durchschnittsgeschwindigkeit erhöhen? Legen Sie Intervalle ein, in denen Sie an Ihrer Leistungsgrenze fahren. Im späteren Verlauf des Buchs stellen wir spezifische Trainingspläne und Übungen vor. Wenn Sie einen Teil dieser Trainingsfahrten allein durchführen, wird Sie das körperlich und mental stärken und Ihnen beim Erreichen Ihrer Ziele helfen.

Centurys

160 Kilometer auf einem Fahrrad fahren, was ungefähr der Strecke von Berlin nach Magdeburg entspricht? Aus Spaß? Aber sicher! Manche Menschen fahren nur ungern 160 Kilometer an einem Tag mit dem Auto, für Radsportler jedoch gehört das Century und das internationales Gegenstück, die 200-km-Fahrt, zu den

Fahrer zu Beginn einer Tour im Rahmen des Fireweed, einer Veranstaltung mit Strecken von 80 bis 640 Kilometern, die jeden Sommer in Alaska stattfindet.

Sicherheit: Verhalten Sie sich wie ein Auto

Heute Abend bin ich auf meiner Feierabendtour einem Fahrer begegnet, der fast alle Sicherheitsregeln des Radfahrens missachtet hat!

→ Er fuhr ohne Helm. Wenn Sie vom Rad fallen und mit dem Kopf aufprallen, kann dies schwerste Verletzungen verursachen, auch bei nur geringer Geschwindigkeit. Ich trage immer einen Helm, auch wenn ich nur um den Block fahre, um eine Einstellung am Rad zu testen.

→ Er trug dunkle Kleidung und war in der Dämmerung kaum zu sehen. Tragen Sie ein Trikot oder eine Windjacke in einer hellen Farbe.

→ Er fuhr auf dem Gehweg anstatt auf dem Radweg oder einem von der Fahrbahn abgetrennten und markierten Radfahrstreifen, was gefährlicher als eine extra ausgewiesene Fahrspur für Fahrräder ist. Ein Autofahrer, der von einem Parkplatz oder einer kreuzenden Straße in die Straße einfährt, achtet in der Regel auf den Verkehr auf der Straße, nimmt Sie aber unter Umständen nicht wahr, wenn Sie den Gehweg befahren, insbesondere dann, wenn Sie gegen die Verkehrsrichtung unterwegs sind. In Deutschland muss ein Radweg nur benutzt werden, wenn er durch ein Schild als solcher ausgewiesen ist. Bei Radfahrstreifen, die markiert und mit einem Verkehrszeichen ausgewiesen sind, gilt eine Benutzungspflicht.

→ Einige Blocks weiter schaute er nach links und rechts und überfuhr dann ein Stoppschild. Glücklicherweise herrschte gerade kein Verkehr, dennoch sind rücksichtsloses Verhalten und Verstöße gegen die Verkehrsregeln schädlich für das Image der Radsportler.

→ Der Fahrer entschloss sich, links abzubiegen, also machte er ein Zeichen mit seinem linken Arm (das ist gut!) und fuhr anschließend direkt vom äußeren rechten Rand zum linken Rand der Straße hinüber. Aus diesem kurzen Handzeichen können Autofahrer und insbesondere der entgegenkommende Verkehr nicht ersehen, was der Radfahrer vorhat. Um links abzubiegen, sollte man in beiden Verkehrsrichtungen nach Fahrzeugen Ausschau halten, und zwar sicherheitshalber zweimal. Dann ein Handzeichen geben und auf die linke Seite der eigenen Spur wechseln. Weiter Handzeichen geben, noch einmal auf den Verkehr achten und erst dann links abbiegen.

→ Statt an der nächsten Kreuzung links abzubiegen, entschied er sich, auf der falschen Seite gegen die Verkehrsrichtung weiterzufahren. Dieses Verhalten ist extrem gefährlich. Autofahrer, die aus einer Einmündung oder von einem Parkplatz auf die Straße auffahren, blicken nach links, um entgegenkommende Fahrzeuge zu sehen, aber möglicherweise nicht nach rechts und können den Radfahrer daher übersehen.

Am sichersten fährt man Fahrrad, wenn man sich wie ein Auto verhält. Dann ist man sichtbarer und berechenbarer für andere Verkehrsteilnehmer:

- → An einer Kreuzung mit Rechtsabbiegerspur in der Geradeausspur bleiben, sofern Sie nicht rechts abbiegen möchten. Wenn Sie auf die Rechtsabbiegerspur wechseln, werden die Autofahrer annehmen, dass Sie rechts abbiegen und könnten Sie schneiden, wenn Sie versuchen, weiter geradeaus zu fahren.
- → Um links abzubiegen, zweimal auf den Verkehr achten, Handzeichen geben und dann auf die linke Seite der eigenen Spur wechseln. Wenn es eine Linksabbiegerspur gibt, auf die rechte Seite dieser Spur wechseln. Links abbiegen, wenn die Straße frei ist.
- → Beim Fahren auf einer Straße mit gelegentlich auf dem Seitenstreifen parkenden Autos in gerader Linie fahren. Nicht nach rechts in die Lücken zwischen den Fahrzeugen ausscheren und anschließend wieder in die Fahrspur einscheren. Wenn Sie nach rechts ausscheren, wird ein hinter ihnen befindlicher Fahrer annehmen, dass Sie anhalten, statt wieder in den fließenden Verkehr einzufahren. Ebenso sollten Sie auf einem Seitenstreifen oder einer Fahrradspur in gerader Linie fahren. Nicht in Einfahrten und ähnliche Flächen einscheren und wieder herausfahren.
- → Verursachen Sie keine Schlangen hinter sich. Wenn sich hinter Ihnen mehrere Fahrzeuge befinden, die Sie überholen möchten, halten Sie an, um diese vorbeifahren zu lassen.
- → Zu guter Letzt: Beachten Sie alle Verkehrsregeln.

Zusammengefasst: Achten Sie auf Ihre Sichtbarkeit und fahren Sie, als seien Sie ein Auto. Sie sind dann berechenbarer, fahren sicherer und machen außerdem einen guten Eindruck. Autofahrer werden eine bessere Meinung von Radfahrern bekommen und mehr Rücksicht gegenüber uns Radsportlern zeigen.

beliebtesten Jedermann-Radsportveranstaltungen. Centurys und die 200 Kilometer sind für den Radsport das, was der Marathon für den Laufsport ist, und sie sind für alle Arten von Radsportlern attraktiv. Unter den Teilnehmern finden sich Century-Neulinge ebenso wie Veteranen, die ihre persönliche Bestzeit verbessern wollen. Alle nehmen gemeinsam teil, bewältigen die gleichen Herausforderungen und erhalten die gleichen Belohnungen. Diese Tourenfahrten werden normalerweise nicht als Rennen ausgetragen und haben oft den Charakter einer großen Radsportparty. Die Start- und Zielbereiche und Verpflegungsstationen werden von engagierten, freiwilligen Helfern betreut und erfahrene Radsportler spornen ihre Mitfahrer an – all dies führt zu einer Atmosphäre, bei der der Spaß im Vordergrund steht. Viele dieser Veranstaltungen haben sich im Laufe der Jahre zu Publikumsrennern entwickelt, die zum Teil Monate im Voraus ausgebucht sind – eine frühzeitige Planung ist also ratsam. Informationen zu den populärsten Veranstaltungen finden Sie im Menüpunkt „Events and Tours" unter http://tinyurl.com/49ha5wb.

Viele Fahrer verbringen die gesamte Saison mit der Vorbereitung auf ein oder mehrere

Century- oder 200-km-Veranstaltungen, wir legen in diesem Buch den Hauptschwerpunkt auf Langstreckenevents dieser Art. Sie finden hier Informationen zu den Themen Training, Ernährung, Ausrüstung und Veranstaltungen für Langstreckeneinsteiger, sowie weiterführende Informationen für Fortgeschrittene, die schneller fahren oder längere Distanzen bewältigen möchten.

Mehrtagestouren

Mehrtägige Touren mit dem Fahrrad eröffnen ganz neue Erfahrungshorizonte im Radsport. Viele der beliebtesten Veranstaltungen dieser Art werden von Wohltätigkeitsorganisationen veranstaltet, die den Erlös karitativen Zwecken zukommen lassen. Diese zwei- oder dreitägigen Touren sind meist mit festen Routen, Pausenstopps, vorbereiteten Mahlzeiten und organisierten Campingmöglichkeiten geplant. In der Regel wird sogar Ihr Gepäck zum nächsten Etappenziel transportiert. Sie können einfach unbeschwert fahren! Mehrere Tage mit Hunderten anderen Radsportlern zu verbringen und dabei für einen guten Zweck zu fahren, ist eine sehr bereichernde Erfahrung.

Wenn Sie Zeit zum Planen haben oder lieber allein oder in einer kleinen Gruppe fahren, können Sie nahezu überall mehrtägige Touren unternehmen. Sie packen Kleidung zum Wechseln ein, genügend Geld und fahren einfach. Proviant können Sie unterwegs kaufen, in Cafés einkehren und in interessanten Hotels übernachten. Solche Touren mit Minimalausrüstung ermöglichen Ihnen, mehrere Tage unterwegs zu sein und dabei schneller zu fahren, als es mit mitgeführter Campingausrüstung möglich ist. Touren wie diese sind auch eine exzellente Möglichkeit, sich auf Veranstaltungen mit Strecken von 600 Kilometern und mehr vorzubereiten.

Wenn Sie über ein Tourenrad oder einen Fahrradanhänger verfügen, können Sie Ihre Campingausrüstung, Nahrungsmittel und allerlei Utensilien mitführen und in ein Abenteuer aufbrechen. Richtig bepackt kann ein Fahrrad Sie und Ihre Ausrüstung sicher und komfortabel von einem bis zum anderen Ende Ihres Landes oder Kontinents bringen. Auf der ganzen Welt sind Tausende von Campingplätzen und öffentliche Bereiche auf Fahrradreisende eingestellt.

Längere Veranstaltungen

Sind sie erst einmal vom Centuryvirus infiziert, suchen viele Radsportler nach neuen Herausforderungen. Neben langen Touren bieten doppelte Centurys, längere Brevets sowie 12- und 24-Stunden-Veranstaltungen neue Anreize.

Die doppelte Centurydistanz sowie 300-km-Radmarathons können als Einstieg in die Welt des Ultralangstreckenradsports dienen. Sie können auf das aufbauen, was Sie über Training, Ernährung und Fahrtechniken gelernt haben, um sich an längere Distanzen heranzutasten. Wenn Sie mehrere Centuryveranstaltungen bewältigt haben, können Sie sich an die doppelte oder die 300-km-Distanz heranwagen. Die California Triple Crown ruft Fahrer aus ganz Nordamerika zur Teilnahme an doppelten Centuryveranstaltungen auf und bietet unter der Adresse www.caltriplecrown.com eine Fülle von Informationen.

Brevets sind Touren, die sich in Europa, Nordamerika, Asien und Australien großer Beliebtheit erfreuen. Die Teilnehmer fahren dabei eine festgelegte Route und lassen sich an festgelegten Streckenpunkten zu bestimmten Terminen Kontrollkarten abzeichnen. Dauerhaft ausgeschilderte Strecken, die sogenannten permanenten Radtourenfahrten, sind ähnlich wie ein Brevet, können jedoch nach den gleichen Regeln an beliebigen Tagen gefahren werden. Brevets werden üblicherweise über Distanzen von 200, 300, 400 und 600 Kilometern ausgetragen, es gibt jedoch auch sehr anspruchsvolle Veranstaltungen über 1.000 und 1.200 Kilometer. Das erste Brevet über 1.200 Kilometer war das altehrwürdige Paris–Brest–Paris (PBP), das schon 1891 erstmalig ausgetragen wurde und alle vier Jahre stattfindet. Ein Großteil der Tradition und Kultur des Langstreckenradsports beruht auf dem PBP. Randonneurs USA ist die Dachorganisation, die für die Brevets in den Vereinigten Staaten zuständig ist (siehe www.rusa.org). Eine Liste mit Radsportorganisationen, die Brevets in anderen Ländern anbieten, finden Sie im Anhang.

Bei 12- und 24-Stunden-Veranstaltungen versuchen die Fahrer, in der vorgegebenen Zeit eine möglichst lange Distanz zurückzulegen. Diese Veranstaltungen können auf der Straße oder im Gelände, in Staffelteams oder solo und mit oder ohne Erlaubnis zum Windschattenfahren durchgeführt werden. Veranstaltungen, bei denen Windschattenfahren nicht gestattet ist, erfordern eine besonders ausgeprägte mentale Stärke, da man während des ganzen Rennens nur für sich allein arbeitet. Fahrer, die an Ultraevents interessiert sind, können mit kürzeren Veranstaltungen beginnen und sich dann an die längeren herantasten. Die Texas Time Trials zum Beispiel sind eine Veranstaltung mit internationalem Starterfeld, das in Fahrten über 6 Stunden, 12 Stunden, 24 Stunden und 800 Kilometer antritt, bei denen Windschattenfahren nicht gestattet ist und die simultan auf einem Rundkurs von 42,6 Kilometern ausgetragen werden (siehe www.tt24tt.com). Die Teilnahme an Rennen, bei denen Windschattenfahren nicht gestattet ist, stellt ein hervorragendes Training für andere Ultradistanzveranstaltungen dar, wie etwa das Aufstellen von Bestzeiten für Landesdurchquerungen oder die Teilnahme an Qualifikationsrennen für das Race Across America (RAAM) oder am RAAM selbst (www.raceacrossamerica.org).

Organisationen, die entsprechende Radsportveranstaltungen auflisten, finden Sie im Anhang.

> Da Sie nun einen Überblick über den Langstreckenradsport mit seinen typischen Veranstaltungen und Teilnehmern gewonnen haben, werden Sie mithilfe des nächsten Kapitels Ihre Ziele und Ihren Fahrstil beurteilen können und Hilfestellungen bei der Auswahl einer für Sie geeigneten Veranstaltung erhalten.

Kapitel 2

Auswahl Ihrer Veranstaltung

Kapitel 2 Auswahl Ihrer Veranstaltung

In diesem Kapitel konzentrieren wir uns auf die Planung. Das ist einer der sechs in der Einführung benannten Faktoren, die zum Erfolg im Radsport beitragen und im Verlauf dieses Buches näher ausgeführt werden. Zur Planung gehören Selbsteinschätzung, Zielfestlegung sowie die Auswahl und Planung einer oder mehrerer Veranstaltungen, an denen Sie teilnehmen möchten. Die Planung einer Saison mit Radsportveranstaltungen kann fast so aufregend sein wie das Fahren selbst. Das Training sollte auf einem Blatt Papier beginnen und nicht im Sattel. Viele Fahrer holen im Frühling ihr Rad aus dem Keller, pumpen die Reifen auf und beginnen ohne Plan zu trainieren. Radfahren soll Spaß machen und spontan sein, ein wenig Planung verhilft jedoch zu einer erfolgreichen Radsportsaison.

Weltweit stehend Tausende von Veranstaltungen zur Auswahl, doch bevor Sie sich für eine entscheiden, sollten Sie Stift und Papier zur Hand nehmen. Wenn Sie sich selbst einige Fragen stellen, wird es Ihnen leichter fallen, aus der Vielzahl der Veranstaltungen die für Sie richtige Wahl zu treffen.

Selbstbeurteilung

Erstens: Was gefällt Ihnen am Fahrradfahren? Genießen Sie es, entspannte Ausfahrten mit der Familie und Freunden zu unternehmen? Macht es Ihnen Spaß, so weit oder schnell zu fahren, wie Sie können? Gefällt es Ihnen, durch anspruchsvolles Terrain zu fahren? Mögen Sie es, mit dem Fahrrad zu reisen? Menschen benutzen Fahrräder aus den verschiedensten Gründen, und herauszufinden, welche Arten des Radfahrens Ihnen Spaß machen, hilft Ihnen, eine für Sie geeignete Veranstaltung zu finden.

Welchen sportlichen Werdegang haben Sie? Wenn Sie in letzter Zeit einen Ausdauersport wie zum Beispiel Laufen betrieben haben, wird es Ihnen leichter fallen, für eine Radsportveranstaltung zu trainieren und diese erfolgreich zu absolvieren, als wenn Sie sich nach Jahren erstmals wieder sportlich betätigen. Sie dürften über eine gewisse Grundlagenausdauer verfügen und an regelmäßiges Training gewöhnt sein. Wenn Sie ein erfahrener Ausdauersportler sind, können Sie in Erwägung ziehen, eine etwas anspruchsvollere Radsportveranstaltung als Einstieg zu wählen.

Über welches Erfahrungsniveau als Radsportler verfügen Sie? Wenn Sie als Einsteiger Ihre erste Langstreckenfahrt anpeilen, sollten Sie – zumindest beim ersten Mal – nicht eine der schwierigeren Veranstaltungen wählen. Die meisten Veranstalter bieten Informationen zur Fahrerbetreuung sowie zum Schwierigkeitsgrad der Strecke, einschließlich der zu bewältigenden Höhenmeter und Steigungsgrade, was sehr hilfreich für eine sinnvolle Veranstaltungsauswahl und Planung sein kann. Viele Veranstaltungen sind auf Einsteiger ausgerichtet und einige bieten Trainings und sonstige Unterstützung an, die Ihnen beim Erreichen Ihrer Ziele helfen. Erfahrene Radsportler können anspruchsvollere Veranstaltungen auswählen, um neue Anreize für ihre Vorbereitung und ihr Training zu schaffen.

Was erscheint Ihnen als Radsportler reizvoll? Bei vielen Radsportveranstaltungen steht das Fahrerlebnis im Vordergrund und weniger das Bewältigen einer bestimmten Distanz. In New York City beispielsweise werden die Straßen anlässlich der „Bike New York" für den Straßenverkehr gesperrt. Diese Tour führt die Fahrer durch alle fünf Bezirke und vermittelt dabei auf unterhaltsame Weise ungewöhnliche Perspektiven der Stadt. Andere Radsportveranstaltungen wenden sich an bestimmte Gruppen oder sind thematisch ausgerichtet, zum Beispiel Touren mit Weinproben, lokalhistorischen Führungen oder sonstigen kulturellen Themen sowie Veranstaltungen nur für Liegerad- oder Tandemfahrer.

Für viele ist es eine besondere Freude, anderen zu helfen. Viele Organisationen auf der ganzen Welt veranstalten Wohltätigkeitsfahrten, um Spenden zu sammeln und das Bewusstsein für bestimmte Themen zu fördern. Diese Veranstaltungen sind meist für die ganze Familie geeignet, da sie in der Regel mehrere Distanzen zur Auswahl anbieten und eine freundliche Atmosphäre herrscht. Indem Sie Ihre Interessen und Ihre Motivation analysieren, können Sie gezielt eine Veranstaltung auswählen, die Ihnen zu einem lohnenswerten Erlebnis verhilft, das über das Abspulen einer festgelegten Zahl von Kilometern hinausgeht.

Wo soll die Veranstaltung stattfinden? Möchten Sie als Teil eines Urlaubs zu einem weit entfernten Veranstaltungsort reisen oder lieber möglichst nah an Ihrem Wohnort antreten? Mit Ihrem Rad zu verreisen, eröffnet spannende Möglichkeiten, neue Orte und Menschen kennenzulernen, kann jedoch eine logistische Herausforderung bedeuten. Eine Veranstaltung in der Nähe zu wählen, ist weniger kompliziert und ermöglicht gegebenenfalls, dass Sie auf der Strecke der Veranstaltung trainieren können, sodass Sie Sicherheit gewinnen und sich mit der Veranstaltung vertraut machen können.

Radsportveranstaltungen sind eine hervorragende Gelegenheit, ein Gemeinschaftsgefühl zu erleben und neue Freunde zu finden.

Fahren Familienmitglieder, Freunde und Kollegen ebenfalls mit oder sind als Helfer beteiligt? Ermuntern Sie andere zum Mitmachen! Radsport ist eine gute Möglichkeit, um Zeit mit der Familie und Freunden zu verbringen, dabei sollten Sie jedoch die Fähigkeiten der anderen in Betracht ziehen. Ein Century in hügeligem Terrain oder ein Brevet im Sommer mögen für Sie nach einer aufregenden Herausforderung klingen, weniger erfahrene oder jüngere Fahrer können damit jedoch überfordert sein. Beginnen Sie mit leichteren Veranstaltungen, um Erfolgserlebnisse zu ermöglichen und zur Teilnahme an zukünftigen Veranstaltungen zu ermuntern. Familienmitglieder und Freunde, die keine Radsportler sind, können bei der Registrierung sowie bei Verpflegungspunkten helfen, in Betreuerfahrzeugen mitfahren und weitere Unterstützungsaufgaben wahrnehmen. Freiwillige Helfer sind das Herzblut organisierter Radsportveranstaltungen. Ohne ihre Mitwirkung könnten die meisten Veranstaltungen gar nicht stattfinden. Danken Sie den Helfern, die Ihre Registrierung durchführen, bedanken Sie sich an den Verpflegungsstationen und auch im Zielbereich.

Ziele festlegen

Wenn Sie Ihr Interesse am Radsport und Ihr Erfahrungsniveau definiert haben, denken Sie über Ihre Ziele als Radsportler und als Person nach. Möchten Sie Ihr erstes Century-Event oder Brevet absolvieren? Möchten Sie eine persönliche Bestzeit für ein bestimmtes Rennen aufstellen? Möchten Sie eine bestimmte Anzahl von Veranstaltungen absolvieren? Manche Fahrer verbringen mehrere Jahre mit Planungen für bedeutende Veranstaltung wie die Absolvierung einer Brevetserie oder eines 1.200 Kilometer langen Brevets. Die Festlegung von Zielen ist wichtig für jeden Radsportler, denn sie geben dem Sport eine Richtung und ermöglichen Rückschlüsse für das Training.

Planung einer Saison – Struktur und Spontanität
Von John Lee Ellis

Wie viele von uns beginne ich das Jahr damit, einige herausragende Veranstaltungen auszuwählen, an denen ich gerne teilnehmen möchte. Sie bieten Schwerpunkte und wirken wie Farbtupfer im gesamten Radsportpensum. Die Grundlage hierfür hat eine mehrschichtige Struktur, verschiedene Arten von Radsportaktivitäten füllen die Saison aus:
→ Eine lange Tour an den meisten Wochenenden. Ich lebe in Boulder, Colorado, und unternehme die langen Touren auch an den meisten Winterwochenenden (an den restlichen fahre ich Langlaufski).
→ Ein Aufbauprogramm von Canyon- und Bergfahrten, das mit der Schneeschmelze und dem Fitnessaufbau immer ambitionierter wird.

→ Eine Serie von Brevets mit Distanzen von 200 bis 600 Kilometern.
→ Sonstige Lieblingsveranstaltungen auf Vereinsebene

Über dieser Struktur, bildlich gesprochen wie Berggipfel über der Ebene, stehen meine Top-Veranstaltungen: Ein 1.200-km-Brevet irgendwo auf der Welt und vielleicht eine mehrtägige Tour!

Abgesehen von der zunehmenden Distanz und Steigung im Verlauf der Saison beeinflussen die Top-Veranstaltungen die sonstigen Radsportaktivitäten nur wenig. Ich plane keine getrennten Phasen, möglicherweise trainiere ich bestimmte Einzelaspekte oder senke das Pensum etwas, wenn eine Veranstaltung bevorsteht. Ich verlasse mich darauf, dass durch den Umfang und die Qualität meines Trainings ein gutes Fitnessniveau und eine angemessene Abstimmung für die Top-Veranstaltungen gewährleistet sind.

Es gibt eine Reihe von Veranstaltungsprogrammen, die zu ganzjährigem Ausdauerfahren motivieren. Ich persönlich mag die RUSA R-12 (www.rusa.org/award_r12.html) und die Year-Rounder (Y-R) Challenge der UMCA (www.ultracycling.com/standings/umc.html). Die R-12 honoriert die Absolvierung von (mindestens) einem 200-km-Brevet pro Monat in zwölf aufeinanderfolgenden Monaten, während im Rahmen der Y-R die Bewältigung mindestens eines Century-Events pro Kalendermonat honoriert wird. Bei der Y-R wird darüber hinaus der Gesamtumfang an absolvierten Ausdauerveranstaltungen (Century oder länger) in dem entsprechenden Jahr erfasst. Beide sind hervorragend geeignet, die Motivation in allen Monaten des Jahres aufrechtzuhalten und es macht Spaß, zu sehen, wie sich im Laufe der Saison immer mehr gefahrene Kilometer ansammeln. Ausdauerradsport bringt es nun einmal mit sich, dass man viel fährt – nicht nur auf den großen Veranstaltungen, sondern auch die Kilometer, die als Grundlage hierfür dienen. Dies kann entweder eine Gelegenheit für Abwechslung und Neuentdeckungen sein oder aber zu Monotonie und dem Gefühl von Schinderei führen.

Ich gebe mir große Mühe, immer wieder neue oder ungewöhnliche Touren zu finden – schließlich war es die Neugier nach Entdeckungen, die mich zum Ausdauerradsport gebracht hat. Und die zwischendurch absolvierten Fahrten bekommen mehr Bedeutung, weil Sie der Vorbereitung auf die besonderen Veranstaltungen dienen.

Und wo bleibt die Spontanität? Obwohl Struktur und Planung gut sind, versuche ich, flexibel zu sein und halte nach neuen Touren und eventuell einer besonderen Extra-Veranstaltung Ausschau, die ich vielleicht noch in mein Pensum aufnehmen kann!

John Lee Ellis hat ein Dutzend 1.200-km-Brevets absolviert. Er ist ehemaliger Präsident der UltraMarathon Cycling Association (UMCA), Vizepräsident der Randonneurs USA (RUSA) und gegenwärtig im Vorstand der RUSA tätig, organisiert Brevets in Colorado und ist Veranstaltungschef der Year-Rounder Mileage Challenge der UMCA.

Wenn Sie Ihre langfristigen Ziele definiert haben, sollten Sie diese aufschreiben und an einer Stelle platzieren, an der Sie sie regelmäßig sehen – an Ihrem Kühlschrank, in Ihrem Auto, in Ihrem Trainingstagebuch – das wird Ihnen helfen, Ihre Motivation aufrechtzuhalten.

Radsport ist dann besonders erfüllend, wenn Sie in der Lage sind, die Balance zwischen mehreren wichtigen Aufgaben im Leben zu halten, die nicht alle mit Radsport zu tun haben. Ziele aus den Bereichen Familie, Ausbildung, Uni, Arbeit oder sonstigen Lebensbereichen einzubeziehen, wird sich positiv auf Ihr Training auswirken. Ihre Ziele könnten zum Beispiel darin bestehen, Ihr Zuhause zu verschönern, einen bestimmten Notendurchschnitt zu halten oder bestimmte Ziele bei der Arbeit zu erreichen. Lebensziele aufzustellen und zu erreichen, setzt mentale Kapazitäten frei, die Sie nutzen können, um sich verstärkt auf Ihr Training zu konzentrieren.

Und denken Sie schließlich daran, dass Ziele nicht in Stein gemeißelt sind. Die Festlegung von Zielen ist ein fortlaufender, dynamischer Prozess, und von Zeit zu Zeit sollten Sie Ihre Zielsetzungen überprüfen. Sich ändernde berufliche Anforderungen, familiäre Aspekte und sonstige Lebensumstände wirken sich direkt auf Ihren Radsport aus. Behalten Sie die Gesamtperspektive im Blick und passen Sie Ihre Aktivitäten gegebenenfalls an.

Veranstaltungen finden

Da Sie sich nun Gedanken darüber gemacht haben, wo Ihre Ziele liegen und welche Arten von Radsport Ihnen besonders gefallen, sollten Sie nach passenden Veranstaltungen Ausschau halten. Das Internet mit seinen Tausenden von Links zu Radsportorganisationen und -veranstaltungen bietet eine Fülle von Recherchemöglichkeiten. Eine Liste mit beliebten Veranstaltungen finden Sie auf der Website zu diesem Buch unter der Adresse http://tinyurl.com/ 49ha5wb. Websites bieten mehr Informationen über Veranstaltungen als andere Medien und beinhalten meist auch eine Karte des Kurses, Höhenprofile, Verpflegungspunkte, Sicherheitshinweise, Antworten auf häufig gestellte Fragen, eine Online-Registrierung, Routenhinweise zum Start sowie weitere Tipps, die Ihnen bei der Auswahl und Organisation helfen. Viele Websites verfügen auch über Diskussionsforen, in denen Fahrer Fragen stellen und sich mit anderen austauschen können. Bisherige Teilnehmer können wertvolle Informationen aus erster Hand geben, zum Beispiel über ihre persönlichen Erfahrungen mit der Veranstaltung. Indem Sie mit anderen Fahrern Kontakte knüpfen, können Sie Tourenpartner und neue Freunde finden.

Mit einem Becher Kaffee Ihr bevorzugtes Radsportmagazin zu durchstöbern, kann fast so viel Spaß machen wie das Fahren selbst, besonders außerhalb der Saison. Auch in der Welt der Online-Informationen bieten Radsportmagazine wertvolle Anregungen zu geeigneten Veranstaltungen. Viele Magazine führen die Veranstaltungen nach Regionen geordnet auf. Sie bieten darüber hinaus Informationen zu Training, Fahrtechnik und Ausrüstung, geben Reparaturtipps, berichten aus der Rennszene und liefern Inspirationen, die als Motivationshilfen im Training dienen können. Im Anhang finden Sie eine Liste mit Radsportorganisationen und -publikationen.

Radsportvereine geben oft Newsletter heraus, in denen Veranstaltungen und Vereinsaktivitäten aufgeführt werden. Bei Klubausfahrten und -treffen können Sie sich mit anderen austauschen und Informationen aus erster Hand über Ihre geplanten Veranstaltungen erhalten.

Realistische Prioritäten setzen

In den letzten Jahren sind organisierte Touren immer beliebter geworden. In vielen Teilen der Welt kann man innerhalb der Saison in jeder Woche eine solche Veranstaltung finden. Wenn Sie Ihre Saison planen, überlegen Sie, an wie vielen Top-Veranstaltungen Sie teilnehmen möchten, wie viele Sie realistischerweise absolvieren können und, was am wichtigsten ist, wie viele Sie so bewältigen können, dass Sie selbst mit dem Ergebnis zufrieden sind. Selbst Elitefahrer können nicht immer 100 Prozent ihres physischen und psychischen Leistungsvermögens abrufen. Prioritäten in Bezug auf die bevorstehenden Veranstaltungen zu setzen, ermöglicht ein gezielteres Training und erleichtert Ihnen das Erreichen Ihrer Ziele.

Wenn Sie Ihr erstes 160-km-Event oder 200-km-Brevet anpeilen, sollten Sie sich die gesamte Saison über auf diese eine Veranstaltung konzentrieren. Sie können Ihre Vorbereitung damit verbringen, die richtige Ausrüstung zusammenzustellen, Kondition aufzubauen, die Nahrungsaufnahme beim Fahren zu üben, sich eine sichere Fahrweise anzueignen, effizientes Pedalieren und angemessene Tempowahl zu üben und sonstige Fähigkeiten zu entwickeln, die Ihnen bei Ihrem ersten großen Rennen zugutekommen werden. In der ersten Saison werden Sie viel über Ihren Körper und Ihre Psyche und deren Reaktionen auf die Trainingsbeanspruchung lernen. Mehrere Veranstaltungen anzupeilen, kann zu Frustration und Leistungseinbrüchen führen.

Erfahrenere Radsportler, die bereits mehrere Century- oder 200-km-Fahrten absolviert haben, können sich zwei oder drei anspruchsvollere Veranstaltungen vornehmen. Der geleistete Trainingsumfang und die vorherigen Veranstaltungsteilnahmen bilden dann eine angemessene Konditions- und Erfahrungsgrundlage für die erfolgreiche Teilnahme an mehreren Veranstaltungen. Die Resonanz aus der ersten Veranstaltung der Saison wird Ihnen dabei helfen, Ihren Trainingsplan gegebenenfalls in Hinblick auf weitere Events anzupassen. Wenn Sie ein gestandener Radsportler mit mehreren Jahren Erfahrung sind, können Sie regelmäßiger anspruchsvolle Events einplanen. Innerhalb der Saison monatlich eine Veranstaltung zu absolvieren oder gar eine Brevetserie zu bewältigen, kann eine sehr motivierende Herausforderung sein.

Das Setzen von Prioritäten in Bezug auf Ihre Topevents ermöglicht Ihnen darüber hinaus, im Verlauf der Saison weitere Veranstaltungen als Trainingsfahrten einzuplanen. Sie können kleinere Veranstaltungen als Vorbereitung für Ihr Zielevent einplanen. Kürzere Touren können Sie auch gemeinsam mit der Familie, mit Freunden oder Kollegen fahren. Sie werden vom Training profitieren und zugleich genießen, die Zeit mit Menschen zu verbringen, die Ihnen wichtig sind.

Hier gilt das Gleiche wie bei der Festlegung Ihrer Hauptziele: Vermeiden Sie einen Tunnelblick bei der Entscheidung über die Priorität der Veranstaltungen – lassen Sie Ihre Familie, Freunde, Arbeit, Schule und andere wichtige Lebensbereiche nicht außer Acht. Wenn Sie Ihre sonstigen wichtigen Bedürfnisse in Ihre Planung einbeziehen, wird Ihr Training weniger mit Stress belastet und angenehmer sein und damit zu einer erfolgreicheren Saison führen. Radsport macht Spaß, aber Sie sollten nicht Ihr Leben dem Radsport unterordnen, sondern den Radsport zu einem Teil Ihres Lebens machen.

Beurteilung von Stärken und Schwächen

Spitzenradsportler erzielen Ihre Erfolge, indem Sie Ihre Vorbereitung gezielt auf das ausrichten, was ihre Leistung beeinträchtigen könnte. Wir alle neigen dazu, mit dem Fahrrad das zu tun, was uns Spaß macht – die Dinge, die uns leichtfallen – um uns jedoch zu verbessern, müssen wir an dem arbeiten, was uns schwerfällt. Um Ihre Stärken und Schwächen zu beurteilen, sollten Sie die folgenden Fragen beantworten:

→ Wie lautet Ihr primäres Ziel im Radsport für diese Saison oder dieses Jahr? Wenn Sie mehrere Ziele haben, welches ist am wichtigsten?

→ Was müssen Sie tun, um diese(s) Ziel(e) zu erreichen? Wie wir in der Einführung erwähnt haben, tragen sechs Faktoren entscheidend zum sportlichen Erfolg bei. In welchen dieser Bereiche besteht bei Ihnen Verbesserungsbedarf?

- Strukturierte Planung
- Effektives Training
- Angemessene Ausrüstung
- Gesunde Ernährung
- Fahrtechnik
- Mentale Techniken

Wenn Sie über Erfahrungen als Ausdauersportler verfügen, listen Sie Ihre Erfolge der vergangenen Jahre und die Faktoren, die dazu beigetragen haben, auf. Listen Sie auch die weniger erfolgreichen Veranstaltungen einschließlich der Schwachpunkte, von denen Sie beeinträchtigt wurden, auf. Wenn Sie sich Ihrer Stärken und Schwächen bewusst geworden sind, sind Sie bereit, Aufgaben zu entwickeln, an denen Sie arbeiten können, um Ihre Ziele zu erreichen.

Entwicklung kurzfristiger Ziele

Um sich als Radsportler weiterzuentwickeln, sollten Sie sich übergreifende Ziele setzen und Ihre Stärken und Schwächen einschätzen. Je nach Ihren Zielen, Ihrer Persönlichkeit und Ihrer Motivation können Sie einen strukturierten Plan und formelle Ziele aufstellen oder einen entspannten und flexiblen Ansatz wählen. Stellen Sie sich vor, Sie wären in San Francisco und Ihr Ziel wäre, mit dem Auto nach New York zu fahren. Sie könnten eine Reihe von Karten konsultieren und Ihre tägliche Route festlegen oder aber einfach in Richtung Osten fahren und nur gelegentlich auf die Karten schauen. Beide Ansätze werden Sie nach New York führen. Die erste Methode ist möglicherweise effektiver, aber die

Coach John über entspanntes Training

Wenn ich damit beginne, einen Athleten zu coachen, stelle ich mir die Frage: „Welcher Typ von Fahrer ist das? Welche Art von Trainingsplan wird wohl am effektivsten sein?" Ich ziehe dabei mehrere Punkte in Erwägung:

→ Die Ziele des Athleten. Möchte der Fahrer (a) Sieger in einem Brevet über 1.200 Kilometer werden oder (b) entspannt beim örtlichen Century im Herbst mitfahren?
→ Sind die Ziele des Fahrers (a) fast ausschließlich am Radsport orientiert oder (b) beziehen diese Prioritäten den familiären und beruflichen Bereich mit ein?
→ Legt der Fahrer mir (a) Trainingsstatistiken über mehrere Jahre vor oder (b) kann er nur schätzen, wie viel er gefahren ist?
→ Ist die Person (a) Neueinsteiger in diesem Sport oder (b) trägt sie Radshorts, die schon Scheuerstellen von unzähligen gefahrenen Kilometern haben?

Je stärker jemand zum ersten Typ tendiert, desto mehr wird er von einem strukturierten Programm profitieren; je stärker die Person zum zweiten Typ tendiert, desto eher ist ein locker gestaltetes Programm angebracht. Heutzutage gehöre ich zum zweiten Typ, als ich jedoch für das Race Across America trainierte, gehörte ich definitiv in die erste Kategorie.

Jeder braucht Ziele, um sich verbessern zu können. Welche Art von Trainingsplan wird wohl am effektivsten zur Verwirklichung dieser Ziele beitragen? Mein Ziel sind Reisetouren mit Minimalgepäck gemeinsam mit einem Freund sowie die erneute Teilnahme am „Buff Classic", über das wir im Vorwort berichtet haben.

Damit wir uns verbessern, sollten wir alle uns ein ehrliches Bild von unseren Schwächen machen. Ich muss meinen Winterspeck loswerden und Kraft aufbauen, damit ich bei den Touren Ausrüstung mitführen kann und beim „Buff Classic" die Steigungen bewältigen kann, ohne mich zu überlasten.

Um sich zu verbessern, benötigen Sportler entweder spezifische Tages- und Wochenziele oder eine Reihe von Trainingsgrundsätzen. Ich selbst habe keinen spezifischen Plan, wende aber folgende Grundsätze an:

→ Zurückhaltung beim Essen: Ich zähle zwar keine Kalorien, verzichte aber beim Essen auf den Nachschlag.
→ Stetig trainieren: Um mich zu verbessern, muss ich mindestens an vier Tagen pro Woche trainieren; drei Tage pro Woche reichen lediglich, um das Niveau zu halten.
→ Langsam steigern: Ich steigere die Zahl der Trainingsstunden wöchentlich, damit ich fitter werde, stocke aber langsam auf, um Verletzungen oder Erschöpfungszustände zu vermeiden.

→ Spezifisch trainieren: Ich benötige Beinkraft, also gehe ich ins Fitnessstudio. Ich liebe den Radsport und das Fahren macht mir Spaß, aber ich konzentriere mich auch auf meine Schwächen.
→ „Kekse backen": Muffy Ritz, die dreimal das RAAM als Zweitplatzierte beendete, sagt, dass Training wie das Backen von Plätzchen ist. Man braucht die richtigen Zutaten, kann sie aber in einer beliebigen Reihenfolge mischen. Und es ist besser, die Kekse etwas weniger zu backen als zu lange. Jede Woche absolviere ich mein Krafttraining, Intensitätstraining, meine Dehnübungen und natürlich mein Radfahrpensum, ohne mir dabei über die genaue Reihenfolge Gedanken zu machen.

Um sich zu verbessern, brauchen Radsportler spezifische und aussagekräftige Rückmeldungen. Ich habe Trainingstagebücher, die bis ins Jahr 1974 zurückreichen. Heutzutage achte ich auf vier Informationen:

1. Meine Stimmung, angezeigt durch ein lachendes, neutrales oder trauriges Smiley-Symbol. Meine Trainerin, Michelle Grainger, hat mir diesen Tipp gegeben.
2. Die Stunden, die ich pro Tag trainiere, der Einfachheit halber gerundet auf die nächste Viertelstunde.
3. Die Arten von Übungen, die ich an jedem Tag absolviere und, falls ich im Freien trainiert habe, wohin sie mich geführt haben.
4. Wie mir meine Kleidung passt. Es ist ein Erfolgserlebnis für mich, wenn meine Hose nicht mehr so eng sitzt!

Sowohl der strukturierte Plan für den ersten Typ als auch das flexible Programm für den zweiten Typ beinhalten bestimmte zentrale Elemente:
→ Klare Ziele
→ Ehrliche Selbstbeurteilung
→ Fokussiertes Training, entweder bezogen auf konkrete Ziele oder nach bewusst angewendeten Trainingsprinzipien
→ Feedback, um den Fortschritt zu messen und – falls erforderlich – den Ansatz anzupassen

zweite ist entspannter und macht vielleicht mehr Spaß.

Grundsätzlich erfordern stark leistungsbezogene Ziele wie der Sieg bei einer Veranstaltung, das Erreichen einer Altersgruppenplatzierung oder einer persönlichen Bestzeit eine detailliertere Strategie mit konkreten Zielen. Ein Fahrer, der vorhat, zum ersten Mal erfolgreich eine Veranstaltung zu bewältigen, kann einen weniger strukturierten Ansatz wählen. Wir werden uns beide Methoden genauer ansehen.

Sind Sie der Fahrertyp, der gern die neueste Radsporttechnologie nutzt? Protokollieren und analysieren Sie Ihre Trainingsdaten mit Trainingssoftware und Auswertungstabellen? Wenn ja, werden Sie wahrscheinlich von einem strukturierteren Planungsansatz profitieren.

Wissen Sie, wenn Sie von einer Tour zurückkommen, zwar ungefähr, wie lange Sie gefahren sind, müssen aber schätzen, wenn Sie gefragt werden, wie weit Sie gefahren sind? Vergleichen Sie gedanklich, wie Sie sich bei dieser Wochenendtour im Vergleich zum vergangenen Wochenende gefühlt haben, und nehmen Sie diesen Vergleich als Grundlage, um über die nächste Wochenendtour nachzudenken? Wenn ja, werden Sie an einem flexibleren Trainingsansatz mehr Gefallen finden als an einem systematischen Plan.

Für leistungsorientierte Fahrer ebnen die kleinen, kurzfristigen Ziele den Weg zum Erreichen der Hauptziele. Jahresziele können in Monatsziele, wöchentliche Ziele und spezifische Zwecke für jede einzelne Trainingsfahrt unterteilt werden. Am Anfang ist das Aufstellen von Zielen möglicherweise nicht einfach – es erfordert harte Arbeit. Wenn Sie spezifische Ziele entwickeln, werden Sie:

→ produktiver trainieren,
→ effizienter an Ihren Schwächen arbeiten und
→ bei Veranstaltungen konzentrierter und weniger nervös sein.

Wie lauten Ihre allgemeinen Ziele für dieses Jahr? Können Sie spezifische Ziele für die verschiedenen Phasen Ihrer Vorbereitung entwickeln? Ihr Hauptziel, Ihre allgemeinen und spezifischen Ziele können beispielsweise so wie in Abbildung 2.1 aussehen.

Wenn Sie einen quantitativen Ansatz wählen, werden Sie spezifische Ziele zuordnen wollen. Zum Beispiel während des Grundlagentrainings die allgemeine Ausdauer bis zu einem 2,5-stündigen Crosstraining-Workout aufbauen und im Rahmen der veranstaltungsspezifischen Vorbereitungsphase die Trainingsfahrten bis auf 6 Stunden Länge aufbauen.

Wenn Sie bei der Vorbereitung einen strukturierten Ansatz verfolgen, legen Sie vor jeder Ausfahrt oder Trainingseinheit ein spezifisches Ziel fest. Sie werden sich am effektivsten verbessern, wenn Sie jeweils nur an einem Aspekt arbeiten, zum Beispiel die Ausdauer erhöhen, indem Sie weiter als zuvor fahren, Ihre Bergfahrqualität verbessern oder das Fahren in der Gruppe üben.

ABBILDUNG 2.1 Beziehung zwischen Hauptzielen, Phasen und Einzelzielen

	Grundlagenphase	Veranstaltungsspezifische Vorbereitungsphase	
Allgemeine Ziele	Spezifische Ziele	Spezifische Ziele	**Hauptziel:** Mäßig hügeliges Century erfolgreich absolvieren
#1 Bergfahrqualität verbessern	Erhöhung der Beinkraft im Fitnessstudio	Erhöhung der funktionellen Beinkraft durch Bergfahren	
#2 Ausdauer erhöhen	Erhöhung der allgemeinen Ausdauer durch Crosstraining	Erhöhung der radsportspezifischen Ausdauer	

Trainingsaufzeichnungen und Trainingstagebücher führen

Ob Sie nun einen strukturierten oder flexiblen Ansatz für Ihre Planung und Ihr Training verfolgen, das Feedback ist entscheidend. Jeder Fahrer benötigt Aufzeichnungen, um seine Fortschritte beurteilen und das zukünftige Training planen zu können. Was sich unterscheidet, sind die Arten von Informationen, die der einzelne für relevant befindet.

Führen Sie ein auf Ihre Ziele abgestimmtes Trainingslog- oder -tagebuch, damit Sie Ihr Training und Ihre Fortschritte nachverfolgen können. Dieses Tagebuch wird letztlich zu Ihrem persönlichen Trainingshandbuch. Jeder Mensch spricht anders auf Training an, und weil man die Zukunft nun einmal nicht voraussehen kann, ist sogar ein eigens für Sie aufgestellter Plan möglicherweise nicht perfekt. Trainingsaufzeichnungen zu führen, erfordert einigen Aufwand, aber die dabei gesammelten Informationen werden Ihnen dabei helfen, ein besserer Radsportler zu werden.

Trainingslogbücher können die unterschiedlichsten Formen haben, von einfachen Notizbüchern, in die Sie Informationen eintragen, bis hin zu komplexer Software, mit der unterschiedlichste Aspekte des Radsports erfasst werden. Sie müssen möglicherweise ein wenig experimentieren, bis Sie die für Sie am besten geeignete Form gefunden haben. Die Informationen zeitnah einzutragen und dies langfristig und regelmäßig durchzuhalten, wird Ihnen zu genauen Informationen verhelfen. Wenn Ihnen eine bestimmte Logbuchmethode oder ein Programm zu kompliziert erscheint, wechseln Sie zu einer einfacheren Methode – besser ein einfaches Logbuch führen als gar keins.

Gehen Sie Ihr Logbuch regelmäßig durch, um Ihre Fortschritte zu begutachten. Sie werden eine Menge über sich selbst lernen und in der Lage sein, fundierte Entscheidungen in Bezug auf Ihr Training zu treffen. Ein Beispiel: Nach einem harten Arbeitstag oder einer unruhigen Nacht ist Ihr Befinden am nächsten Tag gut, zwei Tage später jedoch fühlen Sie sich erschöpft. Wenn Sie Ihre Stimmungen und Ihr Energieniveau mithilfe des Logbuchs protokolliert haben, sind Sie in der Lage, dieses Muster zu erkennen. Wenn Sie dann eine Trainingseinheit mit hoher Intensität geplant haben, können Sie vorausschauend handeln, diese Trainingseinheit verschieben und stattdessen eine lockere Ausfahrt machen.

ABBILDUNG 2.2 Beispiel für ein Trainingslogbuch

Trainingsplan

Tag	Datum	Einheiten	Zeit (hh:min)
Mo	4.4.	Rumpfkräftigung	0:15
Di	5.4.	Schnelle Fahrt 0:10 Aufwärmen 0:10 gemischte Intensität hart Regeneration 0:10 Ausfahren Dehnübungen	0:30 0:10
Mi	6.4.	Aktive Regeneration	0:20
Do	7.4.	Tempofahrt Dehnen	0:40 0:10
Fr	8.4.	Rumpfkräftigung	0:15
Sa	9.4.	Lange Ausfahrt Dehnen	1:30 0:20
So	10.4.	Aktive Regeneration Krafttraining	0:30 0:20
Gesamt			**5:00**

Auswahl Ihrer Veranstaltung **Kapitel 2**

	Trainingsdaten					Gewicht 77 kg
Intensität	Gesamtzeit (hh:min)	Gesamt-km	Durchschn.-Puls	Durchschn.-Geschwindigkeit	Gesamt-Anstieg	Kommentare
	0:10					
	0:30	8,0		16		Harte Intervalle,
120–152 bpm			145			verspannt,
153–160 bpm			155			extra Dehnübungen
<120 bpm			115			
<120 bpm			110			
<120 bpm	0:20					Besorgungen gemacht
141-152 bpm	0:30	8,0	145	16		Anstrengender Arbeitstag,
	0:10					fühlte mich etwas müde,
						Rücken verspannt
	0:15					
	1:45	26,3				Zwanglose Vereinstour, muss Freunde
	0:20					überreden, ein Century mitzufahren
	0:45					Gewandert mit Familie und Hund
	0:20					
	5:20	42,3				

Zeichnen Sie in Ihrem Logbuch die Daten auf, die für Ihre individuellen Bedürfnisse relevant sind. Beginnen Sie im Zweifelsfall mit einem einfachen Format und beziehen Sie weitere Informationen mit ein, wenn diese für Sie nützlich werden. Daten können in zwei Kategorien unterteilt werden: quantitative und qualitative. Fahrdistanz, Zeit, Durchschnittsgeschwindigkeit, durchschnittliche Herzfrequenz, Schlafzeit in Stunden, Gewicht und so weiter sind quantitative Daten. Ihre Motivation am Morgen, Ihr Befinden während der Übung, die Schlafqualität, die Bewertung der Trainingseinheiten, Stressfaktoren im Alltagsleben und sonstige ähnliche Faktoren sind qualitative Elemente, die Sie als Radsportler beeinflussen. Abbildung 2.2 zeigt das Muster eines Wocheneintrags im Trainingslogbuch eines Radsportlers, der eine Grundlagentrainingsphase, die wir in Kapitel 3 beschreiben werden, abgeschlossen hat und gerade das zielgerichtete Training für ein Centuryevent beginnt. Die in dieser Abbildung gezeigten Intensitätsraten basieren auf der Verwendung eines Pulsfrequenzmessgeräts; weitere Methoden zur Belastungsmessung werden wir in Kapitel 6 erörtern. Mehrere Onlinelogbücher finden Sie im Anhang zu diesem Buch.

Es gehört zum Training, sich immer wieder zu stärkeren Beanspruchungen als zuvor anzuspornen. Wenn Sie die Belastung genügend erhöhen, passen Sie sich an und werden fitter. Wenn Sie sich zu viel zumuten, kann es zu Übertraining kommen und Ihre Leistungsfähigkeit kann zurückgehen. Forschungen haben gezeigt, dass der beste Vorbote für Übertraining Ihre Stimmung ist, insbesondere Ihre Stimmung beim Aufwachen. Freuen Sie sich darauf, auf Ihr Rad zu steigen oder möchten Sie am liebsten in Ihr Bett zurückkriechen? Sie können Ihre Stimmung in ein oder zwei Sätzen festhalten, sie auf einer Skala von +3 bis –3 bewerten oder mit gezeichneten Smiley-Gesichtern darstellen. Welche Methode Sie auch immer wählen, Sie werden möglicherweise Stimmungsmuster erkennen, die Einfluss auf Ihre Radsportaktivitäten haben.

Sicherheit: Sie sind unsichtbar

Beim Fahren kann es Ihnen passieren, dass ein Autofahrer direkt vor Ihnen ausschert oder ein Radfahrer nach dem Überholen scharf vor Ihnen einschert. Was können Sie tun? Gehen Sie beim Fahren davon aus, dass Sie unsichtbar sind und ergreifen Sie entsprechende Sicherheitsmaßnahmen.

→ Tragen Sie zur Verbesserung Ihrer Sichtbarkeit helle Kleidung und helle Ausrüstung. John trägt einen Trinkrucksack mit einem „H" aus reflektierendem Tape auf der Rückseite und an seiner Satteltasche hängt ein reflektierendes Dreieck.

→ Kaufen Sie sich einen Spiegel und benutzen Sie ihn. Je schwieriger es für Autofahrer ist, Sie zu sehen, desto wichtiger ist es, dass Sie auf die Autos achten! Durch regelmäßige Blicke nach hinten können Sie mögliche Probleme frühzeitig erkennen und vermeiden. Rückspiegel sind zur Montage am Lenkerende, am Helm oder an der Brille erhältlich. Wir bevorzugen Helmspiegel, da man mit ihnen problemlos nach hinten schauen kann, während der Blick zugleich nach vorn gerichtet bleibt. Bei einem Lenkerspiegel muss man zunächst nach unten und dann wieder nach oben schauen, und bei jeder Fahrt einen Spiegel an der Brille anbringen beziehungsweise immer die Brille tragen zu müssen, kann unbequem sein. Welche Art Sie auch wählen, der Spiegel sollte problemlos und ständig zu benutzen sein.

→ Achten Sie bei abbiegenden Fahrzeugen auf die Vorderräder. Sie können die Seitwärtsbewegung der Vorderräder sehen, bevor ein Fahrzeug die Richtung ändert.

→ Versuchen Sie an Kreuzungen, Blickkontakt mit Auto- oder Radfahrern herzustellen, die Ihnen begegnen. Winken Sie freundlich – die Bewegung kann die Aufmerksamkeit der Person erregen. Durch Blickkontakt werden Sie sichtbar.

→ Geben Sie immer Handzeichen, bevor Sie die Richtung ändern. Auch wenn Sie keine Fahrzeuge sehen, können sich Radfahrer oder Jogger nähern, die leicht zu übersehen sind.

Sie denken vielleicht: „Kann das Training schon losgehen?" Eine berechtigte Frage – schließlich haben wir bisher nichts anderes getan als für die Saison geplant: Ziele festgelegt, Veranstaltungen ausgewählt, unsere Grenzen begutachtet und ein Trainingslogbuch aufgestellt. Es wird Zeit, dass wir uns bewegen! In Kapitel 3 besprechen wir Maßnahmen zur Verbesserung der Fitness und zur Vorbereitung auf das Haupttrainingsprogramm.

Kapitel 3

Grundlagentraining

Nachdem wir uns nun ausführlich mit der Auswahl einer geeigneten Radsportveranstaltung und unseren Zielsetzungen befasst haben, können wir den Blick darauf lenken, wie wir zu einem auf die Veranstaltung zugeschnittenen körperlichen Training kommen. Sie werden erfolgreicher Radsport betreiben, wenn Sie ein Grundlagentraining durchführen, das auf Ihre persönlichen Ziele, Ihre Erfahrung und Ihre Stärken und Schwachpunkte abgestimmt ist. Die Entwicklung Ihres persönlichen Trainingsprogramms braucht etwas Zeit. Diese Zeit sollten Sie zunächst für ein aerobes Training an drei oder vier Tagen pro Woche nutzen. Abhängig von der Saison und Ihren Interessen bieten sich Radfahren, Joggen, Walking, Schneewandern, Skilanglauf, Schwimmen oder ein Mannschaftssport an.

In diesem Kapitel möchten wir eine fiktive Person namens Mark vorstellen. Mark hat die Empfehlungen aus Kapitel 2 befolgt.

→ Er hat über seine Radsporterfahrung nachgedacht: Im Sommer bereiten ihm 80 Kilometer lange Vereinstouren in moderatem Terrain keine Probleme.
→ Er hat sein Ziel festgelegt: die erfolgreiche Teilnahme am Vereinscentury im September.
→ Er hat seine Schwachpunkte definiert: Bei Steigungen oder wenn das Tempo anzieht, bricht er ein. Er kann eine Distanz von 80 Kilometern mit einem Energieriegel und einigen Flaschen Sportgetränk fahren, er möchte aber lernen, was er konsumieren sollte, um ausreichend für eine doppelt so lange Distanz versorgt zu sein.

Setzen Sie Ihren Namen an Marks Stelle und denken Sie über Ihre Ziele, Ihre Grenzen und Ihre Vorbereitung nach. Mark strebt an, die 160 Kilometer zu bewältigen. In Kapitel 6 beschreiben wir Beispiele für 8- und 15-Wochen-Trainingsprogramme für diese Distanz. Was sollte Mark tun, um sich auf eines dieser Trainingsprogramme vorzubereiten? Einige Monate vor Beginn des Trainingsprogramms für das Century-Event sollte seine Vorbereitung Folgendes umfassen:

→ Aerobes Training (Ausfahrten, Indoor-Training mit Rollentrainer oder Ergometer sowie Crosstraining) zum Ausdaueraufbau
→ Krafttraining (zu Hause oder im Fitnessstudio) zum Kraftaufbau
→ Dehnübungen, um locker und elastisch zu bleiben

Wenn Sie ebenfalls das Ziel haben, ein 160-km- oder 200-km-Event zu fahren, können Sie diese Übungen einsetzen, um Ihre Leistungen im Radsport zu verbessern, Verletzungen zu vermeiden und Ihre Gesundheit und Leistungsfähigkeit auch außerhalb des Radsports zu steigern.

Muskeln und Energiesysteme im Radsport

Unsere Trainingsmethoden und -prinzipien basieren zum Teil darauf, wie die Muskeln und Energiesysteme des Körpers beim Fahren arbeiten. Muskeln bestehen aus Muskelfasern, die entweder dem Fast-Twitch-Typ (schnell zuckend) oder dem Slow-Twitch-Typ (langsam zuckend) zuzuordnen sind. Diese Begriffe beziehen sich darauf, wie schnell die Muskelfasern reagieren, nicht darauf, wie schnell sich die Beine bewegen. Die genetische Veranlagung spielt eine bedeutende Rolle bei der Zusammensetzung der Muskelfasern im Körper: Manche Menschen haben von Geburt an einen hohen Anteil an Fast-Twitch-Fasern, während andere einen hohen Prozentsatz von Slow-Twitch-Fasern aufweisen. Muskelfasern des Slow-Twitch-Typs sind ermüdungsresistent, wohingegen solche des Fast-Twitch-Typs mehr Kraft entfalten, aber leichter ermüden.

Langstreckenradsportler, Läufer, Triathleten und andere Ausdauersportler greifen vorwiegend auf die Slow-Twitch-Fasern zurück, während Bahnsprinter, Fußballer, Basketballer und sonstige Kraftsportler auf die Fast-Twitch-Fasern angewiesen sind. Liegen die Zielsetzungen im Bereich von Weltklasseleistungen, so ist der proportionale Anteil der unterschiedlichen Muskelfasertypen von hoher Bedeutung. In allen anderen Leistungsbereichen jedoch können Menschen aller Größen und Körperformen unabhängig von ihren genetisch bedingten Anteilen an Slow- und Fast-Twitch-Muskelfasern an Radsportevents teilnehmen und Spaß dabei haben.

Wir haben Mark zum Abendessen in ein Restaurant eingeladen, um sein Training zu besprechen. Wir haben Hähnchenschenkel und als Hauptgericht gegrillte Hähnchenbrust bestellt. Anhand dieser Speisen können wir Mark auch die Muskelfasern erläutern.

Ein Huhn kann den ganzen Tag lang herumlaufen, weil in seinen Beinen überwiegend Slow-Twitch-Fasern vorhanden sind, die Fett effizienter als Energiequelle nutzen, was für eine höhere Ausdauer förderlich ist. Die Verstoffwechselung von Fett erfordert mehr Sauerstoff, daher werden Slow-Twitch-Muskeln reichlich durchblutet. Die Hähnchenschenkelvorspeise, der Beinmuskel eines Hähnchens, wird reichlich mit Blut versorgt, daher ist das Fleisch dunkler beziehungsweise rot. Die Beinmuskulatur des Huhns ist nicht besonders kräftig, kann jedoch dank der Slow-Twitch-Fasern über lange Zeit hinweg aktiv sein.

Hühner können nur für kurze Zeit abheben, daher besteht die Brust des Huhns überwiegend aus Fast-Twitch-Fasern, die die zum Abheben nötige Kraft liefern. Diese Muskeln entfalten mehr Kraft, aber sie ermüden schnell. Sie werden weniger stark durchblutet, daher ist das Brustfleisch hell. Andererseits können Zugvögel wie Enten oder Gänse lange Distanzen im Flug zurücklegen. Die Brustmuskulatur dieser Vögel besteht vorwiegend aus Slow-Twitch-Fasern, daher ist ihr Brustfleisch dunkel.

Muskelfasern benötigen Energie, und diese wird durch ATP-Moleküle (Adenosintriphosphat) bereitgestellt. ATP ist an jeder Muskelbetätigung, sei es Geschirr spülen oder ein Sprint auf einen steilen Hügel, beteiligt. Der Körper greift auf drei Energiesysteme zurück, bei allen drei ist ATP beteiligt:

1. Das ATP-CP-System (oder Phosphat-System). Dieses System nutzt das in den Muskeln gespeicherte ATP, das sofort für den Energiebedarf verfügbar ist. Das gespeicherte ATP reicht für 5 bis 20 Sekunden intensiver Belastung. Sprints sowie alle anderen Maximalbelastungen beruhen auf diesem System.
2. Das Milchsäure-System (oder Glykolyse-System). Wenn die ATP-Speicher entleert sind, werden Kohlenhydrate (entweder im Muskel gespeichertes Glykogen oder im Blut enthaltene Glukose) zu Laktat verstoffwechselt, das für die Regeneration von ATP benötigt wird. Milchsäure ist ein Nebenprodukt dieses Prozesses. Dieses System

kommt beispielsweise bei harten Anstiegen, der Führungsarbeit in einer schnellen Gruppe und ähnlichen hohen Belastungen zum Einsatz.

3. Das aerobe (oder oxidative) System. Bei mäßigen Belastungen verstoffwechselt der Körper Kohlenhydrate (in Form von Glykogen oder Glukose) und Fett zur Energiegewinnung und dieser Prozess erfordert ein hohes Maß an Sauerstoff. Bei diesem Fett kann es sich entweder um gespeichertes Körperfett oder um Fett aus dem Verdauungssystem handeln. Die Verstoffwechselung von Fett setzt voraus, dass Kohlenhydrate vorhanden sind – das Fett verbrennt gewissermaßen in der Flamme der Kohlenhydrate. Aufgrund der großen Menge bereitgestellter Energie ist dieses Energiesystem der bedeutendste Energielieferant für Langstrecken-Radsportler. Bei 80- und 160-km-Fahrten, Brevets und sonstigen Langstreckenveranstaltungen kommt es in erster Linie auf die aerobe Energieproduktion an.

Wie in Abbildung 3.1 gezeigt, greift man je nach Bedarf auf die einzelnen Energiesysteme zu. Nehmen wir einmal an, Sie befinden sich auf einer langen Ausfahrt. Während Sie in moderatem Tempo auf einer ebenen Straße fahren, bezieht Ihr Körper seine Energie zum größten Teil aerob. Sie erreichen einen steilen Anstieg. Ihre Pulsfrequenz und Ihre Atmung werden schneller, da Sie in das Milchsäuresystem übergehen, um zusätzliche Energie abzurufen, während das aerobe System weiterhin seinen Beitrag leistet. Am Gipfelpunkt des Anstiegs werden Sie plötzlich von einem knurrenden Hund verfolgt. Ihr ATP-CP-System schaltet sich ein und unterstützt die anderen beiden Systeme, während Sie einen Sprint einlegen, um dem Hund zu entkommen. Als die Situation ausgestanden ist, sinkt Ihre Pulsfrequenz wieder, der Bedarf für das ATP-CP- und das Milchsäuresystem verringert sich und Ihr Körper greift wieder überwiegend auf das aerobe System zurück, bis die nächste hohe Belastung auftritt.

Prinzipien des Trainings

Beim Abendessen fragen wir Mark, ob er viel Zeit für die Vorbereitung auf die Centurydistanz zur Verfügung haben wird. Er lacht: „Ich habe eine Frau, zwei lebhafte Kinder, einen Job und einen Garten." Glücklicherweise kann Mark auf bewährte Prinzipien zurückgreifen, um sein Training wirksamer und effizienter zu gestalten. Die folgenden acht Prinzipien bieten in ihrem Zusammenwirken eine solide Grundlage und reduzieren das Risiko von Übertraining und Verletzungen:

ABBILDUNG 3.1 Der Grad der Beteiligung der einzelnen Energiesysteme ist abhängig von der Menge und dem Typ der benötigten Energie.

Sprinten — ATP-CP
Fahren in zügigem Tempo — MILCHSÄURE nutzt Kohlenhydrate
Ausdauerfahren — Das AEROBE System nutzt Fett und Kohlenhydrate

Energie ↑

1. Überlastung im Training führt zu Adaptation (Anpassung): Wenn vom Körper etwas gefordert wird, das er nicht leisten kann, passt er sich so an, dass er die neue Belastung meistern kann. Wird jedoch vom Körper zu viel verlangt, kann es natürlich vorkommen, dass er rebelliert.
2. Progressive Überlastung: Die Anpassung im Training funktioniert am besten, wenn die Überlastungen progressiv eingeführt werden und ein Rhythmus von Belastung und Entlastung eingehalten wird, der eine Verbesserung ermöglicht. Denken Sie an die Schule zurück. Jede Klasse stellte eine größere Herausforderung als die vorherige dar und die Ferien zwischen den Schuljahren bewirkten, dass Sie frisch blieben. Um die progressive Überlastung auf das Radfahren zu übertragen, kann Mark sein Trainingsvolumen erhöhen, indem er häufigere oder längere Trainingseinheiten fährt. Er kann die Intensität erhöhen, indem er schnellere oder hügeligere Einheiten einbaut. Neben der Steigerung von Volumen und Intensität kann Mark auch an seiner Technik arbeiten, indem er beispielsweise Kurven fahren, Bergfahren im Wiegetritt und Fahren in der Gruppe trainiert.
3. Individualität: Mark ist ein Individuum und wird auf seine Art und Weise auf ein Trainingsprogramm ansprechen. Radsportler haben unterschiedliche Zusammensetzungen von Fast-Twitch- und Slow-Twitch-Muskelfasern, unterschiedliche Fitnessniveaus und verschiedene psychologische Bedürfnisse. Daher sollten Fitnessprogramme den individuellen Bedürfnissen Rechnung tragen. Die Beispiel-Programme im weiteren Verlauf dieses Buchs beinhalten Optionen, die es ermöglichen, das Training auf die individuellen Umstände abzustimmen.
4. Spezifität: „Fahren Sie möglichst viel", lautete der Rat, den Radsportlegende Eddy Merckx erteilte, um erfolgreich im Radsport zu sein, und er hat recht: Um besser Rad zu fahren, muss man Zeit auf dem Rad verbringen. Muskeln und Nervensystem passen sich spezifisch an die Anforderungen an, die an sie gestellt werden. Mark kann selbstverständlich Fußball und Basketball mit seinen Freunden spielen, er sollte jedoch regelmäßig Rad fahren, damit sich sein Körper an das Radfahren gewöhnt.
5. Isolation: Die Spezifität hat zwar einen entscheidenden Stellenwert, dennoch ist es so, dass die Isolation eines spezifischen Faktors zu einer gesteigerten Fitness in dieser Komponente führt. Zum Beispiel kann Mark mit radsportspezifischen Kraftübungen mehr Beinkraft aufbauen, als er es durch häufiges Fahren erreichen würde. Er muss diese Kraft jedoch auch für das Radfahren nutzen können und daher im späteren Verlauf der Saison Intensitätseinheiten in sein Programm aufnehmen.
6. Variation: Damit er sich weiter verbessern kann, braucht der Körper neue Herausforderungen. In diesem Frühling ist Mark zweimal wöchentlich jeweils 15 Kilometer in flachem Terrain mit einer Durchschnittsgeschwindigkeit von 24 Kilometern pro Stunde gefahren und hat am Wochenende jeweils eine leicht hügelige 40-km-Tour bewältigt. Das kann er gut! Marks Ziel sind die 160 Kilometer, also muss er die Strecke seiner Wochenendtouren erhöhen. Da er schneller werden möchte, sollte er nach

dem Aufbau seiner Ausdauer die Herausforderung suchen, ein- oder zweimal wöchentlich eine schnellere Tour zu fahren. Einer von Marks Schwachpunkten ist das Fahren am Berg, also sollte er im Spätsommer Fahrten in hügeligem Gelände in sein Programm aufnehmen. Der regelmäßige Wechsel der Überlastungsform hilft Mark dabei, sich zu verbessern und verhindert zugleich, dass Langeweile aufkommt.

7. Reversibilität: Die Fortschritte, die durch das Training erzielt werden, haben keine dauerhafte Wirkung. Um sein Fitnessniveau zu halten, muss Mark weiterhin trainieren. Tageweise und gelegentliche wochenweise Pausen zur Regeneration sind wichtig. Wenn Mark jedoch drei oder vier Monate Pause macht, nachdem er die Fahrt von 160 Kilometern bewältigt hat, wird er seine Form von Grund auf neu aufbauen müssen, falls er erneut eine vergleichbare Strecke fahren will. Wenn das Training eingestellt wird, merkt der Körper, dass er die Anforderungen des Trainings nicht mehr erfüllen muss. Die Fitness sinkt auf das Niveau, das zum Ausführen der täglichen Aktivitäten erforderlich ist.

8. Regeneration: Regeneration ist ein entscheidender Aspekt des Trainings, da der größte Teil der Adaptionen dann auftritt, wenn der Körper sich ausruht, und nicht während des Trainings. Regeneration ist besonders wichtig nach Trainingseinheiten mit hoher Intensität, da dann Mikrotraumata in den Muskeln auftreten können. Um sich kontinuierlich zu verbessern, braucht der Körper Zeit zum Neuaufbau. Marks Arbeit, die Schule, Familie und andere Verpflichtungen fordern allesamt seine physischen und psychischen Kapazitäten. Nimmt man die Trainingsbelastung noch hinzu, kann die Überlastung manchmal zu viel werden. Indem Mark Ruhephasen und Regeneration in sein Trainingsprogramm einbezieht, macht er weiter Fortschritte, statt sich zu sehr auszupowern.

Frühes Training

Wenn Sie bisher nicht regelmäßig trainiert haben, benötigt Ihr Körper mindestens zwei Monate Grundlagentraining, um sich auf ein veranstaltungsspezifisches Trainingsprogramm vorzubereiten, unabhängig davon, ob es sich um ein 8- oder ein 15-Wochen-Programm handelt. Marks Century findet in sechs Monaten statt, und er kann es kaum erwarten, zu beginnen. Er hat 8 Wochen Vorbereitungstraining und anschließend das 15-Wochen-Trainingsprogramm, das in Kapitel 6 beschrieben wird, eingeplant. Das Grundlagentrainingsprogramm sollte aerobes Training zur Verbesserung der Ausdauer, Krafttraining zur Verbesserung der Muskelkraft und Muskelbalance sowie Dehnübungen zur Verminderung von Schmerzen und zur Steigerung des Komforts auf dem Rad umfassen.

Aerobes Training

Aerobes Grundlagentraining bildet das Fundament des gesamten Trainings, und je solider das Fundament, desto besser kann es die Anforderungen härterer Trainingskomponenten unterstützen. Stellen Sie sich den Aufbau dieser aeroben Grundlage wie den Bau eines Hauses vor. Wenn das Fundament nicht solide ist, wird das Haus absinken oder zusammenfallen.

Das aerobe Grundlagentraining baut die für eine erfolgreiche Radsportsaison nötige Ausdauer auf, es ist, als würde man Kilometer wie Geld in die Bank einzahlen. In seinem Buch „Serious Cycling" (2002) schreibt Dr. Edmund Burke, dass Ausdauerfahren ein Muss für alle Radsportler ist, weil es

→ das Kohlenhydrate-Speicherpotenzial von Leber und Muskeln steigert,
→ das Atmungssystem verbessert und so dem Kreislauf mehr Sauerstoff zur Verfügung stellt,
→ die Pumpleistung des Herzens erhöht, sodass mehr Blut zu den arbeitenden Muskeln gepumpt werden kann,
→ hilfreich für das Wärmeregulationssystem ist, indem es die Durchblutung der Haut fördert,
→ zu einer erhöhten neuromuskulären Effizienz beim Fahren führt,
→ die Fettverbrennungskapazität während langer Fahrten erhöht und
→ die Ausdauer der am Radfahren beteiligten Muskeln durch eine Erhöhung der Mitochondrienanzahl verbessert – dies sind die subzellularen Strukturen in den Muskeln, in denen die aerobe Energie produziert wird.

Je nach Wohnort und Vorlieben kann der Grundlagenaufbau Fahrten im Freien, Crosstraining und Indoortraining umfassen. Mark lebt im Norden. Gemäß dem Spezifitätsprinzip sollte Mark Rad fahren, entweder im Freien oder auf seinem Rollentrainer. Wenn jedoch das Wetter zum Problem wird oder Abwechslung gefragt ist, kann er auch Crosstraining betreiben.

Ausfahrten

Wenn die Umstände es zulassen, macht Mark mit seinen Freunden Vereinstouren an den Wochenenden und unternimmt mit seiner Familie Radtouren. Er lernt neue Leute kennen und genießt die Zeit, die er mit anderen auf dem Rad verbringt.

Die Ausfahrten sollten eine moderate Intensität haben und in einem Tempo erfolgen, in dem Gespräche ohne Probleme möglich sind. Wenn Mark es nicht schafft zu reden, und zwar möglichst in ganzen Sätzen, ist die Belastung zu intensiv. Letztlich möchte Mark schneller fahren und besser klettern können. Nachdem er sich seine aerobe Grundlage aufgebaut hat, wird er fit genug sein, um an diesen Bereichen zu arbeiten.

Anstatt nur zu fahren, nutzt er die Grundlagenperiode, um sich in bestimmten Aspekten des Radfahrens weiterzuentwickeln. Bei Ausfahrten in der Gruppe wird er sicherer beim Fahren mit anderen.

Mark fährt mit einem runden Tritt und einer Trittfrequenz von 80 bis 90 Umdrehungen pro Minute (U/min) in mittleren Gängen. Zur Verbesserung seiner Bergfahrqualität und Gesamtgeschwindigkeit könnte er der Versuchung erliegen, in höheren Gängen zu fahren, wenn er jedoch zu früh zu intensiv fährt, riskiert er Verletzungen, weil er seine Grundlage noch nicht aufgebaut hat. Seine Muskeln sind noch nicht bereit für die Belastung.

Lange Distanzen zu fahren, erfordert regelmäßiges Essen und Trinken, und dies beim Fahren erledigen zu können, ist wesentlich bequemer, als dafür anhalten zu müssen. Mark übt regelmäßig, zu essen und zu trinken und zugleich sicher zu fahren. Er nutzt diese Phase, um verschiedene Energielieferanten auszuprobieren

Sicherheit: Im Sattel bleiben!

Fahren in der Gruppe macht mehr Spaß als allein zu fahren und kann auch weniger anstrengend sein. Wenn man in flachem Terrain mit 24 Stundenkilometern fährt, ist der Luftwiderstand das Haupthindernis – mit einer Erhöhung der Geschwindigkeit steigt der Luftwiderstand exponentiell an. Wenn Sie hinter einem anderen Fahrer im Windschatten fahren, können Sie damit Ihre Belastung signifikant senken. Es erfordert jedoch einiges fahrerisches Können, mit anderen in einer Gruppe zu fahren, ohne dass Unfälle auftreten.

Um beim Fahren in der Gruppe sicher im Sattel zu bleiben, sollten Sie die folgenden Punkte beachten:

Achten Sie darauf, dass Ihr Vorderrad niemals mit dem Hinterrad Ihres Vordermanns überlappt.

→ Seien Sie aufmerksam beim Fahren, auch dann, wenn Sie sich gerade unterhalten. Lassen Sie sich nicht ablenken.
→ Wenn Sie als erster in der Gruppe fahren, machen Sie die Mitfahrer durch Rufen und Anzeigen auf Gefahrenquellen aufmerksam. Zeigen Sie auf die Gefahrenstelle und rufen Sie, je nach Art der Gefährdung: „Schlagloch!" „Schotter!" „Glas!"
→ Verlassen Sie sich insbesondere in einer neuen Gruppe zu Ihrer eigenen Sicherheit nicht darauf, dass die vor Ihnen Fahrenden auf alle Hindernisse aufmerksam machen. Fahren Sie leicht links oder rechts versetzt hinter dem vor Ihnen Fahrenden, sodass Sie die Straße vor Ihnen im Blick haben und mögliche Problemstellen sehen können.
→ Lernen Sie, geradeaus zu fahren, damit Sie kein Risiko für andere Fahrer darstellen. Kündigen Sie einen beabsichtigten Positionswechsel immer durch Signale oder Rufe an.
→ Fahren Sie gleichmäßig. Anstatt zu beschleunigen und wieder abzubremsen, um in der Gruppe zu bleiben, lieber leicht beschleunigen und anschließend – wenn nötig – leichter treten oder nur sanft die Bremsen betätigen.
→ Achten Sie auf Ihr Vorderrad. Lassen Sie Ihr Vorderrad nicht mit dem Hinterrad des vor Ihnen Fahrenden überlappen. Wenn Ihre Laufräder überlappen und der Vordermann zur Seite ausschert, sind Sie beide in Gefahr.

Diese Tipps gelten immer, wenn Sie gemeinsam mit anderen fahren. In Kapitel 6 beschreiben wir die komplexere Technik des Radfahrens in einer Formation.

und sein Verdauungssystem an die Verarbeitung von Nahrung und Getränken während des Fahrens zu gewöhnen. Eine von uns trainierte Ausdauerfahrerin aß genau aus diesem Grund jeden Morgen ihr Frühstück auf dem Rollentrainer. In Kapitel 4 werden wir noch sehr viel mehr über Energielieferanten erfahren.

Mark nutzt seine Grundlagenphase auch, um seine Ausrüstung zu testen. Er hat ein neues Rad mit Klickpedalen, deren Handhabung zunächst ungewohnt ist. Aus Sicherheitsgründen achtet er darauf, sich an seine Ausrüstung zu gewöhnen. Er hat auch einen neuen Pulsfrequenzmesser sowie einen Fahrradcomputer und nutzt die Ausfahrten, um sich mit deren Bedienung und den von ihnen gelieferten Informationen vertraut zu machen. In Kapitel 5 werden wir das Thema Ausrüstung genauer behandeln. Neben seinen Ausfahrten mit dem Verein und seinen Freunden erkundet Mark auch neue Routen. Seine Freunde machen ihm Vorschläge und mithilfe von Karten, Kartensoftware und Websites arbeitet er neue Routen aus. Er plant, ein neues Restaurant auszuprobieren, einen Freund zu besuchen und eine Picknicktour mit seiner Familie zu unternehmen. Das Grundlagentraining sollte Spaß machen und nicht nur im Abspulen von Kilometern bestehen.

Wenn das Wetter es erlaubt, kann Mark mit dem Rad zur Arbeit fahren. Einmal wöchentlich könnte er dafür das Auto nehmen, um saubere Arbeitskleidung mitzubringen und die Schmutzwäsche wieder mitzunehmen. Er könnte auch eine kurze Strecke auf dem Hinweg zur Arbeit nehmen, um nicht verschwitzt zur Arbeit zu erscheinen, und auf dem Rückweg eine längere Strecke fahren. Bevor er mit dem Rad zur Arbeit fährt, sollte er etwas essen und Obst und Frühstücksriegel mitnehmen, die er dann bei der Arbeit essen kann. Mit dem Rad zur Arbeit pendeln spart Benzin, ist umweltfreundlich und macht Spaß.

Regeneration während des Grundlagentrainings ist wichtig. Wir haben Mark erläutert, dass sein Körper sich an die Belastung anpasst, während er sich ausruht. Mark fährt im Freien, wenn er die Möglichkeit hat, außerdem macht er Crosstraining, Dehnübungen und Krafttraining. Wir haben ihm vorgeschlagen, die Zeit zu protokollieren, die er pro Woche für sein Training aufwendet, und das Trainingsvolumen nur um 5 bis 10 Prozent pro Woche zu steigern. Außerdem haben wir ihm empfohlen, alle drei oder vier Wochen das Niveau zumindest etwas stagnieren zu lassen und, falls Ermüdungserscheinungen auftreten, das Training für eine Woche herunterzufahren. Diese eingeplanten Regenerationswochen im Training helfen Mark, sich vor der nächsten Steigerung des Trainingsvolumens physisch und mental zu erholen.

Crosstraining

Zwar ist es wichtig, auf dem Fahrrad zu trainieren, aerobe Aktivitäten abseits des Radfahrens bieten jedoch Spaß und tragen allgemein zu einem verbesserten Gesundheitszustand bei. Denken Sie einmal über den biomechanischen Aspekt des Radfahrens nach. Sie sitzen im Sattel und tragen kein Gewicht. Ihre Beinmuskeln üben kreisförmige Bewegungen aus und nutzen dabei einen bestimmten Muskelanteil, der ein spezifisches Bewegungsmuster ausführt. Ihre Rumpfmuskulatur sollte aktiviert sein, damit sie eine Plattform bildet, gegen die Ihre Beinmuskulatur drücken und ziehen kann. Ihr Oberkörper kontrolliert das

Crosstraining funktioniert!

Von Muffy Ritz

Crosstraining bedeutet Training auf verschiedene Arten, um die allgemeine Leistungsfähigkeit zu steigern, aber auch die Kombination von Übungen zum Training verschiedener Körperpartien. Wir alle wissen, dass eine ausgewogene Ernährung die beste Ernährung ist. Das gleiche gilt für ein ausgewogenes Trainingsprogramm, das alle Systeme des Körpers einbezieht – Ausdauer, Kraft und Leistungsfähigkeit – indem die Abläufe geändert werden und der Körper unterschiedlichen Belastungen ausgesetzt wird. Das bedeutet, das Fahrrad stehenzulassen und auf andere Arten zu trainieren.

Beim RAAM in den Jahren 1993, 1995 und 1997 habe ich jeweils eine Top-5-Gesamtplatzierung (Männer und Frauen) erreicht. 1993 habe ich den lange gültigen Rekord für Neuteilnehmerinnen beim RAAM mit einer Zeit von 9 Tagen, 16 Stunden und 29 Minuten für die 4.683 Kilometer von Irvine, California bis nach Savannah, Georgia aufgestellt, das entsprach einer Durchschnittsgeschwindigkeit von 20,1 Kilometer pro Stunde einschließlich aller Schlafpausen und sonstiger nicht auf dem Rad verbrachter Zeiten. Bei jedem RAAM war mein Trainingsumfang auf dem Rennrad minimal im Vergleich zu den meisten anderen Fahrern. Ich hatte zur Vorbereitung jeweils drei oder vier Monate lang auf dem Rennrad trainiert. Die Radsportsaison begann ich jeweils in guter Form im April, nachdem ich den ganzen Winter über Skilanglauf und Alpinski betrieben und den Herbst mit Wandern, Mountainbiken und Ge-

Fahrrad, aber die Anforderungen an die Muskulatur des oberen Rumpfbereichs sind begrenzt. Crosstraining bezieht Muskelgruppen und Bewegungsmuster ein, die sich von denen im Radsport unterscheiden und trägt so zu einer verbesserten Fitness bei. Darüber hinaus verhindert die Einbeziehung anderer Aktivitäten, dass Langeweile aufkommt und ermöglicht die gemeinsame sportliche Betätigung mit Personen, die weniger Freude am Radsport haben. Beim Treten in die Pedale bewegen sich unsere Beine in einer Ebene. Beim Skilanglauf, Schwimmen, Inline-Skaten und bei Mannschaftssportarten bewegt sich unser Körper in viele Richtungen. Diese Aktivitäten beziehen andere Muskeln ein und belasten die beim Radsport beteiligten Muskeln und Gelenke in neue Richtungen.

Schließlich bietet Crosstraining in körperlicher und geistiger Hinsicht eine Pause vom strukturierten Training. Kinder zum Beispiel planen ihre Spiele und Aktivitäten nicht auf Wochenbasis – sie spielen, um Spaß zu haben! An einem Tag spielen sie Fußball, am nächsten Tag Verstecken und danach vielleicht ausgelassen im Wald. Kinder unterwerfen sich nicht dem Diktat von Pulsmessern, Wattzahlen und Durchschnittsgeschwindigkeiten. Ihr Ziel besteht darin, Spaß zu haben. Wir ermuntern Mark nicht nur, es beim Crosstraining so zu machen, wie die Kinder – sondern er soll einfach regelmäßig auch mit seinen wichtstraining verbracht hatte. Ich hatte im Verlauf eines RAAM nie die Nase voll vom Fahren, weil ich noch nicht genug gefahren war, um genug zu haben! Ich habe auch dreimal am anspruchsvollen Leadville-100-Mountainbikemarathon teilgenommen und es in einem Jahr als zweitschnellste Frau abgeschlossen.

Den Erfolg verdanke ich meiner allgemeinen Fitness, die ich mit einer abwechslungsreichen Kombination aus Skilanglauf, Mountainbiken, Rennradfahren und Krafttraining erreicht habe. Dabei behalte ich mir bei jedem Sport eine frische Herangehensweise. Nach meiner Erfahrung ist Skilanglauf der beste Sport für einen allgemeinen Konditionsaufbau. Ski fahren kann man jedoch nicht das ganze Jahr über (wenn man nicht gerade am Nordpol wohnt!), also bietet sich außerhalb der Saison Crosstraining an. Die meisten Skilangläufer gestalten ihr Sommertraining im Trockenen mit Rollskifahren, Laufen, Wandern, Radfahren und einem Krafttrainingsprogramm. Durch ihr umfangreiches Crosstraining können sie sich meist auch ausgezeichnet bei Läufen, Straßen- und Mountainbikerennen sowie Bergläufen behaupten. Einer der besten Mountainbiker der Vereinigten Staaten, Carl Swenson, war auch Olympiateilnehmer im Skilanglauf. Mein Rat für Langstreckenradsportler ist, auf ein ausgewogenes Trainingsprogramm zu achten. Gebrauchen Sie Ihre Füße und wandern oder laufen Sie. Gehen Sie ins Fitnessstudio und heben Sie Gewichte. Beanspruchen Sie Ihren Oberkörper in Kombination mit dem Unterkörper. Trainieren Sie Ihren Rumpf und kräftigen Sie Ihren Rücken. Arbeiten Sie an Ihrer Geschwindigkeit, absolvieren Sie lange Einheiten und legen Sie mindestens einen Ruhetag pro Woche ein. Sie werden fitter sein und mehr Spaß haben!

Kindern spielen! An einem Tag kann er laufen gehen, am nächsten Tag mit den Kindern Fußball spielen und am Wochenende mit der Familie in die Berge oder zum Schneeschuhwandern gehen. Jede Art von sportlicher Betätigung ist gesund.

Laufen:
Laufen ist eine abwechslungsreiche und effiziente Form des Crosstrainings. Sie können einen Lauf mit Freunden in der Mittagspause einschieben oder vor dem Abendessen joggen. Laufen trainiert die exzentrische Kraft, also die Fähigkeit des Muskels zur Kraftentfaltung bei Verlängerung, und wirkt damit ausgleichend zum Radsport. Im Rahmen der Laufbewegung bremsen die Muskeln des Unterkörpers das Bein ab, wenn Bodenkontakt auftritt – eine exzentrische Aktion. Beim Radsport geschieht der Großteil der Kraftentfaltung durch Verkürzung der Muskeln (während der ersten 180 Grad der Pedalbewegung), hierbei handelt es sich um konzentrische Kraft. Beim Radsport sind exzentrische Aktivitäten nur in geringem Maße beteiligt. Daher ist Radsport weniger belastend für die Gelenke und Muskeln und wird oft für verletzte oder geschwächte Personen empfohlen. Wenn Sie sich entschließen, mit dem Laufen anzufangen, gehen Sie behutsam vor. Vermeiden Sie wenn möglich harte Untergründe, das Laufen auf Gras oder Waldwegen vermindert das Verletzungs-

risiko. Hören Sie auf Ihren Körper. Wenn er den Belastungen des Laufens nicht gewachsen ist, gibt es genügend andere sportliche Aktivitäten, die Spaß machen.

Wandern:
Beim Wandern können Sie die frische Luft genießen, ohne dass Belastungen wie beim Laufen auftreten, und Sie können dieses Erlebnis mit Freunden und Ihrer Familie teilen. Beim Wandern können Sie nebenbei Ihren Kindern vieles über die Schönheit und Schutzwürdigkeit der Natur vermitteln. Und mit einem Rucksack und Wanderstöcken wird aus einem Spaziergang ein Abenteuer, bei dem Sie jede Menge Kalorien verbrennen.

Skilanglauf und Schneeschuhwandern:
Für viele Radsportler bedeutet Schnee ein Hindernis für regelmäßige Touren, jedoch bietet er die Möglichkeit, Skilanglauf und Schneeschuhwandern zu betreiben. Beim Skilanglauf werden Rumpf und Extremitäten gleichermaßen beansprucht, und diese Sportart bringt möglicherweise die besttrainierten Ausdauersportler hervor. Der traditionelle Diagonalschritt und die Skating-Technik sind ein gelenkschonendes, anspruchsvolles und angenehmes Herz-Kreislauf-Training. Die Radsportlegenden Andy Hampsten, Greg LeMond, Ned Overend und Davis Phinney setzten allesamt den Skilanglauf als wichtige Komponente ihres Grundlagentrainings ein. Als Alternative zum Skilaufen bietet sich gegebenenfalls Schneeschuhwandern an. Ein im Sommer gemütlicher Wanderweg kann so zu einem anstrengenden Herz-Kreislauf-Training werden. Mit Stöcken verbessern Sie Ihre Balance und trainieren den Oberkörper.

Mountainbiken:
Sie können Ihr Mountainbike mit Spikereifen ausstatten, für eine bessere Traktion mit niedrigem Reifendruck fahren und die verschneiten Straßen und Trails genießen. Etliche Fahrer nehmen an mehrtägigen Ausdauerveranstaltungen auf MTBs teil, die speziell für Fahrten im Schnee ausgerüstet sind.

Schwimmen:
Schwimmen ist eine ausgezeichnete Methode für ein gelenkschonendes Ganzkörpertraining. Schwimmen verbessert die aerobe Grundlagenausdauer, sollte jedoch durch Aktivitäten ergänzt werden, bei der die am Radsport primär beteiligte Muskulatur beansprucht wird. Richtiges Schwimmen erfordert eine gute Technik, um durch Überbeanspruchung im Schulterbereich entstehende Verletzungen zu vermeiden. Unerfahrene Schwimmer sollten einen Schwimmtrainer zu Rate ziehen.

Rudern:
Ähnlich wie das Schwimmen ist Rudern ein anspruchsvolles, dabei aber gelenkschonendes Ganzkörpertraining. Viele Fitnessstudios verfügen über Rudermaschinen, die weniger beliebt als Stepper und Ellipsentrainer und daher nicht so oft besetzt sind. Beim Rudern kann ebenso viel Energie wie beim Laufen verbraucht werden, daher ist Indoor-Rudern oft ein sehr gutes Training für Personen, für die Laufen nicht geeignet ist. Peter Lekisch, der erste 60-jährige RAAM-Finisher, absolvierte sein Wintertraining auf seiner Rudermaschine und beim Skilanglauf. Wie beim Schwimmen ist die richtige Technik wichtig, um Verletzungen zu vermeiden. Rund 80 Prozent der Kraft sollte aus dem Unterkörper kommen und nur 20 Prozent aus

dem Oberkörper. Concept 2 bietet eine Fülle von Informationen zum Indoor-Rudern, mehr unter www.concept2.com.

Inlineskaten:

Eric Heiden hat 15 Weltrekorde als Eisschnellläufer aufgestellt und fünf Goldmedaillen bei den Olympischen Winterspielen gewonnen, bevor er als Radprofi für das 7-11-Team fuhr. Neben der Kräftigung der primär am Radfahren beteiligten Muskeln, trainiert Skaten auch die Muskeln an den Innen- und Außenseiten der Beine. In Regionen ohne ausreichende Schneeverhältnisse für Skilanglauf kann Inline-Skaten eine wertvolle Form des Crosstrainings sein, die viel Spaß bringt. Eine Schutzausrüstung ist dabei unerlässlich. In jedem Jahr werden in den Notaufnahmen der Krankenhäuser Hunderte von Verletzungen behandelt, die beim Inlineskaten entstanden sind. Tragen Sie einen Helm (ein Fahrradhelm ist sehr gut geeignet) sowie Knie-, Ellbogen- und Handgelenkschützer.

Freizeitmannschaftssport:

Je nach Saison spielen Kinder gerne Basketball, Volleyball, Fußball und andere Sportarten. Folgen wir ihrem Beispiel! Mannschaftssportarten tragen zur Entwicklung von Schnelligkeit, Kraft, Beweglichkeit, Koordination und Balance bei und ermöglichen die gemeinsame sportliche Betätigung mit der Familie und Nicht-Radsportlern. Mannschaftssportarten führen uns auch den Wert von Teamarbeit vor Augen. Radrennfahrer treten in Teams gegeneinander an und auch ein Klub-Radmarathon ist eine Teamleistung, bei der neben den anderen Fahrern auch Helfer an den Verpflegungsstationen und Fahrer in den Begleitfahrzeugen beteiligt sind. Manche Radsportler trainieren lieber allein, das Fahren in der Gruppe erfordert jedoch weniger Anstrengung, weil man sich beim Fahren im Wind abwechseln kann. Und es macht auch mehr Spaß.

Sich im Winter draußen sportlich zu betätigen, macht Spaß und bietet reichlich Abwechslung. Die zuweilen karge Herbstlandschaft verwandelt sich in ein Wunderland der Möglichkeiten, Ihre Fitness zu steigern. Achten Sie aber darauf, Erfrierungen und Frostbeulen (siehe Kapitel 11) zu vermeiden. Mark ist fasziniert von den Möglichkeiten des Crosstrainings, die wir ihm aufgezeigt haben. Er möchte für 160 Kilometer trainieren, genießt es aber ebenso, wenn er etwas mit seiner Familie unternehmen kann. Er entschließt sich, an jedem Wochenende Wandern oder Schneeschuhwandern zu gehen oder Basketball in der Halle zu spielen, je nach Wetterlage. Welche Aktivitäten würden zu Ihren Zielen und Interessen passen?

Indoorcycling

Bei allem Spaß, den das Crosstraining bringen kann, dürfen wir die Spezifität nicht vergessen. Zur allgemeinen Fitness kann Mark sein Crosstraining durchführen, er sollte jedoch auch mehrmals pro Woche Rad fahren. Wenn das Wetter ein Fahren im Freien nicht zulässt, kann er sein Rad in die Wohnung holen, passende Musik auflegen und losfahren! Indoorcycling kann ein produktives und unterhaltsames Training sein.

Es kann auch besonders effizient sein, wenn man das Rad auf dem Indoortrainer aufgebaut stehen lässt. In diesem Fall kann man schnell und unkompliziert aufsteigen und sofort trainieren.

Auf dem Trainer oder der Rolle können Sie an bestimmten Fähigkeiten arbeiten, zum Beispiel einen runderen Tritt zu erreichen oder zu lernen, sicher nach Ihrer Wasserflasche zu greifen, ohne nach unten zu blicken. Wenn Sie mehrere Schichten warmer Kleidung tragen, während Sie draußen fahren, kann dies Auswirkungen auf Ihre Sitzposition haben, wenn Sie jedoch auf einer Rolle fahren, können Sie die Kleidung tragen, die Sie auch bei einer Radsportveranstaltung bei normal warmem Wetter tragen würden. Wenn Sie neue Komponenten oder Zubehörteile wie eine Schaltung oder Elektronikteile ausprobieren, können Sie sich beim Indoor-Fahren auf sichere Weise mit diesen vertraut machen.

In vielen Fitnessstudios werden Cyclinggruppenkurse angeboten, die als Trainingseinheiten viel Spaß machen können. Viele Kursleiter sind selbst passionierte Radsportler, die den Kursen eine Struktur wie bei richtigen Touren geben und Fahrten auf Straßen und Trails mit Hügeln, Gegenwind, Intervallen und Sprints simulieren. Indoorcycling-Kurse sind normalerweise ziemlich intensiv. Denken Sie daran, dass Sie diese Kurse besuchen, um Ihre radsportspezifische Leistungsfähigkeit und Ausdauer zu stärken und nicht, um bis zur völligen Erschöpfung zu fahren. Halten Sie sich ruhig ein wenig zurück. Manche Kursleiter arbeiten mit Bewegungsabläufen auf dem Rad, die potenziell riskant sind. Versuchen Sie auf einem Indoorbike nichts, was Sie nicht auch beim Fahren auf der Straße tun würden. Langes Fahren im Wiegetritt mit hohem Widerstand, Liegestützen sowie Übungen mit Hanteln oder Bändern helfen Ihnen ebenso wenig beim Erreichen Ihrer Radsportziele wie Übungen abseits des Rads, bei denen schnelle Bewegungen ausgeführt werden. Sie können auch selbst Indoorgruppentrainings mit Freunden organisieren, die Räder und Rollentrainer zusammen aufstellen und gemeinsam zu Musik fahren. Fahrer aller Leistungsstufen können gemeinsam trainieren, weil niemand abgehängt werden kann! Leiten Sie die Trainingseinheiten abwechselnd oder verwenden Sie eine der im Handel erhältlichen DVDs als Vorgabe für spezifische Trainingsfahrten. Achten Sie beim Indoortraining unbedingt auf ausreichende Abkühlung und Flüssigkeitsaufnahme. Manche Fahrer stellen den Indoortrainer in der kühlen Garage auf, andere fahren mit einem großen Ventilator. Achten Sie darauf, genug zu trinken und legen Sie wenn nötig Pausen ein. Ein Handtuch unter dem Rad und ein weiteres auf dem Lenker schützen das Rad und den Boden vor Schweiß. Der Schlüssel zum effektiven Indoortraining liegt darin, für jede Trainingseinheit einen Plan zu haben. Der Plan sollte eine fünf- bis zehnminütige Aufwärmphase, einen Hauptteil und eine mindestens fünfminütige Abkühlphase beinhalten. Hier sind einige Beispiele für Hauptteile nach dem Aufwärmen:

→ Tempotraining: Diese Einheit dient der Steigerung der Durchschnittsgeschwindigkeit. Fahren Sie fünf Minuten lang in einem Tempo, das etwas schneller ist als Ihr normales Tourentempo, und fahren Sie danach zur Erholung fünf Minuten lang in ruhigem Tempo. Legen Sie bei den ersten Trainingseinheiten zwei schnelle Abschnitte ein, bei den folgenden dann drei und danach vier.

→ Isoliertes Beintraining: Diese Trainingseinheit steigert die Effizienz beim Fahren, sodass bei gleicher Anstrengung etwas schneller gefahren werden kann. Lösen Sie den linken Fuß aus dem Pedal und stellen Sie ihn auf einer Kiste oder einem Hocker ab. Wählen Sie einen mittleren Gang aus. Treten Sie eine Minute lang mit dem rechten Bein, anschließend mit beiden Beinen und dann eine Minute lang mit dem linken Bein. Konzentrieren Sie sich darauf, das Pedal durch die gesamte Kreisbewegung zu führen. Stellen Sie sich am obersten Punkt der Bewegung vor, Sie würden einen Fußball treten oder das Knie in Richtung des Lenkers drücken. Richten Sie an der 6-Uhr-Position die Zehen etwas nach unten und stellen Sie sich vor, Sie würden Matsch von der Unterseite Ihres Schuhs abkratzen. Auch Profirennfahrer ziehen das Pedal im zweiten Teil der Bewegung nicht hoch; versuchen Sie vielmehr, das Gewicht vom Pedal zu nehmen, sodass das Drehmoment aus den ersten 180 Grad Ihren Fuß wieder nach oben trägt.

→ Bergfahrtraining: Simulieren Sie eine Serie von zwei- bis vierminütigen Bergfahrten mit jeweils einigen Minuten Regeneration nach jedem Anstieg. Variieren Sie Ihre Übersetzung und den Widerstand, um unterschiedliche Steigungen zu simulieren. Sie können diese Übung noch realistischer gestalten, indem Sie das Vorderrad auf einen Holzklotz stellen und anheben.

→ Pyramidentraining: In dieser klassischen Form des Intervalltrainings fahren Sie eine Minute lang hart und eine Minute locker, danach zwei Minuten hart und zwei Minuten locker. Steigern Sie dies auf vier oder fünf Minuten hart und anschließend locker, gehen Sie dann schrittweise bis auf eine Minute zurück.

→ Thematische Trainingseinheit: Improvisieren Sie! Ein Bekannter von uns, der Football-Fan ist, fährt immer dann hart, wenn der Ball im Spiel ist und erholt sich, wenn der Ball ruht.

Dieses sind sehr anspruchsvolle Trainingseinheiten, daher sollten Sie sich immer gut aufwärmen und abkühlen, um Verletzungen zu vermeiden.

Indoortrainer sind in einer Vielzahl von Ausführungen erhältlich. Sie werden am Hinterrad des Fahrrads angebracht und erzeugen über ein Schwungrad Widerstand beim Treten. Diese Geräte arbeiten mit Ventilatoren, Magneten oder Flüssigkeiten als Widerstandsquellen. Im Folgenden schauen wir uns die Vor- und Nachteile der verschiedenen Konstruktionen von stationären Indoortrainern an.

Ventilatorentrainer:
Ventilatoren- oder Windtrainer setzen einen am Schwungrad angebrachten Ventilator ein, um Widerstand zu erzeugen. Luft eignet sich sehr gut als Widerstandsquelle. Um Ihre Geschwindigkeit zu verdoppeln, müssen Sie die achtfache Kraft ausüben – das gleiche Phänomen, das auch dazu führt, dass Fahren in der Gruppe leichter fällt. Windtrainer sind im Allgemeinen die preisgünstigsten und am einfachsten konstruierten Trainer. Sie müssen lediglich Ihr Fahrrad in das Gerät einsetzen, das Hinterrad einspannen und es kann losgehen. Zur Erhöhung des Widerstands schalten Sie in einen höheren Gang und treten schneller. Zu erwähnen ist, dass Ventilatorentrainer bei hoher Tritt-Intensität einen hohen Geräuschpegel entwickeln können. Wenn Sie also planen, mitternächtliche Trainingseinheiten einzulegen, während andere schlafen, sollten Sie dies berücksichtigen.

Magnettrainer:
Diese Trainer funktionieren mit einer Reihe von Magneten, die Widerstand erzeugen. Die meisten von ihnen verfügen über einen Regler, der am Lenker angebracht wird und eine Steigerung oder Absenkung des Widerstands beim Fahren ermöglicht. Magnettrainer sind deutlich leiser als Ventilatorentrainer, manche Benutzer empfinden jedoch die Widerstandsentwicklung im Verlauf der Tretbewegung zuweilen als ungleichmäßig. Starke Fahrer können die Geräte überfordern, sodass kein ausreichender Tretwiderstand mehr vorhanden ist.

Fluidtrainer:
Diese Trainer erzeugen Widerstand mit einem von Flüssigkeit umschlossenen Schwungrad. Wie beim Ventilatortrainer erfolgt die Änderung des Widerstandes über die Wahl der Gänge und die Trittgeschwindigkeit. Diese Trainer zeichnen sich durch einen geräuscharmen Betrieb und ein gleichmäßiges, authentisches Fahrgefühl aus.

Virtual-Reality-Trainer:
Virtual-Reality-Trainer bieten eine dynamische, neue Perspektive fürs Training. Wie wäre es, den Anstieg nach L'Alpe d'Huez hochzufahren oder die Strecke eines bestimmten Rennens zu trainieren, ohne das Haus verlassen zu müssen? Virtuelle Trainer bestehen aus einem Rahmen, in den das Hinterrad eingespannt wird, sowie einer Magnetwiderstandseinheit, die an einen Computer angeschlossen ist. Diese Trainer sind üblicherweise mit vorprogrammierten Kursen ausgestattet, verfügen über integrierte Karten- und Geländesoftware und bieten die Möglichkeit zur Erstellung eigener Kurse. Aufgrund der Computerunterstützung können diese Geräte Parameter wie Trainingsgeschwindigkeit, Tritt- und Pulsfrequenz und Leistung aufzeichnen. Einige können auch die Pedalbewegung abtasten, sodass ein Vergleich der Titteffizienz zwischen dem linken und rechten Bein ermöglicht wird. Virtual-Reality-Trainer ermöglichen Rennen gegen zuvor aufgezeichnete Trainingseinheiten, die Verbindung mit weiteren Geräten zum Trainieren in der Gruppe und sogar gemeinsames virtuelles Training per Online-Verbindung. Diese Fülle an Möglichkeiten führt jedoch zu einem recht hohen Preis, was den Hauptnachteil der Virtual-Reality-Trainer ausmacht.

Indoorcyclingrad:
Sie haben auch die Möglichkeit, ein Rad zu erwerben, wie es bei Indoorcyclingkursen verwendet wird. Ein solches Indoorcyclingrad ist stets fahrbereit, kann jedoch nicht so fein auf Ihre Körpermaße hin justiert werden wie ein Rennrad. Sie verfügen in der Regel über feste, mit einer gewissen Masse ausgestattete Schwungräder, die ähnlich wie Bahnräder oder Starrgangräder nicht mit einem Freilauf ausgestattet sind. Es ist also nicht möglich, im Leerlauf zu fahren, was hilft, bei hohen Trittfrequenzen einen runden Tritt zu entwickeln. Sie sind in der Regel mit Bremsbacken am Schwungrad ausgestattet, mit denen der Widerstand reguliert werden kann. Wenn Sie versuchen, das Schwungrad mithilfe Ihrer Beine zu verzögern, kann dies Ihre Kniegelenke überlasten, Sie sollten also die Bremsbacken einsetzen und das Schwungrad langsam an Schwung verlieren lassen. Machen Sie sich gut mit dem Rad vertraut, bevor Sie beginnen, die Intensität zu erhöhen.

Bevor Sie einen bestimmten Indoortrainer kaufen, versuchen Sie ihn vorher zu testen, um sicher zu gehen, dass es Ihren Bedürfnissen entspricht.

Freie Rollentrainer:
Freie Rollentrainer sind aus drei miteinander verbundenen zylindrischen Trommeln aufgebaut, verfügen jedoch nicht über eine Stabilisierungsvorrichtung für das Fahrrad. Man setzt das Hinterrad auf die zwei hinteren Rollen, das Vorderrad auf die vordere Rolle und fährt los. Da das Fahrrad nicht durch eine Vorrichtung in Position gehalten wird, eignen sich Rollentrainer ausgezeichnet, um die Balance und das Fahren in gerader Linie zu schulen. Positionieren Sie den Rollentrainer zu Anfang unter einem Türrahmen, sodass Sie seitlich mit dem Ellbogen anstoßen, wenn das Fahrrad sich zu stark zu einer Seite bewegt. Wenn Sie das Fahren auf dem Rollentrainer beherrschen, eignen sich diese hervorragend, um den runden Tritt zu schulen. Viele Fahrer verwenden traditionelle Indoortrainer für intensive Einheiten und Rollentrainer zur Fahrtechnikschulung. Seien Sie vorsichtig, wenn Sie beim Trainieren auf der Rolle fernsehen, insbesondere Sportsendungen, denn wenn Sie dabei Ihren Kopf zu sehr bewegen, könnten Sie auf der Rolle zu sehr in Seitlage geraten und stürzen.

Die hier beschriebenen Empfehlungen fürs aerobe Training haben wir Mark bei einem gemeinsamen Abendessen gegeben. Einige Tage später ruft er uns besorgt an: „Ich habe das Abendessen genossen und viel über die Trainingsprinzipien gelernt. Ihr habt mit ein reiches Büffet an aeroben Trainingsmöglichkeiten aufgetischt – aber was soll ich nun auswählen? Und wie viel soll ich nehmen?"

Wir beantworten seine Frage mit einer Gegenfrage: „Nun, Mark, wie groß ist denn dein Appetit? Wie viele Stunden pro Woche kannst du realistisch betrachtet für das Grundlagentraining aufbringen?"

Er denkt einen Moment nach und sagt: „Also, ich kann vielleicht drei Stunden innerhalb der Woche erübrigen, einige Stunden am Wochenende für Aktivitäten mit der Familie und eine oder zwei Stunden zum Fahren."

„Exzellent!", lautet unsere Antwort. „Zur Verbesserung deiner aeroben Fitness solltest du wenn möglich viermal wöchentlich aerobes Training machen. Wir möchten, dass du mindestens zweimal wöchentlich Rad fährst, weil die Spezifität wichtig ist."

Mark entschließt sich, in der Woche entweder vor dem Frühstück auf dem Indoortrainer zu fahren oder jeweils für rund 30 Minuten während einiger Mittagspausen zu joggen, damit er seine Trainingseinheiten bereits absolviert hat, bevor er abends nach Hause kommt. Am Wochenende freut er sich darauf, an einem Tag Aktivitäten mit der Familie zu unternehmen, am anderen wird er je nach Wetterlage eine Vereinstour machen oder auf dem Indoortrainer fahren.

Alle von uns betreuten Radsportler bitten wir festzulegen, wie viel Zeit sie investieren können und sie dann entsprechend den in diesem Kapitel dargestellten Trainingsrichtlinien und -prinzipien einzuteilen. Wir möchten Sie ermuntern, dies ebenfalls zu tun.

Ergänzendes Krafttraining

Forschungen haben gezeigt, dass durch ergänzendes Krafttraining die Muskelkraft und Leistungsfähigkeit sowie die aerobe Kapazität gesteigert werden können. Es dient nicht primär dem Muskelaufbau, sondern der Erhaltung der vorhandenen Muskulatur. Dieses ergänzende Krafttraining sollte Mark neben dem Aufbau seiner aeroben Grundlagenausdauer in sein Training einbauen, um seine Ausdauer und Ermüdungsresitenz zu verbessern und so seinem Ziel, besser zu klettern und eine höhere Durchschnittsgeschwindigkeit zu erreichen, einen wichtigen Schritt näher zu kommen.

Neuere Studien haben gezeigt, dass eine starke Rumpfmuskulatur bei allen körperlichen Aktivitäten eine wichtige Rolle spielt. Während der Tretbewegung üben die primär beteiligten Muskeln Kraft entlang der Oberschenkel aus, die als Hebel wirken und mit einem Ende mit der Rumpfmuskulatur im Unterbauch- und Beckenbereich verbunden sind. Wenn nun dieses eine Ende in einer stabilen Plattform verankert ist, können der Quadrizeps an der Vorderseite des Oberschenkels, die Glutaeusmuskeln im Hüftbereich sowie die hintere Oberschenkelmuskulatur mehr Kraft entfalten. Diese stabile Plattform wird durch eine kräftige tiefe Bauchmuskulatur und Stabilisierungsmuskulatur an der Wirbelsäule gebildet. Die tiefe Rumpfmuskulatur verläuft um den Körper und soll eine solide Plattform bieten. Ergänzendes Krafttraining für Radsportler beinhaltet spezielle Übungen zur Kräftigung dieser tief liegenden, stabilisierend wirkenden Muskulatur. Im Gegensatz dazu kräftigen Sit-ups lediglich die oberflächliche Bauchmuskulatur, was jedoch nicht zu einer Stabilisierung des Rumpfs beiträgt. Mark möchte darüber hinaus eine spezifische Beinkräftigung erreichen, die er in Kraftentfaltung auf dem Rad umsetzen kann. Zusätzlich zu den folgenden ergänzenden Kraftübungen sollte er im Rahmen des Grundlagentrainings einmal wöchentlich ein isoliertes Beintraining auf dem Rollentrainer durchführen und anschließend während des in Kapitel 6 beschriebenen Vorbereitungstrainings auf das Rennen einmal wöchentlich eine Trainingsfahrt in schnellem Tempo durchführen. Ein ambitionierter Rennfahrer, der den ganzen Winter über an der Beinpresse trainiert und 180 Kilogramm schafft, kann dennoch im Frühling von anderen Fahrern abgehängt werden, wenn er versäumt hat, diese allgemeine Beinkraft in radsportspezifische Kraftentfaltung umzusetzen.

Jede Art von monotoner körperlicher Aktivität kann zu muskulären Dysbalancen führen. Radsportler entwickeln im Allgemeinen einen starken Quadrizeps, haben jedoch oft eine schwächere hintere Oberschenkel- und Glutaeusmuskulatur, was zu ineffizienten Bewegungsmustern führen kann. Ferner werden die hinteren Oberschenkel- sowie die Glutaeusmuskeln durch Sehnen verankert, die um das Knie herum verlaufen und zu dessen Stabilisierung beitragen, während die Quadrizepsmuskeln seitlich am Knie verankert sind und dieses nicht stabilisieren. Eine bessere muskuläre Balance vermindert das Risiko von Knieverletzungen. Sie können Ihre Kraft und die Stabilität Ihrer Gelenke durch spezifische Übungen erhöhen. Dieses Trainingskonzept bezeichnet man als Prähabilitation, das Gegenteil von Rehabilitation. Es zielt darauf ab, Verletzungspotenziale zu erkennen und spezifische Übungen durchzuführen, um Problemen vorzubeugen, statt bereits aufgetretene Schädigungen im Nachhinein zu reparieren.

Knochen werden ebenso wie Muskeln durch Überlastung gekräftigt und atrophieren, wenn sie nicht genutzt werden. Studien an Profirennfahrern während der großen Rundfahrten haben gezeigt, dass bei diesen Osteopenie, also eine verminderte Knochenmineraldichte auftritt, weil ihnen Aktivitäten fehlen, bei denen sie ihr Körpergewicht tragen müssen. Fahrradfahren ist eine Tätigkeit, bei der das Körpergewicht nicht getragen wird. Tests mit Olympiarennfahrern haben gezeigt, dass sogar bei Sprints die Kraft, die auf die Pedale und das Skelett einwirkt, geringer als das volle Körpergewicht ist. Turner verfügen über die stärksten Knochen, weil während der Landungen im Turnsport Aufprallkräfte auftreten, die dem Zehnfachen des Körpergewichts entsprechen können. Gelegentliches Laufen oder Wandern hat für Radfahrer nur geringen Nutzen, die Überlastung ist nicht groß genug, um die Knochen so zu belasten, dass es zu einer signifikanten Verbesserung kommt. Folgt man dem Prinzip, dass Intensitätssteigerung vor Wiederholungssteigerung kommt, sind plyometrische Übungen oder Kniebeugen mit Langhantel besser zur Steigerung der Knochenstärke geeignet. Krafttraining stärkt darüber hinaus auch Sehnen und Bänder und verbessert damit allgemein die Leistungsfähigkeit der Gelenke.

Viele Sportler schätzen es, regelmäßig ins Fitnessstudio zu gehen, Mark jedoch ächzte, als wir ihm die Mitgliedschaft in einem Studio nahelegten. Wir schlugen ihm vor, sich stattdessen einen aufblasbaren Gymnastikball, eine Hartschaumrolle und einige Hanteln zu besorgen.

Wenn Sie es vorziehen, zu Hause zu trainieren, sollten Sie Ihre Ausrüstung bei einem Sportfachgeschäft und nicht im Kaufhaus kaufen. Artikel, die nicht aus dem Fachhandel stammen, sind oft den Belastungen regelmäßigen Trainings nicht gewachsen.

Gymnastikbälle eignen sich sowohl für Übungen zur Stärkung der Rumpfmuskulatur als auch für solche zur Verbesserung der muskulären Balance. Angaben zur Auswahl eines Balls in der richtigen Größe finden Sie in Tabelle 3.1.

Neben dem Gymnastikball kauft Mark auch eine Hartschaumrolle von 90 Zentimeter Länge und 15 Zentimeter Durchmesser für Übungen zur Rumpfkräftigung und zur Regenerationsbehandlung der Muskeln.

Mark ist 173 Zentimeter groß und wiegt 77 Kilogramm. Wir schlagen ihm vor, in ein Fitnessstudio zu gehen und die empfohlenen Übungen mit Hanteln in verschiedenen Größen durchzuführen, damit er merkt, welche für ihn am besten geeignet sind. Wenn Sie zu Hause trainieren oder Hanteln im Fitnessstudio verwenden möchten, finden Sie in Tabelle 3.2 Empfehlungen zu Hantelgrößen. Hanteln mit verstellbaren Gewichten sind ebenfalls erhältlich, kosten jedoch mehr.

Für Mark empfehlen wir mindestens sieben Übungen: Zwei zur Rumpfkräftigung, eine für die allgemeine Beinkraft, eine für die muskuläre Balance der Beine und drei zur Kräftigung des Oberkörpers. Die Durchführung dieser Übungen dauert weniger als eine halbe Stunde. Wenn

TABELLE 3.1	Gymnastikbälle
Größe	Durchmesser des Balls
unter 150 cm	45 cm
150–170 cm	55 cm
170–190 cm	65 cm
über 190 cm	75 cm

TABELLE 3.2	Hantelgewichte
Körpergewicht	Hantelgewicht
unter 64 kg	2, 4, und 6 kg
64 kg und darüber	4, 6 und 8 kg

ihm in Zukunft mehr Zeit zur Verfügung steht, kann er eine weitere Übung zur Beinkräftigung hinzufügen. Wir empfehlen Übungen, bei denen die Beine und Arme getrennt trainiert werden, weil diese zu einer besseren muskulären Balance beitragen. Für jede Übung geben wir die empfohlene Anzahl der Sätze und Wiederholungen an. Mark hat bisher keine Erfahrung mit Krafttraining. Wir möchten, dass sein Körper sich an das Training gewöhnt, ohne dass starker Muskelkater auftritt, also schlagen wir ihm vor, in der ersten Woche nur einen Satz, in der zweiten dann zwei Sätze und ab Beginn der dritten Woche die volle empfohlene Anzahl von Sätzen zu absolvieren.

Für eine Beinübung können wir 3 Sätze mit je 10 bis 20 Wiederholungen ansetzen. Mark wird die Übung zehnmal mit dem linken Bein durchführen, dann rund 30 Sekunden lang ausruhen und anschließend 10 Wiederholungen mit dem rechten Bein durchführen – dies ist ein Satz. In der ersten Woche trainiert er einen Satz mit 10 Wiederholungen, in der zweiten Woche zwei Sätze mit je 10 Wiederholungen und in der dritten Woche drei Sätze mit je 10 Wiederholungen. Er wählt das Gewicht jeweils so, dass seine Muskeln nach einem Satz mit 10 Wiederholungen ermüdet sind. Wenn er in der Lage ist, drei Sätze mit je 10 Wiederholungen zu schaffen, wird er nach einigen Wochen Training drei Sätze mit je 20 Wiederholungen bewältigen können. Anschließend sollte er das Gewicht erhöhen, den Umfang wieder auf drei Sätze mit je 10 Wiederholungen verringern und allmählich wieder auf drei Sätze mit je 20 Wiederholungen aufbauen. Um seine Kraft wirkungsvoller aufzubauen, führt Mark jede Übung langsam durch und nimmt sich für die Aufwärtsbewegung seines Körpers oder eines Gewichts etwa 2 Sekunden und für die jeweilige Abwärtsbewegung etwa 4 Sekunden Zeit. Er legt nur kurze Pausen ein – zwischen den Sätzen etwa 30 Sekunden und nicht mehr als eine Minute zwischen den verschiedenen Übungen.

Mark entschließt sich, das folgende Programm an einigen Wochentagen vor dem Frühstück sowie an einem Wochenendtag zu absolvieren. Sie können das gleiche Programm befolgen oder die für einige Übungen gezeigten Alternativen im Fitnessstudio wählen.

Rumpfkräftigung (❶ – ❸), S. 62–63

Ob Sie zu Hause oder im Fitnessstudio trainieren, beginnen Sie mit dem Beinheben auf der Hartschaumrolle mit angewinkelten Beinen ❶ und der Brücke am Gymnastikball ❸. Wenn Sie das Beinheben auf der Rolle mit angewinkelten Beinen beherrschen, wechseln Sie zum Beinheben auf der Rolle mit gestreckten Beinen ❷ und trainieren weiter die Brücke am Gymnastikball ❸. All diese Übungen stärken die Rumpfmuskulatur: Den Transversus abdominis und die inneren schrägen Bauchmuskeln im Bauchbereich, den Multifidus im Rücken sowie die Gesäßmuskeln. Ein kräftiger Rumpf sorgt für eine bessere Kraftentfaltung und eine geringere Ermüdung des Oberkörpers.

Kräftigung der Beine (❹ – ❾), S. 64–66

Übungen für zu Hause:
Wenn die Zeit knapp ist, trainieren Sie Ausfallschritte ❹ und Beincurls ❺. Wenn Sie mehr Zeit haben, trainieren Sie zusätzlich Step-ups ❻ oder Kniebeugen an der Wand ❼ oder beides!

Übungen im Fitnessstudio:
Beginnen Sie mit den Rumpfkräftigungsübungen Beinheben auf der Rolle mit gebeugten Beinen ❶ oder Beinheben auf der Rolle mit gestreckten Beinen ❷, der Brücke am Gymnastikball ❸ sowie mit Ausfallschritten zum Aufwärmen ❹ und führen Sie dann die Übungen Beincurl einbeinig an der Maschine ❽ und Beinpresse einbeinig an der Maschine ❾ durch. Die Ausführung von olympischen Kniebeugen oder die Verwendung der Kniebeugenmaschine dient ebenfalls der Kräftigung der gesamten Beinmuskulatur und trägt zur Stärkung der Knochen bei. Aufgrund des bestehenden Verletzungsrisikos werden diese Übungen jedoch nicht in diesem Buch erläutert. Bitten Sie einen Trainer in Ihrem Fitnessstudio, Ihnen die richtige Technik zu zeigen.

Kräftigung des Oberkörpers (❿ – ⓰), S. 67–69

Übungen für zu Hause:
Vielleicht finden Sie es angenehmer, zu Hause zu trainieren. Weil die Übungen für zu Hause entweder mit dem eigenen Körpergewicht oder freien Gewichten als Widerstand funktionieren, erfordern sie mehr Koordination und Kontrolle und sind daher effektiver für die Rumpfkräftigung und Gelenkstabilität.

Übungen im Fitnessstudio:
Wenn Sie aber lieber ins Fitnessstudio gehen – gar kein Problem! Sie können auch sehr gut die Übungen kombinieren und an einem Tag mit Kurzhanteln und Gymnastikball und beim nächsten Mal an den Maschinen trainieren. Fitnessstudios verfügen darüber hinaus über eine große Auswahl an Geräten und Kursen, sodass Sie dort sowohl aerobes als auch Krafttraining durchführen können. Ob Sie nun zu Hause oder im Fitnessstudio trainieren, wir empfehlen Ihnen, zwei- bis dreimal wöchentlich das ergänzende Krafttraining zu betreiben. Manche Radsportler befürchten, dass Krafttraining zu einem übermäßigen Aufbau von Muskelmasse führt, diese Übungen arbeiten jedoch mit wenig Gewicht und vielen Wiederholungen, wodurch die muskuläre Ausdauer trainiert, aber keine Muskelmasse aufgebaut wird. Weitere Informationen finden Sie im Anhang dieses Buches in dem Abschnitt Training.

Plyometrisches Training
Wenn Sie mindestens einen Monat lang Beinübungen absolviert haben, können Sie einige plyometrische Übungen in Ihr Training einbeziehen. Wir empfehlen Ihnen, dass Sie sich dafür an einen Experten für Kraft- und Konditionstraining wenden, der mit den Techniken und erforderlichen Sicherheitsmaßnahmen vertraut ist. Denn bei plyometrischen Übungen gilt die Devise, dass wenig viel bewirkt und die Intensität nur behutsam gesteigert werden sollte, um Verletzungen zu vermeiden. Diese Technik zeichnet sich dadurch aus, dass die Sprung- und Landevorgänge zu schnellen Dehnungen und Kontraktionen der Muskeln führen, was zu erhöhter Beinkraft und stärkeren Knochen beitragen kann. Eine gute Möglichkeit, sich an die dynamischen Kräfte von plyometrischen Übungen zu gewöhnen, ist das Seilspringen. Seilspringen lässt sich relativ leicht erlernen und kann fast überall durchgeführt werden. Wenn Sie sich daran gewöhnt haben, können Sie den Squat Jump ausprobieren. Gehen Sie in die Kniebeuge, sodass Ihre Knie ungefähr im 90-Grad-

Winkel gebeugt sind, und springen Sie so hoch wie möglich. Konzentrieren Sie sich darauf, weich zu landen, um die Belastung Ihrer Gelenke zu minimieren, und setzen Sie Ihre Muskeln als Stoßdämpfer ein. Wiederholen Sie den Sprung, ohne vorher zu pausieren. Beginnen Sie mit 4 bis 6 Wiederholungen und steigern Sie sich langsam auf 8 bis 10 Wiederholungen.

Flexibilitätstraining

Weil Mark sein Trainingsprogramm auf Kraftübungen und Crosstraining ausgeweitet hat, machen sich bei ihm Muskelverspannungen bemerkbar. Mit zunehmender Länge seiner Ausfahrten kommt es auch vor, dass Marks Körper sich steif anfühlt. Er hat einen Schreibtischjob, und die langen Stunden vorm Computerbildschirm verursachen Verspannungen. Durch Dehnübungen und Selbstmassage vor, während oder nach dem Training kann man diese Probleme in den Griff bekommen. Dehnübungen müssen nicht zeitaufwendig sein. Mark entschließt sich, Übungen zur Dehnung und Rumpfkräftigung an den meisten Abenden zu machen, während er mit seiner Familie fernsieht. Er dehnt sich auch fünf Minuten lang, wenn er Pausen während seiner Touren einlegt.

Statisches Dehnen (17–28), S. 70–75

Statisches Dehnen bedeutet, eine Dehnung konstant für 15 bis 30 Sekunden zu halten, um den Bewegungsumfang zu steigern. Muskeln und Bindegewebe sprechen besser darauf an, wenn der Körper warm ist, also sollten Sie sich vor dem Dehnen aufwärmen oder die Dehnübungen nach dem Training durchführen. Achten Sie beim statischen Dehnen drauf, dass

→ Sie nur bis zu einem Punkt dehnen, an dem im Muskel ein leicht unangenehmes Gefühl auftritt und nicht so weit, bis Schmerzen auftreten. Schmerzen führen eher zu Anspannung als Entspannung der Muskeln.
→ Sie langsam atmen und bei jedem Ausatmen ein klein wenig weiter dehnen.
→ Sie jede Dehnung für 15 bis 30 Sekunden halten.
→ Sie nicht federn.
→ Sie sich in die Dehnung hinein entspannen, denn manche Menschen spannen die zu dehnenden Muskeln unwillkürlich an.

Dynamisches Dehnen (29–32), S. 76–77

Beim dynamischen Dehnen werden spezifische Bewegungen eingesetzt, um die Muskulatur und das Nervensystem auf körperliche Aktivitäten vorzubereiten. Es sollte vor körperlichen Aktivitäten durchgeführt werden und unterscheidet sich insofern vom statischen Dehnen. Aktuelle Studien haben gezeigt, dass die Ausführung statischer Dehnübungen vor körperlichen Aktivitäten die Kraftentfaltung vermindern kann, weil die Dehnungen eine betäubende Wirkung auf das Nervensystem ausüben. Im Kontrast dazu führen dynamische Dehnübungen die Muskeln und Gelenke jeweils durch einen vollständigen Bewegungsumfang, der das neuromuskuläre System auf die folgende Aktivität vorbereitet. Wir empfehlen Ihnen, diese dynamischen Dehnübungen einmal auszuprobieren und möchten Sie ermuntern, sich an fast jedem Tag der Woche die Zeit dafür zu nehmen. Dehnübungen können Sie beim Fernsehen absolvieren, nach einer Tour, während Sie Musik hören oder wann immer Sie es einrichten können. Konsequentes, regelmäßiges Dehnen von nur wenigen Minuten wird Ihnen zu einer besseren Allgemeinbefindlichkeit und Leistungsfähigkeit verhelfen.

Diejenigen unter Ihnen, die Erfahrungen mit Yoga haben, werden bemerken, dass der Sonnengruß auch eine hervorragende Art des dynamischen Dehnens ist. In Yoga- und Pilateskursen können Sie Ihre Dehnübungen in einem angenehmen geselligen Umfeld durchführen. Suchen Sie sich einen Kurs aus, der Ihrem Niveau entspricht. Wenn Sie noch keine Erfahrungen mit Yoga oder Pilates haben, beginnen Sie mit einem Anfängerkurs. Bei bestehenden gesundheitlichen oder orthopädischen Problemen sollten Sie diese vorher der Kursleitung mitteilen. In Ihrer Nähe werden keine Kurse angeboten? Besorgen Sie sich ein Anleitungsvideo, das Sie durch die Übungen begleitet.

Achten Sie beim dynamischen Dehnen drauf, dass

→ Sie jede Übung mit 5 bis 10 Wiederholungen ausführen.
→ Sie mit jeder Wiederholung schrittweise den Bewegungsumfang erweitern.
→ Sie sich gleichmäßig, ohne zu federn bewegen.
→ eine saubere Ausführung wichtiger als zusätzlicher Bewegungsumfang ist.

Selbstmassage mit Hartschaumrolle
(㉝–㊳), S. 78–79

Mark weiß, dass die Radprofis nach jeder Etappe eine Massage bekommen und dass diese die Regeneration fördern, aber er hat weder Zeit noch Geld für professionelle Massagen. Er kann die gleiche Hartschaumrolle, die er für die Rumpfübungen verwendet, auch für Selbstmassagen einsetzen. Stellen Sie sich vor, Marks Muskeln seien Teig und die Hartschaumrolle ein Teigroller. Wenn bestimmte Körperpartien besonders von Muskelkater betroffen sind, verwendet Mark die Rolle, um diese Muskeln auszurollen. Wenn er an den Wochenenden Zeit hat, verwendet er die Hartschaumrolle im Rahmen seines Regenerationsprogramms, auch wenn er keine Schmerzen hat. Wir empfehlen folgende allgemeine Technik:

→ Achten Sie auf eine gute Haltung und aktivieren Sie Ihre Rumpfmuskulatur.
→ Liegen oder sitzen Sie mit der Hartschaumrolle unter der empfindlichen Stelle und lassen Sie Ihr Körpergewicht hauptsächlich auf der Rolle ruhen.
→ Warten Sie etwa eine Minute und rollen Sie dann entlang der empfindlichen Stelle vor und zurück.
→ Wenn Sie in einem bestimmten Bereich Schmerzen empfinden, lassen Sie diese Stelle eine Minute lang auf der Rolle ruhen, um den Muskel zu einer weiteren Entspannung anzuregen.
→ Experimentieren Sie einige Male, bis Sie die genaue Position gefunden haben, die am besten funktioniert. Indem Sie Ihre Körperposition variieren, können Sie kontrollieren, wie viel Körpergewicht Sie auf die betroffene Körperstelle und die Rolle legen.

Nach Bedarf nutzt Mark diese Technik auf der „Schmerzensrolle", wie sie von vielen Sportlern liebevoll bezeichnet wird. Die hier vorgestellten spezifischen Massagen mit der Rolle (㉝–㊳), sprechen bestimmte Muskelgruppen an, die in den Übungen berücksichtigt werden.

ERGÄNZENDES KRAFTTRAINING — Rumpfkräftigung

❶ Beinheben auf der Rolle mit angewinkelten Beinen

Legen Sie sich auf den Rücken mit der Wirbelsäule entlang der Rolle und dem Kopf aufgestützt am Ende der Rolle. Winkeln Sie Ihre Knie um etwa 90 Grad an und setzen Sie beide Füße flach auf dem Boden ab. Legen Sie Ihre Hände auf dem Bauch ab, sodass nur Ihre Füße den Boden berühren. Wenn nötig, können Sie Ihre Hände zunächst leicht auf dem Boden ablegen und sie erst dann auf dem Bauch ablegen, wenn Sie eine bessere Rumpfstabilität und Balance entwickelt haben. Spannen Sie Ihre Rumpfmuskulatur an und verwenden Sie falls nötig Visualisierungen, um der Muskulatur eine Hilfe zu geben: Stellen Sie sich vor, dass Sie Ihren Bauchnabel bis zum Gesäß herunterziehen und versuchen, sich dünn genug zu machen, um seitlich durch eine Menschenmenge hindurchzuschlüpfen oder eine enge Hose anzuziehen. Wenn Ihre Rumpfmuskulatur aktiviert ist, heben Sie den rechten Fuß einige Zentimeter über den Boden, wobei Sie das Knie gebeugt halten, dann setzen Sie ihn wieder ab und wiederholen die Übung mit dem anderen Fuß. Führen Sie 3 Sätze zu je 10 bis 20 Wiederholungen durch. Anheben und Ablegen des linken und anschließend des rechten Fußes gilt dabei als eine Wiederholung.

❷ Beinheben auf der Rolle mit gestreckten Beinen

Wenn Sie beim Beinheben auf der Rolle mit angewinkeltem Bein 3 Sätze mit je 20 Wiederholungen bewältigen können, ohne die Hände auf dem Boden abzulegen, können Sie zum Beinheben auf der Rolle mit gestrecktem Bein übergehen. Legen Sie sich mit Kopf und Rücken auf die Rolle, und zwar in die gleiche Ausgangsposition wie beim Beinheben mit angewinkeltem Bein. Legen Sie

❷ Beinheben auf der Rolle mit gestreckten Beinen

Rumpfkräftigung ⁣ **ERGÄNZENDES KRAFTTRAINING**

③ Brücke am Gymnastikball

Ihre Hände auf dem Bauch ab und halten Sie Ihre Beine gestreckt, sodass nur Ihre Fersen den Boden berühren. Wenn nötig, können Sie Ihre Hände zunächst leicht auf dem Boden ablegen und sie erst dann auf dem Bauch ablegen, wenn Sie eine bessere Rumpfstabilität und Balance entwickelt haben. Spannen Sie Ihre Rumpfmuskulatur an und verwenden Sie falls nötig Visualisierungen, um der Muskulatur eine Hilfe zu geben: Stellen Sie sich vor, dass Sie Ihren Bauchnabel bis zum Gesäß herunterziehen und versuchen, sich dünn genug zu machen, um seitlich durch eine Menschenmenge hindurchzuschlüpfen oder eine enge Hose anzuziehen. Wenn Ihre Rumpfmuskulatur aktiviert ist, heben Sie den rechten Fuß einige Zentimeter über den Boden, wobei Sie das Bein gestreckt halten , dann setzen Sie ihn wieder ab und wiederholen die Übung mit dem anderen Fuß. Führen Sie 3 Sätze zu je 10 bis 20 Wiederholungen durch. Anheben und Ablegen des rechten und anschließend des linken Fußes gilt dabei als eine Wiederholung.

③ Brücke am Gymnastikball

Zusätzlich zum Beinheben auf der Rolle mit angewinkeltem oder gestrecktem Bein sollten Sie die Brücke am Gymnastikball trainieren. Legen Sie sich auf den Rücken mit der Hüfte auf dem Boden ruhend, den Fersen auf dem Gymnastikball und den Knien gerade, aber nicht durchgestreckt. Legen Sie zur Balance die Hände an den Seiten ab. Die Balance zu halten fällt leichter, wenn die Handflächen nach unten gerichtet sind, und schwerer, wenn die Handflächen nach oben gerichtet sind. Spannen Sie Ihre Beckenmuskulatur an, um den Rumpf zu stabilisieren und eine Seitwärtsbewegung zu vermeiden, wenn Sie in die Brücke gehen. Stemmen Sie Ihre Fersen in den Gymnastikball und heben Sie gleichzeitig die Hüfte vom Boden ab. Halten Sie diese Position 3 bis 5 Sekunden lang und legen Sie sich anschließend wieder auf dem Boden ab. Entscheidend ist, dass Sie Ihre Rumpf-, Hüft- und Gesäßmuskulatur in der angehobenen Position angespannt halten. Führen Sie 3 Sätze mit je 10 bis 20 Wiederholungen durch.

ERGÄNZENDES KRAFTTRAINING

Kräftigung der Beine

❹ Ausfallschritte

Diese Übung kräftigt die primär beim Radfahren beteiligten Muskeln – den Quadrizeps, die hinteren Oberschenkelmuskeln und die Gesäßmuskeln sowie das Bindegewebe. Stehen Sie mit den Füßen zusammen und machen Sie dann mit dem rechten Fuß einen etwa ein Meter langen Schritt nach vorn. Dies erfordert Balance, daher kann es sein, dass Sie sich am Anfang festhalten müssen. Senken Sie dann Ihr linkes Knie zum Boden ab, bis Ihr rechter Quadrizeps fast parallel zum Boden steht. Um eine Überbelastung des rechten Knies zu vermeiden, halten Sie es in Höhe Ihres Sprunggelenks und bewegen Sie es nicht vor Ihren Fuß. Richten Sie sich aus der niedrigen Position wieder auf und kehren Sie in den Stand zurück. Beginnen Sie mit 3 Sätzen zu je 10 bis 20 Wiederholungen ohne Gewichte an den Händen. 10 Ausfallschritte mit dem rechten und anschließend 10 mit dem linken Fuß zählen als ein Satz. Wenn Sie 3 Sätze zu je 20 Wiederholungen bewältigen, ohne sich festhalten zu müssen, nehmen Sie zwei Hanteln von 2 oder 4 Kilogramm in die Hände und beginnen wieder mit 10 Wiederholungen.

❹ *Ausfallschritte*

Kräftigung der Beine

ERGÄNZENDES KRAFTTRAINING

⑤ *Oberschenkel-Curl mit Gymnastikball*

⑤ Oberschenkel-Curl mit Gymnastikball

Diese Übung kräftigt die hintere Oberschenkelmuskulatur und die Gesäßmuskeln, trägt damit zu einer Balance gegenüber dem stärkeren Quadrizeps bei und trainiert außerdem die Rumpfmuskulatur. Legen Sie sich auf den Rücken in die gleiche Ausgangsposition wie bei der Brücke: Fersen auf den Gymnastikball, Knie gerade und die Hände seitlich zur Balance. Spannen Sie die Rumpfmuskulatur an, indem Sie Ihre Hüfte anheben und ihre Füße in den Gymnastikball drücken. Beugen Sie dann Ihre Knie und ziehen Sie den Gymnastikball mithlfe der hinteren Oberschenkelmuskulatur zu sich. Schließen Sie die Wiederholung ab, indem Sie den Ball wieder von Ihrem Körper wegdrücken und dabei die Brückenposition halten. Halten Sie Ihr Gesäß während des gesamten Satzes in der Luft. Führen Sie 3 Sätze mit je 10 bis 20 Wiederholungen durch.

⑥ Step-up

Verwenden Sie hierfür eine 30 bis 40 Zentimeter hohe Stufe oder Bank. Steigen Sie mit dem rechten Bein die Stufe hinauf und wieder hinunter. Steigen Sie dann mit dem linken Bein die Stufe hinauf und wieder hinunter. Halten Sie das obere Knie jeweils hinter Ihren Zehen und konzentrieren Sie sich darauf, das obere Bein arbeiten zu lassen, statt sich mit dem unteren Bein abzustoßen. Mit beiden Beinen die Stufe hinaufzusteigen, gilt als eine Wiederholung. Beginnen Sie mit 3 Sätzen zu je 15 bis 20 Wiederholungen ohne Gewichte an den Händen. Wenn Sie 3 Sätze zu je 20 Wiederholungen bewältigen, nehmen Sie zwei Kurzhanteln von je 2 oder 4 Kilogramm in die Hände und beginnen wieder mit 15 Wiederholungen.

ERGÄNZENDES KRAFTTRAINING

Kräftigung der Beine

❼ Kniebeuge an der Wand mit Gymnastikball

Stellen Sie sich an die Wand und platzieren Sie den Gymnastikball zwischen Ihrem unteren Rücken und der Wand, ersatzweise können Sie einen Fußball oder Basketball verwenden. Bewegen Sie Ihre Füße ungefähr 45 Zentimeter vor Ihre Hüften. Beugen Sie Ihre Knie und senken Sie den Körper so ab, als würden Sie auf einem Stuhl sitzen, wobei Sie den Ball als Rolle verwenden. Ihre Füße und der Ball sind korrekt positioniert, wenn Ihre Hüfte und Ihre Kniegelenke in abgesenkter Position rechte Winkel bilden – so wie beim Sitzen auf einem Stuhl. Absenken in die rechtwinklige Stellung und sich wieder in den Stand aufrichten gilt als eine Wiederholung. Beginnen Sie mit 3 Sätzen zu je 15 bis 20 Wiederholungen ohne Gewichte an den Händen. Wenn Sie 3 Sätze zu je 20 Wiederholungen bewältigen, nehmen Sie ein Paar Kurzhanteln mit einem Gewicht von insgesamt 8 oder 16 Kilogramm und beginnen wieder mit 15 Wiederholungen.

❽ Beincurl einbeinig an der Maschine

Je nach Art der Maschine setzen oder legen Sie sich hin und haken das linke Sprunggelenk in der Rolle ein. Ziehen Sie die Rolle mithilfe der hinteren Oberschenkelmuskulatur Ihres linken Beines zu sich. Bei Durchführung im Liegen nicht ins Hohlkreuz gehen – nur die hintere Oberschenkelmuskulatur einsetzen. Die Rolle wieder absenken. Absolvieren Sie 10 Wiederholungen mit einem Bein und anschließend 10 mit dem anderen Bein. Führen Sie 3 Sätze mit je 10 bis 20 Wiederholungen durch.

❾ Beinpresse einbeinig an der Maschine

Diese Übung kann anstelle von Step-ups oder Kniebeugen an der Wand durchgeführt werden. Verwenden Sie nicht die Beinstreckmaschine, da durch diese der Bereich der Kniescheibe stark belastet wird. Setzen Sie sich so, dass Ihr linkes Knie einen rechten Winkel bildet – nicht weiter – und Ihr linker Fuß auf der Platte ruht. Strecken Sie nun Ihr Bein mithilfe Ihrer Oberschenkel- und Hüftmuskulatur, indem Sie Ihren Fuß von sich wegdrücken. Strecken Sie das Knie dabei nicht durch. Kehren Sie in die gebeugte Position zurück. Führen Sie 15 Wiederholungen mit einem Bein und anschließend 15 mit dem anderen Bein durch. Absolvieren Sie 3 Sätze zu je 15 bis 20 Wiederholungen.

❼ *Kniebeuge an der Wand mit Gymnastikball*

Kräftigung des Oberkörpers

ERGÄNZENDES KRAFTTRAINING

⑩ Schulterdrücken mit Kurzhanteln am Gymnastikball

Diese Übung dient dem Aufbau von Kraft und Stabilität für den gesamten Oberkörper und trägt so zu einer geringeren Ermüdung des Oberkörpers beim Radfahren bei. Setzen Sie sich auf den Ball und halten Sie in jeder Hand eine Kurzhantel von 2 bis 6 Kilogramm. Die Hände sind in etwas mehr als schulterbreitem Abstand, die Handflächen nach oben und vorwärts gerichtet. Spannen Sie Ihre Rumpfmuskulatur an, sodass Ihr Körper während der Übung stabilisiert ist. Drücken Sie die Kurzhanteln in einer gleichmäßigen Bewegung in Richtung Decke, achten Sie dabei darauf, den Rücken nicht zu überstrecken, und senken Sie die Hanteln anschließend wieder in die Ausgangsposition ab. Führen Sie einen Satz mit 10 bis 20 Wiederholungen durch.

⑪ Bankdrücken mit Kurzhanteln am Gymnastikball

Diese Übung kräftigt die Brust- und Armmuskulatur, die zur Stützung des Oberkörpers und zur Kontrolle des Fahrrads eingesetzt wird. Setzen Sie sich auf den Ball und nehmen Sie eine Kurzhantel von 4 bis 8 Kilogramm in jede Hand. Setzen Sie Ihre Füße anschließend so ab, dass Ihr Oberkörper ein Plateau bildet, das von Ihren Unterschenkeln abgestützt wird, wobei Ihr Kopf und Ihre Schultern auf dem Gymnastikball ruhen. Führen Sie die Kurzhanteln über Ihre Brust gerade nach oben. Senken Sie die Hanteln wieder ab, bis sie seitlich auf Höhe der Brust liegen und drücken Sie sie anschließend wieder nach oben. Halten Sie die Rumpfmuskulatur dabei angespannt, sodass Ihr Körper flach wie ein Tisch ist. Beenden Sie den Satz, indem Sie die Bauchmuskeln anspannen und in die Startposition zurückrollen, während Sie die Kurzhanteln in Bauchhöhe am Körper halten.

⑪ *Bankdrücken mit Kurzhanteln am Gymnastikball*

ERGÄNZENDES KRAFTTRAINING

Kräftigung des Oberkörpers

12 Einarmiges Rudern im Stehen

Diese Übung kräftigt die obere Rücken- sowie die Armmuskulatur, die beim Fahren Oberkörper, Hals und Kopf stützt. Stabilisieren Sie Ihren Oberkörper, indem Sie Ihren linken Unterarm auf einer stabilen Unterlage abstützen, Ihr Rücken sollte ungefähr parallel zum Boden ausgerichtet sein und Ihr Kopf aufgerichtet mit Blickrichtung nach vorn zeigen. Ihr rechter Arm hängt in Richtung des Bodens und hält eine Kurzhantel mit 48 Kilogramm Gewicht. Heben Sie die Kurzhantel bis zu dem Punkt an, an dem Brust und Schulter ineinander übergehen. Dabei Rücken und Schulter nicht bewegen und nur die rechte obere Rückenmuskulatur einsetzen. Wieder absenken, 10 Wiederholungen durchführen und anschließend die Seite wechseln.

13 Schulterdrücken

Sitzend auf einer Bank oder im Stand mit den Füßen schulterbreit auseinander eine Kurzhantel von 2 bis 6 Kilogramm in jeder Hand halten, die Hände dabei in etwas mehr als schulterbreitem Abstand, die Handflächen nach oben und vorwärts gerichtet. Drücken Sie die Kurz-

12 Einarmiges Rudern im Stehen

Kräftigung des Oberkörpers

ERGÄNZENDES KRAFTTRAINING

hanteln in einer gleichmäßigen Bewegung in Richtung Decke, achten Sie darauf, den Rücken nicht zu überstrecken, und senken Sie die Hanteln anschließend wieder in die Ausgangsposition ab. Als Alternative den gleichen Bewegungsablauf an einer Schulterdrückmaschine durchführen. In dieser Variante wird die Schulter ebenfalls gekräftigt, Balance und Kontrolle im Schulterbereich werden jedoch nicht trainiert. Führen Sie einen Satz mit 10 bis 20 Wiederholungen durch.

⓮ Bankdrücken mit Kurz- oder Langhanteln

Diese Übung kann anstelle des Bankdrückens mit Kurzhanteln am Gymnastikball durchgeführt werden, trainiert jedoch nicht die tiefe Rumpfmuskulatur. Wenn Sie Kurzhanteln statt einer Langhantel verwenden, werden Sie mehr Balance und Kontrolle entwickeln. Legen Sie sich auf die Bank und stützen Sie Ihre Füße auf dem Boden ab. Nehmen Sie zwei Kurzhanteln zu je 4 bis 8 Kilogramm oder eine Langhantel von entsprechendem Gewicht. Senken Sie sie auf Brusthöhe ab und drücken Sie sie wieder nach oben. Halten Sie Ihren Rücken dabei flach auf der Bank. Sie können diese Übung auch an einer Bankdrückmaschine durchführen, in dieser Variante werden die Brustmuskeln, jedoch nicht die für die Stabilisierung und Balance zuständigen Muskeln trainiert. Führen Sie einen Satz mit 10 bis 20 Wiederholungen durch. An einem Tag pro Woche können Sie ersatzweise Schrägbankdrücken mit Kurzhanteln mit weniger Gewicht trainieren.

⓯ Rudermaschine sitzend

Diese Übung ist eine Alternative zum einarmigen Rudern am Gymnastikball. Setzen Sie sich und lehnen Sie die Brust an das Polster, die Beine gerade mit leicht gebeugten Knien. Halten Sie Rücken und Schultern gerade. Ziehen Sie die Griffe zu sich heran, den Oberkörper dabei nicht bewegen. Setzen Sie zum Ziehen des Gewichts nur Ihre Schulter- nicht die untere Rückenmuskulatur ein. Die Griffe zum Ausgangspunkt zurückführen und Übung wiederholen. Führen Sie einen Satz mit 10 bis 20 Wiederholungen durch.

⓰ Latissimuszug

Diese Übung ist eine gute Ergänzung zum einarmigen Rudern oder Rudern im Sitzen. Stellen Sie sich vor das Gerät und umfassen Sie die Stange mit weitem Griff. Ihre Hände sollten jeweils 30 Zentimeter seitlich der Schultern positioniert sein. Setzen Sie sich nun mit leicht gewölbtem Rücken hin. Ziehen Sie die Stange vor Ihrem Kinn zur Brust hin, nicht in den Nacken. Dabei die Brust aufrecht halten und Rücken und Schulter nicht bewegen, setzen Sie nur die obere Rückenmuskulatur ein. Führen Sie einen Satz mit 10 bis 20 Wiederholungen durch.

FLEXIBILITÄTSTRAINING — Statisches Dehnen

⑰ Die Katze

Gehen Sie in den Vierfüßlerstand, wölben Sie Ihren Rücken langsam nach oben und rollen Sie Ihren Kopf nach vorn mit dem Kinn zur Brust. Kehren Sie dann ausgehend vom Becken die Bewegung um, drücken Sie Ihren Bauch in Richtung Boden und heben Sie schließlich Ihren Kopf in Richtung Nacken an. Wiederholen Sie dies dreimal. Auf dem Fahrrad können Sie ebenfalls den Rücken einrollen, wenn Sie mit den Pedalen im Leerlauf in der 3- und 9-Uhr-Position fahren und aus dem Sattel gehen – aber schauen Sie auf die Straße!

⑰ Die Katze

Statisches Dehnen   **FLEXIBILITÄTSTRAINING**

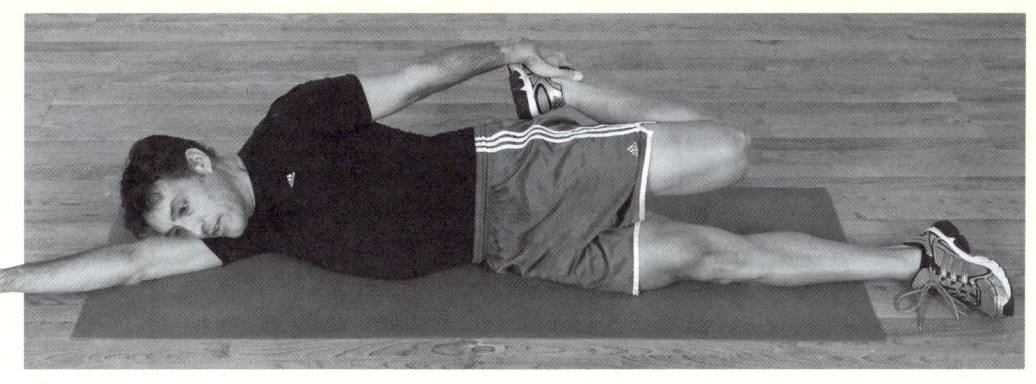

⑱ Quadrizeps

⑱ Quadrizeps

Legen Sie sich auf die rechte Seite. Beugen Sie Ihr linkes Bein, bis Sie Ihr linkes Sprunggelenk mit der linken Hand umfassen können. Wenn Sie Ihr Sprunggelenk nicht erreichen, greifen Sie ein Handtuch oder Übungsband, das Sie um das Sprunggelenk gewickelt haben. Halten Sie das Becken nach vorn gekippt und ziehen Sie das Bein vorsichtig nach oben, bis Sie eine Dehnung des Quadrizeps verspüren. Wiederholen Sie dies mit dem anderen Bein.

⑲ Hintere Oberschenkelmuskulatur

Legen Sie sich auf den Rücken und beugen Sie das linke Knie, wenn Dehnübungen neu für Sie sind – oder halten Sie das linke Bein gestreckt, wenn Ihre Beweglichkeit recht gut ist. Schlingen Sie einen Riemen, ein Übungsband oder ein Handtuch unter Ihr rechtes Fußgewölbe und umfassen Sie die Enden. Halten Sie das rechte Bein gestreckt und führen Sie es nach oben, bis Sie in Ihrer rechten hinteren Oberschenkelmuskulatur eine leichte Dehnung spüren. Wiederholen Sie dies mit dem anderen Bein.

⑲ Hintere Oberschenkelmuskulatur

FLEXIBILITÄTSTRAINING — Statisches Dehnen

⑳ Überkopfdehnung

Verschränken Sie Ihre Finger ineinander, führen Sie die Arme über den Kopf und richten Sie die Handinnenflächen zur Decke. Dehnen Sie sich und stellen Sie sich vor, dass Ihre Wirbelsäule sich verlängert.

㉑ Nacken

Stehen Sie mit dem Kopf nach vorn gebeugt und dem Kinn auf der Brust. Legen Sie Ihre Hände auf den Hinterkopf und ziehen Sie durch das Gewicht Ihrer Arme den Kopf so herunter, dass Sie eine Dehnung auf die Nackenmuskulatur ausüben. Die Spannung lösen und den Hals wieder aufrichten. Dann den Kopf zur rechten Schulter neigen. Legen Sie den rechten Arm oben auf dem Kopf ab und ziehen Sie den Kopf durch das Gewicht Ihres Arms leicht nach rechts, sodass die Halsmuskulatur gedehnt wird. Zur Erhöhung der Dehnwirkung können Sie die linke Handfläche in Richtung Boden drücken. Wiederholen Sie die Übung für die linke Seite. Niemals den Hals nach hinten dehnen, dies kann die Halswirbel überlasten!

㉒ Brust

Stehen Sie mit Ihrem rechten Ellbogen auf Schulterhöhe, der rechte Unterarm und die Hand sind auf eine Wand oder einen Türpfosten aufgelegt. Drehen Sie Ihren Oberkörper langsam nach links, bis Sie eine leichte Dehnung im Brustbereich verspüren. Wiederholen Sie die Übung für die linke Seite.

㉓ Rückenrotation

Legen Sie sich auf den Rücken und halten Sie Ihr rechtes Bein gestreckt auf dem Boden. Beugen Sie Ihr linkes Knie und legen Sie Ihren linken Fuß rechts von Ihrem rechten Knie auf dem Boden ab. Strecken Sie Ihren linken Arm aus und legen Sie Ihre linke Hand hinter sich auf dem Boden ab. Legen Sie Ihre rechte Hand auf Ihr linkes Knie

㉒ *Brust*

Statisches Dehnen

FLEXIBILITÄTSTRAINING

und ziehen Sie Ihr linkes Knie in Richtung des Bodens auf der rechten Seite, sodass Sie Ihren Rumpf nach rechts drehen. Wiederholen Sie die Übung für die rechte Seite.

24 Hüftbeuger

Legen Sie ein Übungsband über den linken Fuß und umfassen Sie es mit beiden Händen, beugen Sie Ihr linkes Knie und legen Sie sich auf den Bauch mit dem linken Knie auf dem Boden und dem rechten Bein gestreckt. Ziehen Sie an dem Band, sodass Ihr linkes Knie vom Boden abhebt, bis Sie eine leichte Dehnung verspüren. Wiederholen Sie dies mit dem anderen Bein.

23 *Rückenrotation*

24 *Hüftbeuger*

FLEXIBILITÄTSTRAINING

Statisches Dehnen

㉕ Achillessehne und zweiköpfiger Wadenmuskel

Stellen Sie sich vor eine Wand mit dem rechten Fuß nahe an der Wand, dem rechten Knie gebeugt und dem linken Bein gestreckt, wobei der linke Fuß etwa einen Meter von der Wand entfernt steht. Stützen Sie Ihre Hände auf der Wand auf und lehnen Sie sich langsam zur Wand hin, um die Achillessehne und den zweiköpfigen Wadenmuskel des linken Beins zu dehnen. Wiederholen Sie dies mit dem rechten Bein.

㉖ Schollenmuskel

Stellen Sie sich vor eine Wand mit dem rechten Fuß nahe an der Wand, das rechte Knie ist gebeugt und das linke Bein auch um etwa 20 Grad, wobei der linke Fuß etwa einen Meter von der Wand entfernt steht. Stützen Sie die Hände an der Wand ab und lehnen Sie sich langsam zur Wand, um den linken Schollenmuskel zu dehnen. Wiederholen Sie dies mit dem rechten Bein.

㉕ *Achillessehne und zweiköpfiger Wadenmuskel*

㉖ *Schollenmuskel*

Statisches Dehnen

FLEXIBILITÄTSTRAINING

㉗ Leiste

Setzen Sie sich mit um etwa 90 Grad angewinkelten Knien hin und legen Sie beide Füße flach auf dem Boden ab. Senken Sie beide Knie zu den Seiten hin ab und ziehen Sie dabei die Fußsohlen zusammen. Um die Dehnung zu verstärken, können Sie sich entweder nach vorn lehnen oder mithilfe Ihrer Gesäßmuskeln versuchen, die Knie noch weiter zum Boden zu ziehen.

㉘ Piriformis und Glutaeus medius

Legen Sie sich auf den Rücken, beugen Sie Ihr rechtes Knie und legen Sie den rechten Fuß flach auf dem Boden ab. Stellen Sie das gebeugte linke Knie zur Seite aus und legen Sie das linke Sprunggelenk auf dem rechten Knie ab. Rollen Sie den Oberkörper leicht auf, umfassen Sie die Rückseite des rechten Oberschenkels und ziehen Sie ihn vorsichtig in Richtung Brust. Wenn Sie die Rückseite des rechten Oberschenkels nicht umfassen können, führen Sie ein Handtuch oder

㉗ Leiste

Übungsband um die Oberschenkelrückseite und umfassen Sie es. Sie werden eine leichte Dehnung im linken Gesäßmuskel verspüren. Wechseln Sie die Position, um den rechten Gesäßmuskel zu dehnen.

㉘ Piriformis und Glutaeus medius

FLEXIBILITÄTSTRAINING — Dynamisches Dehnen

29 Hüfte rollen

30 Raupe

29 Hüfte rollen

Legen Sie sich auf den Rücken und legen Sie die gestreckten Arme zur Stabilisierung seitlich ab, beugen Sie die Knie und stellen Sie die Füße auf dem Boden ab. Wiegen Sie dann Ihre Beine mehrmals langsam von Seite zu Seite, wobei Ihre Schultern, Ihr Oberkörper und Ihre Füße Kontakt mit dem Boden behalten. Sie sollten hierbei eine Dehnung in der unteren Rücken- und der seitlichen Rumpfmuskulatur verspüren.

30 Raupe

Aus der Liegestützposition mit kleinen Trippelschritten vorwärts in Richtung der Hände gehen, die Beine dabei gerade halten (stellen Sie sich eine Raupe in Bewegung vor). Wenn Sie Ihre Beine nicht mehr gerade halten können (Ihr Bewegungsumfang wird sich erweitern, wenn Sie diese Bewegung trainieren), machen Sie eine oder zwei Sekunden Pause und bewegen sich anschließend mit den Händen wieder bis in die Liegestützposition. Wiederholen Sie dies mehrmals. Sie sollten eine progressive Dehnung Ihrer hinteren Oberschenkelmuskulatur verspüren, während Ihre Füße in Richtung Ihrer Hände

Dynamisches Dehnen   **FLEXIBILITÄTSTRAINING**

gehen. Zugleich wird Ihre Rumpfmuskulatur trainiert, weil Sie sich zu Beginn in der Liegestützposition befinden.

31 Ausfallschritte

Diese Übung ist praktisch identisch mit dem Ausfallschritt als Kraftübung. Gehen Sie aus dem Stand mit dem rechten Bein einen großen Schritt nach vorn mit dem Fuß in Geradeausstellung. Gehen Sie dann in eine Ausfallschrittposition hinunter und halten Sie dabei das rechte Knie direkt über dem Sprunggelenk, bis Ihr rechter Oberschenkel fast parallel zum Boden steht. Aber anstatt wieder zurück in den Stand zu gehen, stoßen Sie sich nun vom Boden ab und machen mit dem linken Fuß einen Ausfallschritt nach vorn. Wiederholen Sie dies so, dass Sie mit jedem Bein 5 bis 10 Schritte machen. Diese Dehnübung spricht die gesamte Bein- und Hüftmuskulatur an und bereitet den Körper aufs Radfahren und auf Kraftübungen für den Unterschenkelbereich vor.

32 Kniebeuge im Sumo-Stil

Beugen Sie sich aus dem Stand nach vorn und greifen Sie nach Ihren großen Zehen. Halten Sie die Arme gestreckt und an den Innenseiten der Knie. Senken Sie nun die Hüften so weit wie möglich zwischen Ihre Fußgelenke ab, ohne dass ein unangenehmes Gefühl auftritt, und heben Sie Ihre Brust an. Stellen Sie sich dabei vor, wie ein Sumo-Ringer aussieht. Kommen Sie dann wieder in eine stehende Position und wiederholen Sie die Übung mehrmals.

32 Kniebeuge im Sumo-Stil

FLEXIBILITÄTSTRAINING Selbstmassage mit Hartschaumrolle

33 *Iliotibialband (ITB)*

33 Iliotibialband (ITB)

Das ITB verläuft an der Außenseite des Oberschenkels von der Oberseite des Hüftknochens bis kurz unterhalb des Knies. Zur Massage des rechten ITBs legen Sie sich mit dem rechten Bein ausgestreckt hin, wobei die rechte Hüfte auf der Rolle ruht. Rollen Sie von kurz unterhalb der Hüfte bis zu Ihrem Knie vor und zurück. Sie können den Druck variieren, indem Sie den Unterschenkel des massierten Beins vom Boden abheben, das andere Bein vom Boden abheben oder das Gewicht Ihres Oberkörpers nur mit den Händen abstützen.

34 Hintere Oberschenkelmuskulatur

Legen Sie sich so auf den Boden, dass die hintere Oberschenkelmuskulatur beider Beine auf der Rolle aufliegt und überkreuzen Sie die Füße, um die Hebelwirkung zu verstärken. Rollen Sie auf beiden hinteren Oberschenkelmuskeln vor und zurück. Um ein einzelnes Bein zu massieren, die Beine überkreuzen und auf jedem Bein einzeln abrollen.

35 Quadrizeps

Balancieren Sie auf den Ellbogen mit dem Gesicht nach unten, wobei Ihre Quadrizepsmuskeln auf der Hartschaumrolle aufliegen. Rollen Sie auf und ab und massieren Sie so beide Muskelbereiche. Sie können auch einen Quadrizeps bevorzugt massieren, indem Sie Ihr Gewicht auf die entsprechende Seite verlagern.

36 Untere Rückenmuskulatur

Nehmen Sie eine Position ein, als ob Sie Rumpfbeugen oder Crunches durchführen würden und legen Sie die Hartschaumrolle im Winkel

Selbstmassage mit Hartschaumrolle

FLEXIBILITÄTSTRAINING

von 90 Grad zur Wirbelsäule unter Ihre untere Rückenmuskulatur. Strecken Sie Ihre Beine aus und legen Sie zur Balance Ihre Hände hinter sich auf dem Boden ab. Rollen Sie auf der Rolle liegend vor und zurück, achten Sie dabei auf eine gute Haltung und spannen Sie Ihre Rumpfmuskulatur an. Um den Druck zu verstärken, können Sie die Hände vor der Brust oder bei empfindlichem Nacken auch hinter Ihrem Kopf verschränken – oder Sie stützen den Nacken mit einem Handtuch ab.

37 Piriformis und Glutaeus medius

Diese Technik erfordert einige Übung. Der Piriformismuskel liegt tief im Bereich der Glutaeusmuskeln an der Hüfte. Zur Massage des rechten Piriformis setzen Sie sich mit der Rückseite der rechten Hüfte auf die Hartschaumrolle. Legen Sie dann das Fußgelenk des linken Fußes über das rechte Knie. Rollen Sie ähnlich wie bei den anderen Bewegungsabläufen auf der Rückseite der rechten Hüfte auf und ab, um den Glutaeus- und den Piriformismuskel zu massieren.

38 Obere Rückenmuskulatur

Legen Sie sich auf den Rücken. Die Hartschaumrolle liegt unter der oberen Rückenmuskulatur unterhalb der Schulterblätter und in rechtem Winkel zur Wirbelsäule. Stützen Sie Ihren Kopf mit den Händen ab. Beugen Sie Ihre Knie und legen Sie Ihre Füße flach auf dem Boden ab, um einen Teil Ihres Körpergewichts abzustützen. Rollen Sie auf- und abwärts, um die obere Rückenmuskulatur zu massieren.

37 Piriformis und Glutaeus medius

Programmintegration

Zu Beginn des Kapitels haben wir Marks Ziele beschrieben: Steigerung seiner Durchschnittsgeschwindigkeit, Verbesserung der Bergfahrqualität und erfolgreiche Teilnahme an einem 160-km-Event. Sie haben Ihre eigenen Ziele. Indem Sie eine einfache Grundlagentrainingsstrategie verfolgen, können Sie Verschiedenes erreichen:

→ Eine aerobe Ausdauergrundlage durch Radfahren (drinnen und draußen) und Crosstraining schaffen.
→ Erhöhung der Körperkraft durch ein Krafttrainingsprogramm für höhere Kraftentfaltung und ein vermindertes Verletzungsrisiko.
→ Verbesserung der Beweglichkeit für mehr Komfort auf dem Fahrrad, die wiederum zu höherer Ausdauer und Effizienz beiträgt.

Was sollten Sie während des Grundlagentrainings tun? Erinnern Sie sich an das Konzept der Individualität, das wir zuvor erläutert haben? Wir haben Marks Programm beschrieben, aber was für ihn funktioniert, muss nicht unbedingt auch für Sie passen. Denken Sie darüber nach, welche Elemente Sie in Ihre Grundlagentrainingsstrategie aufnehmen möchten. Zu Beginn könnte Ihr Plan etwa wie folgt aussehen:

Montag:
20 Minuten Dehn- und Rumpfkräftigungsübungen beim Fernsehen

Dienstag:
30 Minuten auf dem Rollentrainer und 30 Minuten ergänzendes Krafttraining für Ober- und Unterkörper

Mittwoch:
20 Minuten Dehn- und Rumpfkräftigungsübungen

Donnerstag:
Squash mit Freunden und 30 Minuten ergänzendes Krafttraining für Ober- und Unterkörper

Freitag:
Ein Yogakurs oder 20 Minuten Dehn- und Rumpfkräftigungsübungen

Samstag:
Eine 60-minütige Vereinstour und 20 Minuten Dehn- und Rumpfkräftigungsübungen nach dem Fahren

Sonntag:
Aktivitäten im Freien mit der Familie: Wandern, Schneeschuhwandern, Radfahren oder auch Fangen spielen mit den Kindern; ergänzendes Krafttraining für den Unterkörper, falls die Zeit es zulässt

Je nach Ihrer Kombination von Aktivitäten kann der Zeitaufwand variieren, insgesamt dürften jedoch nicht viel mehr als sieben Stunden erforderlich sein. Ein einfaches Trainingstagebuch zu führen, wird Ihnen dabei helfen, Ihre Fortschritte zu verfolgen und motiviert zu bleiben. Rund 50 Prozent aller Personen geben ihr Training innerhalb der ersten drei Monate wieder auf. In Ihrem Tagebuch können Sie Ihr Grundlagenprogramm, die für die jeweilige Woche geplanten Aktivitäten und Ihre tatsächlich erzielten Leistungen aufzeichnen.

Gegen Ende des Grundlagentrainings werden die Übungseinheiten länger. Ihr Programm könnte dann etwa so aussehen:

Montag:
Frei

Dienstag:
Eine 45-minütige Ausfahrt und 20 Minuten Dehn- und Rumpfkräftigungsübungen

Mittwoch:
30 Minuten Krafttraining und 20 Minuten Dehn- und Rumpfkräftigungsübungen

Donnerstag:
Basketball mit Freunden

Freitag:
Eine 45-minütige lockere Ausfahrt und 20 Minuten Dehn- und Rumpfkräftigungsübungen

Samstag:
Eine zweistündige Gruppenausfahrt und 20 Minuten Dehn- und Rumpfkräftigungsübungen

Sonntag:
Längere Aktivitäten im Freien mit der Familie sowie 30 Minuten ergänzendes Krafttraining

Dieses Aktivitätenprogramm nimmt nur rund eine Stunde pro Woche mehr in Anspruch als das Programm zu Beginn Ihres Grundlagentrainings.

> Sie können Ihre Trainingsaktivitäten auf vielfältige Weise in Ihren Alltag integrieren. Experimentieren Sie, bis Sie eine Form gefunden haben, die für Sie funktioniert. Ein Grundlagentrainingsprogramm, das Ausdauer-, Kraft- und Dehnungselemente enthält, ebnet den Weg für eine erfolgreiche und angenehme Radsportsaison. Diese Trainingseinheiten und Übungen tragen darüber hinaus zu einer allgemeinen Verbesserung Ihrer Gesundheit bei. Trainieren Sie mit Freude – treffen Sie sich mit anderen Fahrern, nehmen Sie an verschiedenen Aktivitäten teil und lassen Sie den Spaß nicht zu kurz kommen! Im nächsten Kapitel betrachten wir, wie die Ernährung gestaltet werden muss, um den Anforderungen des Trainings gerecht zu werden und Ihnen eine optimale Leistungsfähigkeit zu ermöglichen.

Kapitel 4

Treibstoff für den Langstreckenradsportler

Kapitel 4 Treibstoff für den Langstreckenradsportler

Was haben ein Rennwagen, ein Kampfflugzeug, ein Rennboot und ein Langstreckenfahrrad gemeinsam? Neben der Tatsache, dass es extrem aufregend ist, sie zu steuern, sind alle auf fein abgestimmte Motoren angewiesen, die angemessen mit Treibstoff versorgt werden müssen, um ihre Leistung zu erbringen. Dabei reden wir nicht nur vom optimalen Leistungsniveau – ein F-22 Kampfflugzeug ohne Kerosin im Tank ist nichts weiter als ein 340 Millionen Dollar teurer Haufen aus Metall und Elektronik, der hilflos auf dem Rollfeld steht. Es sieht vielleicht eindrucksvoll aus, aber ohne Treibstoff ist es nutzlos. Als Langstreckenradsportler können wir noch so viel Geld für leichte und aerodynamische Ausrüstung ausgeben – ohne den richtigen Treibstoff für unsere Motoren wird unsere Leistung stark eingeschränkt bleiben.

Mark weiß, dass die Ernährung einer seiner Schwachpunkte im Radsport ist. Seine Vereinstouren bestreitet er mit einem Energieriegel und einigen Flaschen mit Sportgetränk. Er kann nachvollziehen, dass er mehr essen muss, aber wie viel mehr und was sollte er essen? Mark wiegt aktuell 77 Kilogramm und fährt bei seinen Trainingsfahrten mit einer Durchschnittsgeschwindigkeit von 24 Stundenkilometern bei ebener Strecke. Er verbrennt rund 750 Kalorien pro Stunde auf dem Fahrrad, wobei Steigungen, Gegenwind oder sonstige Bedingungen, die seinen Kalorienverbrauch beeinflussen, nicht eingerechnet sind. Wenn er diese Durchschnittsgeschwindigkeit während der Centuryfahrt hält, wird er während seiner fast siebenstündigen Fahrt über 5.000 Kalorien verbrennen. Um effektiv zu trainieren, muss Mark die Kalorien wieder auffüllen, die er im Rahmen des Trainings und seiner Alltagsaktivitäten verbraucht.

Wir beginnen dieses Kapitel mit einem Blick auf die Grundlagen eines ausgewogenen Ernährungsplans, der sowohl die radsportspezifische Leistung fördert als auch zur Gesundheit im Alltag beiträgt und dabei Wahlmöglichkeiten zur Anpassung an individuelle Bedürfnisse und Präferenzen bietet. Eine gezielte Ernährung in Hinblick auf sportliche Leistung unterscheidet sich nicht gravierend von einer allgemeinen gesunden Ernährung, aktive Menschen benötigen jedoch mehr Treibstoff als weniger aktive. Wir werden auch das Thema Essen und Trinken während der Trainingsfahrten zur Aufrechterhaltung des Energieniveaus behandeln. Und schließlich geben wir Tipps zum Einkaufen und zum Essen außer Haus, die Ihnen helfen werden, gesunde Entscheidungen zu treffen. Eine gute Ernährung muss nicht komplex oder teuer sein. Indem Sie einige einfache Richtlinien befolgen, können Sie eine optimale Auswahl für Ihre Leistungsfähigkeit und Gesundheit im Radsport wie im Alltag treffen.

Wir schreiben Ihnen nicht vor, was oder wie Sie genau essen sollen. Viele Ernährungsstile können eine adäquate Nahrungsversorgung bieten. Die Unterschiedlichkeit der Kulturen, Religionen und persönlichen Überzeugungen macht es unmöglich, spezifische Empfehlungen für alle individuellen Bedürfnisse auszusprechen. Das Trainingskonzept der Individualität lässt sich auch auf die Ernährung übertragen. Nutzen Sie das Material, das wir bereitstellen, um einen Plan zu entwerfen, der für Sie funktioniert.

Allgemeine Ernährungsrichtlinien

Ganz gleich, welche Einstellung zum Essen Sie haben, Ihre Ernährung sollte
→ Ihnen helfen, so leistungsfähig wie möglich zu sein,
→ den Körper optimal mit Nährstoffen versorgen,
→ Ihre Gesundheit unterstützen und das Risiko lebensbedrohlicher und chronischer Erkrankungen wie Herzkrankheiten, Krebs und Diabetes verringern.

Womit sollten Sie beginnen? Wenn Sie etwa eine Woche lang ein einfaches Ernährungstagebuch führen, in dem Sie aufschreiben, was Sie wann gegessen haben, bekommen Sie einen guten Eindruck Ihrer aktuellen Ernährungsgewohnheiten. Die anschließende Kontrolle dieser Aufzeichnungen wird Ihnen helfen, Schwachpunkte zu erkennen, die Sie möglicherweise korrigieren möchten. Nehmen Sie beispielsweise täglich ein gutes Frühstück zu sich oder holt Sie der Hunger am Vormittag ein? Verbringen Sie mehrere Stunden, ohne zu essen? In diesem Fall können drastische Schwankungen Ihres Blutzuckerspiegels auftreten, wodurch Ihr Energieniveau und Ihre Leistung beeinträchtigt werden können. Wenn Sie nicht regelmäßig und gesund gegessen haben, werden Sie sich möglicherweise beim Radfahren träge und lustlos fühlen.

Indem Sie Ihr Ernährungs- und Ihr Trainingstagebuch parallel betrachten, können Sie

TABELLE 4.1	Beispiel: Ernährungstagebuch	
Nahrungsmittel oder Getränk	**Konsumierte Menge**	**Kalorien**
Frühstück		
Haferflocken	1 Tasse	300
Rosinen	½ Tasse	260
Brauner Zucker	1 Essl.	15
Joghurt, Magerstufe	170 g	75
Kaffee, schwarz	2 Tassen	5
Zwischenmahlzeit		
Banane	1 mittelgroße	105
Mittagessen		
Hähnchenbrust	115 g	190
Brauner Reis	½ Tasse	110
Gedünsteter Brokkoli	½ Tasse	20
Zwischenmahlzeit		
Mandeln	¼ Tasse	155
Abendessen		
Lachsfilet	115 g	245
Spinatsalat	1 ½ Tassen	15
Couscous	1 Tasse	175
Rotwein	120 ml	100
Zwischenmahlzeit		
Popcorn ungesüßt	3 Tassen	90
Gesamt		**1.860**

wertvolle Informationen gewinnen, die Ihren sportlichen Zielen zugutekommen werden. Sie können beurteilen, ob Sie gemessen an Ihrem Trainingsvolumen ausreichend Kalorien zu sich nehmen und feststellen, ob Sie nach hartem Training angemessen regenerieren oder Ihre Kalorienaufnahme nach dem Training erhöhen müssen. Ebenso wie das Trainingstagebuch muss das Ernährungstagebuch nicht komplex sein. Schreiben Sie einfach eine Woche lang auf, was Sie im Tagesverlauf essen und trinken und berechnen Sie die Kalorienanzahl pro Ernährungsbestandteil. Indem Sie Ihren Gesamtverbrauch, die Nährstoffkombination und Ihre Essgewohnheiten analysieren, erhalten Sie einen guten Eindruck davon, ob Sie etwas ändern sollten, und wenn ja, was. Tabelle 4.1 zeigt eine Beispielseite eines einfachen Ernährungstagebuchs.

Wenn Sie einige Daten gesammelt haben, können Sie anhand der verschiedenen Ernährungspyramiden auswerten, wie angemessen Ihre Ernährung ist. Ernährungspyramiden bieten eine grafische Darstellung der Anteile von grundlegenden Nahrungsmittelgruppen: Getreide, Gemüse, Obst, mageres Fleisch und Bohnen, Milch sowie Öle und Fette. Die mediterrane Ernährungspyramide, die Schweizer Lebensmittelpyramide sowie MyPyramid stellen jeweils Modelle für eine gesunde Ernährung dar.

Die mediterrane Ernährungspyramide

Die mediterrane Ernährungspyramide ist das Ergebnis von 50 Jahren Ernährungsforschung in einer Region der Welt, die sich durch eine der weltweit niedrigsten Rate chronischer Erkrankungen sowie durch eine der höchsten Lebenserwartungen auszeichnet. Diese Ernährungsweise ist durch einige wichtige Eigenschaften gekennzeichnet:

→ reichlich Nahrungsmittel pflanzlichen Ursprungs, darunter Obst und Gemüse, Kartoffeln, Brot und Getreide, Bohnen, Nüsse und Saaten
→ ein Minimum an verarbeiteten Lebensmitteln und ein Schwerpunkt auf lokal erzeugten Lebensmitteln
→ Olivenöl als wichtigstes Fett
→ täglicher Konsum geringer bis mäßiger Mengen von Käse und Joghurt
→ mäßige Mengen von Fisch und Geflügel als primäre Proteinquelle
→ frische Früchte als typisches Dessert
→ rotes Fleisch einige Male pro Monat
→ mäßiger Konsum von Rotwein
→ regelmäßige körperliche Aktivität auf einem Niveau, das förderlich für ein gesundes Gewicht sowie Fitness und Wohlbefinden ist

Die mediterrane Ernährungspyramide finden Sie unter: www.oldwayspt.org/mediterranean-diet-pyramid.

Schweizer Lebensmittelpyramide

Die Schweizerische Gesellschaft für Ernährung hat die Schweizer Lebensmittelpyramide entwickelt, um den täglichen Energie- und Nährstoffbedarf gesunder Erwachsener mit mindestens 5 Stunden sportlicher Aktivität pro Woche aufzuzeigen. Darüber hinaus bietet sie Richtlinien zur Anpassung der Nährstoffaufnahme für jede zusätzliche Stunde sportlicher Aktivität pro Tag. Die Schweizer Lebensmittelpyramide empfiehlt Folgendes:

→ einen oder zwei Liter Flüssigkeit pro Tag trinken, vorzugsweise ungesüßt
→ mehrere Portionen Obst und Gemüse täglich essen, eine davon roh

→ mehrere Portionen Getreideprodukte pro Tag (zwei davon aus Vollkorn, wenn möglich) und Hülsenfrüchte essen
→ abwechselnd eine Portion Fleisch, Fisch, Eier, Käse oder pflanzliche Proteine pro Tag essen sowie drei Portionen Milch- oder Molkereiprodukte zu sich nehmen, vorzugsweise fettarm
→ pro Tag eine Portion Pflanzenöl für kalte Gerichte, eine Portion zum Kochen und wenn nötig eine Portion Butter oder Streichfett verwenden
→ Süßigkeiten, salzige Snacks, gesüßte und alkoholische Getränke in Maßen und als Bestandteil von Mahlzeiten zu sich nehmen, wobei anzumerken ist, dass alkoholische und natriumarme Getränke die Regeneration nach dem Training verzögern können

Für Sportler empfiehlt die Schweizer Lebensmittelpyramide folgende Steigerungen der täglichen Nährstoffaufnahme pro zusätzlicher Stunde sportlicher Betätigung über 5 Stunden pro Woche hinaus:

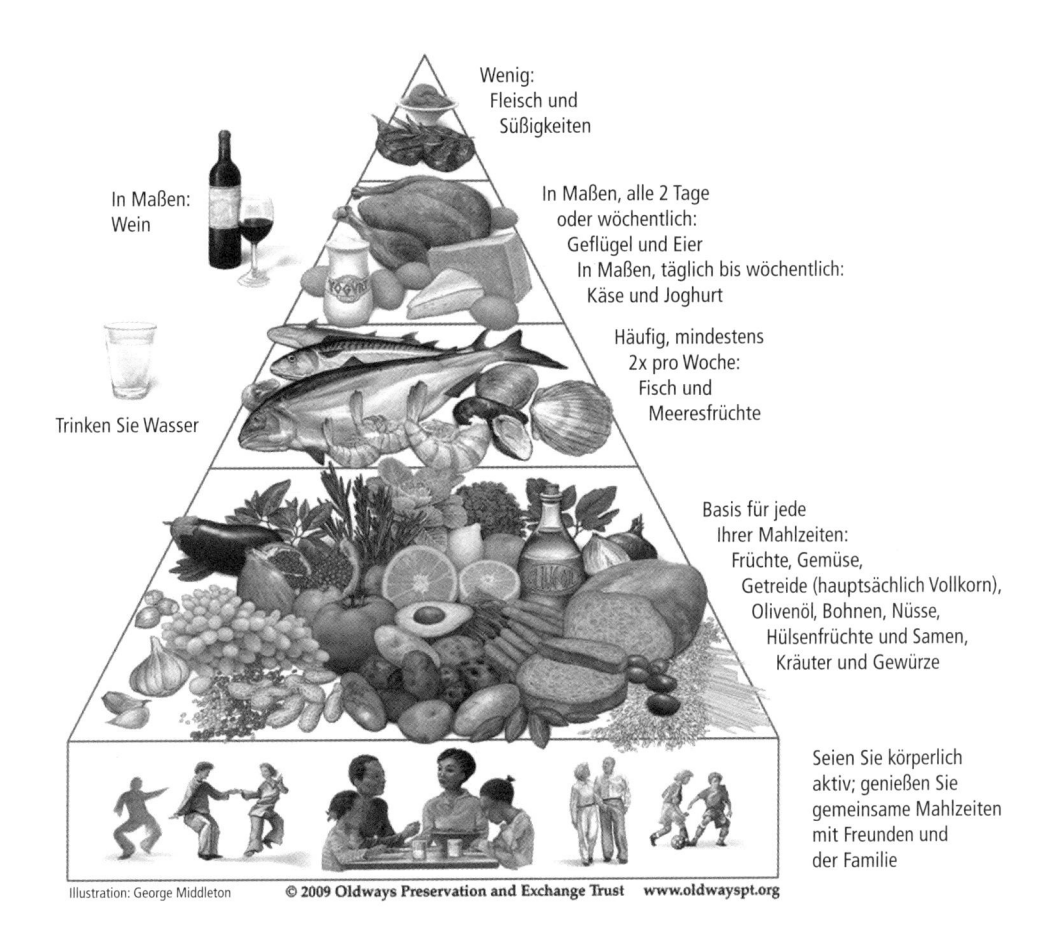

Mediterrane Lebensmittelpyramide

Kapitel 4   Treibstoff für den Langstreckenradsportler

→ 400 bis 800 Milliliter Sportgetränk
→ eine Portion Getreideprodukte
→ eine halbe Portion Öl / Fett

Die Schweizer Lebensmittelpyramide finden Sie unter: www.sge-ssn.ch/fileadmin/pdf/100-ernaehrungsthemen/10-gesundes_essen_trinken/Food_Pyramid.pdf

MyPyramid

Die vom amerikanischen Landwirtschaftsministerium herausgegebene MyPyramid berücksichtigt aktuellste Erkenntnisse der Ernährungsforschung und bietet ebenso wie die Schweizer Ernährungspyramide Anpassungsmöglichkeiten für körperlich aktive Personen. MyPramid empfiehlt für jeden Tag:

→ mehrere Portionen Getreide essen, davon mindestens zur Hälfte Vollkornprodukte
→ mehrere Portionen Gemüse essen, vor allem dunkelgrüne und orangefarbene Sorten
→ verschiedene Sorten Obst essen und aus Kaloriengründen den Konsum von Fruchtsäften einschränken
→ mehrere Portionen fettarmer oder fettfreier Milchprodukte essen
→ Proteine sparsam konsumieren und den Schwerpunkt auf Fisch, Bohnen, Nüsse und Saaten legen

Schweizer Lebensmittelpyramide

→ vorzugsweise Pflanzen- und Nussöle verwenden und den Konsum fester Fette wie Butter und Schmalz einschränken

MyPyramid finden Sie unter: http://foodpyramid.com/wp-content/uploads/2009/09/MyPyramid2.jpg

Täglicher Kalorienverbrauch

Anhand dieser Pyramiden und der genannten Empfehlungen können Sie die Zusammensetzung Ihrer Ernährung kontrollieren. Im nächsten Schritt gilt es, Ihren ungefähren täglichen Kalorienbedarf zu ermitteln. Hierfür müssen Sie zunächst Ihren sogenannten Grundumsatz herausfinden. Der Grundumsatz ist die Kalorienmenge, die Sie allein zur Aufrechterhaltung Ihrer Körperfunktionen benötigen, hierbei wird keinerlei körperliche Aktivität berücksichtigt. Mark wiegt 77 Kilogramm. Um seinen Grundumsatz zu ermitteln, multipliziert er sein Körpergewicht mit 22 und kommt auf rund 1.700 Kalorien. Diese Zahl stellt lediglich eine Schätzung dar, denn eine genaue Bestimmung ist nur unter Laborbedingungen möglich.

MyPyramid

TABELLE 4.2	Ungefährer Kalorienbedarf beim Radfahren	
Geschwindigkeit	Beschreibung	kcal × kg^{-1} × h^{-1}
18 km/h	Freizeitfahren, langsam, geringe Anstrengung	6
21 km/h	Freizeitfahren, moderate Anstrengung	8
24 km/h	Rennen oder Freizeitfahren, schnell und intensive Anstrengung	10
26–31 km/h	Renntempo, ohne Windschattenfahren, schnell	12
>31 km/h	Renntempo mit Windschattenfahren, sehr schnell	12
>32 km/h	Renntempo ohne Windschattenfahren, sehr schnell	16

Abdruck mit freundlicher Genehmigung aus: N. Clark und J. Hegmann, 2005, The cyclists food guide (West Newton, MA: Sport Nutrition) 138

Anschließend sind die zusätzlichen Kalorien hinzuzufügen, die für die körperlichen Aktivitäten des Alltags benötigt werden:

→ Addieren Sie 30 bis 40 Prozent des Grundumsatzes, wenn ein geringes Aktivitätsniveau vorliegt: vorwiegend sitzen, Schreibtischarbeit.

→ Addieren Sie 50 Prozent des Grundumsatzes, wenn ein moderates Aktivitätsniveau vorliegt: gehen oder stehen, Hausarbeit, viel Bewegung.

→ Addieren Sie 60 bis 70 Prozent des Grundumsatzes, wenn ein hohes Aktivitätsniveau vorliegt: viel Bewegung und körperliche Arbeit.

Da Mark den größten Teil des Tages bei der Arbeit am Schreibtisch sitzend verbringt, schätzt er den Kalorienbedarf für seine Alltagsaktivitäten auf 35 Prozent von 1.700, also rund 600 Kalorien pro Tag, ein.

Im nächsten Schritt werden die für das Training erforderlichen Kalorien hinzugerechnet. Der Einfachheit halber gehen wir davon aus, dass Mark seinen gesamten Trainingsumfang auf dem Fahrrad verbringt. Die ungefähre Menge der Kalorien, die beim Radfahren verbrannt werden, können Sie anhand der Tabelle 4.2 ermitteln. Wenn Sie auch Crosstraining betreiben, wird Ihr Kalorienverbrauch variieren.

Wenn Mark eine Stunde lang mit 24 Kilometern pro Stunde Rad fährt, verbraucht er zehn Kalorien. Multipliziert er die mit seinen 77 Kilogramm Gewicht, kommt er auf etwa 750 Kalorien pro Stunde. Zum Ende seines Grundlagentrainings und zu Beginn seines spezifischen Vorbereitungstrainings auf das Century trainiert Mark acht Stunden pro Woche. Er muss rund 850 Kalorien pro Tag als Energiebedarf für sein Training hinzurechnen [(8/7)x[750]. Mark hat also den folgenden täglichen Energiebedarf:

Grundumsatz	1.700
Alltagsaktivität	600
Training	850
Gesamtkalorien	3.150

Mark macht sich Sorgen über sein Gewicht, das ihn beim Bergfahren, einem seiner Schwachpunkte, einschränkt. Wenn Sie aus Gründen der Leistungssteigerung Gewicht verlieren möchten, sollten Sie Ihre Kalorienzufuhr im Rahmen des Trainings nicht zu stark einschränken. Aufgrund der starken Anstrengung benötigt Ihr Körper ausreichend Kalorien (= Treibstoff). Wenn Sie nicht genügend Kalorien aufnehmen, wird Ihre Leistung darunter leiden und das Risiko von Erschöpfung und Erkrankungen wird steigen. Es gilt die Regel, dass Sie Ihre tägliche Kalorienaufnahme höchstens um bis zu 20 Prozent einschränken sollten. Das bedeutet, dass Mark seine Kalorienaufnahme um bis zu 600 Kalorien pro Tag verringern könnte.

Wenn Sie versuchen, Gewicht zu verlieren, sollten Sie regelmäßig Ihr Gewicht kontrollieren und so darauf achten, dass Sie nicht chronisch dehydrieren oder mageres Muskelgewebe zur Deckung Ihres Energiebedarfs abbauen. Streben Sie einen Abbau von 0,25 bis 0,5 Kilogramm pro Woche an. Um 0,5 Kilogramm pro Woche zu verlieren, müssten Sie in einer Woche 3.500 Kalorien oder täglich 500 Kalorien weniger aufnehmen, als Sie verbrennen.

Anhand von Abbildung 4.1 können Sie ermitteln, wie viele Kalorien Sie benötigen.

Komponenten einer gesunden Ernährung

Kalorien in der richtigen Menge zu sich zu nehmen, ist ein guter Ausgangspunkt, mindestens ebenso wichtig ist jedoch, die richtige Art von Kalorien aufzunehmen. Unsere Nahrung besteht aus drei Hauptnährstoffen, die wir in größeren Mengen benötigen: Kohlenhydrate, Eiweiß (Protein) und Fett. Von diesen Hauptnährstoffen liefern Kohlenhydrate und Fett die Energie, die für die Aktivität der Muskeln benötigt wird. Eiweiß kann auch als Energielieferant dienen, ist jedoch in dieser Hinsicht nicht so effizient wie der Kohlenhydrat- und der Fettstoffwechsel. Für den Aufbau und die Regeneration von Gewebe ist Eiweiß jedoch unverzichtbar. Kohlenhydrate, Eiweiß und Fett sind insgesamt sowohl wichtig für sportliche Leistungen als auch für die allgemeine Gesundheit.

ABBILDUNG 4.1 Arbeitsblatt zum täglichen Kalorienbedarf

1 Ermitteln Sie Ihren ungefähren Grundumsatz anhand Ihres Körpergewichts:
   Körpergewicht in Kilogramm × 22

2 Fügen Sie die Kalorien für Ihre Alltagsaktivitäten hinzu:
   30 bis 40 Prozent des Grundumsatzes bei leichter Aktivität
   50 Prozent des Grundumsatzes bei moderater Aktivität
   60 bis 70 Prozent des Grundumsatzes bei hoher Aktivität

3 Fügen Sie die Kalorien fürs Radfahren hinzu:
   aus Tabelle 4.2

4 Ungefährer Kalorienbedarf für den Tag:
   Alle drei Zahlen addieren

   Gesamtkalorien

Wenn Sie 160 Kilometer oder längere Distanzen fahren, werden Sie sich in der Zeit, in der Sie nicht fahren, hauptsächlich ausruhen. Fügen Sie in diesem Fall 10–20 Prozent Ihres Grundumsatzes für Ihre Alltagsaktivitäten hinzu.

Nach Clark 2008

Kohlenhydrate

Kohlenhydrate sind Lieferanten für das Muskel- und Leberglykogen, das wiederum die Energie für die körperliche Bewegung und das Nervensystem bereitstellt. Kohlenhydrate regulieren darüber hinaus den Fett- und Eiweißstoffwechsel. Drei Viertel unseres Glykogens wird in der Skelettmuskulatur gespeichert und das verbleibende Viertel in der Leber. Diese Vorräte sind jedoch begrenzt. Sie liefern ausreichend Energie für nicht mehr als 60 bis 90 Minuten harter körperlicher Betätigung, daher müssen die Glykogenvorräte regelmäßig aufgefüllt werden, damit genügend Energie für die sportliche Betätigung vorhanden ist. Glücklicherweise stellt sich durch Training der Effekt ein, dass der Körper 20 bis 50 Prozent mehr Glykogen speichern kann als der Körper einer untrainierten Person. Eine angemessene Aufnahme von Kohlenhydraten sorgt dafür, dass Ihr Treibstofftank immer gefüllt bleibt. Zu den Lebensmitteln mit hohem Kohlenhydratgehalt zählen

- → Getreideprodukte wie Brot, Müsli und Frühstücksflocken, Reis, Nudeln sowie Kartoffeln,
- → Obst,
- → Gemüse und
- → Sportgetränke

Kohlenhydrate sollten bis zu 60 Prozent der täglichen Gesamtkalorien liefern. Ein Gramm Kohlenhydrate enthält vier Kalorien.

Fett

Fett ist ein unverzichtbarer Ernährungsbestandteil. Es ist erforderlich, damit die Vitamine A, D, E und K ihre Wirkung für die Gesundheit entfalten können. Eine moderate Aufnahme von Fett kann die Verdauungsgeschwindigkeit verringern, sodass die Nährstoffaufnahme und das Sättigungsgefühl verbessert werden. Vor und während Sportevents verzögert zu viel Fett die Magenentleerung, was zu Magenbeschwerden führen kann. Machen wir uns nichts vor – Fett schmeckt gut! Der Großteil der Bevölkerung nimmt jedoch viel mehr Fett – insbesondere gesättigte Fette – zu sich, als nötig ist, was zu Herz-Kreislauf-Erkrankungen und anderen Gesundheitsproblemen führt. Der Grundbaustein von Fett ist die Fettsäure, die als Energieträger dient. Es gibt zwei Arten von Fettsäuren: gesättigte und ungesättigte. Gesättigte Fettsäuren können den Cholesterinspiegel anheben und werden mit zahlreichen Krankheiten in Verbindung gebracht. Zu den Nahrungsmitteln mit hohem Anteil an gesättigten Fettsäuren zählen Rindfleisch, Butter, Kokosöl sowie Palmkernöl. Ungesättigte Fettsäuren werden unterteilt in einfach und mehrfach ungesättigte Fettsäuren und sind generell gesünder als die gesättigten Fettsäuren. Ungesättigte Fettsäuren haben nicht die gleichen Auswirkungen auf das Cholesterin wie gesättigte und es gibt Studien, die eine Senkung des Cholesterinspiegels durch ungesättigte Fettsäuren belegen. Gute Quellen für die gesunden ungesättigten Fettsäuren sind Nüsse, Fischöl, Avocados und Saaten. Die in Lachs, Makrele und Thunfisch vorhandenen Fischöle enthalten Omega-3-Fettsäuren, die von entscheidender Wichtigkeit für ein gesundes Herz-Kreislauf-System und die Funktionen des Nervensystems sind. Achten Sie im Sinne einer guten Gesundheit auf die Arten von Fett, die Sie zu sich nehmen, und nehmen Sie wenn nötig Anpassungen vor. Fett sollte etwa 25 Prozent Ihrer täglichen Kalorien ausmachen und vorzugsweise aus Nüssen, Saaten, Fisch- und anderen gesunden Ölen bezogen werden. Ein Gramm Fett enthält neun Kalorien.

Durch wiederholte Ausdauertrainingseinheiten in moderatem Tempo verbessert der Körper seine Effizienz bei der Nutzung von Fett als Energiequelle während der sportlichen Aktivität und schont so die wertvollen Glykogenspeicher. Sie können so länger fahren und haben dennoch genügend Energie, um Steigungen zu bewältigen oder in einer schnellen Gruppe zu fahren. Beachten Sie aber, dass Sie Ihren Körper nur bei moderater Belastungsintensität so trainieren können, dass er effizienter Fett verbraucht und die Glykogenspeicher schont, nicht bei härterer Belastung. Mark möchte abnehmen, das Fahren bei moderatem Tempo im Fettverbrennungsbereich führt jedoch nicht per se zu einem Gewichtsverlust. Ebenso wird ein erhöhter Verzehr von Fett den Körper nicht animieren, zusätzliches Fett zu verbrennen. Um Gewicht abzunehmen, muss Mark schlicht und einfach mehr Kalorien verbrennen, als er aufnimmt.

Eiweiß

Eiweiß spielt eine entscheidende Rolle im Körper, da es am Wachstum, der Erhaltung und der Regeneration von Gewebe beteiligt ist. Eiweiße sind aus 20 Aminosäuren zusammengesetzt, die in essenzielle und nicht-essenzielle unterteilt werden. Die neun essenziellen Aminosäuren müssen über die Ernährung aufgenommen werden, da der Körper sie nicht selbst bilden kann, während die restlichen elf vom Körper aufgebaut werden können. Vollständige Eiweiße enthalten alle essenziellen Aminosäuren. Beispiele hierfür sind Fleisch, Fisch, Geflügel, Eier und Milch. Eiweiße aus Pflanzen und Getreide sind keine vollständigen Eiweiße, weil sie nicht alle essenziellen Aminosäuren liefern. Vegetarier und insbesondere Veganer müssen ihre Eiweißaufnahme sorgfältig planen. Wenn Sie unvollständige Eiweiße zu sich nehmen, sollten Sie Ihre Nahrungsmittel so kombinieren, dass sie alle essenziellen Aminosäuren enthalten. Essen Sie beispielsweise Getreide in Verbindung mit Hülsenfrüchten und Bohnen oder kombinieren Sie Hülsenfrüchte und Saaten.

In den letzten Jahren haben etliche beliebte Diäten die Wichtigkeit des Eiweißes übermäßig betont. Eiweiß ist kein Wundernährstoff. Sie werden nicht stärker und schneller, wenn Sie mehr Eiweiß essen. Mehr Kraft und Schnelligkeit stellen sich ein, wenn Sie angemessen trainieren und regenerieren und dies durch eine ausgewogene Ernährung unterstützen. Eiweiß sollte zur Deckung Ihres alltags- und trainingsbedingten Kalorienbedarfs 15 Prozent Ihrer gesamten Kalorienaufnahme ausmachen. Ein Gramm Eiweiß enthält 4 Kalorien.

Mikronährstoffe

Neben Kohlenhydraten, Eiweiß und Fett benötigt ihr Körper zwei Arten von Mikronährstoffen, also Nährstoffen, die in kleinen Mengen erforderlich sind, um verschiedene Stoffwechselvorgänge zu ermöglichen: Vitamine und Mineralien. Über diese Mikronährstoffe kursieren viele Mythen, schauen wir uns also die Grundlagen einmal an. Vitamine sind organische Verbindungen, die in kleinen Mengen als Katalysatoren für bestimmte biochemische Vorgänge benötigt werden, die für die Gesundheit unerlässlich sind. Beispielsweise sind Thiamin (B1), Riboflavin (B2) und

Gedankennahrung: Der glykämische Index

Möglicherweise sind Ihnen die Begriffe einfache und komplexe Kohlenhydrate bekannt. Einfache Kohlenhydrate (Obst und Süßigkeiten) enthalten Zucker und komplexe Kohlenhydrate (Kartoffeln, Brot usw.) enthalten Stärke. Viele Sportler sind der Ansicht, dass komplexe Kohlenhydrate besser geeignet sind, um dem Körper lang anhaltende Energie zu liefern. In letzter Zeit haben Ernährungswissenschaftler über diese einfache Betrachtungsweise hinausgeblickt und den glykämischen Index (engl.: glycemic index, GI) für Nahrungsmittel eingeführt. Der glykämische Index gibt an, wie hoch und wie schnell ein bestimmtes Nahrungsmittel den Blutzuckerspiegel ansteigen lässt. Weißbrot oder Glukose dient als Referenznahrungsmittel und hat einen Wert von 100. Nahrungsmittel mit einem hohen GI lassen den Blutzuckerspiegel schnell ansteigen und können dazu führen, dass der Körper Glukose als Energielieferanten bevorzugt, statt Fett zu verbrennen. Bestimmte Ernährungsweisen, die einen hohen Anteil an Nahrungsmitteln mit hohem GI haben, können in Beziehung zu Übergewicht, Herzkrankheiten und Diabetes stehen. Nahrungsmittel mit einem niedrigen GI lassen den Blutzuckerspiegel langsamer ansteigen. Diese Nahrungsmittel können helfen, Hungergefühle zu vermindern und einen Beitrag zum Gewichtsmanagement leisten. Nahrungsmittel mit niedrigem GI sind meist auch weniger verarbeitet.

Haben Sie schon einmal erlebt, dass Sie Hunger hatten, direkt nachdem Sie Süßigkeiten gegessen haben? Das passiert, weil Süßigkeiten einen hohen GI aufweisen und Ihren Blutzuckerspiegel extrem ansteigen lassen. Dann sinkt der Blutzuckerspiegel rapide und Sie verspüren ein Verlangen nach noch mehr Zucker, was zu einem ungesunden Achterbahneffekt führt. Anstatt beim nächsten Hungergefühl nach einem Schokoriegel zu greifen, sollten Sie Nüsse oder Studentenfutter probieren. Durch den niedrigeren GI können Sie drastische Schwankungen des Blutzuckerspiegels vermeiden. Sie sollten jedoch nicht vollständig auf Nahrungsmittel mit hohem GI verzichten. Eine gestampfte Kartoffel hat einen GI von 83, sie enthält jedoch auch eine Fülle wichtiger Mineralstoffe. Radsportler können eine Vielzahl unterschiedlicher Nahrungsmittel mit höheren und niedrigeren GI-Werten zu sich nehmen, um das Energieniveau aufrechtzuerhalten und nach dem Fahren die Glykogenspeicher wieder aufzufüllen.

In Tabelle 4.3 finden Sie die Werte des glykämischen Indexes für eine Reihe üblicher Nahrungsmittel. Experimentieren Sie, um die Reaktionen Ihres Körpers auf die verschiedenen Nahrungsmittel kennenzulernen. Beim glykämischen Index handelt es sich nicht um eine exakte Wissenschaft und der GI ist nur einer von mehreren Faktoren, die Sie bei der Auswahl Ihrer Nahrungsmittel bedenken sollten. Die Website www.glycemicindex.com ist hierfür eine sehr gute Informationsquelle.

TABELLE 4.3 Ungefähre GI-Werte verschiedener Nahrungsmittel

Beispiele (GI in Klammern)
Kleie-Muffin (85), Donut (108)
Toastbrot (73), Vollkornbrot mit Körnern (52)
Haferflocken (55), Cornflakes (116)
Gekochter Reis (88), gekochte Teigwaren, al dente (41)
Kirschen (32), Bananen (75)
Kidneybohnen (39), Pintobohnen (häufig in mexikanischen Gerichten verwendet) (55)
Erbsen (68), Backkartoffel (121)
Erdnüsse (21), Reiswaffeln (117)

In Anlehung an NSCA 2008 und Foster-Powell 1995

Niacin (B3) für die Energieproduktion notwendig. Wir verbrennen diese Vitamine nicht (das heißt, wir nutzen sie nicht als Energiequelle), vielmehr ermöglichen die Vitamine den Prozess der Verwendung von Fett und Kohlenhydraten als Energielieferanten. Vitamin D wiederum reguliert die Verwendung von Kalzium und Phosphor im Körper, die für kräftige Knochen und Zähne unverzichtbar sind. Vitamin A trägt zur Sehfähigkeit bei schlechten Lichtverhältnissen bei.

Die Vitamine C und E, Beta-Karotin und das Mineral Selen wirken als Antioxidantien, die den Körper vor freien Radikalen schützen. Je mehr Sie trainieren, desto mehr freie Radikale werden gebildet, sie sind eine der Hauptursachen für Muskelentzündungen. Freie Radikale sind darüber hinaus ein Entstehungsfaktor für Herzkrankheiten, manche Krebsarten und den grauen Star. Die Einnahme von antioxidativen Nahrungsergänzungsmitteln schützt Sie nicht vor Krankheiten, aber eine Ernährung, die reich an diesen Vitaminen aus frischem Obst und Gemüse ist kann die Auswirkungen der freien Radikale vermindern.

Mineralien sind anorganische Substanzen, die ebenfalls bestimmte Funktionen im Körper erfüllen. Beispiele sind laut „The Cyclist's Food Guide" und „Nancy Clark's Sports Nutrition Guidebook" Eisen, das einen Beitrag zum Sauerstofftransport leistet, Kalzium für die Knochenstruktur, Natrium und Kalium für den Wasserhaushalt im Körper, Magnesium, das für die Muskelkontraktion benötigt wird sowie Chrom, das am Glukosestoffwechsel beteiligt ist. Wenn Sie jedoch empfindlich auf Salz reagieren, kann ein überhöhter Konsum von Natrium zu hohem Blutdruck führen, was wiederum Herz- und Nierenkrankheiten, Schlaganfall und Herzinsuffizienz nach sich ziehen kann, so die Mayo Clinic auf ihrem Internetportal zum Thema „Sodium".

Unser Körper kann diese Vitamine und Mineralien nicht selbst produzieren, also müssen wir sie in ausreichender Menge zu uns nehmen. Auf vielen Lebensmittel-Etiketten findet man mittlerweile den GDA-Wert. Diese „Guideline Daily Amounts" geben die empfohlene Tageszufuhr von Energie (Kalorien), Fett, gesättigten Fetten, Zucker und Natrium (Salz) an, die ein gesunder Erwachsener im Durchschnitt pro Tag zu sich nehmen sollte. GDAs für Kohlenhydrate, Proteine und Ballaststoffe sind je nach Hersteller ebenfalls angegeben. Diese Angaben können als Richtwert dienen, um besser einschätzen zu können, ob ein bestimmtes Produkt zu einer ausgewogenen Ernährung beitragen kann.

Nahrungsergänzungsmittel

In Apotheken, Reformhäusern, Drogerien und Supermärkten finden Sie Hunderte von Produkten, die allerlei Versprechungen machen: Leiden kurieren, Energie verleihen und den Körper entgiften. Die Nahrungsergänzungsmittelbranche erzielt Milliardenumsätze und unterliegt einer eher lockeren behördlichen Aufsicht. Nur bei wenigen Produkten ist der Nutzen durch wissenschaftliche Studien belegt. Wenn Sie sich ausgewogen ernähren, hauptsächlich gesunde Nahrungsmittel zu sich nehmen und keine ernährungsbedingten Mangelerscheinungen bei Ihnen vorliegen, werden Sie wahrscheinlich keine Nahrungsergänzungsmittel benötigen. Nährstoffe aus Nahrungsmitteln zu beziehen ist viel besser, als Pillen oder Pulver zu konsumieren, da Nahrungsmittel verschiedene Nährstoffe enthalten, die in Form von Lebensmitteln viel besser vom Körper aufgenommen werden. Für Menschen mit erhöhtem Risiko von Mangelernährung, wie beispielsweise Schwangere und chronisch Kranke, können Nahrungsergänzungsmittel sinnvoll sein. Wenn Sie aus Diätgründen weniger essen oder als älterer Mensch naturgemäß weniger Nahrung konsumieren, beziehen Sie auch weniger Mikronährstoffe. Auch bei Vegetariern besteht ein Risiko für Mangelerscheinungen. Wenn Sie davon betroffen sind, sollten Sie sich an einen Ernährungsberater oder Ihren Arzt wenden, um spezifische Empfehlungen zur Nahrungsergänzung zu erhalten.

Tägliche Ernährung

Sie haben nun die drei Ernährungspyramiden und die verschiedenen Gruppen von Nahrungsmitteln und deren Verhältnis zur körperlichen Aktivität und zur Gesundheit kennengelernt. Sie haben ein Ernährungstagebuch mit Ihrem aktuellen Bedarf und Ihrer Kalorienaufnahme geführt und Ihren geschätzten Kalorienbedarf ermittelt. Mit Hilfe dieser Informationen können Sie entscheiden, welche Veränderungen Sie bei Ihrer Ernährung vornehmen sollten, die sinnvoll für Ihr Training und Ihre allgemeine Gesundheit sind. Manche Menschen trainieren besser mit detaillierten Plänen, andere trainieren effektiver, wenn sie allgemeine Prinzipien befolgen. Ebenso bevorzugen manche Sportler tägliche Ernährungspläne, während andere die grundlegenden Empfehlungen einer der Pyramiden befolgen.

Wenn Sie einen täglichen Plan haben möchten, besuchen Sie die Website von MyPyramid (www.mypramid.gov). Dort können Sie mithilfe einer interaktiven Funktion Empfehlungen zur Kalorien- und Nährstoffaufnahme erhalten und Menüpläne basierend auf Größe, Gewicht, Geschlecht und Aktivitätsniveau erstellen. Sie können weiterhin alles zu Ihrer täglichen Ernährung und Ihre Trainingseinheiten eingeben und herausfinden, inwieweit diese den Empfehlungen entsprechen, und Sie erhalten Tipps zur gesunden Ernährung und zur Essenszubereitung. Die Website bietet darüber hinaus auch Informationen zur kindgerechten Ernährung. Übergewicht bei Kindern nimmt mittlerweile fast epidemische Ausmaße an, und wenn wir unseren Kindern beibringen, welchen Wert eine gute Ernährung hat, können wir die Welt ein wenig gesünder und glücklicher machen. Dieser Onlineservice ist kostenlos und benutzerfreundlich.

Wie auch im Training bevorzugt John einen eher allgemeinen Ansatz. Er befolgt die Grundsätze der mediterranen und der Schweizer Lebensmittelpyramide. Das bedeutet für ihn, dass er
- → zweimal pro Woche Fisch isst,
- → Nahrungsmittel in der Regel dünstet, grillt oder backt, statt sie zu braten,
- → Gewürze, Senf und Salsa statt Saucen zur geschmacklichen Abrundung einsetzt,
- → einen kleinen Teller verwendet, sodass er einen vollen Teller bekommt, ohne zu viel zu essen und
- → den Teller hauptsächlich mit Kohlenhydraten füllt und die Eiweiß liefernden Lebensmittel nicht mehr Raum als ein Stapel Spielkarten auf dem Teller einnehmen.

In den folgenden Abschnitten beschreiben wir eine typische Speisenauswahl für das Frühstück, Mittagessen, Abendessen und die Zwischenmahlzeiten eines Radsportlers. Genau wie Trainingspläne sollten auch Ernährungspläne genau auf die jeweilige Person abgestimmt werden. Sie können diese Beispiele so anpassen, dass sie Ihrem Ernährungsplan entsprechen. Wir verzichten auf genaue Kalorienangaben, da diese je nach Hersteller abweichen können. Genaue Daten entnehmen Sie bitte den Angaben auf den jeweiligen Etiketten der Lebensmittel.

Frühstück

Das Frühstück ist die wichtigste Mahlzeit des Tages, es soll Körper und Geist Energie für den Tag verleihen. Ein Frühstück zu Hause kann aus angereicherten, kalten oder warmen Frühstücksflocken, die vorzugsweise traditionell zubereitet und keine Instantprodukte sind, mit Früchten, fettarmer oder Magermilch und braunem Zucker bestehen.

Dazu ein Vollkornbrötchen oder eine Scheibe Vollkorntoast, eventuell für ein Plus an Eiweiß mit Erdnussbutter bestrichen, sowie ein Glas Fruchtsaft. Als Alternative könnten Sie einen fettarmen Joghurt mit Früchten wählen.

Bevorzugen Sie ein traditionelleres Frühstück, können Sie ein bis zwei Eier essen, entweder pochiert, gekocht oder als Rührei, aber ohne Butter zubereitet. Dazu passt ein Vollkornbrötchen mit Erdnussbutter.

Wenn Sie in Eile sind, bereiten Sie zwei Scheiben Vollkornbrot mit Erdnussbutter und Marmelade zu und nehmen sich Frühstücksriegel, Obst oder Reste vom Abendessen mit. Der Tag geht Ihnen leichter von der Hand, wenn Sie morgens etwas Gesundes essen – auch wenn es keine traditionellen Frühstückszutaten sind – statt das Frühstück auszulassen.

Zwischenmahlzeit

Zwischen den Mahlzeiten kleine Mengen nahrhafter Lebensmittel zu sich zu nehmen, trägt zu einer Stabilisierung des Blutzuckerspiegels bei. Viele Menschen lassen zu viel Zeit zwischen den Mahlzeiten vergehen und werden dadurch extrem hungrig. Stellen Sie sich vor, dass Sie im Laufe des Tages eher wie auf einer Weide grasen, als Heißhunger zu bekommen und sich den Bauch vollzuschlagen. Halten Sie gesunde Zwischenmahlzeiten in Ihrem Rucksack, der Schublade oder in Ihrem Auto bereit, damit Sie nicht in Versuchung kommen, den Süßigkeitenautomaten zu plündern. Um Ihren Blutzuckerspiegel stabil zu halten, können Sie vormittags einen oder zwei dieser Zwischenmahlzeiten essen: etwas Salzgebäck, ein Stück Obst, eine Portion Rosinen, einige Karotten- und Selleriestücke, einen Frühstücks- oder Sportriegel.

Mittagessen

Wenn Sie zu Hause sind, probieren Sie einmal ein Sandwich mit Dosenfisch auf Vollkornbrot mit Spinat, Tomate und Senf. Das Mittagessen ist eine gute Gelegenheit, Gemüse zu sich zu nehmen. Zu dem Sandwich können Sie einen gemischten, grünen Salat mit frischem Gemüse und einem fettarmen oder Vinaigrettedressing essen. Zum Nachtisch gibt es dann Obst. Sie können das Sandwich auch weglassen und den Salat mit übrig gebliebenen Nudeln und Fisch vom letzten Abendessen aufwerten.

Wenn Ihnen nur Fast Food zur Verfügung steht, wählen Sie einen Salat mit fettarmem oder Vinaigrettedressing. Achten Sie darauf, dass Dressings und andere zu kühlende Zutaten auf Eis gekühlt werden, nicht lediglich in kaltem Wasser. Nicht sachgerecht gekühlte Salatzutaten sind eine der Hauptursachen für Lebensmittelvergiftungen, die Ihnen gehörig den Tag verderben können! Statt Salat können Sie ein Stück Gemüsepizza, ein mit viel Gemüse belegtes Sandwich oder eine mit Bohnen gefüllte Teigtasche und Reis essen. Softdrinks enthalten reichlich Zucker, aber keine Mikronährstoffe. Trinken Sie stattdessen fettarme oder Magermilch, Fruchtsaft oder einfach stilles Wasser.

Sie können sich Ihr Mittagessen auch von zu Hause mitbringen, zum Beispiel ein Vollkornbrot mit Putenbrust, Gemüse und Senf, ohne Mayonnaise, frisches Gemüse, ein Stück Obst und dazu Gemüse- oder Fruchtsaft.

Zwischenmahlzeit vor dem Training

Mark steht für sein Training am liebsten früher auf, damit er an den Abenden Zeit für seine Familie hat. Er möchte nicht mit vollem Magen trainieren, also isst er direkt nach dem Aufstehen ein Fruchtjoghurt. Nach dem Training bereitet er ein Frühstück zu, das er auf dem Weg zur Arbeit zu sich nimmt. Wenn er mit dem Fahrrad zu Arbeit fährt, isst er einen Snack, bevor er losfährt, und packt sich ein Frühstück fürs Büro ein. Wenn Sie nach der Arbeit trainieren, essen Sie etwa eine Stunde vor dem Training eine energiereiche Zwischenmahlzeit, damit Sie Treibstoff fürs Training auftanken. Hierfür eignen sich beispielsweise ein Energieriegel, Feigenkekse, eine Banane oder ein Nährstoffdrink. Nach einer harten Trainingseinheit trägt ein weiterer Snack zur Stabilisierung Ihres Blutzuckerspiegels bei, sodass Sie nicht zu müde sind, wenn Sie gemeinsam mit der Familie das Abendessen vorbereiten.

Abendessen

Nach einem langen Tag mit anstrengendem Training können Sie endlich gemeinsam mit der Familie bei einem gesunden Abendessen entspannen. Zur Einstimmung auf das Abendessen eignen sich Gemüsestifte mit Senfdip. Als Hauptgericht können Sie Vollkornnudeln mit Lauchzwiebeln, geriebenen Karotten, Tomatensauce und magerem Fleisch zubereiten und dazu einen Salat mit fettarmem oder

Vinaigrette-Dressing genießen. Als Alternative bietet sich brauner Reis mit gedünstetem Gemüse und Geflügel oder Fisch an. Zum Dessert können Sie je nach Saison Beerenfrüchte, Melone oder fettfreien Joghurt genießen.

Dies sind lediglich Vorschläge für sinnvolle Mahlzeiten, die Sie über den Tag verteilt essen können. Möglicherweise müssen Sie einiges ausprobieren, bis Sie Ihre persönliche Ernährungsstrategie gefunden haben. Essen hat mit Genuss zu tun, gönnen Sie sich daher das Vergnügen, Nahrungsmittel auszusuchen, die zu Ihren Ernährungsbedürfnissen und Ihrem Geschmack passen, Ihren sozialen und kulturellen Hintergründen Rechnung tragen und mit Ihren persönlichen Überzeugungen übereinstimmen. Stimmen Sie Ihr Essverhalten auf Ihren Trainingsplan ab. Achten Sie darauf, vor einer Trainingseinheit einen gehaltvollen Snack zu essen und nach dem Training Kohlenhydrate aufzunehmen, um Ihren Blutzuckerspiegel wieder zu normalisieren. Wenn Sie abnehmen möchten, sollten Sie keine Mahlzeit auslassen, da dies Hungerattacken auslösen kann. Stattdessen sollten Sie zu den Mahlzeiten jeweils kleinere Portionen essen.

Sicherheit: Nicht über den Durst trinken

Sie haben bestimmt schon Radprofis gesehen, die sich bei der Tour de France zum Teamfahrzeug zurückfallen lassen, um sich mit Trinkflaschen versorgen zu lassen. Die Profis wissen, dass ihre Leistung einbrechen kann, wenn sie zu wenig trinken, aber zu viel trinken kann ebenfalls gefährlich sein. Deutlich mehr zu trinken, als das Durstgefühl sagt, insbesondere in heißem Klima, kann den Natriumspiegel im Blut abfallen lassen, diesen Zustand nennt man Hyponatriämie. Extreme Hyponatriämie kann zu lebensgefährlichen Hirnödemen führen. Wenn sich bei Ihnen Schwellungen entlang der Socken- oder Handschuhränder zeigen, bedeutet das, dass Sie Flüssigkeit speichern: Sie sollten dann zunächst nichts mehr trinken, bis Sie über den Urin wieder Flüssigkeit ausgeschieden haben. Wenn Sie Kopfschmerzen im Stirnbereich bekommen oder Verwirrtheit verspüren, kann eine schwere Hyponatriämie vorliegen und Sie sollten einen Arzt aufsuchen.

→ Elektrolythaltige Sportgetränke enthalten zwar Kohlenhydrate und Natrium, dieses reicht jedoch nicht aus, um Ihren Natriumspiegel im Blut im Gleichgewicht zu halten. Da das Natrium in Sportgetränken in geringerer Konzentration vorhanden ist als im Blut, können Sportgetränke keine Hyponatriämie verhindern, wenn Sie zu viel trinken.

→ Eine zusätzliche Natriumaufnahme kann eine Hyponatriämie nicht verhindern, wenn Sie zu viel trinken.

Wie viel sollten Sie trinken? Trinken Sie, um Ihren Durst zu stillen, aber nicht darüber hinaus (Hew-Butler u. a., 2008).

Gehen Sie mit Spaß daran, eine gesunde Ernährung zu planen und gesund zu essen! Ihr Körper wird es Ihnen danken – auf dem Rad und im Alltag.

Ernährung beim Radfahren

Hochleistungskampfflugzeuge verfügen nur über begrenzte Treibstoffvorräte für eher kurze Einsätze. Wenn sie lange Strecken zurücklegen, müssen sie in der Luft aufgetankt werden. Für unsere Körper gilt das Gleiche. In ihnen ist ausreichend Glykogen für harte Trainingsfahrten von 60 bis 90 Minuten Länge gespeichert. Für längere Fahrten in zügigem Tempo müssen wir unsere Muskeln mit Treibstoff versorgen, um Ermüdung zu verhindern oder schlimmer noch den „Mann mit dem Hammer" (Leistungseinbruch durch vollständig verbrauchtes Muskelglykogen) oder den Hungerast (aufgebrauchtes Leberglykogen führt zu mangelnder Energieversorgung des Gehirns). Beim Fahren stündlich ausreichend zu essen und zu trinken hilft gegen das Auftreten von Ermüdungszuständen.

Sie kennen sicherlich den Grundsatz, dass man trinken soll, bevor man durstig ist, und essen soll, bevor man hungrig ist. Ihr Körper gibt Ihnen eine gute Rückmeldung darüber, wie viel Flüssigkeit Sie brauchen, daher sollten Sie so trinken, dass Sie Ihren Durst stillen. Sehr viel mehr zu trinken, kann gefährlich sein. Wie viel Flüssigkeit Sie benötigen, hängt von Ihrer Körpergröße, dem Wetter und der Intensität des Fahrens ab. Daher können wir Ihnen keine Mengenrichtwerte fürs Trinken beim Radfahren geben. Trinken Sie, um den Durst zu stillen.

Andererseits ist es sinnvoll, zu essen, bevor Sie Hunger verspüren. Ihr Körper sendet nur sehr langsam Signale ans Gehirn, um es auf einen niedrigen Glykogenspiegel aufmerksam zu machen. Wenn Sie erst hungrig sind, kann Ihr Treibstoffniveau bereits stark gesunken sein. Damit Sie immer gut mit Nahrung versorgt sind, sollten Sie stündlich einen kohlehydratreichen Snack zu sich nehmen. Das American College of Sports Medicine empfiehlt den Konsum von 25 bis 60 Gramm oder 100 bis 240 Kalorien pro Stunde nach Ablauf der ersten Trainingsstunde – dies stellt eine ausreichende Menge für mehrere Stunden Training dar. Basierend auf aktuellen Forschungen von Jeukendrup empfehlen wir für längere Fahrten den Konsum von Kohlenhydraten in einer Menge von 60 bis 90 Gramm oder 240 bis 360 Kalorien pro Stunde in Kombination mit etwas Eiweiß und Fett. Wenn Sie etwa Marks Statur haben, also rund 77 Kilogramm wiegen, orientieren Sie sich am oberen Bereich dieser Angaben. Wenn Sie kleiner und leichter sind, können Sie weniger zu sich nehmen. Finden Sie Ihr persönliches Ziel für die Kalorienzufuhr beim Fahren heraus. Zur Verhinderung von Erschöpfungszuständen ist von entscheidender Bedeutung, dass Sie stündlich ausreichend essen.

Probieren Sie während der Fahrten aus, welche Arten und Mengen von Lebensmitteln Ihnen schmecken und gut von Ihnen vertragen werden. Manche Fahrer bevorzugen Energieriegel und Sportgetränke, andere mögen Obst, Kekse, Salzbrezel, Cracker, Brötchen mit Erdnussbutter, Frühstücksriegel oder andere Speisen. Die im Handel erhältlichen Riegel, Gels und Getränke bieten keinen erhöhten Nutzen, sind aber möglicherweise praktischer in der Verwendung. Für Sportler, die auf Ihr Budget achten, bieten die meisten Lebensmittelgeschäfte hochwertige Nahrungsmittel zu günstigen Preisen an. Entscheidend ist, solche Artikel auszuwählen, die ausreichend Kalorien liefern und diese hauptsächlich aus Kohlenhydraten bereitstellen. Tabelle 6.3 in Kapitel 6 zeigt einige ausgewählte Beispiele.

Nachdem Sie nun wissen, was Sie essen, sollten Sie üben, regelmäßig während der Fahrt zu essen. Finden Sie heraus, wo Ihre Verpflegung am besten untergebracht ist, damit sie gut zugänglich ist. Wenn Ihnen das Gewicht auf dem Rücken nichts ausmacht, können Sie einen Trinkrucksack tragen und das Mundstück bequem in der Nähe Ihres Mundes positionieren. Eine andere Möglichkeit ist, Trinkflaschen am Rad mitzuführen, wobei Sie üben sollten, in gerader Linie weiterzufahren, während Sie nach der Flasche greifen und trinken. Snacks können Sie in einer kleinen Tasche mitführen, die Sie am Lenker oder am Oberrohr hinter dem Vorbau befestigen oder in einer Trikottasche tragen. Weitere Anregungen, wie Sie Ihre Verpflegung mitführen können, erhalten Sie im nächsten Kapitel, in dem es um die Ausrüstung geht. Wenn Sie konventionelle Lebensmittel mitnehmen, können Sie diese in einer Brotbox mit Klappdeckel mitführen, die sich leicht mit einer Hand öffnen lässt. Welches System Sie auch bevorzugen, achten Sie darauf, regelmäßig zu essen und so zu trinken, dass Sie Ihren Durst stillen.

Im Rahmen Ihrer Vorbereitung auf bestimmte Veranstaltungen sollten Sie auch in Erfahrung bringen, welche Nahrungsmittel und Getränke bei der Veranstaltung angeboten werden. Bei den meisten Rennen und Tourenfahrten stehen an den Verpflegungsstationen Obst, Gebäck, Wasser und Sportgetränke zur Verfügung. Bringen Sie nach Möglichkeit

Eine gute Ernährungsstrategie ist ein wichtiger Erfolgsfaktor für das Überwinden langer Distanzen auf dem Rad.

über die Veranstaltungs-Website oder bei den Organisatoren in Erfahrung, was dort angeboten wird. Testen Sie diese Produkte vorher im Rahmen Ihres Trainings. Experimentieren Sie auf den Veranstaltungen nicht mit Speisen oder Getränken, die Sie nicht schon ausprobiert haben.

In den Kapiteln 6 und 7 bieten wir weitere Informationen über die Ernährung und Flüssigkeitszufuhr während des Fahrens.

Einkaufstipps

Gute Ernährung fängt beim Einkaufen an. In Supermärkten werden Tausende von Nahrungsmitteln angeboten. Manche sind gesund, andere nicht. Indem Sie diese Ratschläge befolgen, können Sie sich einen Vorrat an ausgewogenen Lebensmitteln anlegen.

→ Stellen Sie einen Plan auf: Listen Sie gesunde Grundnahrungsmittel auf, die Sie regelmäßig essen, sodass Sie eine Vorlage für Ihre Einkäufe haben.

→ Vermeiden Sie es, hungrig einkaufen zu gehen: Sie könnten mehr und kalorienreichere Produkte kaufen, als Sie wirklich brauchen.

→ Verwenden Sie einen kleinen Einkaufswagen: Durch die begrenzte Größe des Einkaufswagens sinkt die Versuchung, unnötige Dinge einzupacken.

→ Konzentrieren Sie sich auf die Bereiche des Geschäfts, in denen Sie die gesündesten und frischesten Artikel finden: Obst und Gemüse, Fleisch, Fisch und Meeresfrüchte, Milchprodukte und frische Backwaren.

→ Kaufen Sie bevorzugt naturbelassene Nahrungsmittel ein: Die Häute und Schalen naturbelassener Lebensmittel enthalten Mikronährstoffe, die bei übermäßig starker Verarbeitung der Lebensmittel entfernt werden. Beispielsweise ist Vollkornmehl gesünder als Weißmehl, Mehrkornbrot besser als Weißbrot und brauner Reis nahrhafter als weißer Reis.

→ Lesen Sie die Etiketten: Beginnen Sie damit, die Liste der Zutaten im unteren Bereich des Etiketts zu lesen, diese sind in der Reihenfolge ihres Anteils aufgeführt. Lebensmittel enthalten mehr von der ersten Zutat als von der zweiten, mehr von der zweiten als von der dritten und so weiter. Sind die Hauptzutaten gesund oder handelt es sich um lange Wörter, die Sie noch nie gehört haben? Prüfen Sie dann die Portionsgröße und überlegen Sie, ob Sie nur eine Portion essen werden. Die Etiketten informieren portionsbezogen über die Gesamtkalorien und die aus dem Fettgehalt resultierenden Kalorien, außerdem über den Gesamtfettgehalt, gesättigte Fettsäuren, Cholesterin, Kohlenhydrate, Eiweiß, Natrium sowie über den GDA-Anteil für diese Nährstoffe. Führen Sie gelegentlich vergleichende Einkäufe durch. Der Fettgehalt von Müsli beispielsweise kann von 3,5 bis 10 Gramm pro Portion variieren. Die Hauptnährstoffe sind in Gramm angegeben, mit Hilfe der Tabelle 4.4 können Sie die Grammangaben in Kalorien umrechnen.

TABELLE 4.4	Kaloriengehalt von Hauptnährstoffen
Nährstoff	Kalorien pro Gramm
Kohlenhydrate	4
Eiweiß	4
Fett	9

→ Kaufen Sie Zutaten statt Dosen: Vorgefertigte Nahrungsmittel werden aus hochverarbeiteten Zutaten hergestellt und können ungesunde Zusatzstoffe enthalten. Eine Portion (¼ Glas) einer Spaghetti-Fertigsauce kann beispielsweise bis zu 4,5 Gramm gesättigte Fette und 450 Milligramm Natrium enthalten. Der Natriumgehalt von Dosensuppen kann zwischen 600 und 900 Milligramm betragen.

Essen im Restaurant

Mark geht sehr gern am Wochenende mit seiner Familie zum Abendessen ins Restaurant. Eine gesunde Ernährung bedeutet nicht, dass Sie darauf verzichten müssen, in Ihren Lieblingsrestaurants essen zu gehen. Essen sollte ein genussvolles gesellige Erlebnis sein. In letzter Zeit gehen Restaurants immer häufiger auf die Ernährungsanliegen ihrer Kunden ein und bieten gesündere Gerichte an. Nachfolgend finden Sie einige Tipps zum Essen im Restaurant:

→ Planen Sie Ihr gesamtes Menü: Möchten Sie eine Vorspeise, ein Hauptgericht und ein Dessert essen? Wenn ja, wählen Sie sie so aus, dass die Speisen insgesamt zu Ihrem Ernährungsplan für das Abendessen passen.

→ Bitten Sie darum, Reste zum Mitnehmen einzupacken: Planen Sie schon beim Bestellen ein, Teile des Essens mit nach Hause zu nehmen. Sie können sogar das Personal bitten, die Hälfte des Hauptgerichts schon vor dem Servieren in einen Behälter zum Mitnehmen abzupacken. So werden Sie nicht in Versuchung geführt, übermäßig zu essen und haben eine zusätzliche Mahlzeit, die Sie in den nächsten Tagen verzehren können.

→ Vermeiden Sie gebratene Speisen: Gegrillte oder gebackene Gerichte haben allgemein weniger Fett als gebratene.

→ Entfernen Sie bei Geflügel die Haut: Wenn Sie bei Hähnchen oder Pute die Haut nicht mitessen, reduzieren Sie den Fettgehalt der Mahlzeit deutlich.

→ Achten Sie auf die Beilagen: Beilagen können sehr viele Kalorien enthalten. Wählen Sie gedünstetes Gemüse oder Reis anstelle von Beilagen mit gehaltvollen Saucen oder nehmen Sie eine Backkartoffel mit Schalotten.

→ Achten Sie auf versteckte Fette: Denken Sie nach, bevor Sie Salatdressing, Sauerrahm oder Butter nehmen.

→ Nehmen Sie Ihre Kalorien nicht über die Getränke auf: Durch alkoholische und gesüßte Getränke steigt Ihre Kalorienaufnahme erheblich.

→ Äußern Sie Ihre Ernährungsanliegen: Restaurants sind in der Regel durchaus bereit, Ihre besonderen Bedürfnisse zu berücksichtigen. Scheuen Sie sich nicht, zu fragen!

→ Genießen Sie die Mahlzeit: Versuchen Sie, eine vernünftige und gesunde Wahl zu treffen, aber verschwenden Sie nicht so viel Energie darauf, sich Sorgen über Ihre Ernährung zu machen, dass Sie darüber vergessen, den Abend zu genießen.

Mark ist sicher, dass er seine Leistungen im Radsport verbessern und zugleich gesund leben kann, wenn er einige grundlegende Ernährungsrichtlinien einhält. Hier ist sein Ernährungsplan, der seinen Tagesbedarf deckt

Essen aus dem Supermarkt

Von Jenny L. Hegmann

Sie können sich überall gesund, fettarm und sportgerecht ernähren, ob Sie nun vor der Trainingsfahrt zu Hause einkaufen oder unterwegs sind. Supermärkte, Dorfläden, Mini-Märkte und Feinkostläden bieten eine Vielzahl gesunder Lebensmittel, die Sie während der Fahrt mit Energie versorgen können. Bevorzugen Sie kohlenhydratreiche Nahrungsmittel und verzichten Sie weitgehend auf den Konsum fettiger oder eiweißreicher Kost, die zwar Ihren Magen füllt, aber nicht die notwendige Glukose liefert, die Ihre Muskeln und Ihr Gehirn mit Energie versorgt. Diese Gruppen von Lebensmitteln enthalten die meisten Nährstoffe:

→ Die Getreidegruppe liefert Kohlenhydrate. Wählen Sie fettarme Müsli- und Frühstücksriegel, Feigenkekse, Vollkornbrot oder -brötchen, Cracker, Brezel oder eine Portion Frühstücksflocken, trocken oder mit Milch.

→ Die Fleisch- und Bohnengruppe liefert Eiweiß, Kohlenhydrate durch Bohnen, Linsen und Nüsse sowie gesunde Fette durch Fisch und Nüsse. Versuchen Sie Linsen- oder Bohnensuppen aus der Dose, gebackene Bohnen, Nüsse, Thunfisch in Einzelportionsdosen, ein gekochtes Ei oder ein Sandwich mit magerem Putenfleisch oder Schinken.

→ Obst liefert Kohlenhydrate, Vitamin C und Kalium. Wählen Sie Fruchtsäfte mit 100 Prozent Fruchtgehalt, frisches Obst oder Trockenfrüchte wie Rosinen, Aprikosen oder Datteln.

→ Milch liefert Eiweiß, Kalzium und Kohlenhydrate. Entscheiden Sie sich für ein Kakaogetränk, Erdbeermilch oder Milch, möglichst fettarm, Käse aus teilentrahmter Milch und gesüßten, fettarmen oder Magerjoghurt.

→ Gemüse enthält Kohlenhydrate, die Vitamine C und A sowie Natrium, wenn konserviert. Bevorzugen Sie frisches Gemüse, Tomaten- oder Gemüsesaft und Gemüsesuppen.

→ Im Bereich der kombinierten Lebensmittel können Sie ein Putenbrust- oder Schinkensandwich ohne Mayonnaise probieren und dabei weniger Fleisch und mehr Brot nehmen – oder ein Brötchen, eine Scheibe Brot oder Baguette mit Erdnussbutter, ein Stück Pizza mit Gemüse- oder Käsebelag, möglichst übermäßig viel Käse meiden, Suppen auf Bouillon-Basis ohne Sahne mit Brot oder Crackern, außerdem das gute alte Studentenfutter.

→ Bei Süßigkeiten und gesüßten Lebensmitteln sollten Sie darauf achten, solche mit wenig Fett zu wählen, zum Beispiel Softdrinks, gesüßter Tee oder Kaffee, fettarme Kekse, Weingummi, Lutschbonbons, Pfefferminztaler, Fruchtdrops, Lakritz und Honig und Marmelade oder Gelee als Belag.

Ein guter Tipp ist, einen Kaffeebecher als Schale für Frühstücksflocken zu verwenden. Wofür auch immer Sie sich entscheiden, essen und trinken Sie bewährte Speisen und Getränke, mit denen Sie während des Trainings gute Erfahrungen gemacht haben. Experimente, die auch missglücken können, sollten Sie außerhalb der Saison machen.

und ihn bei der Vorbereitung auf das kommende Century-Event unterstützt:
→ 2.600 Gesamtkalorien, 500 weniger, als er verbrennt, sodass er Gewicht verlieren wird
→ 60 Prozent der Gesamtkalorien aus Kohlenhydraten, um seinen Energiebedarf zu decken
→ 25 Prozent der Gesamtkalorien aus Fett, das ebenfalls als Energielieferant dient
→ 15 Prozent der Gesamtkalorien aus Eiweiß, um den Erhalt und die Regeneration seiner Muskulatur zu fördern

Während der Trainingsfahrten befolgt Mark unsere Ernährungsempfehlungen:
→ Experimentieren Sie, um herauszufinden, was sich bewährt und was nicht, und tragen Sie die gewonnenen Erkenntnisse in ein Trainings- und Ernährungstagebuch ein.
→ Essen Sie in geplanten Abständen, um ein gutes Essverhalten zu entwickeln.
→ Trinken Sie, um den Durst zu stillen, aber nicht mehr.
→ Lernen Sie, wie Sie Nahrungsmittel und Getränke während der Fahrt handhaben und verzehren, während Sie auf die Straße achten.

Sie sollten nun ein gutes Verständnis für die Prinzipien einer guten Ernährung gewonnen haben, Ihren täglichen Kalorienverbrauch kennen und einen grundlegenden Ernährungsplan aufgestellt haben, anhand dessen Sie die richtigen Gruppen von Nahrungsmitteln auswählen. Darüber hinaus haben Sie auch einiges über die Ernährung beim Radfahren gelernt und sind in der Lage, Ihren Ernährungsplan beim Fahrtraining umzusetzen. Indem Sie über einige Wochen ein einfaches Ernährungstagebuch führen, können Sie kontrollieren, was Sie konsumieren, und erfahren, welche Wechselwirkungen es mit Ihrem Training gibt.

Kapitel 5

Ausrüstung für die Langstrecke

Fahrräder sind zu anspruchsvollen Maschinen geworden. Sie werden für verschiedenste Einsatzzwecke konzipiert: von Straßenrennen und Geländefahrten bis zu Touren mit Gepäck. Die richtige Auswahl und Anpassung des Fahrrads ist von unschätzbarer Bedeutung für Fahrkomfort, Leistung und Fahrspaß im Ausdauerradsport. Neben dem Fahrrad benötigen Sie weiteres Zubehör, um Ihre Sicherheit und eine reibungslose Funktion beim Fahren zu gewährleisten. Außerdem sollten Sie einige Instandhaltungsmaßnahmen durchführen, damit Ihr Fahrrad optimal läuft. Sie müssen kein versierter Mechaniker sein, jedoch sollte jeder Radfahrer einige grundlegende Wartungsmaßnahmen beherrschen und sich bei regelmäßig auftauchenden Problemen zu helfen wissen.

Fahrradtypen

Marks Schwester Julia bemerkt die positiven Auswirkungen, die der Radsport auf Marks Lebensführung hat. Durch das Radfahren und eine bessere Ernährung hat er abgenommen, verfügt über mehr Energie, ist allgemein besser gelaunt und die Beziehung zu seiner Frau und seinen Kindern hat sich verbessert. Julia entschließt sich, in die Fußstapfen ihres Bruders zu treten. Beim Fahrradhändler ist sie jedoch zunächst durch das unübersichtliche Angebot verwirrt. Wir machen ihr klar, dass der Kauf eines neuen Fahrrads eine bedeutende Investition darstellt und mit der gleichen Sorgfalt durchgeführt werden sollte wie der Kauf eines Autos. Ein wenig Vorbereitung zu Hause wird ihr helfen, ein Rad auszuwählen, das ihr jahrelang Freude machen wird. Es geht um wichtige Fragen, die Julia bedenken sollte, bevor sie zum Fahrradhändler geht. Wenn Sie auf der Suche nach einem neuen Fahrrad sind oder Ihr jetziges aufwerten möchten, notieren Sie sich die Antworten auf die folgenden Fragen, sodass Sie eine Grundlage für ein Gespräch mit Ihrem Händler haben.

→ Haben Sie Bedenken wegen der richtigen Größe?

Ein Fahrrad, das zu Ihrem Körper passt, ist der wichtigste Faktor für Fahrkomfort und Leistung. Wenn Sie außergewöhnlich groß oder klein sind, wenn Sie eine Frau sind oder orthopädische Probleme wie Rückenbeschwerden haben, ist ein Standardrahmendesign möglicherweise nicht passend für Sie. Das Fahrrad soll dem Fahrer passen, nicht umgekehrt. Sie können die Passform durch Auswahl der richtigen Komponenten modifizieren, am Anfang muss jedoch immer ein Rahmen der richtigen Größe und Form stehen. Die korrekte Anpassung des Fahrrads werden wir im späteren Verlauf des Kapitels genauer beschreiben. Viele Fahrradhersteller bieten speziell für Frauen konzipierte Rahmen und Komponenten an. Frauen haben tendenziell kürzere Oberkörper im Verhältnis zur Länge der Beine und diese Rahmen tragen den weiblichen Körperproportionen besser Rechnung als Standardrahmen. Frauenfahrräder sind für einen verbesserten Fahrkomfort üblicherweise mit kleiner dimensionierten Lenkern, Kurbelgarnituren und Bremshebeln ausgestattet. Julia ist 163 Zentimeter groß und sollte sich nach frauenspezifischen Rahmen umschauen.

→ Wie viel Geld möchten Sie ausgeben?
Für ein langlebiges Fahrrad der Einsteigerklasse, mit dem Sie für Langstreckenfahrten trainieren und entsprechende Veranstaltungen bestreiten können, sollten Sie etwa 800 Euro einkalkulieren. Schauen Sie sich die Websites einiger Hersteller an. Den Unterschied zwischen den Einsteiger- und den Spitzenfahrrädern machen oft die eingesetzten Komponentengruppen aus. In vielen Fällen sind die Rahmen praktisch gleich. Wenn Ihr Budget begrenzt ist, können Sie ein Fahrrad aus dem Einsteigersegment kaufen und nach und nach die Komponenten durch bessere ersetzen, sobald Ihr Geldbeutel dies zulässt, allerdings sind später hinzugekaufte Komponenten deutlich teurer, als wenn Sie sie als Originalausstattung an einem Fahrrad kaufen. Halten Sie auch nach Vorjahresmodellen Ausschau. Wenn Händler Abverkäufe zur Räumung ihrer Lager durchführen, damit sie Platz für die neuen Modelle haben, können Sie einiges an Geld sparen. Den Preisen sind nach oben keine Grenzen gesetzt, wenn Sie einen maßgefertigten Rahmen mit Komponenten der Spitzenklasse haben möchten.

→ Auf welchem Leistungsniveau möchten Sie fahren?
Wenn Sie in Form kommen und pro Jahr einige Tourenfahrten fahren möchten, können Sie dies mit nahezu jedem Standardstraßenrad in Angriff nehmen. Schauen Sie sich Einsteigerstraßenräder an, die oft als Sport, Fitness- oder Komforträder bezeichnet werden (siehe Abbildung 5.1). Diese eignen sich für viele Zwecke von der Fahrt zur Arbeit bis hin zu Radmarathons. Wenn Sie andererseits schnelle Zeiten anstreben und vielleicht einmal an Rennen teilnehmen möchten, dürfte ein Rennrad mit leichteren Komponenten besser für Sie geeignet sein. Wenn Sie Ihre Zeiten bei Marathons und Brevets verbessern möchten, müssen Sie mehr trainieren, und längere Fahrten bedeuten generell eine stärkere Beanspruchung der Komponenten. Fahrräder, die für ambitionierte sportliche Leistungen konzipiert sind, zeichnen sich in der Regel durch hochwertigere Komponenten und leichtere Rahmen aus. Leichtere Komponenten sind deutlich teurer und für die meisten Fahrer gegenüber anderen Aspekten von untergeordneter Bedeutung.

→ Werden Sie in Zukunft möglicherweise längere Brevets oder Mehrtagestouren fahren?
Veranstaltungen mit Distanzen von 300 Kilometern und mehr sowie Tourenfahrten bringen es mit sich, dass viele Stunden oder Tage im Sattel verbracht werden, daher sind effizientes Fahren und Fahrkomfort von zentraler Bedeutung. Rennräder zeichnen sich durch die höchste Effizienz aus und eignen sich für viele Fahrer, die längere Veranstaltungen bestreiten. Jedoch ist ein Tourenrad, das sich durch ein etwas anderes Design als ein Rennrad auszeichnet, im Allgemeinen komfortabler, weil der Fahrer eine aufrechtere Sitzposition einnimmt. Diese Räder verhalten sich stabiler als ein Rennrad, wenn sie mit Gepäck beladen werden. In dieser Kategorie reicht die Auswahl von Modellen, die für die Beladung mit einer großen Sattel- und einer Lenkertasche vorgesehen sind und sich für Lang-

distanzfahrten bis 1.200 Kilometer Länge eignen, bis hin zu Rädern mit Aufhängungen für genügend Gepäck zum Mitführen einer kompletten Campingausrüstung. Mit den meisten Tourenrädern können Sie problemlos Distanzen von 160 Kilometern und mehr fahren, sie sind jedoch schwerer und weniger effizient als Rennräder.

→ Wie verlässlich muss das Fahrrad sein?
Renn- und Tourenräder von renommierten Herstellern sind in der Regel ziemlich verlässlich. Obwohl auch hier Probleme nicht regelmäßig auftreten werden, kann es bei Komponenten und Laufrädern im Leichtbau- und Hochleistungsbereich häufiger zu Defekten kommen als bei robuster gefertigten Ausführungen. Reparaturen solcher Komponenten können unter Umständen nur von Fachwerkstätten durchgeführt werden. Wenn Sie keine Ausrüstungsdefekte riskieren möchten, die Sie vielleicht zum Abbruch einer Veranstaltung zwingen könnten oder wenn Sie auf sich allein gestellt fahren möchten, sollten Sie der Verlässlichkeit und der einfachen Reparierbarkeit der Komponenten besondere Beachtung schenken.

ABBILDUNG 5.1 Sportrad

Rahmen und Komponenten

Wenn Sie wissen, welche Art von Fahrrad Sie haben möchten, können Sie mithilfe der folgenden Faktoren Ihre Wahl weiter eingrenzen. Zunächst gehen wir auf die Geometrie und das Design des Rahmens ein, weil diese Aspekte mehr als die verwendeten Materialien den größten Einfluss auf die Fahreigenschaften, das Handling und den Fahrkomfort ausüben.

→ Welche Rahmengeometrie ist die beste?
Die Wahl der Rahmengeometrie ist abhängig vom geplanten Einsatzzweck und dem Leistungsniveau. Wenn Sie Radmarathons mit schnellen Zeiten fahren oder an Rennen teilnehmen möchten, eignet sich ein rennspezifischer Rahmen (siehe Abbildung 5.2) am besten. Die Hersteller konzipieren eine rennspezifische Rahmengeometrie darauf hin, dass Sie auf dem Rad die optimale Position zur Entfaltung von Geschwindigkeit einnehmen. Durch diese Konstruktionsart können Sie schneller beschleunigen, schneller Kurven fahren und eine aerodynamischere Position einnehmen, jedoch kann das Rad in höherem Maß Erschütterungen von der Straße übertragen, schwieriger zu beherrschen sein und eine sehr gebeugte Sitzposition erfordern.

Ein Tourenrahmen (Abbildung 5.3) wird mit weniger steilen Winkeln konstruiert und hat dadurch eine komfortablere Geometrie, sodass der Fahrkomfort höher und die Lenkvorgänge einfacher sind. Bedingt durch die Geometrie sind diese Rahmen jedoch weniger steif, daher beschleunigen sie nicht so schnell und auch

ABBILDUNG 5.2 Rennrad

ABBILDUNG 5.3 Tourenrad

das Bergfahren ist weniger leicht. Diese Rahmen ermöglichen eine aufrechtere Sitzposition, da Schnelligkeit und Aerodynamik nicht so wichtig sind wie beim Renneinsatz. Das heißt jedoch nicht, dass diese Rahmen langsam sind: Pete Penseyres stellte 1986 auf einem Rahmen mit Tourengeometrie und Aerolenkeraufsätzen die lange gültige Rekorddurchschnittsgeschwindigkeit im Herreneinzel beim RAAM auf.

Sporträder lassen sich im Allgemeinen zwischen der Renn- und der Tourengeometrie einordnen und bieten nach Ansicht vieler Fahrer das Beste aus beiden Welten.

→ Welches Rahmenmaterial ist das Beste?
Es gibt Rahmen aus Stahl, Aluminium, Titan, Carbonfaser oder aus Kombinationen dieser Materialien, zum Beispiel Aluminiumrahmen mit Carbongabeln. Unter Radsportlern wird vielfach diskutiert, welches das beste Rahmenmaterial ist, maßgeblich ist jedoch die Kombination aus Rahmenmaterial und Konstruktion. Verschaffen Sie sich einen breiten Überblick, sprechen Sie mit anderen Fahrern und testen Sie so viele Räder wie möglich. Viele Fachhändler und Hersteller ermöglichen ausgedehnte Tests oder die Miete von Rädern, um Interessenten die ausgiebige Beurteilung ohne Zeitdruck zu ermöglichen. Lon Haldeman hat es treffend formuliert, als er sagte: „Ich habe im Rahmen des RAAM viele unterschiedliche Rahmenmaterialien gefahren, aber im Dunkeln habe ich nie einen Unterschied bemerkt."

Haldeman empfiehlt, ein Fahrrad auszusuchen, das sich zum Ende eines Langstreckenrennens immer noch komfortabel anfühlt. Wenn es Ihnen nicht möglich ist, ein Testrad auf eine lange Ausfahrt mitzunehmen, fahren Sie erst eine lange Tour, sodass Sie ermüdet sind, und testen dann das neue Rad.

→ Welche Antriebskomponenten sind geeignet?
Fahren Sie im Flachen ohne Windeinwirkung oder in hügeligem Gelände? Fahren Sie Touren, bei denen zunehmende Erschöpfung ein zu bedenkender Faktor ist? Die Art Ihres Fahrens ist maßgeblich für die Wahl der Antriebskomponenten. Fahrräder verfügen über zwei oder drei Ketten-

blätter, die an den Kurbeln und Pedalen angebracht sind und über die Kette mit den Ritzeln am Hinterrad verbunden sind. Rennräder verfügen über leichte Zweifachkettenblätter und eine relativ eng abgestufte Reihe von Ritzeln am Hinterrad. Touren- und Mountainbikes sind mit Dreifachkettenblättern und einem breiter abgestuften Ritzelpaket ausgestattet. Die Dreifachausstattung ermöglicht niedrigere Übersetzungen und einen weiteren Schaltbereich, ist jedoch schwerer. Kurbeln mit Zweifachkompaktkettenblättern stellen einen guten Kompromiss zwischen den zweifachen Kettenblättern von Rennrädern und den dreifachen Kurbeln der Tourenräder dar. Kompaktkettenblätter verfügen über weniger Zähne als konventionelle Zweifachkettenblätter und ermöglichen niedrigere Übersetzungen bei geringem Gewicht, jedoch nicht so niedrige wie die dreifachen Kurbeln. Wenn Sie unter dauerhaft windigen Bedingungen oder in hügeligem Terrain fahren, lange Distanzen von 300 Kilometern und mehr zurücklegen oder noch nicht sehr lange Radsport betreiben, sollten Sie in Erwägung ziehen, mit einem möglichst weiten Übersetzungsbereich zu fahren. Ein voll beladenes Tourenrad kann sehr schwer sein, daher ist es möglich, dass Sie sehr niedrige Übersetzungen brauchen werden, um Steigungen zu bewältigen.

→ Wie hochwertig sollten die Komponenten sein?

Zu den Komponentengruppen gehören Umwerfer, Schaltwerk, Kurbeln, Pedale, Bremsen, Schalt- und Bremshebel sowie die Radnaben. Shimano, Campagnolo und SRAM sind die wichtigsten Hersteller für Rennradkomponentengruppen. Sie alle bieten Gruppen vom Freizeit- bis hin zum Profiniveau. Die meisten Rennräder werden heute mit kombinierten Brems- und Schalthebeln verkauft, die ein Schalten mit den Händen auf dem Bremsgriff ermöglichen, wobei die Hände am Bremshebel bleiben. Shimano nennt seine Bremshebel STI (Shimano Total Integration), Campagnolo bietet Ergo-Levers und SRAM das Double-Tap-System an. Diese Systeme haben sich seit vielen Jahren als verlässlich im Einsatz bei Rennen und anderen Veranstaltungen bewährt, die Mechanismen sind jedoch kompliziert. Wenn ein Schalt-/Bremshebel einen Defekt hat, ist eine Reparatur unterwegs fast unmöglich. Wenn Sie in Gegenden fahren, in denen keine Fahrradwerkstätten erreichbar sind, kann es sinnvoll sein, Lenkerendschalthebel oder sogar Unterrohrschalthebel zu verwenden, die sich in der Regel auch reparieren lassen, ohne eine Werkstatt in Anspruch nehmen zu müssen. Die Auswahl der Komponenten bedeutet meist einen Kompromiss zwischen hoher Leistung und Zuverlässigkeit. Radmarathons, Brevets, Touren und ähnliche Radsportveranstaltungen stellen in der Regel nicht die gleichen Anforderungen wie Rennen. Wählen Sie solche Komponenten, die zu Ihrer Art des Fahrens passen.

→ Welches Laufradmodell ist am besten geeignet?

Bei den meisten Fahrradhändlern finden Sie viele Räder, die mit leichten Laufrädern ausgestattet sind, die im Sprint schneller beschleunigen und mit weniger Speichen

ABBILDUNG 5.4 (a) Aerodynamische Laufräder beschleunigen schneller, sind jedoch weniger strapazierfähig als (b) konventionelle Laufräder

a

b

und windschnittigen Hochprofilfelgen aufgebaut sind. Die aerodynamischen Eigenschaften sind bei Renngeschwindigkeiten von Bedeutung, jedoch weniger bei Langstreckenevents. Hier gilt der gleiche Kompromiss zwischen hoher Leistung und Zuverlässigkeit. Laufräder, die mit weniger als 28 Speichen eingespeicht sind, lassen sich in den meisten Fällen nicht mehr sicher fahren, wenn eine Speiche gebrochen ist. Sie werden oft mit Spezialspeichen aufgebaut, die sich nur schwer reparieren oder ersetzen lassen, wenn keine spezialisierte Fahrradwerkstatt zur Verfügung steht. 32-speichige Standardlaufräder sind robuster, leichter zu warten und lassen sich auch mit einer gebrochenen Speiche noch fahren. Außerdem kann eine Speiche in nahezu jeder Fahrradwerkstatt ersetzt werden. Hochprofilspeichen sind bei Seitenwind schwierig zu fahren und benötigen Spezialschläuche mit längeren Ventilschäften, die nicht bei jedem Fahrradhändler vorrätig sind. Wenn Sie etwas mehr Gewicht auf die Waage bringen oder mit Gepäck fahren wollen, gilt es zu beachten, dass viele Rennräder Gewichtsbeschränkungen haben. Wenn Sie Rennen fahren möchten und sich über die entsprechenden Einschränkungen im Klaren sind, kann ein Speziallaufrad wie in Abbildung 5.4 (a) geeignet für Sie sein. In anderen Fällen können 32-speichige Laufräder (Abbildung 5.4b) besser geeignet sein. Wenn Ihr Budget es zulässt, können Sie je einen Satz von beiden kaufen.

→ Wie leicht lässt sich das Fahrrad warten?
Früher oder später kommt es bei Fahrradkomponenten zu Fehlfunktionen. Können Sie in solchen Fällen die Probleme selbst beheben oder müssen Sie das Fahrrad in die Werkstatt geben? Bei vielen Einzelteilen der komplizierten Komponenten wie Schalt-/Bremshebel, gedichtete Lager, Aerolaufräder sind für Reparaturen Spezialwerkzeuge und besondere Kenntnisse erforderlich. Viele Fachhändler bieten eine kostenlose Monatsinspektion nach dem Fahrradkauf sowie vergünstigte Reparaturen für dort gekaufte Bikes. Bauen Sie ein gutes Verhältnis zu einem Fachhändler und dessen Mechanikern auf, ob Sie nun dort Teile kaufen, um selbst Wartungsmaßnahmen durchzuführen, oder ob sie diese von der Werkstatt durchführen lassen.

Wir haben viele Punkte genannt, die es zu beachten gilt. Bringen Sie Ihre Notizen mit zum Fachhändler, damit Sie ein Fahrrad bekommen, das Ihren Bedürfnissen entspricht. Bitten Sie wenn nötig den Händler, das Fahrrad auf Ihre Bedürfnisse anzupassen. Komponenten und Laufräder können oft ausgetauscht werden, Vorbau, Lenker und Sattel können gewechselt und weitere Änderungen können vorgenommen werden, damit Sie ein persönlich auf Sie zugeschnittenes Fahrrad erhalten. Es ist Ihr Geld, das Sie ausgeben, also achten Sie darauf, dass Sie mit Ihrer Investition zufrieden sind.

Fahrradanpassung

Julia hat sich ein Fahrrad ausgesucht, das preislich in ihrem Budget liegt und zu ihren Bedürfnissen passt. Nun muss sie das Fahrrad auf ihre körperlichen Gegebenheiten anpassen lassen, damit sie komfortabel und effizient fahren kann und Verletzungsrisiken minimiert. Nahezu jeder Fahrradfachhändler bietet diesen Service für Kunden, die ein neues Fahrrad kaufen. Der Sachverstand der Fachhändler ist unterschiedlich; manche gehen nur nach Berechnungsformeln vor, während andere in der Anpassung des gesamten Fahrrads und seiner Komponenten auf die individuelle Person geschult sind. Ob Sie nun ein neues Fahrrad kaufen oder Ihr Trainingsprogramm auf Ihrem vorhandenen Fahrrad beginnen, wir empfehlen Ihnen dringend, diese Fahrradanpassung durchzuführen, wenn möglich durch einen hierfür geschulten Techniker. Eine gute Anpassung erhöht die Effizienz der Pedalbewegung, sodass Sie mit weniger Energieaufwand so schnell wie zuvor oder mit gleichem Energieaufwand schneller fahren können. Darüber hinaus erhöht eine gute Anpassung den Fahrkomfort, sodass Sie länger fahren können, ohne vom Rad zu steigen und so Ihre Fahrzeiten bei Langstreckenveranstaltungen verkürzen können. Das Fahrrad soll an Sie angepasst sein – versuchen Sie nicht, Ihren Körper an das Fahrrad anzupassen! Diese Richtlinien können Sie heranziehen, um mithilfe eines Freundes oder eines Mechanikers bei Ihrem Fachhändler Ihre Fahrradanpassung zu beurteilen. Bevor Sie einen Fachhändler aufsuchen, notierem Sie sich diese wichtigen Punkte, die bei der Ermittlung der richtigen Sitzposition helfen.

→ Verletzungen:
Sind in der Vergangenheit bei Ihnen Verletzungen aufgetreten, die durch Unfälle oder Überbeanspruchungen verursacht wurden? Verletzungen an Knien, Hüfte, unterer Rückenmuskulatur, Schulter, Nacken, Handgelenken oder Händen können einen Einfluss auf die richtige Sitzposition haben. Unterschiedliche Beinlängen sind recht verbreitet und sollten im Rahmen der Fahrradanpassung berücksichtigt werden.

→ Chronische Schmerzen:
Beschwerden im Nacken- und Schulterbereich, an den Händen, im Schritt oder an den Füßen lassen sich oft durch eine bessere Anpassung des Fahrrads beseitigen.

→ Sonstige Aktivitäten:
Laufen oder wandern Sie, betreiben Sie Kraftsport oder machen Sie anderen Sport? Verschiedene Sportarten können Einfluss auf Ihre Beweglichkeit oder Ihr Verletzungspotenzial haben, was wiederum von

Coach Johns Radfuhrpark

Ich betreibe seit 35 Jahren Ausdauerradsport und in dieser Zeit hat sich ein ganzes Arsenal von Fahrrädern angesammelt, auch wenn ich einige davon in den Ruhestand geschickt habe. Mein Lieblingsrad ist auf einem zwölf Jahre alten Titanrahmen mit konventioneller Geometrie aufgebaut, der gut zu mir passt. Ich habe es so ausgestattet, dass es meinen Fahrbedürfnissen entspricht. Ich fahre gerne Centurys ohne technische Unterstützung, Brevets mit minimaler Unterstützung sowie Randonneurfahrten über 1.200 Kilometer. Dieses Fahrrad hat einen 20 Jahre alten Ledersattel und eine Satteltasche, die genügend Platz für Werkzeug, Regenausrüstung und einen kleinen Nahrungsmittelvorrat bietet. Den Vorbau habe ich gegen einen etwas kürzeren mit einer leichten Steigung nach oben ausgetauscht, sodass ich zum Erreichen des Lenkers keine allzu gebeugte Haltung einnehmen muss. Durch den Titanrahmen, die konventionelle Geometrie, den Ledersattel und den höher positionierten Lenker ergibt sich ein guter Fahrkomfort. Vor etwa sechs Jahren habe ich beschlossen, meinen Knien etwas Gutes zu tun und ein Dreifachkettenblatt montiert. Nach jahrelanger Verwendung integrierter Brems-/Schalthebel und einigen zu unpassenden Zeiten gerissenen Zügen habe ich beschlossen, Lenkerendschalthebel zu verwenden, die ich unterwegs reparieren kann. Ich habe robuste Laufräder mit 32 Speichen. Einmal ist mir 80 Kilometer nach dem Start zu einem doppelten Century ohne technische Unterstützung auf der Strecke eine Speiche gebrochen, ich konnte jedoch weiterfahren, nachdem ich das Laufrad zentriert hatte. Meine Rennpedalen habe ich gegen Mountainbikepedalen ausgetauscht, mit Mountainbikeschuhen lässt es sich einfach besser laufen, wenn man zwischendurch in einen Laden gehen möchte!

Ich fahre auch auf einem 30 Jahre alten Stahlrahmen, der einmal ein Rennrahmen der Spitzenklasse war, als ich ihn gekauft habe. Ich habe das Fahrrad zum Singlespeedrad umgebaut und Mountainbikepedalen und breitere Cyclocrossreifen montiert. Damit mache ich Besorgungsfahrten und absolviere Wintertraining auf schneebedeckten Straßen. Zur Abwechslung habe ich auch einige Century-Rennen auf ihm bestritten. Mein 30 Jahre altes Tourenrad mit maßgefertigtem Stahlrahmen fahre ich ebenfalls immer noch. Es hat eine entspannte Geometrie und ist extrem komfortabel, allerdings etwas schwer. Auf diesem schönen Stahlross bin ich zweimal die 1.200 Kilometer von Paris–Brest–Paris gefahren.

Auf meinem Rollentrainer befindet sich mein alter Carbonrennradrahmen. Die Passform entspricht der des Titanrades. Es steht immer bereit – und der Rahmen ist unempfindlich gegen Schweiß!

Besonders viel Spaß machen mir Ausflugsfahrten zum Mittagessen mit einem Freund auf meinem Tandem. Tandems sind bergauf recht langsam, aber im Flachen kommen wir sehr gut voran und bei Abfahrten geht es richtig zur Sache! Am Tandemfahren gefällt mir die gemeinschaftliche Komponente. Ich habe etliche 200-km-Brevets und ein 12-Stunden-Rennen auf meinem Tandem absolviert. Tandems sind mechanisch komplizierter und man sollte sich ein wenig mit Reparaturen am Fahrrad auskennen. Sie sind jedoch hervorragend für Fahrer unterschiedlicher Leistungsniveaus geeignet, können recht hohe Geschwindigkeiten erreichen und machen sehr viel Spaß!

Liegeräder verhalten sich ähnlich wie Tandems. Sie sind bergauf recht langsam, aber aerodynamischer als traditionelle Fahrräder und erlauben daher im Flachen zügige Geschwindigkeiten und sind schnell bei Abfahrten. Einer meiner Freunde hat alle der schweren Doppel-Century-Fahrten Kaliforniens auf seinem Liegerad bestritten. Er hat mir sein Rad einmal geliehen, und ich war angetan vom Komfort, insbesondere im Gesäßbereich.

„Beam Bikes" dämpfen straßenbedingte Erschütterungen.

Als ich Ultradistanzrennen fuhr, hatte ich auch ein so genanntes „Beam Bike" (siehe Foto). Bei dieser Konstruktionsart ist der Sattel an einer Sitzschwinge (engl. „beam") montiert, die Erschütterungen absorbiert, was bei Centurys und längeren Distanzen sehr viel ausmacht.

Früher war ich begeisterter Querfeldeinläufer. Mittlerweile machen meine Knie das nicht mehr mit, also habe ich mir ein Mountainbike angeschafft, das ebenfalls sehr vielseitig ist. Ich habe etliche Fahrer trainiert, die die 160 Kilometer auf Mountainbikes gefahren sind. Mountainbikes sind schwerer als Straßenräder, aber dafür robust und komfortabel. Sie können Lenkerhörnchen anbringen, um die Handposition variieren zu können, stollenlose Reifen mit hohem Reifendruck aufziehen, und es kann losgehen.

In 35 Jahren habe ich gelernt, dass es letztlich auf den Fahrer ankommt, nicht auf das Fahrrad. Besorgen Sie sich einen guten Straßenrahmen, der Ihnen richtig passt, und anschließend können Sie ihn nach und nach auf Ihre radsportlichen Anforderungen abstimmen oder ein anderes Fahrrad aussuchen, das Ihren Bedürfnissen besser entspricht. Das eine richtige Fahrrad für alle Zwecke gibt es nicht.

Wenn Sie Ihren Motor mit guter Ernährung und effektivem Training richtig vorbereiten, können Sie mit dem Fahrrad Ihrer Wahl bei Ausdauerveranstaltungen antreten.

Bedeutung für die Anpassung Ihres Fahrrads ist. Zum Beispiel können bei Läufern Symptome an den Knien auftreten, die eine Veränderung der Sattelposition oder der Position der Pedalplatten erfordert.

→ Beweglichkeit:
Können Sie problemlos mit geradem Rücken Ihre Zehen berühren? Wenn nicht, könnte aus Komfortgründen eine aufrechtere Sitzposition besser für Sie sein.

→ Stärke der Rumpfmuskulatur:
Wenn Sie die Rumpfkräftigungs- und Dehnübungen aus Kapitel 3 trainiert haben, dürfte Ihre Rumpfmuskulatur in der Lage sein, Ihren Oberkörper ausreichend abzustützen. So können Sie mit stärkerer Beugung im Taillenbereich fahren, ohne dass übermäßiger Druck auf Ihren Händen lastet.

→ Radsporterfahrung:
Ist dies Ihr erstes Rennrad? Wenn Sie zuvor Mountainbike gefahren sind: Wie leicht fällt es Ihnen, sich an die gebeugter Sitzposition auf dem Straßenrad zu gewöhnen? Wenn Sie aktuell ein Rennrad fahren und ein neues Rad anschaffen, nehmen Sie Ihr altes mit, sodass Sie eine Vergleichsmöglichkeit für die Einstellungen haben.

→ Ziele im Radsport:
Möchten Sie neben Langstreckenfahrten auch Rennen absolvieren? Wenn ja, können Aerodynamik und das Reaktionsverhalten des Rades ebenso wichtig sein wie der Komfort.

Geometrie des Körpers

Julia kauft einen Standarddamenrahmen, keinen maßgefertigten. Sie kann Ihre Position auf dem Fahrrad anpassen, jedoch nicht den Rahmen selbst. Hier geben wir einige allgemeine Empfehlungen. Jeder Mensch hat eine andere Anatomie, einen eigenen Fahrstil und weitere Eigenschaften, die es zu berücksichtigen gilt.

Geometrie der Beine

Die Kraft kommt aus den Beinen, daher beginnt die Einstellung des Fahrrads damit, Sattel und Pedale auf Ihre Beine abzustimmen.

Weil mehrere Kontaktpunkte verschoben werden, können Veränderungen einer Dimension Auswirkungen auf andere Dimensionen haben, die ebenfalls überprüft werden müssen. Setzen Sie Ihr Fahrrad in den Rollentrainer ein und fahren Sie mindestens 5 Minuten lang, bis Sie aufgewärmt sind und eine komfortable Position gefunden haben. Überprüfen Sie dann die folgenden Einstellungen:

Sattelhöhe:

Sättel können in der Höhe verstellt, vor und zurück bewegt und auf- und abwärts geneigt werden. Die Höheneinstellung ist ein Kompromiss zwischen der Kraftentfaltung und der Kniebelastung. Wenn Sie keine Knieprobleme haben, stellen Sie den Sattel so ein, dass Ihr Knie um 30 bis 35 Grad gebeugt ist, wenn Ihr Fuß sich in der Normalstellung am unteren Punkt der Pedalumdrehung befindet, so wie in Abbildung 5.5 gezeigt wird. Bei bestehenden Kniebeschwerden kann eine etwas höhere Position, Beugung von etwa 25 Grad, für mehr Komfort sorgen. Nehmen Sie die Einstellung nicht nach Augenmaß vor, sondern lassen Sie die Ausmessung des Kniewinkels durch eine qualifizierte Person mithilfe eines Goniometers durchführen. Ein Goniometer ist ein Gerät, das einem Winkelmesser ähnelt und im medizinischen Bereich zur Messung von Gelenkwinkeln und Bewegungsumfängen verwendet wird. Sie können ein Goniometer auch mithilfe eines Winkelmessers und eines Kartonblatts improvisieren.

Längseinstellung des Sattels:

Als Nächstes wird die Längsposition des Sattels eingestellt. Führen Sie die Kurbelarme auf die 3- und 9-Uhr-Position und fällen Sie

ABBILDUNG 5.5 Verwendung eines Goniometers zur Einstellung der Sattelhöhe

ABBILDUNG 5.6 Messung der Längsstellung des Sattels mithilfe eines Lots

ein Lot mit einem Gewicht an einer Schnur, so wie es in Abbildung 5.6 gezeigt wird, von der Kniescheibe Ihres in der vorderen Stellung befindlichen Beins. Stellen Sie den Sattel so nach vorn oder zurück, dass das Lot durch die Pedalachse am Ende der Kurbel verläuft. Den Sattel weiter vorwärts zu bewegen, erhöht zwar die Kraftentfaltung, aber zugleich auch die Belastung der Knie.

Wenn Sie den Sattel vorwärts oder rückwärts bewegen, verändern Sie gleichzeitig die effektive Sattelhöhe, also sollte der Kniewinkel erneut mit dem Goniometer überprüft werden. Zur Kontrolle, ob der Sattel zu hoch ist, ziehen Sie Ihr Trikot hoch und lassen Sie eine hinter sich stehende Person beobachten, ob der Bund Ihrer Shorts sich auf und ab bewegt. Wenn das der Fall ist, bedeutet dies, dass auch Ihr Gesäß sich auf und ab bewegt und der Sattel zu hoch ist.

Die eben beschriebenen Schritte verhelfen zu einer neutralen Sitzposition, die den individuellen Bedürfnissen oder dem Fahrstil entsprechend geringfügig abgeändert werden kann.

Sattelneigung:
Beginnen Sie mit einem waagerechten Sattel, den Sie mit einer Wasserwaage, die Sie längs auf den Sattel legen, ausrichten können. Experimentieren Sie anschließend ein wenig mit der Sattelneigung, vielleicht bevorzugen Sie eine leicht aufwärts oder abwärts gerichtete Sattelnase, extreme Neigungswinkel sollten Sie jedoch vermeiden. Eine zu starke Neigung der Nase nach oben führt zu starkem Druck auf die Leistengegend, während eine zu starke Neigung nach unten dazu führt, dass Sie nach vorn rutschen, wodurch unnötiger Druck auf Ihre Hände, Handgelenke und Schultern ausgeübt wird.

Füße und Pedalplatten
Unsere Körper sind kinetische Ketten – alle unsere Gelenke stehen in Beziehung zueinander. Daher kann die Position der Pedalplatten

von Fuß zu Fuß unterschiedlich sein. Eine falsch eingestellte Pedalplatte kann nicht nur Probleme im Fuß und am Sprunggelenk, sondern auch im Knie- und Hüftbereich verursachen. Pedalplatten können längs verstellt, gedreht und näher oder weiter entfernt von den Kurbelarmen justiert werden.

Längseinstellung der Pedalplatten
Stellen Sie die Pedalplatten zu Beginn so ein, dass die Fußballen jeweils über den Pedalachsen positioniert sind und beide Füße parallel zu den Kurbeln stehen. Die Fersen sollten weder nach innen noch nach außen zeigen.

Lassen Sie dies von einer anderen Person, die hinter Ihnen steht, kontrollieren. Kippt die linke Hüfte nach unten, während die andere Hüfte gerade steht? Wenn dies der Fall ist, könnte Ihr linkes Bein kürzer sein und Sie laufen Gefahr, Sehnenverletzungen oder wunde Stellen durch Satteldruck an der linken Seite zu erleiden! Wenn Sie einen Beinlängenunterschied vermuten, lassen Sie durch einen Orthopäden die Längen beider Beine messen und mögliche Ursachen sowie das Ausmaß des Längenunterschieds ermitteln.

Ist der Längenunterschied nicht zu groß, lässt er sich kompensieren, indem Sie die linke Platte leicht nach vorn und die rechte Platte leicht nach hinten verschieben. Wenn Sie die Längseinstellung der Pedalplatten verändern, überprüfen Sie anschließend erneut die Sattelhöhe mithilfe des Goniometers. Beträgt die Beinlängendifferenz mehr als sechs Millimeter, sollten Sie an der Pedalplatte für das kürzere Bein Distanzscheiben unterlegen. Setzen Sie eine Distanzscheibe zwischen die Schuhsohle und die Pedalplatte ein. Die Dicke der Distanzscheibe sollte der Hälfte der festgestellten Beinlängendifferenz entsprechen. Eine Distanzscheibe können Sie aus einem Material anfertigen, das hart genug ist, um nicht komprimiert zu werden, und weich genug, um sich der gezahnten Oberfläche der Pedalplatte anzupassen.

Ein- und Auswärtsrotation der Pedalplatten:
Als Nächstes sollte die helfende Person Ihre Knie von vorn beobachten, während Sie in die Pedale treten, um zu sehen, ob die Pedalplatten in einer Linie mit Ihren Kniescheiben stehen. Bewegen sich Ihre Kniescheiben gerade auf und abwärts oberhalb Ihrer zweiten Zehen? Dreht sich eines oder drehen beide Knie nach außen? Ist dies der Fall, sollte die Ferse unter dem Knie, das die Fehlstellung aufweist, nach außen gerichtet sein, um die Ausweichbewegung des Knies auszugleichen und einen natürlichen Bewegungsablauf zu ermöglichen. Bewegen Sie die Platte zunächst in Richtung der Innenseite des Schuhs, wodurch die Ferse effektiv nach außen gerichtet wird. Bilden Knie und Fuß anschließend noch immer keine senkrechte Linie, können Sie eine dünne Unterlegscheibe zwischen Pedal- und Kurbelgewinde anbringen. Zeigt ein Knie oder zeigen beide stark nach innen zum Oberrohr? In diesem Fall eine dünne, keilförmige Unterlegscheibe zwischen Pedalplatte und Schuh mit der höheren Seite zur Schuhinnenseite, also Kurbel-Seite hinweisend einsetzen. Hierdurch wird der Fuß leicht nach außen gekippt, sodass das Knie sich gerade auf- und abwärts bewegt.

Wenn Sie mit traditionellen Haken- und Riemenpedalen ohne Pedalplatten fahren, entfällt diese Einstellung naturgemäß, Sie sollten aber trotzdem auf die Stellung Ihrer Füße auf den Pedalen achten.

Lenker und Vorbau

Zur Anpassung an Ihre Körpergröße, Ihren Beweglichkeitsgrad und Ihren Fahrstil stehen verschiedene Lenker zur Verfügung, deren Position Sie durch die Wahl der Länge und des Winkels des Vorbaus verändern können.

Breite und Tiefe des Lenkers

Die Breite von Rennradlenkern sollte ungefähr Ihrer Schulterbreite entsprechen. Breitere Lenker ermöglichen eine offenere Haltung und erleichtern die Atmung, führen jedoch zu einem etwas höheren Luftwiderstand. Rennfahrer bevorzugen oft schmalere Lenker, für Langstreckenfahrten ist jedoch der Komfort von entscheidender Bedeutung. Lenker unterscheiden sich auch darin, wie weit nach vorn und nach unten die Biegung reicht. Lenker mit tiefer ausgeführten Biegungen sind aerodynamischer, aber weniger komfortabel in dieser Position. Einige Modelle zeichnen sich durch ergonomische Formen aus. Julia ist eine kleine Fahrerin mit kleinen Händen, daher wählt sie einen schmaleren Lenker mit einer kleineren und flacheren Biegung, damit sie die Bremshebel leicht greifen kann.

Vorbau

Der Vorbau verbindet den Lenker mit dem Gabelschaft. Fahren Sie mit dem Fahrrad auf Ihrem Rollentrainer und legen Sie Ihre Hände auf den Bremsgriffen ab, Ihr Oberkörper sollte nun einen Winkel von ungefähr 45 Grad zum Oberrohr einnehmen, so wie in Abbildung 5.7 gezeigt. Wenn sich Ihre Hände in der Unterlenkerposition befinden, sollte der Winkel um die 30 Grad betragen. Die Oberseite des Lenkers befindet sich üblicherweise fünf bis zehn Zentimeter unterhalb der Sattelhöhe. Tiefere

ABBILDUNG 5.7 Überprüfung des Oberkörperwinkels mit einem Goniometer

oder weiter entfernte Lenker mögen aerodynamischer sein, können jedoch zu Beschwerden in der unteren Rückenmuskulatur führen. Wenn Ihre Beweglichkeit eingeschränkt ist, kann ein kürzerer oder nach oben geneigter Vorbau Ihren Komfort erhöhen. Fahren Sie einige Zeit auf dem Rollentrainer und experimentieren Sie dabei mit verschiedenen Handpositionen zwischen den Bremsgriffen und dem Oberlenker, um den für Sie komfortabelsten Punkt zu finden. Montieren Sie dann, wenn möglich, einen Vorbau, der es Ihnen ermöglicht, die Bremsgriffe an diesem optimalen Punkt zu positionieren.

Bremsgriffe

Zu Beginn positionieren Sie die Bremsen auf dem Lenker so, dass ein an der Unterseite des Lenkers angelegtes Lineal jeweils die Unterseite des Bremshebels berührt. Anschließend können Sie die Griffe für eine angenehme Position auf und ab verschieben, Sie können auch beide Hebel unabhängig voneinander einstellen, um den Komfort zu optimieren. Frauen und Fahrer mit kleineren Händen benötigen eventuell kleinere Bremshebel. Egal welche Position Sie wählen, achten Sie darauf, dass Sie in der Unterlenkerposition jederzeit schnell die Bremsgriffe erreichen.

Dokumentation und Überprüfung

Wenn Sie Ihre optimale Einstellung gefunden haben, sollten Sie sie vollständig dokumentieren. Schrauben können sich lösen, Sie entscheiden sich vielleicht, Ihr Fahrrad zu demontieren oder möchten einzelne Komponenten austauschen. Zeichnen Sie Ihre Maße anhand von Tabelle 5.1 auf.

Sie können auch Markierungen an Ihrem Fahrrad anbringen, aber diese können sich abnutzen, insbesondere, wenn Sie viel mit diesem Fahrrad unterwegs sind. Eine weitere Möglichkeit ist, die Maße und Referenzpunkte durch Fotografien zu dokumentieren.

Lassen Sie alle paar Jahre die Anpassung überprüfen – sie ist nicht in Stein gemeißelt. Ihre Beweglichkeit kann sich verbessern, Ihr Fahrstil und Ihre Ziele können sich verändern oder Sie könnten chronische Beschwerden entwickeln. Denken Sie daran, dass bei Änderung eines Elements gegebenenfalls auch weitere angepasst werden müssen. Zum Beispiel beeinflusst eine veränderte Sattelposition den Abstand zum Lenker und die Fußstellung. Führen Sie unbedingt weiter Dehnübungen durch. Wenn Sie regelmäßig an Ihrer Beweglichkeit arbeiten, gewinnen Sie mehr Komfort auf dem Fahrrad, und dies

TABELLE 5.1 Dokumentation Fahrradanpassung

Bereich	Maß	Datum
Sattelhöhe von der Tretlagerachse am Sattelrohr entlang bis zur Oberkante des Sattels		
Vorbaulänge von der Mitte der Steuersatzkappenschraube bis zur Mitte des Lenkerrohrs		
Vorbauhöhe von der Oberseite des Vorbaus zur Oberseite des Steuersatzes		
Vorbauwinkel aufwärts oder abwärts in Grad gemessen von der Horizontalen aus		
Abstand zwischen der Lenkeroberseite in der Mitte direkt am Vorbau und der Oberseite des Steuersatzes		
Abstand zwischen der Sattelspitze und der Mitte der Lenkeroberseite		
Abstand zwischen der Sattelspitze und der Oberseite des Oberrohrs zur Bestimmung der Sattelneigung		
Linke Pedalplattenposition in Längsstellung in Relation zum Fußballen, der breitesten Stelle des Schuhs		
Abstand der linken Pedalplatte zur Kurbel		
Rotationswinkel der linken Pedalplatte auswärts oder einwärts in Grad, parallel zur Kurbel ist die Neutralstellung		
Rechte Pedalplattenposition in Längsstellung in Relation zum Fußballen, der breitesten Stelle des Schuhs		
Abstand der rechten Pedalplatte zur Kurbel		
Rotationswinkel der rechten Pedalplatte auswärts oder einwärts in Grad, parallel zur Kurbel ist die Neutralstellung		
Weitere Komponenten, zum Beispiel Aeroaufsätze		
Sonstiges		

wird zu einem wichtigen Aspekt, wenn Sie beginnen, längere Distanzen zu fahren. Treten Verspannungen in bestimmten Bereichen Ihres Körpers auf, sollten Sie ein wenig Extrazeit aufwenden, um diese Region zu dehnen und sie mit Massagen zu lockern. Hilft dies nicht, lassen Sie die Fahrradanpassung noch einmal überprüfen.

Laut Andy Pruitt, Direktor des Boulder Center for Sports Medicine in Boulder, Colorado, der eine der führenden Kapazitäten auf diesem Gebiet ist, ist Fahrradanpassung eine Vermählung zwischen dem Körper, der begrenzt anpassbar ist, und dem Fahrrad, das ebenfalls begrenzt anpassbar ist. Nehmen Sie sich die Zeit, die nötig ist, um eine gute Anpassung vorzunehmen. Ein gut eingestelltes Fahrrad vereint Komfort, Kraftentfaltung und Effizienz bei minimaler Belastung des Körpers und ermöglicht damit mehr Fahrspaß auf der Straße.

Körperkontaktpunkte und Erhöhung des Fahrkomforts

Julia hat Ihr Rennrad gekauft und es einen Nachmittag lang beim Fachhändler anpassen lassen. Nach einigen Fahrten bemerkt sie jedoch, dass sich einiges nicht komfortabel anfühlt, insbesondere im Bereich der Hände, und dass der Sattel nicht ganz richtig zu passen scheint. Mit der Fahrradanpassung beginnt der Komfort auf dem Fahrrad, aber es können zusätzliche Änderungen am Rad nötig sein, vor allem an den Kontaktpunkten. Kontaktpunkte sind die Bereiche, an denen Gesäß, Füße und Hände mit dem Fahrrad in Berührung kommen. Wenn Sie längere Fahrten absolvieren, werden Ihnen Dinge auffallen, die Sie an den Kontaktpunkten verbessern möchten.

Drei allgemeine Faktoren beeinflussen den Komfort an den Kontaktpunkten:

1. Fahrradgeometrie: Auf einem Rennrad mit gerader Gabel und radial eingespeichten Laufrädern bemerken Sie Straßenunebenheiten deutlicher als auf einem Tourenrad mit gebogener Gabel und Laufrädern mit gekreuzten Speichen.
2. Reifengröße und Reifendruck: 20 Millimeter breite, so hart wie möglich aufgepumpte Rennreifen übertragen mehr Erschütterungen als 28-Millimeter-Reifen mit 7,5 Bar Reifendruck.
3. Kondition: Mit steigender Fitness verringern sich Probleme mit den Kontaktpunkten. Mit stärkeren Beinen bringen Sie mehr Kraft auf die Pedale und fühlen sich nicht, als würden Sie nur im Leerlauf treten. Durch eine kräftige Rumpfmuskulatur lastet weniger Gewicht auf den Händen. Und eine verbesserte Beweglichkeit ermöglicht Ihnen, während der Fahrt regelmäßig die Position zu wechseln.

Gesäß

Schauen Sie sich bei Ihrer nächsten Gruppenausfahrt einmal die verschiedenen Sättel an. Jeder Fahrer hat eine einzigartige Anatomie und einen persönlichen Fahrstil, also kann es sein, dass jeder einen anderen Sattel benötigt. Bei der Auswahl eines Sattels sollten Sie mehrere Punkte beachten.

Form:

Die Breite des Sattels sollte zu Ihren Sitzbeinhöckern, auch Sitzknochen genannt, passen, damit Druckschmerzen an diesen Punkten vermieden werden. Im Laufe der letzten Jahre haben geschlechtsspezifische Sättel mit anatomisch geformten Aussparungen an Beliebtheit gewonnen. Wenn Sie beim Fahren Druckbeschwerden oder Schmerzen im Dammbereich haben, kann ein solcher Sattel möglicherweise Abhilfe schaffen. Informieren Sie sich und wählen Sie einen aus, der von einem Experten für Anatomie und Radsport konzipiert wurde.

Polsterung:
Manche Sättel sind mit einer dünnen Lage Schaum unter der Decke ausgestattet, gerade genug, um den Druck auf die Sitzknochen zu dämpfen, was sehr zweckmäßig sein kann. Bei einem zu stark gepolsterten Sattel verschieben die Sitzknochen das Polstermaterial, sodass der Druck auf den Dammbereich erhöht wird.

Oberfläche:
Ein Sattel sollte glatt genug sein, damit man leicht auf ihm gleiten kann, um die Position zu verändern. Reibung erhöht das Risiko wunder Stellen im Sitzbereich. Viele Langstreckenfahrer schwören auf Ledersättel. Ledersättel sind wie andere Sättel auch in verschiedenen Ausführungen und Breiten erhältlich. Besorgen Sie sich einen, dessen Abmessungen zu Ihren Sitzknochen passen. Wenn Sie einen Ledersattel in Erwägung ziehen, sollten Sie einige Zeit einplanen, um ihn einzufahren und die Anweisungen des Herstellers bezüglich Einfahren und Pflege beachten. Wenn er eingefahren ist, haben Sie einen individuellen Sattel, der sich der Form Ihres Gesäßes angepasst hat. Sättel sind etwas Persönliches, genau wie das Gesäß! Testen Sie wenn möglich Sättel verschiedener Formen und Materialien, wie in Abbildung 5.8 gezeigt wird, auf mehrstündigen Fahrten, denn was sich auf dem Parkplatz noch gut anfühlt, kann 80 Kilometer später wehtun! Machen Sie sich keine Sorgen über das Gewicht. Ein komfortabler Sattel ermöglicht Ihnen mehr Training und lässt Sie besser klettern, auch wenn er etwas schwerer ist.

Komfort im Sattel beruht nur zum Teil auf dem Sattel selbst, er hängt auch mit dem Grad Ihrer Fitness zusammen. Mit zunehmender Stärke werden Sie mehr Kraft und Gewicht auf die Pedale bringen und es wird weniger Gewicht auf Ihrem Gesäß lasten. Auf einem Fahrradsattel sitzt man nicht – man reitet auf ihm.

Füße
Schuhe unterscheiden sich nicht nur durch ihre Größe und Form, sondern auch durch den Einsatzzweck und das Pedalsystem. Mehrere wichtige Gesichtspunkte sind zu bedenken.

ABBILDUNG 5.8 (a) Sattel aus Verbundstoff mit leichter Gelpolsterung, breite Hinterpartie, die höher als die Nase liegt, (b) breiter Sattel mit Aussparung zur Verminderung des Drucks auf den Dammbereich und (c) Ledersattel mit flacher Oberseite.

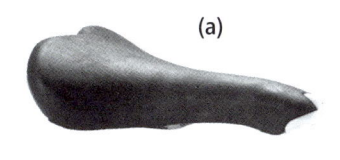

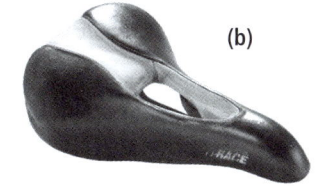

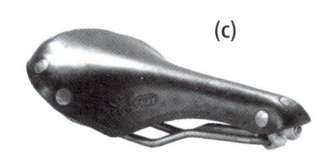

Steifigkeit:
Fahrradschuhe sind mit steifen Sohlen ausgestattet, um eine optimale Kraftübertragung auf die Pedale zu ermöglichen. Rennradschuhe sind sehr leicht und haben steife Sohlen. Mountainbikeschuhe sind ein wenig flexibler und die Sohlen sind, wenn nötig, auch zum Gehen geeignet. Tourenschuhe haben weichere Sohlen, die ebenfalls zum Gehen geeignet sind. Wenn Sie mit Laufschuhen oder anderen Modellen fahren, verbrauchen Sie zusätzliche Energie, weil zunächst das Material des Schuhs komprimiert wird, bevor Kraft auf die Pedale gelangt. Bei mehrstündigen oder mehrtägigen Veranstaltungen macht sich dies durchaus bemerkbar.

Pedalsystem:
Bei Klickpedalen wird der Schuh ähnlich wie bei einer Skibindung über eine Pedalplatte fest mit der Pedale verbunden. Sie steigen ins Pedal und klicken die Pedalplatte ein. Um den Fuß wieder vom Pedal zu nehmen, drehen Sie den Fuß nach außen und die Pedalplatte wird gelöst. Manche Radsportler verwenden traditionelle Pedalhaken und Riemen, um die Füße auf den Pedalen zu fixieren. Ann Wooldridge fuhr mit Pedalhaken, als sie 2009 den Nordamerika-Transkontinentalrekord der Damen in der Altersklasse 50 und älter aufstellte.

Bewegungsfreiheit:
Pedalplatten sind sowohl fest als auch mit Bewegungsfreiheit erhältlich. Feste Pedalplatten fixieren den Fuß in einer Position, während Platten mit Bewegungsfreiheit eine gewisse Seitwärtsbewegung des Fußes zulassen. Diese sind weniger anspruchsvoll in der Positionierung und führen zu einer geringeren Belastung der Knie. Je nach Bauart ist der Grad der Bewegungsfreiheit unterschiedlich. Pedalplatten mit zu hoher Bewegungsfreiheit können Knieprobleme verursachen, weil Muskeln und Bänder beansprucht werden, um die Füße in der richtigen Stellung zu halten.

Design:
Rennradschuhe sind meist so konstruiert, dass die Pedalplatten an der Schuhsohle freiliegen. Daher fällt das Gehen mit diesen Schuhen schwer, insbesondere auf nassen oder unebenen Untergründen. Bei Mountainbike- und Tourenschuhen sind die Pedalplatten versenkt angebracht, sodass das Gehen leichter fällt.

Größe:
Ein Schuh sollte im Zehenbereich ausreichend Platz bieten und eine gute Belüftung des Fußes ermöglichen. Europäische Fahrradschuhfabrikate sind tendenziell enger geschnitten als amerikanische. Wenn Sie Einlagen tragen, vergewissern Sie sich, dass die Schuhe hierfür geeignet sind. Beim Fahren über mehrere Stunden werden Ihre Füße zumindest leicht anschwellen. Kaufen Sie Schuhe, die groß genug sind, sodass Sie die Schnürsenkel oder Klettverschlüsse lösen können, um den Druck auf die Nerven zu verringern, wenn Sie an den Füßen ein Brennen oder Hitzegefühl verspüren. Vergewissern Sie sich auch, dass die Verschlüsse keinen unangenehmen Druck auf Ihren Fußrücken ausüben. Kaufen Sie Schuhe am Abend, da Ihre Füße im Laufe des Tages anschwellen.

Wenn Sie für schnelle, kürzere Veranstaltungen trainieren, sind leichte, steife Rennradschuhe vielleicht optimal für Sie, während für Veranstaltungen, bei denen Sie zwischendurch gehen werden, Schuhe mit weniger steifer Sohle und versenkt angebrachten Pedalplatten zweckmäßiger sind. Auch für schnelle Rennen über 160 und 200 Kilometer spielt Komfort eine wichtige Rolle. Pete Penseyres trug Tourenschuhe, als er seinen Durchschnittsgeschwindigkeitsrekord in der RAAM-Einzelwertung aufstellte. Gleich welche Pedale und Platten Sie wählen (siehe Abbildung 5.9), üben Sie den Ein- und Ausstieg aus den Pedalen, bevor Sie zu Trainingsfahrten aufbrechen.

Hände

Wenn man Langstreckendistanzen fährt, ist es sinnvoll, für Komfort im Bereich der Hände zu sorgen, indem man den Druck vermindert und straßenbedingte Vibrationen einschränkt. Hierbei sind mehrere Punkte zu beachten.

Rumpfstabilität:

Ihre Hände sollten leicht auf dem Lenker ruhen, so als würden Sie auf einer Tastatur schreiben. Dafür benötigen Sie eine kräftige Rumpfmuskulatur, also sollten Sie weiterhin die in Kapitel 3 beschriebenen Rumpfkräftigungsübungen absolvieren.

Sicherheit:

Fahrradhandschuhe erleichtern das Greifen des Lenkers, erhöhen die Kontrolle, schützen Ihre Hände vor Blasen und im Falle eines Sturzes vor Hautabschürfungen. Sie sind auch hilfreich, um Schweiß und die unvermeidlich laufende Nase abzuwischen.

Verschmutzungen:

Wenn Sie über Glas oder anderen Schmutz fahren, können Sie mit dem Handschuh vorsichtig über den rollenden Reifen halten, um zu verhindern, dass sich Splitter in den Reifen eindrücken können. Platzieren Sie Ihre Hand vor die Bremse, sodass der rotierende Reifen Sie nicht in die Bremse hineinziehen kann. Halten Sie dabei unbedingt die Augen auf der Straße.

Polsterung:

Ein leicht gepolsterter Handschuh kann den Komfort erhöhen und Taubheitsgefühle verhindern, die durch Druck auf die Nerven entstehen. Eine übermäßige Polsterung im Handschuh kann zu einer Kompression der Nerven führen und entsprechende Probleme verursachen. Alternativ können Sie gelgepolstertes Lenkerband verwenden oder den Lenker unter dem Lenkerband stellenweise mit Neopren polstern und so den Komfort erhöhen.

ABBILDUNG 5.9 (a) Speedplay-Rennradpedale, (b) traditionelle Pedale mit Haken und Riemen, und (c) SPD-Mountainbikepedale mit versenkt angebrachten Pedalplatten

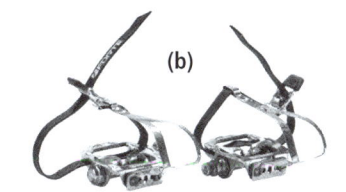

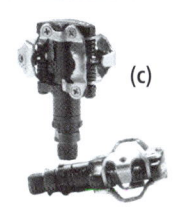

Form:
Wenn Sie dennoch weiterhin Probleme mit den Händen haben, könnte ein anderer Lenker Abhilfe schaffen.

Bekleidung

Radsportspezifische Bekleidung hat Vorteile an den Kontaktpunkten und schützt vor dem Wetter, dem Sie unweigerlich ausgesetzt sind – sei es starke Sonneneinstrahlung, Regen, Wind, Schnee und vielleicht sogar all dies zusammen während einer Fahrt! Als Grundausstattung benötigen Sie einige Shorts und Trikots, Knie- und Armlinge, eine Windjacke oder -weste und eventuell eine Regenjacke. Radsportbekleidung ist funktionell und komfortabel und kann die Sicherheit beim Fahren erhöhen. Darüber hinaus kann es Spaß machen, sich durch das entsprechende Design vor seinen Radsportkameraden ein wenig zur Schau zu stellen.

Helme

Tragen Sie unbedingt einen. Trotz vorsichtiger Fahrweise und guter Fahrradbeherrschung – Unfälle passieren. Das Tragen eines Helms hat John schon dreimal das Leben gerettet. Tragen Sie Ihren Helm immer, wenn Sie aufs Fahrrad steigen – auch wenn es nur für eine kurze Testrunde ist. Auch wenn Sie aus dem Stand stürzen, können Sie schwere Kopfverletzungen erleiden, dafür braucht es keinen Aufprall bei hohem Tempo. Für Personen, die ohne Helm fahren, ist das Risiko einer tödlichen Verletzung bei einem Unfall um das 14-Fache höher als für Fahrer mit Helm. Ermuntern Sie andere Fahrer, ebenfalls mit Helm zu fahren und gehen Sie Kindern gegenüber mit gutem Beispiel voran – das kann Leben retten.

Ein Helm sollte das CE-Zeichen tragen und die Anforderungen der Norm EN 1078 oder vergleichbarer Normen erfüllen. Sehen Sie auf dem Herstelleretikett nach. Der Helm muss richtig sitzen. Ein Helm ist kein Hut, dementsprechend sollten Sie ihn so einstellen, dass er passgenau, gerade und fest sitzt, so wie Abbildung 5.10 zeigt.

Brille

Eine Brille schützt Ihre Augen beim Fahren vor UV-Strahlung, Staub, Wind, Insekten und aufgewirbelten Schmutz. UV-Strahlung kann den grauen Star verursachen. Durch Staub und Wind werden die Augen gereizt und ausgetrocknet. Ein Insekt, das in Ihr Auge fliegt, reizt das Auge und kann auch zu Verletzungen führen, gleiches gilt für Steinchen und andere Schmutzpartikel, die ins Auge geschleudert

ABBILDUNG 5.10 Richtiger Sitz des Helms

Sicherheit: Passform, Instandhaltung und Austausch des Helms

Ihr Helm sollte passgenau, gerade und fest sitzen, sodass er auch dann nicht verrutscht, wenn Sie heftig mit dem Kopf schütteln oder kräftig mit der Hand gegen den Helm schlagen. Jeder Kopf ist verschieden, daher wird Ihnen nicht jeder Helm passen. Welchen Helm Sie auch wählen, stellen Sie ihn richtig ein.

Richtiger Sitz

Justieren Sie die Polster und den Verstellmechanismus so, dass der Helm tief auf dem Kopf sitzt. Sie können die Polster an der Oberseite ganz entfernen oder die dünnsten verfügbaren einlegen, damit der Helm tiefer sitzt. Justieren Sie dann den Verstellmechanismus so, dass der Helm um den Kopf herum eng anliegt. Der Helm soll gerade sitzen und die Vorderseite direkt oberhalb Ihrer Augen oder Ihrer Brille abschließen. Wenn Sie nach oben blicken, sollte der Rand des Helms gerade noch sichtbar sein. Wenn der Helm richtig sitzt, berührt er, wenn Sie vor eine Wand laufen, die Wand vor ihrem Kopf.

Stellen Sie anschließend die Riemen so ein, dass die beiden seitlichen Riemen jeweils direkt unter Ihren Ohren zusammenlaufen und ein Y bilden. Der Kinnriemen sollte so am Kinn anliegen, dass Sie spüren, wie der Helm leicht heruntergezogen wird, wenn Sie den Mund ganz weit öffnen. Testen Sie den passenden Sitz, indem Sie den Kopf schütteln. Versuchen Sie dann an allen vier Seitenden Helm hochzudrücken – der Helm sollte sich jeweils nicht mehr als 2,5 Zentimeter nach oben bewegen lassen.

Überprüfen Sie zuletzt, ob die Riemen fest sitzen. Wenn Sie die seitlichen Verschlüsse unter den Ohren mit der Hand verschieben können, wird der Helm seine Einstellung nicht behalten. Manchmal lockert sich der Verschluss am Kinnriemen durch den dauerhaften Gebrauch. Diese Probleme können Sie durch Kabelbinder, Gummibänder oder durch einige Nadelstiche mit kräftigem Garn beheben.

Wenn Sie im Laufe des Jahres unterschiedliche Kopfbedeckungen tragen, etwa im Sommer ein Kopftuch und im Winter eine gefütterte Helmmütze, stellen Sie Ihren Helm jeweils wieder so ein, dass er nicht rutscht und gerade und fest sitzt.

Regelmäßige Überprüfung

Überprüfen Sie Ihren Helm in regelmäßigen Abständen und kontrollieren Sie, ob er repariert oder ausgetauscht werden muss. Sehen Sie sich die Hauptbestandteile des Helms an:
→ Außenschale: Die äußere Kunststoffumhüllung hält den Helm bei einem Aufprall zusammen. Achten Sie auf Risse oder Abschürfungen an der äußeren Oberfläche, die auf einen Aufprall hinweisen, auch wenn diese nur durch Fallenlassen des Helms entstanden sind.

Wenn die Farbe der Außenschale verblasst ist, kann es sein, dass der Kunststoff spröde geworden ist, in diesem Fall sollte der Helm ausgetauscht werden.

→ **Innenschale:** Nehmen Sie, wenn möglich die Innenpolster, heraus und untersuchen Sie den Hartschaum der Innenschale sorgfältig auf Risse oder Kompressionen. Wenn Sie gerissene oder zusammengedrückte Stellen im Hartschaum entdecken, sollten Sie den Helm austauschen.

→ **Riemen und Verschluss:** Vor einer Kontrolle eventuell vorhandene Salzablagerungen abwaschen. Tauschen Sie den Helm aus, wenn die Riemen abgenutzt oder stark ausgebleicht sind, wenn die Nähte sich lösen oder die Verschlüsse nicht mehr vollständig sind.

→ **Hinterer Verschluss:** Der hintere Verschluss dient nicht dazu, den Helm auf dem Kopf zu halten, sondern stabilisiert ihn und sorgt für Tragekomfort. Untersuchen Sie, ob er unbeschädigt ist und ob die Größenverstellung funktioniert.

Austausch

Allgemein gilt, dass Sie Ihren Helm bei einem Fahrpensum von mehreren tausend Kilometern pro Jahr etwa alle fünf Jahre austauschen sollten. Wenn Sie weniger fahren, kann der Helm länger halten. Da sich die Designs der Helme immer weiter verbessern, kann es jedoch auch sinnvoll sein, einen noch funktionierenden Helm gegen einen neues, leichteres Modell mit besserer Belüftung auszutauschen. Insbesondere sollten Sie Ihren Helm wechseln, wenn einer der folgenden Umstände zutrifft:

→ Sie können den Helm nicht (mehr) richtig einstellen.
→ Sie entdecken bei der Überprüfung des Helms ein Problem, das den Austausch nahelegt.
→ Sie sind mit dem Helm gestürzt.
→ Durch Fallenlassen des Helms haben sich Risse im Hartschaum gebildet.
→ Der Helm stammt aus der Zeit vor 1997, als die Norm EN 1078 in Kraft getreten ist, oder seine Außenschale besteht aus Hartschaum oder Textil statt aus Hartkunststoff.
→ Der Helm trägt kein CE-Prüfzeichen oder einen Verweis auf Erfüllung der Norm EN 1078 an der Innenseite.

werden. Fahrradbrillen sind normalerweise mit Wechselgläsern ausgestattet, die das Auge umschließen und sehr guten Schutz bieten. Sie können tagsüber dunkel getönte und bei Regen oder verminderter Sicht klare oder leicht getönte Gläser verwenden. Sie können auch mit einer normalen Brille fahren, diese bietet allerdings meist keinen seitlichen Schutz. Sowohl Fahrrad- als auch konventionelle Brillen sollten auf ihren UV-Schutz und Ihre Schlagfestigkeit hin überprüft werden.

Shorts

Neben der richtigen Fahrradanpassung und einem passenden Sattel sind gute Radshorts wichtig für unbeschwertes Fahren. Fahrradshorts werden aus einem eng anliegenden Material hergestellt, das die Reibung zwischen Ihrem Körper und dem Sattel minimiert, wodurch wunde Stellen weitgehend verhindert werden.

Shorts sind mit einem absorbierenden Sitzpolster ausgestattet, das Feuchtigkeit vom Körper ableitet. Das Sitzpolster kann jedoch nicht die mangelnde Passform einer schlecht sitzenden Shorts kompensieren oder einen nicht passenden Sattel ausgleichen. Ein dickeres Polster ist nicht unbedingt besser, es neigt dazu, abzustehen, wenn es nicht durch das Material der Shorts fixiert wird. Wenn Sie Ihr Gesäß und Ihren Dammbereich mit Sitzcreme oder Vaseline einreiben, wird die Reibung zwischen den Shorts und Ihrer Haut weiter vermindert und das Risiko wunder Stellen minimiert.

Manche Shorts sind mit antibakteriellem Sitzpolster ausgestattet, die gegen Infektionen schützen, da infizierte Poren und Haarfollikel eine weitere Ursache für wunde Stellen sind. Der Wechsel der Shorts nach jedem Fahren und anschließendes Waschen im Intimbereich sind eine wirksame Vorsorge gegen Infektionen.

Es gibt zwei Arten von Shorts. Rennshorts sind so geschnitten, dass sie eine gute Passform bei nach vorn geneigter Passform haben. Sie sind vorn und hinten weniger hoch geschnitten. Tourenshorts sind für eine aufrechtere Sitzposition konzipiert und höher geschnitten. Einige sind auch als Latzhosen mit Trägern erhältlich, die den richtigen Sitz der Shorts gewährleisten, was ebenfalls dazu beiträgt, dass die Reibung auf ein Minimum reduziert wird.

Shorts sind mehrbahnig geschnitten, um eine gute Passform in den verschiedenen Sitzpositionen zu ermöglichen. Teurere Shorts sind sechs- oder achtbahnig geschnitten, eine hohe Anzahl von Bahnen ist jedoch für sich genommen kein Garant für eine gute Passform. Genau wie bei den Sätteln gibt es nicht „die" Shorts, die allen passt, weil wir alle unterschiedliche Anatomien haben.

Wenn Sie eine Shorts anprobieren, steigen Sie auf ein Fahrrad, um die Passform in Fahrposition zu überprüfen. Ist dies nicht möglich, beugen Sie sich nach vorn, um die Position auf dem Fahrrad zu simulieren.

Es ist wichtig, die Shorts sauber zu halten. Kaufen Sie mehrere, damit Sie eine zum Tragen haben, wenn die andere trocknet. Für mehrtägige Touren sind Shorts mit schnell trocknendem Sitzpolster empfehlenswert. Es kann sinnvoll sein, mehrere Shorts von unterschiedlichen Herstellern zu kaufen, denn jeder Anbieter hat seinen eigenen Schnitt und eine spezifische Passform. Tragen Sie täglich ein anderes Modell, kann dies den Komfort beim Fahren erhöhen.

Gute Shorts sind teuer, aber für guten Fahrkomfort eine sinnvolle Investition. Wenn Sie Ihre Shorts regelmäßig mit einem milden Waschmittel waschen, werden sie viele Jahre halten.

Trikots

Radtrikots werden aus atmungsaktivem Material gefertigt und verfügen vorn über einen Reißverschluss zur Belüftung. Sie sind in der Regel so geschnitten, dass sie möglichst wenig Luftwiderstand bieten, und verfügen meist über Rückentaschen, in denen Nahrungsmittel, Karten, eine Windjacke und sonstige Utensilien griffbereit mitgeführt werden können. Es gibt Trikots im Design Ihres Lieblings-

Profiradsportteams, sie können aber auch Ihren Verein, Ihre Universität oder nahezu alles andere, was Sie gern als Motiv haben möchten, als Trikotdesign finden. Wählen Sie Trikots in hellen Farben, damit Sie möglichst gut gesehen werden. Bei kühlem und feuchtem Klima ist Merinowolle eine gute Wahl, da sie auch in feuchtem Zustand noch isolierend wirkt.

Arm- und Beinlinge

Armlinge werden aus den gleichen Materialien hergestellt wie Trikots. Sie ermöglichen es, ein kurzärmeliges Trikot in ein langärmeliges zu verwandeln. Das gleiche gilt für Knielinge, die aus dem gleichen Material wie Ihre Shorts bestehen und diese in eine dreiviertellange Hose verwandeln. Beinlinge bedecken hingegen das gesamte Bein. Die Knie sind nicht besonders gut durchblutet. Wenn Ihre Knie zu kalt werden, reicht die Durchblutung nicht mehr aus und das Verletzungsrisiko steigt. Durch Tragen von Knie- oder Beinlingen unterhalb einer Temperatur von 16 Grad können sie dieses Risiko vermeiden. Wenn es wärmer wird, können Sie sie wieder ausziehen und in Ihrer Trikottasche verstauen. Bei kälteren Bedingungen bilden eng geschnittene Shorts eine isolierende Extraschicht über den Oberschenkeln und der Hüfte. Einige Hersteller bieten auch Radhosen mit wind- und regendichten Vorderseiten an.

Wind- und Regenjacken

Radsport findet nicht nur bei schönem Wetter statt. Früher oder später öffnet der Himmel die Schleusen oder der Wind beginnt zu heulen. Für diese Fälle sollten Sie angemessene Ausrüstung zur Hand haben, denn Radsportveranstaltungen finden bei fast jedem Wetter statt. Eine Windjacke sowie Arm- und Beinlinge sorgen für Komfort an windigen Tagen mit Schauern und eine Regenjacke macht das Fahren im Regen erträglich. Viele Materialien sind wasserdicht und atmungsaktiv, jedoch muss man meist Kompromisse bei einer der Eigenschaften eingehen. Beim Kauf einer Jacke sollten Sie auf folgende Merkmale achten:
→ winddichtes Material
→ eine körperbetonte Passform, die wenig Luftwiderstand bietet

Fahren in Alltagskleidung

Wissen Sie noch, wie Sie als Kind Fahrrad gefahren sind? Sie haben keine Radsportkleidung getragen. Sie sind einfach aufs Fahrrad gesprungen! Manchmal machen wir uns zu viele Gedanken über die richtige Bekleidung und vergessen dabei, wie einfach es ist, das Fahrrad für kurze Distanzen zu verwenden. In den Vereinigten Staaten finden die meisten Autofahrten innerhalb von 10 Kilometern Entfernung zur Wohnung statt, das bedeutet, dass man mit dem Fahrrad nicht viel langsamer wäre. Fahren Sie mit dem Fahrrad zum Einkaufen, zur Post, zum Kaffeetrinken oder besuchen Sie Freunde. Machen Sie sich keine Umstände, für solche Fahrten zuerst Fahrradkleidung anzuziehen – nur Ihren Helm sollten Sie nicht vergessen.

→ einen längeren Schnitt im Rücken, damit dieser beim Fahren bedeckt bleibt
→ gut sichtbare oder reflektierende Farbe, damit Sie auch bei Regen gut für Autofahrer zu erkennen sind, die nicht mit Ihnen rechnen
→ Belüftungsöffnungen unter den Armen
→ per Reißverschluss abtrennbare Ärmel, um die Jacke in eine Weste zu verwandeln
→ ein leicht packbares und verstaubares Design

Socken

Leichte und atmungsaktive Socken halten Ihre Füße im Sommer kühl, während solche in mittelschwerer Qualität die Füße bei kühlerem Klima warm halten. Tragen Sie bei kühlem Wetter keine dicken Socken, da die Schuhe dann zu eng werden und die Blutzirkulation eingeschränkt wird.

Wenn Sie eine Auswahl bestimmter Kleidungsstücke in die engere Wahl ziehen, sollten Sie sie vor dem Kauf zusammen anprobieren. Passt beispielsweise Ihre neue Regenjacke über Ihren Trinkrucksack oder Ihr Trikot, wenn die Taschen gefüllt sind? Testen Sie die Kleidung möglichst auch auf dem Fahrrad – können Sie Ihre Trinkflasche aus dem Flaschenhalter ziehen, wenn Sie die aerodynamische Windjacke tragen?

Zubehör

Auch wenn Sie nur Besorgungsfahrten machen, benötigen Sie außer Ihrem Helm noch weitere nützliche Dinge. Für längere Strecken ist darüber hinaus zusätzliche Ausrüstung ratsam.

Unverzichtbare Begleiter für unterwegs

Ohne die folgenden Gegenstände, die in eine kleine Satteltasche, Ihre Trikottasche oder Ihren Trinkrucksack passen, sollten Sie das Haus nicht verlassen. Denken Sie zu allererst an Ihre Sicherheit und führen Sie unbedingt Folgendes mit sich:

→ Ausweis, Führerschein oder sonstigen Identitätsnachweis
→ Karte mit medizinischen Informationen über einzunehmende Medikamente, Allergien, Kontaktpersonen für Notfälle und sonstige gesundheitsbezogene Hinweise. Diese sollte leicht zugänglich sein, damit Rettungspersonal im Notfall nicht lange danach suchen muss. Im Handel sind für diesen Zweck auch Armbänder und Anhänger erhältlich.
→ Bargeld
→ Auto- und Hausschlüssel

Statt diese Dinge immer wieder neu einpacken zu müssen, können Sie auch Kopien und Nachschlüssel anfertigen und in Ihrer Satteltasche oder Ihrem Trinkrucksack – was auch immer Sie stets dabeihaben – deponieren. Die meisten Fahrer haben auch ein Handy dabei, auch wenn in manchen Gegenden keine Netzanbindung vorhanden ist. Manche verzichten bewusst auf ein Handy, damit sie nicht in Versuchung geraten, die Fahrt abzubrechen, wenn schwierige Situationen auftreten.

Aus Sicherheitsgründen sollten Sie darüber hinaus stets eine andere Person darüber informieren, wohin Sie fahren, welche Route Sie nehmen und wann Sie zurückkehren werden. Wenn Sie vom Plan abweichen, geben Sie der Person Bescheid und informieren Sie sie, wenn Sie angekommen sind.

Sie sollten außerdem folgende Minimalausstattung für die wichtigsten Reparaturen dabei haben:

→ Pumpe oder CO_2-Kartuschensytem
→ einen oder zwei Ersatzschläuche
→ Flickset
→ breites Textilklebeband von einigen Zentimetern Länge zum Aufkleben auf die Innenseite des Reifens, wenn dieser so beschädigt ist, dass der Schlauch herausquellen könnte. Das Klebeband ist auch praktisch für weitere Reparaturen.
→ mehrere Inbusschlüssel und Schraubenzieher oder ein Multitool
→ Reifenheber
→ Kettennieter und Ersatzniete
→ Speichenschlüssel
→ Notspeiche aus Draht. Bei Langdistanzrennen oder Touren kann es ratsam sein, mehrere Ersatzspeichen mitzuführen. Am Vorderrad sowie der rechten und linken Seite des Hinterrads sind jeweils unterschiedlich lange Speichen verbaut.
→ Brems- und Schaltzüge zum Austauschen. Bei längeren Touren ist auch die Mitnahme von Ersatzbremsbelägen zu empfehlen. Auch wenn Sie selbst nicht in der Lage sind, eine Kette zu flicken, ein Laufrad zu zentrieren oder einen Zug auszutauschen, begegnen Sie vielleicht einem anderen Fahrer, der Ihnen helfen kann.

Trinksysteme

Wie in Kapitel 4 beschrieben, ist eine ausreichende Flüssigkeitsaufnahme wichtig, um auf dem Rad leistungsfähig zu bleiben. Sie können einen Trinkrucksack verwenden, auf Trinkflaschen zurückgreifen oder beides kombinieren, wobei jede Alternative ihre Vor- und Nachteile hat, wie in Tabelle 5.2 ersichtlich ist. Einen Trinkrucksack zusätzlich zu Trinkflaschen mitzuführen, hat den Vorteil, dass Sie mehrere verschiedene Flüssigkeiten zu sich nehmen können. Beispielsweise können Sie einen kleinen Trinkrucksack mit Wasser mitnehmen und die Trinkflaschen mit Sportgetränk füllen. Achten Sie aber darauf, nicht mehr Flüssigkeit aufzunehmen, als Sie brauchen. Reinigen Sie Ihre Trinkflaschen und die Trinkblase Ihres Trinkrucksacks regelmäßig, da es durch Restfeuchtigkeit schnell zu Schimmelbildung kommen kann.

TABELLE 5.2 Vor- und Nachteile von Trinkrucksäcken und Trinkflaschen

Trinkrucksäcke	Trinkflaschen
Mehr Volumen: 2–3 Liter	Weniger Volumen als ein Trinkrucksack: 500–750 Milliliter pro Flasche
Bequemes Trinken und aerodynamischer als Flaschen	Einhändiges Fahren zum Greifen der Flasche und beim Trinken erforderlich
Ermöglicht kleine Schlucke, die leichter aufgenommen werden	Gut, um sich mit erfrischenden Spritzern abzukühlen
Trinkmenge ist schwierig zu bestimmen	Verbrauch ist leicht festzustellen
Flüssigkeit muss aktiv angesaugt werden, was bei starker Beanspruchung oder in großen Höhen schwer ist	Einfaches Trinken, auch wenn man außer Atem ist
Zusätzliches Gewicht auf Schultern und Rücken	Es kann mehr als eine Sorte Getränk mitgeführt werden

Proviantbehälter

Wenn Ihr Proviant leicht erreichbar ist, werden Sie ihn auch eher regelmäßig essen und so Ihre Energiezufuhr aufrechterhalten. Traditionell pflegen Radsportler ihren Proviant in den Trikottaschen mitzunehmen, diese sind jedoch unter Umständen schwer zu erreichen, insbesondere die mittlere Tasche. Wenn Sie Distanzen fahren, bei denen Sie mehr als einige Stunden lang auf sich allein gestellt sind, können Sie Zwischenstopps an Lebensmittelläden einlegen, um Ihre Vorräte aufzufüllen, oder Sie nehmen Ihre Verpflegung von zu Hause mit. Auch bei einer organisierten Veranstaltung kann es sein, dass Sie Ihre eigene Verpflegung statt der des Veranstalters bevorzugen, insbesondere dann, wenn Sie Ernährungseinschränkungen beachten müssen. Nachfolgend zeigen wir einige Möglichkeiten auf, wie Sie ausreichend Proviant für den Tag mitführen können:

→ Größere Satteltasche: Eine Tasche, die ausreichend Platz für Ihre Notfallutensilien, warme Kleidung und Proviant bietet, kann unter dem Sattel befestigt werden, daraus können Sie bei Zwischenstopps Verpflegung in Ihre Trikottaschen nachfüllen.
→ Größerer Trinkrucksack: Es gibt Trinkrucksäcke mit Taschen zum Mitführen von Proviant, bedenken Sie jedoch, dass dies mehr Gewicht auf Schultern und Rücken bedeutet.
→ Oberrohrtasche: Diese kleine Tasche wird hinter dem Vorbau auf dem Oberrohr fixiert und bietet Platz für etwa sechs Energie- oder Müsliriegel oder ähnliches.
→ Kleine Lenkertasche: Eine kleine Lenkertasche wird zwischen den Bremsgriffen aufgehängt und behindert nicht die Hände am Lenkergriff.
→ Aerolenkertasche: Einige Aerolenkeraufsätze bieten Platz für eine kleine Tasche.

Bedenken Sie bei der Auswahl Ihres Proviants und der Transportart, dass sich durch deutliches Zusatzgewicht das Fahrverhalten Ihres Fahrrads verändert. Dieser Umstand macht sich bei Touren- oder Sportrahmen wahrscheinlich nicht bemerkbar, kann jedoch bei Rennrahmen mit eher geraden Gabeln zum echten Problem werden, insbesondere, wenn das Vorderrad durch Taschen am Lenker oder Aerolenkeraufsatz stark mit Gewicht belastet wird.

Fahrradcomputer

Ein Fahrradcomputer bietet Ihnen Informationen während der Fahrt sowie Daten, die Sie nach der Fahrt auswerten und in Ihr Trainingstagebuch eintragen können. Einfache Modelle zeigen die gefahrene Zeit, die zurückgelegte Distanz, die aktuelle und durchschnittliche Geschwindigkeit sowie die Uhrzeit an. Anspruchsvollere Modelle bieten als zusätzliche Funktionen die Anzeige von Trittfrequenz, Höhenmeter, Herzfrequenz, Zwischenzeiten und weiteren Informationen. Einige Modelle verfügen über integrierte GPS-Empfänger mit interaktiven Karten und ermöglichen, Routen und Streckendetails mit Ihrem PC auszutauschen. Für diese Geräte gilt grundsätzlich, dass Sie sich zunächst in sicherer Umgebung mit den Funktionen vertraut machen sollten. Beim Fahren mit Ihrem Computer herumzuspielen, kann äußerst gefährlich sein.

Herzfrequenzmesser und Wattmessgeräte

Ein erfolgreiches Training ist das Ergebnis der richtigen Kombination aus Trainingsdauer und -intensität. Die Zahlen, die Ihr Fahrradcomputer anzeigt, sind keine optimale Grundlage zur Beurteilung der Trainingsintensität und Ihrer erzielten Fortschritte. Eine 30-km-Tour durch hügeliges Gelände beispielsweise ist deutlich anders zu bewerten als eine 30-km-Tour durch flaches Terrain. Die Intensität können Sie mit einem Herzfrequenzmessgerät, einem Wattmessgerät oder durch das subjektive Belastungsempfinden messen, wie in Kapitel 6 beschrieben wird.

Herzfrequenzmesser

Ein Herzfrequenzmesser misst die Geschwindigkeit Ihres Herzschlags, dieser ist ein Indikator dafür, wie hart Ihr Körper arbeitet. Die Herzfrequenz wird jedoch durch eine Reihe von Faktoren beeinflusst, darunter Stress, die Flüssigkeitsversorgung des Körpers, Lufttemperatur, Luftfeuchtigkeit und Körpertemperatur. Zu den hilfreichen Funktionen eines Herzfrequenzmessgeräts zählen der Zonenalarm, der Warnsignale ausgibt, wenn Sie sich ober- oder unterhalb Ihres Zielintensitätsbereichs befinden, die Aufzeichnung der durchschnittlichen Herzfrequenz sowie eine Aufzeichnung der Zeiten, die Sie in den unterschiedlichen Belastungszonen verbracht haben. Auf die Nutzung der Herzfrequenzinformationen für Ihr Training werden wir im nächsten Kapitel eingehen.

Wattmessgeräte

Wattmessgeräte messen, wie viel Kraft beziehungsweise Leistung Sie beim Fahren auf die Pedale bringen.

Für eine Vorwärtsbewegung werden sowohl das Herz-Kreislauf-System als auch das muskuläre System eingesetzt. Viele Jahre lang haben Trainer und Sportler die Herzfrequenz gemessen, um die Auswirkungen des Trainings auf das Herz-Kreislauf-System zu beurteilen. Die Herzfrequenz zeigt jedoch nur eine Seite der Medaille – nämlich wie schnell Ihr Herz schlägt. Ein Wattmessgerät ermöglicht Erkenntnisse darüber, wie das muskuläre System auf das Training anspricht, und diese Erkenntnisse lassen sich im Zusammenhang mit den Zahlen, die der Herzfrequenzmesser liefert, interpretieren. Sowohl Wattmessgerät als auch anspruchsvolle Herzfrequenzmessgeräte zeichnen Daten während der Fahrt auf, die anschließend heruntergeladen und analysiert werden können. So können Sie erkennen, wie Ihr Körper auf bestimmte Trainingsreize reagiert, sodass Sie eine genauere Feinabstimmung Ihrer zukünftigen Trainingseinheiten vornehmen können. Daten eines Watt- oder Herzfrequenzmessgeräts können darüber hinaus auch per E-Mail zur Auswertung und Planung an einen Trainer gesendet werden.

Ein einfaches Herzfrequenzmessgerät kostet derzeit rund 50 Euro, ein anspruchsvolles Modell schlägt mit etwa 200 Euro zu Buche. Ein Herzfrequenzmesser mit GPS kostet etwa 270 Euro. Power Tap, das meistverbreitete Wattmessgerät, wird in das Hinterrad eingebaut, ein in ein konventionell eingespeichtes Hinterrad eingebautes Gerät kostet etwa 900 Euro, während für eine in ein Aerolaufrad eingebaute Einheit über 1.500 Euro zu veranschlagen sind. Ob Sie ein Herzfrequenz- oder Wattmessgerät benötigen, hängt davon ab, welche Art von Resonanz für Sie und Ihr Training zweckmäßig ist. Allgemein lässt sich sagen, dass je höher die sportlichen Ziele angesetzt sind, umso wichtiger eine genaue Resonanz ist. Sie sollten auch bedenken, inwieweit Sie bereit sind, sich mit der Verwendung der Geräte und der zugehörigen Software sowie der Auswertung der Daten vertraut zu machen. John ist als Coach für erfolgreiche Fahrer tätig und arbeitet mit dem subjektiven Belastungsempfinden, Herzfrequenzmessern und Wattmessgeräten als Informationsquellen. Suchen Sie sich das System aus, das für Sie am besten funktioniert.

Wartung

Sie haben viel in Ihr Fahrrad investiert. Wenn Sie regelmäßig grundlegende Wartungsarbeiten durchführen, wird es viele Jahre lang reibungslos funktionieren. Diese präventive Wartung ist jedoch kein Ersatz für regelmäßige Inspektionen in der Werkstatt – die hier beschriebenen Maßnahmen dienen vielmehr hauptsächlich dazu, häufige beim Fahren auftretende Defekte zu vermeiden.

Fahrrad reinigen

Ein sauberes Fahrrad läuft leichter, schaltet besser, lässt sich leichter warten und hält länger. Regelmäßiges Reinigen des Fahrrads ermöglicht darüber hinaus, mögliche Probleme an Komponenten oder Rahmen zu erkennen. Sie müssen Ihr Fahrrad nicht nach jeder Fahrt säubern – einmal pro Woche genügt. Zum Reinigen des Rahmens lehnen Sie das Fahrrad an das Garagentor, hängen es an einen von der Decke hängenden Haken oder spannen es in einen Montageständer ein. Der Wasserstrahl zum Spülen sollte nur geringen Druck haben.

Die Verwendung eines Hochdruckreinigers ist nicht zu empfehlen, da Wasser in die Dichtungen eindringen kann, was zu vorzeitigem Verschleiß führt. Waschen Sie den Rahmen mit Seifenwasser ab. Ein großer Schwamm oder ein Lappen leistet hierbei gute Dienste und für schlecht zugängliche Stellen eignet sich eine alte Zahnbürste. Achten Sie besonders auf Schmutz an den Felgenflanken und entfernen Sie diesen gründlich, um die Bremsleistung zu verbessern. Spülen Sie das Fahrrad dann gründlich mit klarem Wasser ab, vermeiden Sie aber die Antriebskomponenten auf diese Weise zu reinigen. Die Kette und die Schaltröllchen zu reinigen, ohne deren innen aufgetragene Schmierung zu auszuwaschen, ist nicht ganz einfach. John tauscht seine Kette alle 2.500 km aus, reinigt sie jedoch nur, wenn sie durch Regen oder Schnee sehr nass wird und viel Schmutz aufnimmt. In solchen Fällen wischt er die Kette mit einem trockenen Lappen ab, um möglichst viel Schmutz zu entfernen und trägt anschließend Kettenschmiermittel auf. Bei jedem Kettenwechsel reinigt er gründlich die Kettenblätter und Zahnkränze. Er demontiert Umwerfer und Schaltwerk einschließlich der Schaltröllchen, säubert und schmiert sie, bevor er sie wieder montiert und justiert.

Dan reinigt seine Antriebskomponenten wöchentlich. Er sprüht die Kette mit Entfetter ein und lässt diesen etwa zehn Minuten lang einwirken. Dann wischt er ihn mit einem sauberen Lappen oder bei starker Verschmutzung mit einer harten Bürste ab und trägt ein Kettenschmiermittel auf, das ins Innere der Kette eindringt. Beide Methoden funktionieren, wählen Sie je nach Ihrem Zeitbudget und Ihrem Anspruch aus, welche Sie bevorzugen.

Zum Abschluss trocknen Sie Ihr Fahrrad ab und untersuchen Rahmen, Komponenten und Züge auf Risse, Abnutzung und sonstige Probleme.

Umgang mit platten Reifen

Platte Reifen gehören zum Alltag des Fahrradfahrens. Sie können das Risiko von Reifenpannen jedoch reduzieren, indem Sie relativ neue Reifen fahren und neue, nicht geflickte Schläuche benutzen, die mit dem richtigen Luftdruck aufgepumpt sind. Vor einer wichtigen Veranstaltung neue Schläuche und Reifen aufzuziehen, ist eine relativ preiswerte Versicherung gegen Reifenpannen. Breitere Reifen, 25 und 28 Millimeter Breite sind weniger anfällig für durchschlagbedingte Reifenpannen als schmalere Reifen. Es sind etliche schwerere Reifen mit Durchstichschutz auf dem Markt, jedoch ist kein Reifen unverwundbar.

Weil Reifenpannen immer ausgerechnet zu ungünstigen Zeiten passieren, sollten Sie Reifenreparaturen zu Hause üben. Zur einfacheren Behebung von Reifenpannen empfehlen wir, die Reifen immer mit dem Herstelleretikett auf Höhe des Ventilschafts auf der linken Nicht-Antriebs-Seite des Laufrads zu montieren. So repariert man einen platten Reifen:

1. Öffnen Sie die Bremszange ein wenig mit Hilfe des Schnellspannhebels und nehmen Sie das Laufrad mit dem platten Reifen heraus.
2. Wenn sich noch Luft im Reifen befindet, lassen Sie diese ab.
3. Heben Sie den Reifenwulst mit Reifenhebern an der linken (Nicht-Antriebs-)Seite von der Felge, beginnen Sie dabei an der dem Ventil gegenüberliegenden Seite und arbeiten Sie sich bis zum Ventil vor.
4. Ziehen Sie den Schlauch heraus und lassen ihn dabei so positioniert, wie er im Reifen gesessen hat, um das Auffinden des Lochs zu erleichtern.
5. Tasten Sie mit den Fingern vorsichtig das Innere des Reifens ab, um das Objekt zu finden, das die Panne verursacht hat. Es handelt sich wahrscheinlich um einen spitzen oder scharfen Gegenstand, also gehen Sie vorsichtig vor. Wenn Sie nichts finden, tasten Sie die Außenseite des Reifens ab. Schauen Sie sich den Reifen anschließend von innen und außen genau an. Wenn Sie etwas finden, ziehen Sie es heraus. Wenn es in Ihrer Gegend viele Dornen gibt, nehmen Sie eine Pinzette mit, mit der Sie diese herausziehen können. Wenn Sie das Loch immer noch nicht gefunden haben, pumpen Sie den Schlauch etwas auf und führen Sie ihn an Ihrem Ohr vorbei, um das Loch durch das Geräusch der ausströmenden Luft zu lokalisieren. Um den Durchstich sicher zu lokalisieren, können Sie etwas Speichel auf die vermutete Stelle aufbringen und kontrollieren, ob dieser Blasen wirft. Richten Sie den Schlauch anschließend wieder am Reifen aus – das ist der Grund, warum Sie den Reifen mit dem Reifenetikett an einer bestimmten Stelle montiert haben – und suchen Sie nach dem kleinen Übeltäter. Suchen Sie gründlich nach der Ursache – schließlich möchten Sie nicht den Schlauch ersetzen, neu montieren und wieder aufpumpen, nur damit er gleich wieder platt wird!
6. Wenn Sie keinen Ersatzschlauch parat haben, flicken Sie den defekten Schlauch nach den Anweisungen in Ihrem Flickset.

7. Wenn der Reifen so aufgeschlitzt ist, dass der Schlauch auch nur ein wenig herausquellen könnte, legen Sie an der Innenseite des Reifens über dem Schnitt einen Flicken ein. Hierfür eignet sich etwas Textilklebeband, ein gefalteter Geldschein oder auch die Verpackung eines Energieriegels, wenn diese nicht zu dünn ist.
8. Pumpen Sie den ersetzten oder geflickten Schlauch mit vier Pumpstößen auf oder blasen Sie hinein. Legen Sie den Schlauch wieder in die Felge ein, beginnen Sie am Ventilschaft und arbeiten Sie sich von beiden Seiten gleichzeitig bis zur gegenüberliegenden Seite vor.
9. Wenn der Schlauch eingelegt ist, setzen Sie den Reifen wieder in den Felgenwulst ein. Beginnen Sie gegenüber dem Ventilschaft und arbeiten Sie sich von beiden Seiten in Richtung Ventil vor. Bei leicht aufgepumptem Schlauch ist das Risiko geringer, dass der Schlauch zwischen Reifen und Felgenwulst eingeklemmt wird. Verwenden Sie keine Reifenheber, sondern Ihre Handballen, um den Reifen wieder auf die Felge zu bringen.
10. Pumpen Sie den Schlauch mit drei oder vier weiteren Stößen auf und überprüfen Sie den Felgenrand vollständig auf beiden Seiten darauf, dass der Reifen richtig sitzt und der Schlauch nicht eingeklemmt ist.
11. Pumpen Sie den Reifen so weit auf, dass er den „Ping"-Test besteht. Schnippen Sie dafür fest mit dem Fingernagel gegen den Reifen. Es sollte ein helles „Ping"-Geräusch ertönen, kein dumpfes „Fump".
12. Setzen Sie das Laufrad wieder ein und schließen Sie den Schnellspanner am Bremskörper wieder. Um sicherzustellen, dass das Laufrad zentriert sitzt, die Bremse ziehen und dann den Schnellspannhebel anziehen.

Einfache Reparaturen

Nehmen Sie sich die Zeit, einfache Fahrradreparaturen zu erlernen. Sie sollten wissen, wie man

→ Umwerfer und Schaltwerk justiert,
→ die Bremswirkung einstellt und die Bremsen zentriert und
→ wie man mit einer gebrochenen Speiche umgeht.

Wenn Sie Tagefahrten, längere Brevets oder Touren ohne technische Unterstützung planen, sollten Sie darüber hinaus auch wissen, wie man

→ eine gerissene Kette repariert,
→ einen Bremsschuh austauscht und
→ wie man einen gerissenen Schalt- oder Bremszug ersetzt.

Um sich mit diesen Einstellungen und Reparaturen vertraut zu machen, lesen Sie ein Reparaturhandbuch oder lassen Sie sich die Handgriffe bei Ihrem Fachhändler zeigen. Vielleicht haben Sie auch die Möglichkeit, einen Reparaturkurs zu besuchen. Praktische Übungen unter Anleitung eines erfahrenen Mechanikers sind die beste Methode zum Lernen.

Check-up vor der Fahrt

Das ist uns allen schon passiert. Eine Viertelstunde, nachdem Sie losgefahren sind, bemerken Sie, dass Sic den Ersatzschlauch oder die Pumpe vergessen haben. Was machen Sie jetzt?

Zurückfahren und die fehlenden Dinge holen oder weiterfahren und hoffen, dass nichts passiert? Wenn Sie neben Ihrem Fahrradstellplatz eine Checkliste über das anbringen, was alles zu beachten ist, und diese vor jeder Fahrt durchgehen, können Sie solche Probleme vermeiden. Überprüfen Sie Folgendes, bevor Sie losfahren:

→ Vergewissern Sie sich, dass Sie die unverzichtbaren Utensilien für unterwegs dabei haben, die wir weiter oben aufgelistet haben.
→ Überprüfen Sie Ihre Reifen:
  → Luftdruck: Der richtige Luftdruck minimiert das Risiko von Reifenpannen, die entstehen, wenn der Schlauch auf die Felge gequetscht wird. Sie können ein Manometer verwenden oder den „Ping"-Test machen.
  → Zustand: Achten Sie darauf, dass die Reifen sauber sind und keine Schnitte aufweisen.
→ Überprüfen Sie Ihre Laufräder:
  → Rundlauf: Drehen Sie die Laufräder, sie sollten nicht flattern.
  → Schnellspanner: Sie sollten sicher, aber nicht zu fest sitzen.
→ Überprüfen Sie Bremsen und Schaltung.
  → Kontrollieren Sie Ihren Helm.
  → Nehmen Sie ausreichend Flüssigkeit und Proviant für die Fahrt mit oder Geld, um sich unterwegs einzudecken.

Check-up während der Pausen

Machen Sie es sich zur Gewohnheit, bei jeder Pause Folgendes zu tun:

→ Drehen Sie beide Laufräder und halten Sie jeweils den Handschuh darüber, um die Reifen zu reinigen und auf Schnitte zu untersuchen. Überprüfen Sie auch, ob die Laufräder noch rund laufen und ob die Bremsen zentriert sind und nicht schleifen.
→ Überprüfen Sie den Reifendruck anhand des „Ping"-Tests.
→ Betätigen Sie die Bremsen, um die Bremszüge auf Verschleiß und Dehnung zu überprüfen.

Check-up einmal im Monat

Führen Sie einmal monatlich zusätzlich zu allen Punkten, die Sie auch vor jeder Fahrt überprüfen, die folgenden Checks durch.

Überprüfen Sie den festen Sitz von:
→ Kurbelarmen
→ Pedalen
→ Kettenblattschrauben
→ Sattelstützenklemmung und Sattelklemmschrauben
→ Bremsschuhen, Bremskörpern und Bremszugbefestigungsschrauben
→ Umwerfer, Schaltwerk und den Schaltzugbefestigungsschrauben
→ Schalt- und Bremshebelbefestigungen
→ Verschraubungen von Flaschenhaltern und sonstigem Zubehör
→ Vorbauschrauben und
→ den Pedalplattenbefestigungsschrauben an den Schuhen

Überprüfen Sie:
→ die Justierung der Brems- und Schaltzüge
→ den Steuersatz auf Leichtgängigkeit ohne übermäßiges Spiel
→ die Naben auf leichten Lauf ohne zu viel Spiel
→ das Tretlager auf leichtgängigen Rundlauf ohne Spiel

Schmieren Sie:
→ Bremsen, Umwerfer, Schaltwerk und Pedalachsen

→ die Züge an den Übergängen zu den Zughüllen. Überprüfen Sie die Züge dabei auf Rost und Ausfransungen und tauschen Sie sie gegebenenfalls aus.

Überprüfen Sie, ob Ihre Satteltasche
→ keinen übermäßigen Verschleiß aufweist und sicher befestigt ist und
→ die vollständige Reparaturausrüstung enthält

Check-up einmal im Jahr

Ebenso wie es sinnvoll ist, unsere Gesundheit einmal im Jahr überprüfen zu lassen, sollten wir auch unser Fahrrad einmal pro Jahr gründlich durchchecken lassen. Wenn Sie die entsprechenden Wartungsarbeiten gut beherrschen, können Sie diese Inspektion selbst durchführen. Falls Sie die jährliche Inspektion bei Ihrem Fachhändler durchführen, so bietet es sich an, dies am Ende der Saison zu tun. Zu Saisonbeginn sind Fahrradwerkstätten oft überlaufen. Und außerhalb der Saison haben Sie die Möglichkeit, Ihr Fahrrad in Ruhe zu testen, damit gewährleistet ist, dass alles reibungslos funktioniert. Eine Jahresinspektion sollte Folgendes umfassen:

→ Alle Anbauteile vom Rahmen demontieren, den Rahmen reinigen und zum Schutz der Oberfläche wachsen
→ Überprüfung und gegebenenfalls Austausch der Reifen und der Felgenbänder
→ Überprüfung der Reifen auf Rundlauf und gelockerte Speichen
→ Überprüfung aller nicht gedichteten Lager
→ Austausch der Kette und der Kassette oder des Freilaufs
→ Austausch der Bremsbeläge
→ Inspektion und gegebenenfalls Austausch aller Züge. Schaltzüge, insbesondere solche für integrierte Schalt-/Bremssysteme, haben eine begrenzte Lebensdauer. Tauschen Sie sie vor Beginn jeder Saison aus, damit es auf der Fahrt nicht zu folgenschweren Defekten kommt.
→ Neues Lenkerband anbringen
→ Inspektion und bei entsprechendem Verschleiß Austausch der Pedalplatten
→ Hakenpedale mit Riemen sollten auf Verschleiß untersucht und gegebenenfalls ausgetauscht werden
→ Flaschenhalter, Satteltasche, Trinkrucksack, Trinkblase und weitere Behälter auf Verschleiß untersuchen und gegebenenfalls austauschen
→ Rahmen und Standpumpe schmieren
→ Untersuchen Sie Ihre Bekleidung: Können Sie alles noch eine weitere Saison tragen? Brauchen Sie etwas Neues, das Sie in der vergangenen Saison gebraucht hätten?

> Eine angemessene Ausrüstung für den Langstreckenradsport erhöht den Spaß beim Training und die Sicherheit beim Fahren. Die Suche nach der passenden Ausrüstung kann viel Spaß machen, achten Sie jedoch darauf, dass alles möglichst einfach und funktionell bleibt. Lassen Sie sich nicht dazu verleiten, stets die neuesten Spielereien zu kaufen. Eddy Merckx gab folgenden Rat, wie man ein besserer Radsportler wird: „Kaufen Sie keine Upgrades, fahren Sie lieber den Berg hoch." Kaufen Sie das beste Fahrrad, das Ihr Budget ermöglicht, lernen Sie, mit ihm umzugehen, und fahren Sie es so oft wie möglich! Im nächsten Kapitel betrachten wir, wie wir vom Grundlagentraining zum Saisontraining fortschreiten, um uns auf die angepeilte Langstreckenveranstaltung vorzubereiten.

Kapitel 6

Vorbereitungstraining für die Langstrecke

Eintagesrennen und -tourenfahrten über die 160-km- und die 200-km-Distanz zählen zu den beliebtesten Veranstaltungen im Langstreckenradsport und können als Sprungbrett zu längeren Distanzen angesehen werden. Eine solche Distanz mit dem Fahrrad zu bewältigen, mag auf den ersten Blick unmöglich erscheinen, aber mit der richtigen Vorbereitung wird es eine erfolgreiche Fahrt, an die man noch Jahre später gern zurückdenkt. Die Fahrzeit ist abhängig von verschiedenen Faktoren wie der persönlichen Fitness, der Route, dem Wetter und wie viel Zeit man für Pausen braucht, man sollte jedoch ungefähr acht Stunden für die Bewältigung des ersten 160-km-Centuryevents und etwa zehn Stunden für die 200-km-Distanz veranschlagen. In diesem Kapitel verwenden wir den Begriff „Century" als Oberbegriff für beide Distanzen.

Nachdem wir in den vorangegangenen Kapiteln Themen wie Selbsteinschätzung, Planung, Grundlagentraining, Ernährung und Ausrüstung als Voraussetzungen für eine erfolgreiche Teilnahme an einem Langstreckenrennen behandelt haben, soll es in diesem Kapitel um das spezifische Vorbereitungstraining für diese Art von Veranstaltungen gehen.

Mark hat die Phase des Grundlagentrainings abgeschlossen und befolgt die Empfehlungen aus den vorangegangenen Kapiteln. Er absolviert ohne Probleme eine 90-minütige Fahrt an den Wochenenden und zwei kürzere Fahrten von 30 und 45 Minuten Dauer innerhalb der Woche. Sie sollten sich ebenfalls ungefähr auf diesem Niveau befinden. Sie haben sich mittlerweile daran gewöhnt, etwas länger im Sattel zu sitzen und sind mit dem Fahrrad und seiner Handhabung vertraut. Sie haben sich sicheres und effizientes Radfahren zur Gewohnheit gemacht, also können Sie sich nun mehr auf das Training und Ihre Ernährung konzentrieren.

Die in diesem Kapitel vorgestellten Trainingsprogramme folgen den Trainingsprinzipien progressive Überlastung, Individualität, Spezifität, Variation und Regeneration – sowie im Abschnitt zu den Trainingsprinzipien in Kapitel 3 beschrieben – die Ihnen helfen sollen, Ihre Leistung zu steigern und Ihre Ziele zu erreichen.

Entwicklung Ihres Trainingsplans

Ein effektives Training für eine Langstreckenradsportveranstaltung verläuft nach einem systematischen Plan. Wir stellen zwei Beispiele vor: ein 8- und ein 15-Wochen-Programm. Julia möchte im Juli eine Centuryveranstaltung absolvieren, während Mark eine für den September plant. Julia läuft regelmäßig und entscheidet sich für das 8-Wochen-Programm. Mark hat unser Grundlagentraining absolviert und weil er über mehr Vorbereitungszeit verfügt, wird er nach dem 15-Wochen-Programm trainieren. Entwickeln Sie anhand der Mustertrainingsprogramme Ihren persönlichen Plan und berücksichtigen Sie dabei Ihr Fitnessniveau, Ihren Terminkalender und Ihre Zielveranstaltung.

Beide Trainingsprogramme beruhen auf fünf unterschiedlichen Trainingseinheiten. Die ersten vier Einheiten trainieren das aerobe, das Milchsäure- und das ATP-CP-Energiesystem, wie wir in Kapitel 3 beschrieben haben, während die fünfte der Rumpfkräftigung, Beweglichkeit und Muskelkraft dient.

Für jede Art von Einheit bieten wir gemäß dem Prinzip der Individualität kürzere und längere Versionen an. Wählen Sie die Option, die Ihrem Fitnessniveau und Zeitbudget gerecht wird. Wir definieren die Trainingseinheiten anhand ihrer Dauer, nicht anhand der Distanz. Eine Fahrt über 65 Kilometer in hügeligem Gelände ist anders als die gleiche Strecke in flachem Terrain und eine Fahrt bei Wind unterscheidet sich von einer Fahrt bei Windstille. Trainieren Sie also nach Zeiten. Dies sind die Trainingseinheiten:

1. Lang:
Eine Ausdauerfahrt über 2:00 bis 2:30 Stunden (8-Wochen-Programm) oder 1:30 bis 2:30 Stunden (15-Wochen-Programm) in der ersten Woche, die sich im Verlauf beider Programme bis auf 5:15 bis 6:30 Stunden steigert. Durch diese Fahrten in einem Tempo, das Sie voraussichtlich auch bei einer Centuryveranstaltung fahren werden, trainieren Sie Ihren aeroben Stoffwechsel, bauen Ausdauer auf und gewinnen an Erfahrung in Bezug auf die Tempowahl, Ihre Ernährung und andere Fähigkeiten.

2. Tempo:
Eine Tempofahrt in der Wochenmitte, die anfangs 40 bis 60 Minuten dauert und sich im Verlauf beider Trainingsprogramme auf 60 bis 90 Minuten steigert. Indem Sie einmal pro Woche schneller als in Ihrem Centurytempo fahren, verbessern Sie den oberen Grenzbereich Ihre aeroben Systems und erhöhen die Grundgeschwindigkeit, die Sie bei einem Century konstant fahren können.

3. Zügig:
In beiden Trainingsprogrammen eine zügige Fahrt in der Wochenmitte von anfangs 30 bis 40 Minuten mit 10 bis 15 Minuten wechselnder Intensität, die sich auf 60 bis 90 Minuten einschließlich 20 bis 30 Minuten wechselnder Intensität steigert. Die wechselnde Intensität besteht in einer Kombination aus Radfahren mit hoher Belastung und Regeneration. Die harte Belastung trainiert das Milchsäure- und das ATP-CP-Energiesystem und steigert Ihre Leistungsfähigkeit beim Bergauffahren und beim Fahren in schnellen Gruppen.

4. Regeneration:
Eine oder zwei Fahrten zur aktiven Regeneration von anfangs je 20 bis 30 Minuten im unteren aeroben Bereich, die sich in beiden Programmen auf 40 bis 60 Minuten steigern. Diese können auch in Form von Besorgungsfahrten absolviert werden.

5. Ergänzungstraining:
Training zur Rumpfkräftigung und Dehnung sowie ergänzendes Krafttraining. Abhängig von Ihrer Planung hat dieses Training einen Umfang von 50 Minuten bis 2:40 Stunden pro Woche in beiden Trainingsprogrammen.

Details zu den einzelnen Trainingseinheiten finden Sie im Abschnitt „Maximierung Ihrer Trainingswirkung". Ob Sie nun nach dem 8- oder dem 15-Wochen-Programm trainieren, Sie sollten jeweils entweder die kürzere oder die längere Ausdauerfahrt wählen, je nachdem, was Ihr Fitnesszustand und Ihr Zeitbudget zulässt, und im gesamten Verlauf des Programms bei dieser Variante bleiben. Die lange Fahrt sollte einen nicht zu großen Teil Ihres wöchentlichen Volumens in Anspruch nehmen. Daher sollten Sie auch die längere Variante der Tempofahrten, zügigen Fahrten und Regenerationsfahrten wählen, wenn Sie die

Lange Fahrten bauen Ihre Ausdauer auf und vermitteln Ihnen ein Gespür für das richtige Tempo.

längeren Ausdauerfahrten absolvieren. Wenn Sie die kürzere Variante der Ausdauerfahrt einplanen, können Sie jedoch die längeren Tempofahrten, zügigen Fahrten und Regenerationsfahrten in Ihr Training aufnehmen, wenn Ihre Zeit dies zulässt. Ihre Fitness wird sich dann schneller entwickeln, aber Sie sollten nicht übertreiben. Da die zügige Fahrt eine härtere Belastung darstellt als die Tempofahrt, sollten Sie versuchen, zwei ruhige Tage, frei oder mit aktiver Regeneration, vor der zügigen Fahrt einzulegen, sofern dies möglich ist.

Mit beiden Trainingsprogrammen können Sie sich gut auf Ihre Veranstaltung vorbereiten. Das 15-Wochen-Programm beginnt mit 3:00 bis 5:10 Stunden Radtraining in der ersten Woche, etwas weniger als beim 8-Wochen-Programm, und baut sich etwas langsamer auf. Beide Trainingsprogramme führen auf die gleiche Spitzenbelastungswoche mit 7:55 bis 11:00 Stunden Training vor dem Century hin.

In der Mitte beider Trainingsprogramme ist eine leichtere Woche mit weniger Radfahren vorgesehen. Diese Regenerationswoche ermöglicht eine körperliche und mentale Erholung von den vorherigen harten Trainingswochen, bevor der weitere Aufbau bis zur Spitzenbelastungswoche erfolgt. Die Anpassung an die Trainingsreize erfolgt während der Ruhephasen des Körpers: „Belastung plus Ruhe gleich Erfolg." Sie fühlen sich vor der Regenerationswoche vielleicht hervorragend und sind

ABBILDUNG 6.1 Beispiel für Julias 8-Wochentrainingsprogramm

	Mo	Di	Mi	Do	Fr	Sa	So
Woche 1	Frei	0:40 ZF, 0:20 EK	0:30 AR	0:60 Lauf 0:20 EK	Frei	2:30 LF	0:30 AR
Woche 2	Frei	ZF, EK	AR	Lauf, EK	Frei	LF	AR
Woche 3	Frei	ZF, EK	AR	Lauf, EK	Frei	LF	AR
Woche 4 Regeneration	Frei	AR	Frei	Lauf	Frei	LF	AR
Woche 5	Lauf, EK	Frei	AR	ZF, EK	Frei	LF	AR
Woche 6	Lauf, EK	Frei	AR	ZF, EK	Frei	LF	AR
Woche 7 Spitzenbelastung	Frei	ZF, EK	AR	Lauf, EK	Frei	LF	AR
Woche 8 Tapering	Frei	ZF	AR	Run	Frei	LF	AR
Eventwoche	Frei	AR	TF	AR	Frei	Century!	

Abkürzungen für die Trainingseinheiten:
Zügige Fahrt = ZF, Aktive Regeneration = AR, Lange Fahrt = LR, Ergänzendes Krafttraining = EK, Tempofahrt = TF.

versucht, diese wegfallen zu lassen. Tun Sie das nicht. Ihr Körper wird es Ihnen später danken. Damit Sie sich für die Veranstaltung vollständig erholen können, enthalten beide Programme eine Taperingphase in der letzten Trainingswoche und der Woche vor der Veranstaltung. Beim Tapering fahren Sie genug, um Ihr Fitnessniveau zu halten, zugleich wird das Volumen aber deutlich verringert, damit Sie frisch für die Veranstaltung sind. Unmittelbar vor der Veranstaltung können Sie nicht mehr stärker werden, aber Sie können sehr wohl einbrechen. Versuchen Sie jetzt nicht, ein versäumtes Trainingspensum nachzuholen.

8-Wochentrainings- programm für Centurys

Wenn Sie aktiver Vereinsradsportler sind oder Erfahrungen in einem anderen Ausdauersport haben, ist das folgende 8-Wochen-Programm voraussichtlich geeignet für Sie.

Wir beginnen die Trainingswoche am Montag, sodass die lange Fahrt auf den Samstag oder Sonntag gelegt werden kann, je nach Ihrer Terminplanung und Faktoren wie dem Wetter.

Nachdem Sie das 8-Wochenprogramm durchgegangen ist, trägt Julia ihre Trainingszeiten in einen Plan ein, wie in Abbildung 6.1 zu sehen ist, damit Sie das Training besser mit ihrem sonstigen Alltag koordinieren kann. Da sie eine aktive und erfahrene Läuferin ist, geht Julia davon aus, dass sie die langen Ausdauerfahrten gut bewältigen kann, also nimmt sie die längeren Tempofahrten, zügigen Fahrten und Regenerationsfahrten in ihren Plan auf. Weil die zügige Fahrt die schwerere Fahrt in der Wochenmitte ist, legt Sie diese auf den Dienstag, um zwei Tage mit geringer Belastung nach der Wochenendfahrt zu haben. Sie plant für den Mittwoch Besorgungsfahrten mit ihrem Fahrrad ein und anstelle des Tempotrainings wird sie einmal wöchentlich mit vergleichbarer Belastungsinten-

8-Wochentrainingsprogramm für Centurys

Woche 1

Rad fahren:
Lange Tour: 2:00–2:30 Stunden
Tempofahrt in der Wochenmitte: 40–60 Minuten
Zügige Fahrt in der Wochenmitte: 30–40 Minuten, davon 10–15 Minuten mit wechselnder Intensität
Aktive Regeneration: 20–30 Minuten lang
Zweite aktive Regeneration: 20–30 Minuten (optional)
Gesamtfahrzeit: 3:30–5:10 Stunden

Ergänzendes Training:
Zwei Einheiten Rumpfkräftigungstraining: je 10–20 Minuten
Drei Einheiten Dehnübungen: je 10–20 Minuten
Ein oder zwei Einheiten ergänzendes Krafttraining: je 20–30 Minuten (optional)

Woche 2

Rad fahren:
Lange Tour: 2:30–3:15 Stunden
Tempofahrt in der Wochenmitte: 50–75 Minuten
Zügige Fahrt in der Wochenmitte: 40–60 Minuten, davon 10–15 Minuten mit wechselnder Intensität
Aktive Regeneration: 30–40 Minuten
Zweite aktive Regeneration: 20–30 Minuten (optional)
Gesamtfahrzeit: 4:30–6:40 Stunden

Ergänzendes Training:
Zwei Einheiten Rumpfkräftigungstraining: je 10–20 Minuten
Drei Einheiten Dehnübungen: je 10–20 Minuten
Ein oder zwei Einheiten ergänzendes Krafttraining: je 20–30 Minuten (optional)

Woche 3

Rad fahren:
Lange Tour: 3:00–4:00 Stunden
Tempofahrt in der Wochenmitte: 60–90 Minuten

Zügige Fahrt in der Wochenmitte: 40–60 Minuten, davon 15–20 Minuten mit wechselnder Intensität
Aktive Regeneration: 30–40 Minuten
Zweite aktive Regeneration: 20–30 Minuten (optional)
Gesamtfahrzeit: 5:10–7:40 Stunden

Ergänzendes Training:
Zwei Einheiten Rumpfkräftigungstraining: je 10–20 Minuten
Drei Einheiten Dehnübungen: je 10–20 Minuten
Ein oder zwei Einheiten ergänzendes Krafttraining: je 20–30 Minuten (optional)

Woche 4 – Regeneration

Rad fahren:
Lange Tour: 1:30–2:30 Stunden
Tempofahrt in der Wochenmitte: 30–40 Minuten
Aktive Regeneration: 20–30 Minuten
Aktive Regeneration: 20–30 Minuten
Gesamtfahrzeit: 2:20–4:10 Stunden

Ergänzendes Training:
Zwei Einheiten Rumpfkräftigungstraining: je 10–20 Minuten
Drei Einheiten Dehnübungen: je 10–20 Minuten
Kein Krafttraining

Woche 5

Rad fahren:
Lange Tour: 3:30–4:30 Stunden
Tempofahrt in der Wochenmitte: 60–90 Minuten
Zügige Fahrt in der Wochenmitte: 60–90 Minuten, davon 15–20 Minuten mit wechselnder Intensität
Aktive Regeneration: 40–60 Minuten
Zweite aktive Regeneration: 20–30 Minuten (optional)
Gesamtfahrzeit: 6:10–9:00 Stunden

Ergänzendes Training:

Zwei Einheiten Rumpfkräftigungstraining: je 10–20 Minuten

Drei Einheiten Dehnübungen: je 10–20 Minuten

Ein oder zwei Einheiten ergänzendes Krafttraining: je 20–30 Minuten (optional)

Woche 6

Rad fahren:

Lange Tour: 4:30–5:30 Stunden

Tempofahrt in der Wochenmitte: 60–90 Minuten

Zügige Fahrt in der Wochenmitte: 60–90 Minuten, davon 20–30 Minuten mit wechselnder Intensität

Aktive Regeneration: 40–60 Minuten

Zweite aktive Regeneration: 20–30 Minuten (optional)

Gesamtfahrzeit: 7:10–10:00 Stunden

Ergänzendes Training:

Zwei Einheiten Rumpfkräftigungstraining: je 10–20 Minuten

Drei Einheiten Dehnübungen: je 10–20 Minuten

Ein oder zwei Einheiten ergänzendes Krafttraining: je 20–30 Minuten (optional)

Woche 7 – Spitzenbelastung

Rad fahren:

Lange Tour: 5:15–6:30 Stunden

Tempofahrt in der Wochenmitte: 60–90 Minuten

Zügige Fahrt in der Wochenmitte: 60–90 Minuten, davon 20–30 Minuten mit wechselnder Intensität

Aktive Regeneration: 40–60 Minuten

Zweite aktive Regeneration: 20–30 Minuten (optional)

Gesamtfahrzeit: 7:55–11:00 Stunden

Ergänzendes Training:

Zwei Einheiten Rumpfkräftigungstraining: je 10–20 Minuten

Drei Einheiten Dehnübungen: je 10–20 Minuten

Ein oder zwei Einheiten ergänzendes Krafttraining: je 20 – 30 Minuten (optional)

Woche 8 – Tapering

Rad fahren:
Lange Tour: 2:30–3:30 Stunden
Tempofahrt in der Wochenmitte: 60–90 Minuten
Zügige Fahrt in der Wochenmitte: 60–90 Minuten, davon 15–20 Minuten mit wechselnder Intensität
Aktive Regeneration: 40–60 Minuten
Zweite aktive Regeneration: 20–30 Minuten (optional)
Gesamtfahrzeit: 5:10–8:00 Stunden

Ergänzendes Training:
Zwei Einheiten Rumpfkräftigungstraining: je 10–20 Minuten
Drei Einheiten Dehnübungen: je 10–20 Minuten
Kein Krafttraining

Eventwoche

Rad fahren:
Lange Fahrt: 160 oder 200 Kilometer
Tempofahrt in der Wochenmitte: 30–40 Minuten
Aktive Regeneration: 20–30 Minuten
Aktive Regeneration: 20–30 Minuten

Ergänzendes Training:
Zwei Einheiten Rumpfkräftigungstraining: je 10–20 Minuten
Drei Einheiten Dehnübungen: je 10–20 Minuten
Kein Krafttraining

sität laufen. Julia hat einen freien Tag vor der langen Fahrt und einen Tag mit aktiver Regeneration nach der langen Fahrt. Wenn Sie es nicht schafft, die wöchentliche zügige Fahrt oder das Lauftraining zu absolvieren, könnte sie auf die Idee kommen, eine dieser Einheiten am Freitag, ihrem freien Tag, nachzuholen. Dieser Wechsel wäre nur dann sinnvoll, wenn sie den Samstag trainingsfrei hält und die lange Fahrt auf den Sonntag verlegen kann, denn für die lange Fahrt sollte sie gut ausgeruht sein. Wegen anderweitiger Verpflichtungen ändert sie in den Wochen fünf und sechs die Reihenfolge der Einheiten, behält aber das Muster der Ruhe- und Regenerationstage bei. Die Rumpfkräftigungs- und Dehnübungen absolviert Julia innerhalb der Woche je nach der zur Verfügung stehenden

ABBILDUNG 6.2 8-Wochen-Trainingsplanformular

	Mo	Di	Mi	Do	Fr	Sa	So
Woche 1							
Woche 2							
Woche 3							
Woche 4 Regeneration							
Woche 5							
Woche 6							
Woche 7 Spitzenbelastung							
Woche 8 Tapering Eventwoche							

Zeit. Sie versucht, nach ihren Trainingseinheiten am Dienstag oder Donnerstag ergänzendes Krafttraining zu absolvieren, sodass ihre Ruhe- und aktiven Regenerationstage auch eine vollständige Regeneration ermöglichen. In manchen Wochen kann Sie jedoch eine Krafttrainingseinheit in Kombination mit der aktiven Regeneration am Sonntag absolvieren, wenn sie nicht zu müde von der langen Fahrt ist. Am Montag folgt dann ein komplett trainingsfreier Tag.

Wenn Sie ein 8-Wochenprogramm planen, können Sie anhand der Abbildung 6.2 ihren eigenen Trainingsplan erstellen. Tragen Sie jeweils die Art der Trainingseinheit und die für jede Aktivität aufgewendete Zeit ein. Verteilen Sie die verschiedenen Trainingsfahrten so über die Woche, dass zwei Tage mit geringer Belastung vor der zügigen Fahrt liegen und je ein Tag mit geringer Belastung vor und nach der langen Fahrt am Wochenende liegen. Sollten Sie eine weitere Sportart betreiben, können Sie diese in den Wochenplan integrieren. Crosstraining fördert Ihre sportliche Entwicklung und Ihre allgemeine Gesundheit. Da Sie jedoch für eine Radsportveranstaltung trainieren, sollten Sie an mindestens vier Tagen in der Woche, die aktiven Regenerationseinheiten inbegriffen, Rad fahren. Planen Sie auch die Rumpfkräftigungs- und Dehneinheiten, die entweder flexibel oder an festen Tagen eingelegt werden können, und überlegen Sie, ob und wann das optionale ergänzende Krafttraining in den Plan aufgenommen werden kann. Wir empfehlen eine Regenerationswoche in Woche vier, diese kann jedoch auch in Woche fünf verlegt werden, wenn dies besser in Ihren Kalender passt. Nachdem Sie Ihren Plan erstellt haben, zeigen Sie ihn ruhig Ihrer Familie und Freunden, damit sie sehen, dass Sie noch genug Zeit für sie haben.

15-Wochenprogramm für Centurys

Wenn Sie noch nicht über sehr viel Trainingserfahrung verfügen oder mehr Zeit haben, um sich auf Ihr Radevent vorzubereiten, ist das im Folgenden beschriebene 15-wöchige Programm die geeignetere Alternative für Sie.

Ein Trainingsprogramm durchhalten

Von Julie Gazmararian

1. Ziele setzen:

Ihre Ziele sollten realistisch und erreichbar sein. Setzen Sie sich kurzfristige Ziele, zum Beispiel die Tour an diesem Wochenende schaffen, und mittelfristige Ziele, zum Beispiel das Streckenpensum auf 80 bis 100 Kilometer ausbauen, die Sie zu Ihrem langfristigen Ziel hinführen, zum Beispiel ein Centuryevent. Ihre Ziele werden Ihnen dabei helfen, sich auf Ihren Trainingsplan zu konzentrieren.

2. Teilen Sie Ihre Ziele mit anderen:

Anderen Menschen von Ihren Zielen berichten, kann Ihnen helfen, daran festzuhalten oder andere dazu bringen, Ihnen zu helfen, dabei zu bleiben. Erzählen Sie Ihrem Lebenspartner, Ihren Kindern oder Ihren Arbeitskollegen, welche Ziele Sie sich für die laufende Woche vorgenommen haben.

3. Bilden Sie eine Radsportgruppe:

Suchen Sie sich eine Gruppe Gleichgesinnter oder treten Sie einem Verein bei. Treiben sie sich gegenseitig an, indem Sie regelmäßig zu den Trainingsfahrten erscheinen und die aufziehen, die nicht erschienen sind.

4. Halten Sie sich an einen regelmäßigen Plan:

Der könnte so aussehen, dass Sie am Dienstag und Donnerstag vor der Arbeit fahren, am Samstag mit dem Verein und am Sonntag mit Ihrem Partner eine Ausflugsfahrt unternehmen.

5. Suchen Sie sich einen Trainingspartner:

Finden Sie einen guten Trainingspartner, der ein ähnliches Tempo und vergleichbare Ziele hat wie Sie. Arbeiten Sie beim Aufstellen und Erreichen von Zielen zusammen.

6. Lassen Sie die Trainingsfahrten zur Routine werden:

Seien Sie konsequent und reservieren Sie feste Zeiten für die Fahrten, sodass diese zum routinemäßigen Bestandteil ihres Tages- und Wochenablaufs werden. Markieren Sie Ihre geplanten Fahrten und Veranstaltungen in Ihrem Kalender als wichtige Daten.

7. Führen Sie ein Trainingstagebuch:

Protokollieren Sie Ihr Trainingspensum mit sowohl den geplanten wöchentlichen Einheiten für die Woche und denen, die Sie tatsächlich absolviert haben. Die Einheiten schriftlich festzuhalten wird Ihnen helfen, am Ball zu bleiben, und ermöglicht Ihnen zu analysieren, welche Trainingseinheiten gut und welche weniger gut waren, wie zum Beispiel ein Übertraining.

8. Belohnen Sie sich selbst:
Schenken Sie sich selbst Anerkennung für Ihre im Training erreichten Meilensteine und Ihre Trainingskonsistenz, zum Beispiel wenn Sie zum ersten Mal eine bestimmte Distanz bewältigt, eine schnellere Durchschnittsgeschwindigkeit erzielt oder vier Trainingsfahrten pro Woche absolviert haben! Versteifen Sie sich nicht zu sehr aufs Trainingsvolumen, aber seien Sie ruhig stolz, wenn Sie in dieser Woche etwas mehr getan haben als in der letzten.

9. Legen Sie Auszeiten ein:
Mehr ist nicht gleich besser. Auszeiten sind äußerst wichtig, damit Ihr Körper ausruhen und regenerieren kann. Sie gewinnen so mentale Frische zurück und freuen sich umso mehr auf Ihre nächste Trainingsfahrt oder Veranstaltung.

10. Planen Sie eine neue Route:
Neue Landschaften und Straßen wirken erfrischend auf Ihre mentale Verfassung. Und Rad fahren auf bisher unbekannten Straßen mit neuem Terrain ist ein gutes Training, zum Beispiel bei hügeligen oder flachen und schnellen Routen.

11. Seien Sie flexibel:
Ihr Trainingsplan kann mit dem Wetter oder anstehenden Veranstaltungen kollidieren. Lernen Sie, Ihr Training entsprechend anzupassen und gelassen zu bleiben, wenn Sie einmal eine Trainingseinheit verpassen.

12. Bewahren Sie sich den Spaß:
Sie werden viel eher bei einem Trainingsprogramm am Ball bleiben, wenn Sie dabei Spaß haben.

Julie Gazmararian hat zahlreiche Brevets absolviert und sich zweimal für das Race Across America qualifiziert. Sie ist Mitglied der in Atlanta ansässigen Vereinigung Sorella Cycling, die sich für die Förderung des Radsports für Frauen aller Alters- und Leistungsstufen in den Bereichen Fitness, Freizeit und Rennsport einsetzt. Sie ist Professorin an der Rollins School of Public Health an der Emory University in Atlanta und Mutter von zwei Söhnen.

15-Wochenprogramm für Centurys

Woche 1

Rad fahren:
Lange Tour: 1:30–2:30 Stunden
Tempofahrt in der Wochenmitte: 40–60 Minuten
Zügige Fahrt in der Wochenmitte: 30–40 Minuten, davon 10–15 Minuten mit wechselnder Intensität
Aktive Regeneration: 20–30 Minuten
Zweite aktive Regeneration: 20–30 Minuten (optional)
Gesamtfahrzeit: 3:00–5:10 Stunden

Woche 2

Rad fahren:
Lange Tour: 2:00–3:00 Stunden
Tempofahrt in der Wochenmitte: 40–60 Minuten
Zügige Fahrt in der Wochenmitte: 30–40 Minuten, davon 10–15 Minuten mit wechselnder Intensität
Aktive Regeneration: 20–30 Minuten
Zweite aktive Regeneration: 20–30 Minuten (optional)
Gesamtfahrzeit: 3:30–5:40 Stunden

Ergänzendes Training:
Zwei Einheiten Rumpfkräftigungstraining: je 10–20 Minuten
Drei Einheiten Dehnübungen: je 10–20 Minuten
Ein oder zwei Einheiten ergänzendes Krafttraining: je 20–30 Minuten (optional)

Woche 3

Rad fahren:
Lange Tour: 2:00–3:00 Stunden
Tempofahrt in der Wochenmitte: 50–75 Minuten
Zügige Fahrt in der Wochenmitte: 40–60 Minuten, davon 10–15 Minuten mit wechselnder Intensität
Aktive Regeneration: 30–40 Minuten
Zweite aktive Regeneration: 20–30 Minuten (optional)
Gesamtfahrzeit: 4:00–6:25 Stunden

Ergänzendes Training:

Zwei Einheiten Rumpfkräftigungstraining: je 10–20 Minuten

Drei Einheiten Dehnübungen: je 10–20 Minuten

Ein oder zwei Einheiten ergänzendes Krafttraining: je 20–30 Minuten (optional)

Woche 4

Rad fahren:

Lange Tour: 2:30–3:30 Stunden

Tempofahrt in der Wochenmitte: 50–75 Minuten

Zügige Fahrt in der Wochenmitte: 40–60 Minuten, davon 15–20 Minuten mit wechselnder Intensität

Aktive Regeneration: 30–40 Minuten

Zweite aktive Regeneration: 20–30 Minuten (optional)

Gesamtfahrzeit: 4:30–6:55 Stunden

Ergänzendes Training:

Zwei Einheiten Rumpfkräftigungstraining: je 10–20 Minuten

Drei Einheiten Dehnübungen: je 10–20 Minuten

Ein oder zwei Einheiten ergänzendes Krafttraining: je 20–30 Minuten (optional)

Woche 5

Rad fahren:

Lange Tour: 3:00–4:00 Stunden

Tempofahrt in der Wochenmitte: 60–90 Minuten

Zügige Fahrt in der Wochenmitte: 40–60 Minuten, davon 15–20 Minuten mit wechselnder Intensität

Aktive Regeneration: 30–40 Minuten

Zweite aktive Regeneration: 20–30 Minuten lang (optional)

Gesamtfahrzeit: 5:10–7:40 Stunden

Ergänzendes Training:

Zwei Einheiten Rumpfkräftigungstraining: je 10–20 Minuten

Drei Einheiten Dehnübungen: je 10–20 Minuten

Ein oder zwei Einheiten ergänzendes Krafttraining: je 20–30 Minuten (optional)

Woche 6

Rad fahren:
Lange Tour: 3:30–4:30 Stunden
Tempofahrt in der Wochenmitte: 60–90 Minuten
Zügige Fahrt in der Wochenmitte: 40–60 Minuten, davon 15–20 Minuten mit wechselnder Intensität
Aktive Regeneration: 40–60 Minuten
Zweite aktive Regeneration: 20–30 Minuten (optional)
Gesamtfahrzeit: 5:50–8:30 Stunden

Ergänzendes Training:
Zwei Einheiten Rumpfkräftigungstraining: je 10–20 Minuten
Drei Einheiten Dehnübungen: je 10–20 Minuten
Ein oder zwei Einheiten ergänzendes Krafttraining: je 20–30 Minuten (optional)

Woche 7

Rad fahren:
Lange Tour: 3:30–4:30 Stunden
Tempofahrt in der Wochenmitte: 60–90 Minuten
Zügige Fahrt in der Wochenmitte: 60–90 Minuten, davon 20–30 Minuten mit wechselnder Intensität
Aktive Regeneration: 40–60 Minuten
Zweite aktive Regeneration: 20–30 Minuten (optional)
Gesamtfahrzeit: 6:10–9:00 Stunden

Ergänzendes Training:
Zwei Einheiten Rumpfkräftigungstraining: je 10–20 Minuten
Drei Einheiten Dehnübungen: je 10–20 Minuten
Ein oder zwei Einheiten ergänzendes Krafttraining: je 20–30 Minuten (optional)

Woche 8 – Regeneration

Rad fahren:
Lange Tour: 1:00–2:00 Stunden
Tempofahrt in der Wochenmitte: 30–40 Minuten
Aktive Regeneration: 20–30 Minuten

Kapitel 6 Vorbereitungstraining für die Langstrecke

Aktive Regeneration: 20–30 Minuten
Gesamtfahrzeit: 2:10–3:40 Stunden

Ergänzendes Training:
Zwei Einheiten Rumpfkräftigungstraining: je 10–20 Minuten
Drei Einheiten Dehnübungen: je 10–20 Minuten
Kein Krafttraining

Woche 9

Rad fahren:
Lange Tour: 2:30–3:30 Stunden
Tempofahrt in der Wochenmitte: 50–75 Minuten
Zügige Fahrt in der Wochenmitte: 40–60 Minuten, davon 10–15 Minuten mit wechselnder Intensität
Aktive Regeneration: 30–40 Minuten
Zweite aktive Regeneration: 20–30 Minuten (optional)
Gesamtfahrzeit: 4:30–6:55 Stunden

Ergänzendes Training:
Zwei Einheiten Rumpfkräftigungstraining: je 10–20 Minuten
Drei Einheiten Dehnübungen: je 10–20 Minuten
Ein oder zwei Einheiten ergänzendes Krafttraining: je 20–30 Minuten (optional)

Woche 10

Rad fahren:
Lange Tour: 3:00–4:00 Stunden
Tempofahrt in der Wochenmitte: 60–90 Minuten
Zügige Fahrt in der Wochenmitte: 40–60 Minuten, davon 10–15 Minuten mit wechselnder Intensität
Aktive Regeneration: 40–60 Minuten
Zweite aktive Regeneration: 20–30 Minuten (optional)
Gesamtfahrzeit: 5:20–8:00 Stunden

Ergänzendes Training:
Zwei Einheiten Rumpfkräftigungstraining: je 10–20 Minuten
Drei Einheiten Dehnübungen: je 10–20 Minuten
Ein oder zwei Einheiten ergänzendes Krafttraining: je 20–30 Minuten (optional)

Woche 11

Rad fahren:
Lange Tour: 3:30–4:30 Stunden
Tempofahrt in der Wochenmitte: 60–90 Minuten
Zügige Fahrt in der Wochenmitte: 60–90 Minuten, davon 15–20 Minuten mit wechselnder Intensität
Aktive Regeneration: 40–60 Minuten
Zweite aktive Regeneration: 20–30 Minuten (optional)
Gesamtfahrzeit: 6:10–9:00 Stunden

Ergänzendes Training:
Zwei Einheiten Rumpfkräftigungstraining: je 10–20 Minuten
Drei Einheiten Dehnübungen: je 10–20 Minuten
Ein oder zwei Einheiten ergänzendes Krafttraining: je 20–30 Minuten (optional)

Woche 12

Rad fahren:
Lange Tour: 4:00–5:00 Stunden
Tempofahrt in der Wochenmitte: 60–90 Minuten
Zügige Fahrt in der Wochenmitte: 60–90 Minuten, davon 15–20 Minuten mit wechselnder Intensität
Aktive Regeneration: 40–60 Minuten
Zweite aktive Regeneration: 20–30 Minuten (optional)
Gesamtfahrzeit: 6:40–9:30 Stunden

Ergänzendes Training:
Zwei Einheiten Rumpfkräftigungstraining: je 10–20 Minuten
Drei Einheiten Dehnübungen: je 10–20 Minuten
Ein oder zwei Einheiten ergänzendes Krafttraining: je 20–30 Minuten (optional)

Kapitel 6 Vorbereitungstraining für die Langstrecke

Woche 13

Rad fahren:
Lange Tour: 4:30–5:30 Stunden
Tempofahrt in der Wochenmitte: 60–90 Minuten
Zügige Fahrt in der Wochenmitte: 60–90 Minuten, davon 20–30 Minuten mit wechselnder Intensität
Aktive Regeneration: 40–60 Minuten
Zweite aktive Regeneration: 20–30 Minuten (optional)
Gesamtfahrzeit: 7:10–10:00 Stunden

Ergänzendes Training:
Zwei Einheiten Rumpfkräftigungstraining: je 10–20 Minuten
Drei Einheiten Dehnübungen: je 10–20 Minuten
Ein oder zwei Einheiten ergänzendes Krafttraining: je 20–30 Minuten (optional)

Woche 14 – Spitzenbelastung

Rad fahren:
Lange Tour: 5:15–6:30 Stunden
Tempofahrt in der Wochenmitte: 60–90 Minuten
Zügige Fahrt in der Wochenmitte: 60–90 Minuten, davon 20–30 Minuten mit wechselnder Intensität
Aktive Regeneration: 40–60 Minuten
Zweite aktive Regeneration: 20–30 Minuten (optional)
Gesamtfahrzeit: 7:55–11:00 Stunden

Ergänzendes Training:
Zwei Einheiten Rumpfkräftigungstraining: je 10–20 Minuten
Drei Einheiten Dehnübungen: je 10–20 Minuten
Ein oder zwei Einheiten ergänzendes Krafttraining: je 20–30 Minuten (optional)

Woche 15 – Tapering

Rad fahren:
Lange Tour: 2:30–3:30 Stunden
Tempofahrt in der Wochenmitte: 60–90 Minuten

Zügige Fahrt in der Wochenmitte: 60–90 Minuten, davon 15–20 Minuten mit wechselnder Intensität
Aktive Regeneration: 40–60 Minuten
Zweite aktive Regeneration: 20–30 Minuten (optional)
Gesamtfahrzeit: 5:10–8:00 Stunden

Ergänzendes Training:
Zwei Einheiten Rumpfkräftigungstraining: je 10–20 Minuten
Drei Einheiten Dehnübungen: je 10–20 Minuten
Kein Krafttraining

Eventwoche

Rad fahren:
Lange Tour: Century oder 200 Kilometer
Tempofahrt in der Wochenmitte: 30–40 Minuten
Aktive Regeneration: 20–30 Minuten
Aktive Regeneration: 20–30 Minuten

Ergänzendes Training:
Zwei Einheiten Rumpfkräftigungstraining: je 10–20 Minuten
Drei Einheiten Dehnübungen: je 10–20 Minuten
Kein Krafttraining

Dieser längere Plan gibt Ihnen mehr Zeit, sich physisch und mental an das Training anzupassen und ermöglicht darüber hinaus – wenn nötig –, eine zweite Regenerationswoche einzulegen. Nachdem er den 15-Wochenplan durchgegangen ist, entscheidet sich Mark, sein Training konservativ zu gestalten und plant kürzere Zeiten für die langen Fahrten am Wochenende ein, siehe Abbildung 6.3. Meistens verlegt er die zügige Fahrt auf den Dienstag, damit er nach dem Wochenende zwei Regenerationstage hat, und er absolviert die lockerere Tempofahrt am Donnerstag. Für die Wochenmitte plant er die kürzeren Fahrten ein, versucht jedoch wenn möglich, die längeren Einheiten zu fahren. Am Mittwoch stehen kurze Fahrten zur aktiven Regeneration an, am Sonntag Outdoor-Aktivitäten mit der Familie, zum Beispiel wandern. Mark schätzt organisierte Abläufe, daher trägt er auch die Einheiten zur Rumpfkräftigung, die Dehnübungen sowie ergänzendes Krafttraining in seinen Trainingsplan ein. Seine Rumpfkräftigungsübungen legt er auf den Montag und Freitag, also die Tage, an denen er nicht auf dem Rad trainiert. Nach

ABBILDUNG 6.3   Marks 15-Wochentrainingsplan

	Mo	Di	Mi	Do	Fr	Sa	So
Woche 1	0:15 Rumpf	0:30 ZF, 0:10 D	0:20 AR	0:40 TF, 0:10 D	0:15 Rumpf	1:30 LF, 0:20 D	0:30 AR, 0:20 EK
Woche 2	Rumpf	ZF, D	AR	TF, D	Rumpf	LF, D	AR, EK
Woche 3	Rumpf	ZF, D	AR	TF, D	Rumpf	LF, D	AR, EK
Woche 4	Rumpf	ZF, D	AR	TF, D	Rumpf	Hochzeit, AR	LF, D
Woche 5	Rumpf	TF, D	AR	ZF, D	Rumpf	LF, D	AR, EK
Woche 6	Rumpf	ZF, D	AR	TF, D	Rumpf	LF, D	AR, EK
Woche 7	Rumpf	ZF, D	AR	TF, D	Rumpf	LF, D	AR, EK
Woche 8 Regeneration	Rumpf	TF, D	Frei	AR	Rumpf	MF, D	AR
Woche 9	Rumpf	ZF, D	AR	TF, D	Rumpf	LF, D	AR, EK
Woche 10	Rumpf	ZF, D	AR	TF, D	Rumpf	LF, D	AR
Woche 11	Rumpf	TF, D	AR	ZF, D	Rumpf	LF, D	AR, EK
Woche 12	Rumpf	ZF, D	AR	TF, D	Rumpf	LF, D	AR, EK
Woche 13	Rumpf	ZF, D	AR	TF, D	Rumpf	LF, D	AR, EK
Woche 14 Spitzenbelastung	Rumpf	ZF, D	AR	TF, D	Rumpf	LF, D	AR, EK
Woche 15 Tapering	Rumpf	ZF, D	AR	TF, D	Rumpf	MF, D	AR
Eventwoche	AR, Rumpf	D	TF, D	AR, D	Frei	Century	

Abkürzungen für die Trainingseinheiten: Zügige Fahrt = ZF, Aktive Regeneration = AR, Lange Fahrt = LR, Moderate Fahrt = MF, Ergänzendes Krafttraining = EK, Dehnung = D, Tempofahrt = TF.

den Radeinheiten stehen am Dienstag, Donnerstag und besonders ausgiebig am Samstag Dehnübungen an, um sich von der Belastung erholen zu können. Mark legt Wert auf ausgiebige Regeneration, also plant er lediglich am Sonntag eine Krafttrainingseinheit ein. Wenn er zu müde von der langen Ausfahrt ist, lässt er das Krafttraining ausfallen. Genau wie Julia plant Mark je einen Tag mit geringer Belastung vor und nach dem Wochenende ein. Mark verzichtet auf ergänzendes Krafttraining während der Regenerations- und Taperingwoche. Ein regelmäßiger Wochenrhythmus lässt sich leichter durchhalten, dennoch verlegt Mark in der vierten Woche die lange Ausfahrt auf den Sonntag, um am Samstag eine Hochzeit besuchen zu können. Um anschließend eine längere Regeneration vor der zügigen Fahrt in der fünften Woche zu haben, verlegt er diese auf den Donnerstag.

Wenn Sie ein 15-Wochenprogramm planen, können Sie anhand der Abbildungen 6.3. und 6.4 ihren eigenen Trainingsplan erstellen. Beginnen Sie damit, wichtige Veranstaltungen einzutragen, die nichts mit Radsport zu tun haben, sodass Sie Ihre Planung entsprechend anpassen können. Tragen Sie für jede Woche die täglichen Trainingseinheiten und deren Dauer ein und übertragen Sie dies anschließend in Ihr Trainingstagebuch. Fügen Sie eine Regenerationswoche ungefähr zur Hälfte der

Zeit ein und besprechen Sie anschließend den Trainingsplan mit den Personen, die Ihnen wichtig sind.

Sie können beide Programme so anpassen, dass sie Sie auf eine 200-km-Distanz vorbereiten. Grundsätzlich sollte Ihre längste Trainingsfahrt zwei Drittel bis drei Viertel der Dauer Ihres geplanten Events entsprechen, dies gilt jedoch nicht für Veranstaltungen mit extrem langen Distanzen. Dafür sollten Sie als Vorbereitung für eine 10-stündige Fahrt über die 200-km-Distanz Ihre lange Trainingsfahrt bis auf 6:40 bis 7:30 Stunden ausdehnen. Sie können auch zwischen der Spitzenbelastungs- und der Taperingwoche eine weitere Woche einbauen und die längste Fahrt in dieser Woche absolvieren. Oder sie behalten das 8- oder 15-Wochenformat bei und steigern die Dauer der langen Fahrten, der Tempofahrten, der zügigen Fahrten und der Regenerationsfahrten etwas schneller. Wenn Sie die letztere Methode wählen, achten Sie auf eine allmähliche Steigerung und vermeiden Sie große Sprünge von Woche zu Woche.

Maximierung Ihres Trainings

Nun, da Sie Ihren Plan aufgestellt haben, betrachten wir, wie Sie die einzelnen Einheiten ausgeführt sollten, um einen maximalen Trainingserfolg zu erzielen. Jedes Trainingselement sollte mit unterschiedlichen Belastungsniveaus durchgeführt werden, dies wird im nächsten Abschnitt „Kontrolle der Trainingsleistungen" erläutert.

ABBILDUNG 6.4 Formular 15-Wochenplan

	Mo	Di	Mi	Do	Fr	Sa	So
Woche 1							
Woche 2							
Woche 3							
Woche 4							
Woche 5							
Woche 6							
Woche 7							
Woche 8 Regeneration							
Woche 9							
Woche 10							
Woche 11							
Woche 12							
Woche 13							
Woche 14 Spitzenbelastung							
Woche 15 Tapering							
Eventwoche							

Sicherheit: Vorausschauendes Fahren

Ein Auto wendet direkt vor Ihnen. Oder der Fahrer vor Ihnen bremst abrupt. Oder ein Tier läuft plötzlich auf die Straße. Solche Situationen können Ihrer Tour, Ihrem Trainingsprogramm und Ihrer geplanten Teilnahme am Event ein plötzliches Ende bereiten.

Kampfpiloten lernen, den Himmel abzusuchen und ihre Instrumente im Blick zu behalten. Wenn Sie Ihre Umgebung sondieren, statt auf einer festen Blickrichtung fixiert zu sein, können Sie Veränderungen in der Umgebung, die äußerst folgenschwer sein können, besser registrieren. Sie erkennen vielleicht, dass die Vorderräder eines Autos sich nach rechts bewegen, bevor Sie sehen können, dass das Auto abbiegt. Sie sehen vielleicht ein Schlagloch direkt vor dem Fahrer vor Ihnen. Sie könnten das Loch im Gartenzaun und den frei laufenden Hund dahinter bemerken.

Fahren Sie mit offenen Augen und Ohren. Wenn Sie nach vorn blicken, hören Sie, ob sich etwas von hinten nähert. John war vor einigen Jahren als Coach einer Gruppe in Arizona tätig. Dort erlitt eine Teilnehmerin einen Beckenbruch, weil sie von einem Lastwagen erfasst wurde. Sie hatte auf der Fahrbahn gewendet und den herannahenden Laster wegen des Windes nicht gehört.

Verlassen Sie sich nicht nur auf Ihr Gehör. Schauen Sie, falls vorhanden, in den Rückspiegel und anschließend noch einmal über die Schulter. Üben Sie eine sichere Fahrweise, sodass Sie bei auftauchenden Problemen sicher agieren anstatt instinktiv zu reagieren.

→ Achtsamkeit führt zu vorausschauendem Fahren.
→ Vorausschauendes Fahren führt dazu, vorbereitet zu sein.
→ Vorbereitet zu sein, führt zu Sicherheit.

Wöchentliche lange Fahrt

Lange Fahrten mit zunehmender Dauer bauen Ihre Ausdauer auf, indem Ihr aerobes Energiesystem trainiert wird, Fett zu verstoffwechseln und so Glykogen einzusparen. Diese Trainingseinheiten verbessern die Effizienz Ihres Herz-Kreislauf-Systems, steigern die muskuläre Ausdauer, optimieren die Fahreffizienz, gewöhnen Ihr Verdauungssystem daran, während des Fahrens zu funktionieren und machen allgemein Ihren Körper damit vertraut, längere Zeit im Sattel zu verbringen. Indem Sie jede Woche etwas länger fahren, erlangen Sie auch allmählich die Selbstsicherheit, die Sie benötigen, um die Centurydistanz zu meistern.

Denken Sie daran, entweder die kürzeren oder die längeren Einheiten konsequent zu fahren, wenn Sie trainieren. Die angegebenen Zeiten für die wöchentliche lange Fahrt beinhalten Zeiten für kurze Unterbrechungen, zum Beispiel einen kurzen Halt, um einen Snack einzukaufen jedoch keine langen Pausenzeiten wie etwa für ein Mittagessen. Nachfolgend finden Sie einige Tipps für Ihre langen Fahrten:

→ Setzen Sie sich für jede Fahrt ein oder mehrere spezifische Ziele: Das Minimalziel liegt dabei darin, eine Fahrt mit einer bestimmten Anzahl von Stunden Dauer zu bewältigen. Sie könnten darüber hinaus planen, ein bestimmtes Sportgetränk auszuprobieren oder einen neuen Sattel oder eine Shorts zu testen.

→ Wählen Sie ein für Sie geeignetes Tempo: Sie sollten während der gesamten Fahrt einschließlich der Steigungen in der Lage sein, zu sprechen. Vermeiden Sie es, mit Partnern zu fahren, die zu schnell sind. Wenn Sie in einem Tempo fahren, in dem Unterhaltung möglich ist, wird Ihr Fettstoffwechsel trainiert, dies ist nicht der Fall, wenn Sie mit zu hoher Belastung fahren. Sie können das geeignete Tempo auch mit Hilfe von Herzfrequenz, Wattmessung oder subjektivem Belastungsempfinden bestimmen, wie wir auf den folgenden Seiten erkären werden.

→ Essen und Trinken nicht vergessen! Essen Sie während der Fahrt regelmäßig, um Ihren Körper mit Energie zu versorgen, und trinken Sie, um Ihren Durst zu stillen.

→ Identifizieren Sie Ihre Problembereiche: Nutzen Sie diese Fahrten, um festzustellen, was gut klappt und was weniger gut. Wie fühlt es sich nach mehreren Stunden auf dem Rad an? Fahren Sie mit der richtigen Übersetzung? Wie ist der Sattel? Nehmen Sie ausreichend Energie auf? Bevorzugen Sie spezielle Energieprodukte für Sportler oder normale Nahrungsmittel? Die Optionen finden Sie in der Tabelle 6.2. Nutzen Sie die langen Fahrten, um Ihre individuellen Probleme zu ermitteln und Abhilfe zu schaffen.

→ Simulieren Sie Ihr geplantes Radsportevent so weit wie möglich: Wenn die Veranstaltung durch hügeliges Terrain führt, trainieren Sie dort, wo es hügelig ist. Keine Hügel in der Nähe? Fahren Sie abwechselnd mit Gegen- und Rückenwind. Wenn Ihr Event windanfällig ist, üben Sie das Fahren unter windigen Bedingungen.

→ Planen Sie einen persönlichen Rekord? Fahren Sie die lange Fahrt entsprechend. Üben Sie, ein konstantes Tempo zu halten und minimieren Sie die Pausen.

→ Möchten Sie Ihr Century auf entspannte Weise fahren? Haben Sie keine Eile. Teilen Sie die Trainingsfahrt in Abschnitte auf und machen Sie nach jedem Abschnitt halt, um Proviant zu kaufen, aber lassen Sie die Pausen nicht zu lang werden. Zehn Minuten Pause reichen aus, um wieder Energie zu tanken, ohne steif zu werden.

→ Führen Sie Protokoll: Sie haben ein Trainingsprogramm und konkrete Ziele für jede Fahrt entwickelt. Tragen Sie diese in Ihr Trainingstagebuch ein und halten Sie die entsprechenden Daten fest. Denken Sie daran, sowohl objektive Parameter (Fahrzeit, Distanz, Durchschnittsgeschwindigkeit) als auch subjektive Parameter (Befindlichkeit, Motivation Energieniveau) zu notieren. Die Überprüfung dieser Daten ermöglicht Ihnen, bei Bedarf Änderungen Ihres Programms vorzunehmen.

Tempofahrt

Die wöchentliche Tempofahrt trainiert ebenfalls das aerobe Energiesystem, in diesem Fall zur Verstoffwechselung von Glykogen. Diese Trainingseinheit ist kürzer und etwas intensiver als die Wochenendtour. Sie sollten sich bei diesen Fahrten mehr anstrengen, aber immer noch in der Lage sein, zu sprechen. Wenn Sie dabei noch singen können, ist die Anstrengung zu gering. Wenn Sie nur mit Mühe ein oder zwei Worte herausbringen, ist die Anstrengung zu hoch. Wenn Sie einen vollständigen Satz sprechen können, liegen Sie ungefähr richtig. Die Fahrt sollte sich anstrengend anfühlen, Sie sollten sich jedoch nicht total verausgaben. Denken Sie daran: Wenn Sie die längeren Ausdauerfahrten absolvieren, sollten Sie auch die längere Variante der Tempofahrten wählen. Wenn Sie jedoch am Wochenende die kürzeren Fahrten machen, können manche Wochen Ihres Plans längere Tempofahrten beinhalten.

Zügige Fahrt

Die wöchentliche zügige Fahrt trainiert die Milchsäure- und ATP-CP-Energiesysteme. Indem Sie diese Systeme trainieren, können Sie intensiver fahren, bevor Sie beginnen, signifikante Mengen von Milchsäure zu bilden. Mit der Zeit werden Sie ein stärkerer Fahrer, verbessern Ihre Bergfahrqualität und steigern Ihre Durchschnittsgeschwindigkeit über längere Distanzen. Innerhalb einer kurzen Zeitspanne können Sie mehr Leistung vollbringen, als während einer Phase kontinuierlicher Aktivität. Die höhere Belastung führt zu mehr Anpassung und dadurch zu mehr Fitness. Diese sehr fordernden Fahrten beinhalten jeweils einen Teil, in dem mit gemischten Intensitäten trainiert wird. Beispielsweise besteht in beiden Trainingsprogrammen die erste zügige Trainingsfahrt aus einer 30- bis 40-minütigen Fahrt mit 10 bis 15 Minuten gemischter Intensität. Dieser Abschnitt beinhaltet intensive Tempointervalle, aber auch Erholungsphasen – er besteht nicht aus 10 bis 15 Minuten permanenter, harter Belastung! Auf das Training mit hoher Intensität gehen wir später näher ein. Wenn Sie die lange Wochenendfahrt wählen, sollten Sie auch die längeren zügigen Fahrten absolvieren. Wenn Sie jedoch kürzere Wochenendfahrt machen, können Sie innerhalb der Woche längere Tempofahrten und zügige Fahrten absolvieren. Wenn Sie die kürzere Variante der zügigen Fahrten wählen, sollten Sie auch die kürzeren Segmente mit wechselnder Intensität absolvieren. Wenn Sie mit dem 8- oder 15-Wochenprogramm gute Trainingsfortschritte machen, können Sie – gemäß dem Prinzip der Individualität – nach der Regenerationswoche eine zweite zügige Fahrt statt der Tempofahrt in der Wochenmitte absolvieren.

Aktive Regenerationsfahrten

Sie trainieren die Woche hindurch hart, um schneller zu regenerieren, sollten Sie eine oder zwei lockere Fahrten in der Woche absolvieren. Diese Fahrten sind genauso wichtig wie die anderen. Viele Amateursportler machen den Fehler, keine Erholungstage einzulegen. Sie gehen beim Training nach der Devise „viel hilft viel" vor. Intensive Trainingseinheiten sind jedoch in gewisser Weise mit verschreibungspflichtigen Medikamenten vergleichbar: In der richtigen Dosis können sie Wunder bewirken, zu viel davon kann jedoch schädlich sein. Für eine aktive Regenerationseinheit sollten Sie gemächlich fahren, so, als hätten Sie gerade eine üppige Mahlzeit genossen. Zur Regeneration bietet es sich auch an, Besorgungsfahrten zu machen oder eine gemütliche Tour mit Ihrer Familie zu unternehmen. Packen Sie ein Mittagessen ein, vergessen Sie alle elektronischen Utensilien und fahren Sie einfach ein wenig. Sie können auch einen Hundespaziergang machen, schwimmen gehen oder mit Ihren Kindern ein wenig wandern. Legen Sie pro Woche mindestens eine aktive Regenerationseinheit ein, wenn möglich zwei. Die aktiven Regenerationsausfahrten tragen dazu bei, Stoffwechselabbauprodukte aus der Muskulatur abzuführen, sodass Sie wieder mehr Energie für Ihre weiteren Ausfahrten haben.

Ergänzungstraining

Eine kräftige Rumpfmuskulatur und gute Beweglichkeit leisten wichtige Beiträge für Ihre Leistung auf dem Fahrrad. Ein entsprechendes Training muss nicht zeitaufwendig sein. Rumpfkräftigungs- und Dehnübungen können Sie auch durchführen, während Sie mit Ihrer Familie einen entspannten Abend verbringen. Ergänzendes Krafttraining können Sie wenn möglich ein- bis zweimal wöchentlich durchführen, jeweils an Tagen mit oder ohne Radfahrtraining. Wenn Sie Kraft an Tagen trainieren, wo Sie Radeinheiten absolvieren, sollten Sie erst Rad fahren, sodass Ihre Beine noch frisch sind, und anschließend das Krafttraining durchführen. Die Übungen sind in Kapitel 3 abgebildet.

Achten Sie, während Sie Ihr Programm absolvieren, darauf, welche Muskelgruppen anfällig für Verspannungen sind und nehmen Sie sich Zeit, diese mit Hilfe der in Kapitel 3 erläuterten statischen und dynamischen Dehnübungen zu dehnen. Ergänzendes Krafttraining ist nicht sehr zeitaufwendig. Wählen Sie eine Übung für den Unterkörper und zwei für den Oberkörper – eine ziehende und eine drückende.

Komponenten des ergänzenden Krafttrainings
→ Unterkörper: Wählen Sie eine Übung, bei der der Körperschwerpunkt verändert wird, dies schult die Balance und Koordination. Ausfallschritte, Kniebeugen an der Wand mit Gymnastikball und Step-ups sind gute Übungen für den Körperschwerpunkt.
→ Oberkörperübungen drückend: Dazu zählen Bankdrücken auf dem Gymnastikball mit Kurzhanteln, Liegestützen und Schulterdrücken mit Kurzhanteln.
→ Oberkörperübungen ziehend: Dazu zählen einarmiges Rudern mit Kurzhantel, Latissimus-Ziehen und Rudern im Sitzen.

Pro Übung ein oder zwei Sätze zu je 10 bis 15 Wiederholungen ein- oder zweimal in der Woche durchzuführen, ist ausreichend für die Erhaltung des Fitnessniveaus in diesem Bereich. Weitere Informationen zum Ergänzungstraining finden Sie im Anhang dieses Buches.

TABELLE 6.1	Rumpfübungen – Sätze und Wiederholungen	
Brücke am Gymnastikball	**Beincurls am Gymnastikball**	**Beinheben auf der Rolle mit gestreckten Beinen**
1 oder 2 Sätze mit je 15 bis 20 Wiederholungen	1 oder 2 Sätze mit je 10 bis 15 Wiederholungen	1 oder 2 Sätze mit je 15 bis 20 Wiederholungen

Trainingssteuerung

Um sich zu verbessern, müssen Sie die richtige Mischung einhalten aus Trainingsvolumen, also wie viel und wie oft Sie trainieren, Trainingsintensität, also wie schwer Sie trainieren, und Regeneration, also dem Körper ermöglichen, neue Kräfte zu sammeln und stärker zu werden. Sie haben nun einen Plan, der Ihnen sagt, wie viel Sie pro Woche Rad fahren sollen und wie Sie das Training weiter aufbauen. Wie finden Sie heraus, ob Sie am Tag zu intensiv oder zu locker fahren? Sie können die Trainingsintensität mit Hilfe der Herzfrequenz, durch Wattmessung oder aufgrund des subjektiven Belastungsempfindens kontrollieren.

Herzfrequenz

Mark ist Ingenieur und beschäftigt sich gern mit Zahlen, also besorgt er sich ein Herzfrequenzmessgerät, bestehend aus einem Brustgurt mit Sender und einem Empfänger, der entweder am Handgelenk getragen oder am Lenker befestigt wird. Um den Herzfrequenzmesser richtig einzusetzen, muss Mark zunächst seine Trainingszonen ermitteln.

Die Trainingszonen beziehen sich auf Ihr aktuelles Fitnessniveau und die in Kapitel 3 beschriebenen Energiesysteme. Die entscheidende Messlatte ist die Herzfrequenz, bei der der Körper beginnt, Milchsäure in größeren Mengen zu produzieren. Diesen Punkt nennt man Laktatschwelle („lactate threshold", LT). Wenn Sie ausreichend Sauerstoff aufnehmen, um Glykogen und Fett zu verstoffwechseln, trainieren Sie im aeroben Bereich. Wenn Sie die Intensität weiter steigern, erreichen Sie irgendwann einen Punkt, an dem Sie nicht mehr genügend Sauerstoff aufnehmen, um Ihre gesamte Energie auf aerobem Wege zu erzeugen. Sie haben die Schwelle erreicht und produzieren nun auch auf anaerobe Weise Energie. Mit steigender Fitness wird die Leistung steigen, die Sie aerob produzieren können. Auch die Laktatschwelle kann sich nach oben verschieben, sodass Sie intensiver fahren können und trotzdem im aeroben Bereich bleiben.

Um Ihre Laktatschwelle zu bestimmen, sollten Sie zunächst eine Zeitfahrstrecke festlegen, die Sie zum regelmäßigen Test Ihrer Fitness nutzen können. Diese Strecke sollte rund 30 Minuten in Anspruch nehmen. Die Route kann ein Hin- und Rückweg, ein Rundkurs oder ein Berganstieg sein, wichtig ist nur, dass keine Stoppschilder, Ampeln oder sonstige Unterbrechungen vorhanden sind. Suchen Sie sich einen ruhigen Tag für das Zeitfahren aus. Wärmen Sie sich etwa 30 Minuten lang gründlich auf, einschließlich 5 Minuten intensiven und danach 10 Minuten gleichmäßigen Fahrens. Fahren Sie die Strecke dann so schnell Sie können, um Ihre durchschnittliche Herzfrequenz für das 30-minütige Zeitfahren zu bestimmen. Da Sie die durchschnittliche Herzfrequenz ermitteln möchten, die Sie während des Zeitfahrens durchhalten können, ist es wichtig, dass Sie es ruhig und nicht zu schnell am Start angehen lassen, sodass Sie später einbrechen. Fahren Sie nach dem Zeitfahren mindestens 15 Minuten lang aus. Manche Herzfrequenzmesser berechnen die durchschnittliche Herzfrequenz, tut Ihr Modell das nicht, schätzen Sie Ihren Wert nach Augenmaß. Sie können alternativ auch auf Ihrem Rollentrainer eine 30-minütige Zeitfahrt absolvieren, aber besorgen Sie sich dann einen großen Ventilator, um nicht zu überhitzen, denn das würde Ihre Herzfrequenz nach oben treiben und die Messung verfälschen.

Bei einem 30-minütigen Zeitfahren wird Ihre durchschnittliche Herzfrequenz sehr nah an Ihrer Laktatschwelle liegen. Sie können auch eine längere Strecke wählen, bei einem 60-minütigen Zeitfahren wird die durchschnittliche Herzfrequenz leicht unterhalb der Laktatschwelle liegen. Multiplizieren Sie dann diesen Wert mit 103 Prozent, um Ihre Laktatschwelle zu schätzen. Damit können Sie nun Ihre Trainingszonen definieren:

→ Aktive Regenerationszone: unter 75 Prozent der LT
→ Zone für die wöchentliche lange Fahrt: 76 bis 87 Prozent der LT
→ Zone für die wöchentliche Tempofahrt: 88 bis 94 Prozent der LT
→ Intensive Belastung während der zügigen Fahrt: 95 bis 100 Prozent der LT

Betrug Ihre durchschnittliche Herzfrequenz während des 30-minütigen Zeitfahrens 160 Schläge pro Minute (bpm), lauten Ihre Trainingszonen wie folgt:

→ Aktive Regenerationsfahrten: unter 120 bpm
→ Wöchentliche lange Fahrt: 120 bis 140 bpm
→ Wöchentliche Tempofahrt: 141 bis 152 bpm
→ Intensive Belastung während der zügigen Fahrt: 153 bis 160 bpm

Mit steigender Fitness kann sich auch Ihre Laktatschwelle nach oben verschieben, daher sollten Sie das Zeitfahren alle vier bis sechs Wochen wiederholen. Führen Sie das Zeitfahren wenn möglich jeweils zur gleichen Tageszeit, unter ähnlichen Bedingungen und mit dem gleichen Aufwärmprogramm durch. Wenn Ihre durchschnittliche Herzfrequenz ansteigt, sollten Sie Ihre Trainingszonen anpassen. Sie können Ihren Fortschritt auch daran messen, ob Sie das Zeitfahren mit höherem Tempo als zuvor fahren. Wenn Sie schneller sind, sind Sie fitter, sogar wenn Ihre Laktatschwelle sich nicht verändert hat. Da die Trainingszonen auf der individuellen Fitness basieren sollten, ist es nicht ratsam, diese mit einer Formel zu berechnen, die die Trainingszonen anhand der maximalen Herzfrequenz ermittelt. Die maximale Herzfrequenz ist abhängig vom Alter und der genetischen Veranlagung, nicht von der Fitness, und Trainingszonen, die auf der maximalen Herzfrequenz beruhen, sind ungenau. Sie sollten gut auswerten, wie Ihre Herzfrequenz auf das Training reagiert. Äußere Faktoren wie Hitze, Feuchtigkeit, Höhe und physiologische Faktoren wie Stress, erhöhte Körpertemperatur, Medikamente, Ermüdung können Ihre Herzfrequenz beeinflussen und individuell unterschiedliche Reaktionen auslösen. Lernen Sie einzuschätzen, welche Wirkung diese Einflussfaktoren auf Sie haben, indem Sie Ihr Herzfrequenzmessgerät regelmäßig beim Training benutzen und die Reaktionen Ihres Körpers auf unterschiedliche Bedingungen notieren.

Wattmessgeräte

Wie in Kapitel 5 erläutert, beruht die Kraftentfaltung auf dem Fahrrad auf der Leistungsfähigkeit des Herz-Kreislauf-Systems und auf der Muskelkraft. Herzfrequenzmesser bilden ab, was Ihr Herz-Kreislauf-System leistet und wie es sich verbessert und ermöglichen so Rückschlüsse auf Ihre gesamte Leistungsentwicklung. Wattmessgeräte erfassen die tatsächliche Leistung, die Sie auf dem Fahrrad erbringen und geben Ihnen genaueste Werte während des Trainings und zur Auswertung nach dem Training. Bei richtiger Anwendung tragen sie zu einem optimalen Training bei, man muss sich jedoch zunächst in die Materie einarbeiten. Wenn Sie Ihre maximale Leistung abrufen wollen und über die erforderliche Zeit und Disziplin zur Auswertung der Daten verfügen, sollten Sie über die Anschaffung eines Wattmessgeräts nachdenken.

Wenn Sie mit einem Wattmessgerät trainieren möchten, müssen Sie Ihre Funktionsleistungsschwelle („Functional Threshold Power", FTP) ermitteln, dies ist die durchschnittliche Leistung in Watt, die Sie während eines einstündigen Zeitfahrens aufrechterhalten können. Der Standardtest für die FTP ist ein 20-minütiges Zeitfahren. Absolvieren Sie das gleiche Aufwärmprogramm wie zur Ermittlung der durchschnittlichen Herzfrequenz an der Laktatschwelle. Wählen Sie auch hier ein für Sie geeignetes Tempo, sodass Sie während des gesamten Zeitfahrens eine etwa gleichbleibende Leistung erbringen. Daran anschließend sollten Sie sich ausfahren. Multiplizieren Sie Ihre Durchschnittsleistung, die Sie während des 20-minütigen Zeitfahrens geschafft haben, mit 95 Prozent und Sie erhalten Ihre FTP. Anhand Ihrer berechneten FTP können Sie nun Ihre Trainingszonen definieren:

→ Aktive Regenerationszone: unter 55 Prozent der FTP
→ Zone für die wöchentliche lange Fahrt: 56 bis 75 Prozent der FTP
→ Zone für die wöchentliche Tempofahrt: 76 bis 90 Prozent der FTP
→ Intensive Belastung während der zügigen Fahrt: 91 bis 100 Prozent der FTP

(Allen & Coggan, 2012)

Betrug Ihre durchschnittliche Leistung während des 20-minütigen Zeitfahrens 180 Watt, so liegt Ihr FTP bei 171 Watt (95 Prozent von 180) und Ihre Trainingszonen lauten wie folgt:
→ Fahrten zur aktiven Regeneration: unter 94 Watt
→ wöchentliche lange Fahrt: 95 bis 127 Watt
→ wöchentliche Tempofahrt: 128 bis 154 Watt
→ intensive Belastung während der zügigen Fahrt: 155 bis 171 Watt

Mit steigender Fitness kann sich auch die Funktionsleistungsschwelle nach oben verschieben, daher sollten Sie das Zeitfahren alle vier bis sechs Wochen wiederholen. Detaillierte Informationen zum Einsatz von Wattmessgeräten bietet das Buch „Wattmessung im Radsport und Triathlon" (Allen & Coggan, 2012). Die hier abgegebenen Empfehlungen basieren auf diesem Buch, wir haben sie jedoch so modifiziert, dass die Obergrenze der Trainingsintensität bei 100 Prozent anstatt bei 105 Prozent festgelegt wird.

Mit Hilfe Ihres Herzfrequenz- oder Wattmessgeräts könne Sie auch Übertraining vermeiden. An Tagen mit geringer Trainingsintensität können Sie sie nutzen, um sich zu bremsen. Ihr Training mag sich zu leicht anfühlen, aber genau darauf kommt es an.

Eine andere Möglichkeit als das Training anhand der quantitativen Daten des Herzfrequenz- oder Wattmessgeräts zu kontrollieren, ist das subjektive Belastungsempfinden als Bezugsgröße einzusetzen.

Subjektives Belastungsempfinden

Julia betreibt seit Jahren Laufsport und weiß daher genau, wie sie sich bei unterschiedlichen Belastungsintensitäten körperlich fühlt. Sie schätzt ihre Trainingsintensität anhand der Bewertung ihres subjektiven Belastungsempfindens („Rating of Perceived Exertion", RPE), auch Borg-Skala genannt, ein. Dies ist eine numerische Skala zur quantitativen Einstufung von Trainingsanstrengungen.

Für Julia ist diese Methode die richtige, weil sie leicht anzuwenden ist und keine Messgeräte benötigt werden. Beim Radfahren oder Laufen achtet sie auf ihren Körper und darauf, wie hart sie trainiert. Als sie mit dem Radsporttraining anfing, benutzte sie zunächst einen Herzfrequenzmesser, den Sie sich von Mark geliehen hatte, um ihr Körpergefühl mit den erzielten Werten abzugleichen. Dafür absolvierte Sie ein 30-minütiges Zeitfahren. Dabei ist zu beachten, dass die Laktatschwelle je nach Sportart variiert. Julias LT-Werte sind beim Laufen nicht die gleichen wie beim Radfahren. Anschließend hat sie den Herzfrequenzmesser bei einigen Ausfahrten verwendet und die Herzfrequenzdaten mit ihrem subjektiven Belastungsempfinden verglichen. Innerhalb weniger Wochen hat sie gelernt, so auf ihren Körper zu hören, dass sie ihre Belastung genau beurteilen kann. Julia stuft ihre Belastung auf einer Skala von 1 bis 10 ein, wobei 1 für das geringste Belastungsniveau steht. Die Stufe 1 kann sie über viele Stunden aufrechterhalten, die Stufe 5 eine Stunde lang und wenn sie einen Sprint mit maximaler Belastung macht, sodass sie kaum noch Luft bekommt, liegt der RPE-Wert bei 10. Dies sind die Werte für Julias Fahrten:

→ aktive Regeneration: RPE von 1 bis 2
→ wöchentliche lange Fahrt: RPE von 2 bis 3
→ wöchentliche Tempofahrt: RPE von 3 bis 4
→ intensive Belastung während der zügigen Fahrt: RPE von 5 bis 6

Auch wenn Sie vorwiegend ein Herzfrequenz- oder Wattmessgerät einsetzen, ist die RPE-Skala ein nützliches Instrument. Training anhand des subjektiven Belastungsempfindens verhilft Ihnen zu einem besseren Körperbewusstsein. Darüber hinaus sind Herzfrequenzmesser anfällig für Störungen durch Stromleitungen und andere Energiequellen und können durch Batterieversagen ausfallen. Wenn ihr Herzfrequenzmesser versagt, können Sie für die Tour die RPE-Skala einsetzen – der angenehme Nebeneffekt ist, dass Sie mehr von der Umgebung mitbekommen, wenn Sie nicht dauernd auf die Anzeige schauen. Coach John hat jahrelang einen Herzfrequenzmesser verwendet und setzt ihn noch immer für intensive Trainingseinheiten ein. Er kennt jedoch seinen Körper so gut, dass er meistens eine einfache RPE-Skala mit vier Zonen verwendet:

→ Verdauungstempo: Fahren oder Laufen wie nach einem üppigen Mittagessen
→ Unterhaltungstempo: Wie auf der langen Wochenendausfahrt mit Freunden, entspannte Unterhaltung noch möglich
→ Gegenwindtempo: Wie gegen kräftigen Gegenwind fahren, Unterhaltung in kurzen Sätzen ist noch möglich, aber Anstrengung ist definitiv spürbar
→ Kurz-vorm-Übergeben-Tempo: Wie Johns Zeitfahrgeschwindigkeit, knapp unterhalb des Punktes, an dem er sich übergeben müsste

Tabelle 6.2 zeigt, wie man die unterschiedlichen Trainingsfahrten anhand der Laktatschwelle (LT), der Funktionsleistungsschwelle (FTP), der Einstufung des subjektiven Belastungsempfindens (RPE) und der Beschreibungen von Coach Johns subjektivem Belastungsempfinden kontrolliert. Sie können sowohl anhand von quantitativen als auch von qualitativen Rückmeldungen effektiv trainieren. Beide Methoden funktionieren, also wählen Sie diejenige aus, die für Sie am sinnvollsten ist. Versuchen Sie, bei jeder Fahrt möglichst lange in der vorgesehenen Zone zu bleiben. Wenn die wöchentlichen Fahrten länger werden, schaffen Sie es möglicherweise nicht, über die gesamte Zeit in der Zone zu bleiben, die für die langen Fahrten vorgesehen ist. Es ist in Ordnung, wenn Sie dann Tempo rausnehmen. Wenn das Terrain hügelig ist, kann es sein, dass Sie beim Klettern in die Tempozone kommen. Fahren Sie dann die anschließende Abfahrt in der aktiven Erholungszone und gehen Sie danach wieder in die Zone für die lange Fahrt über.

Training mit hoher Intensität

Radsportler unterschätzen oft, welchen Stellenwert Intensitätstraining für Langstreckenfahrten hat und nehmen an, dass die Fitness einfach dadurch gesteigert wird, dass man jede Woche etwas länger fährt. Obwohl die wöchentliche Ausdauerfahrt die entscheidende Trainingskomponente ist, sollte sie doch durch Training mit höherer Intensität ergänzt werden. Diese Trainingseinheiten steigern die Durchschnittsgeschwindigkeit, geben mehr Kraft, um die Berge in Angriff zu nehmen und machen Sie insgesamt zu einem stärkeren Fahrer.

Sowohl das 8- als auch das 15-Wochenprogramm beinhalten eine wöchentliche zügige Fahrt mit intensiven Belastungsanteilen. Die erste zügige Fahrt in beiden Trainingsprogrammen ist wie folgt unterteilt: 10 bis 15 Minuten Aufwärmprogramm, 10 Minuten gemischte Intensität mit harten Belastungs- und Erholungsphasen und anschließend 10 bis 15 Minuten Ausfahren – dies macht in der Summe 30 bis 40 Minuten. Sie können das harte Belastungstraining strukturiert oder unstrukturiert durchführen. Wenn Sie nicht gerade auf Eliteniveau trainieren, ist die eine Methode nicht eindeutig besser als die andere – es kommt nur darauf an, dass Sie hart fahren,

TABELLE 6.2 Vergleich von Herzfrequenz, Leistung und subjektivem Belastungsempfinden als Trainingsinstrumente

	Herzfrequenz in Prozent der LT	Leistung in Watt in Prozent der FTP	Einstufung des subjektiven Belastungsempfindens	Hughes subjektives Belastungsempfinden
Aktive Regenerationsfahrt	<75	<55	1–2	Verdauungstempo
Wöchentliche lange Fahrt	76–87	56–75	2–3	Unterhaltungstempo
Wöchentliche Tempofahrt	88–94	76–90	3–4	Gegenwindtempo
Intensive Belastung während der zügigen Fahrt	95–100	91–100	5–6	Kurz-vorm-Übergeben-Tempo

Ihre Herzfrequenz nach oben bringen und auch ein bisschen Spaß dabei haben! Dies sind einige allgemeine Richtlinien:

→ Wählen Sie möglichst wenig befahrene Straßen: So können Sie sich auf das intensive Training konzentrieren, ohne zu sehr auf den Verkehr achten zu müssen.
→ Immer aufwärmen und nach dem Training ausfahren: Dadurch wird das Verletzungsrisiko minimiert.
→ Steigerung ist wichtig: Beginnen Sie mit kurzen Intervallen (zwei bis drei Minuten) am unteren Ende des intensiven Bereichs (95 Prozent der LT, 91 Prozent der FTP oder eine RPE von 5) und steigern Sie die Belastung hin zu längeren und härteren Intervallen.
→ Kombinieren Sie schwer und leicht: Beim Training mit gemischter Intensität sollte die Gesamtregenerationszeit mindestens genau so lang sein wie die Gesamtzeit der harten Belastung.
→ Die eigenen Grenzen erkennen: Die richtige Intensität ist wichtiger als der Umfang. Wenn Sie eine Trainingseinheit nicht vollständig durchführen können, ohne dass die Qualität der Trainingseinheit leidet, trainieren Sie lieber kürzer.
→ Trainieren Sie mit einem Partner! Gemeinsames Training steigert die Motivation.
→ Stress steigert sich. Wenn Sie sich von einer Erkrankung erholen oder durch andere Belastungsfaktoren beeinträchtigt sind, lassen Sie eine harte Trainingseinheit aus.

Ein strukturiertes Intensitätstraining besteht aus definierten Belastungs- und Ruhephasen, beispielsweise aus einer Minute Radfahren mit harter Belastung, gefolgt von einer Minute ruhigem Fahren beim 1:1-Training. Beide Phasen sind wichtig, also fahren Sie während des Belastungsintervalls maximal und während der Regenerationsphase im Tempo aktiver Regeneration. Wenn Sie während der Erholungsphase zu intensiv fahren, können Sie sich nicht vollständig erholen und werden bei der anschließenden harten Belastung nicht Ihre volle Leistung abrufen können.

Strukturierte Intensitätstrainingseinheiten

Dies sind einige Beispiele für strukturierte Intensitätstrainingseinheiten. Für alle gilt, dass die Trainingsintensität für die harten Intervalle bei 95 bis 100 Prozent der LT, 91 bis 100 Prozent der FTP und einer RPE von 5 oder 6 liegen sollte. Die Regenerationsintervalle sollten bei unter 75 Prozent der LT, unter 55 Prozent der FTP und einer RPE von 1 oder 2 durchgeführt werden. Vor den Trainingseinheiten immer aufwärmen und danach ausfahren:

→ **1:1:** Wählen Sie eine Zahl zwischen eins und fünf als Dauer für ihre Belastungs- und Erholungsintervalle, zum Beispiel drei. Fahren Sie drei Minuten lang mit hoher Belastung und anschließend drei Minuten lang zur Erholung. Wiederholen Sie die drei Minuten Fahren bei intensiver Belastung und die drei Minuten Regeneration mehrmals, bis Sie den geplanten Umfang der Intensitätsphase für diese Trainingseinheit erreicht haben. Mit zunehmendem Trainingsfortschritt können Sie die Zahl erhöhen.
→ **Leiter:** Fahren Sie eine Minute lang mit hoher Belastung und anschließend zwei Minuten zur Erholung. Anschließend zwei Minuten mit hoher Belastung und dann zwei Minuten lang regenerieren. Dann

Kapitel 6 Vorbereitungstraining für die Langstrecke

Formationsfahrten

Das Fahren in einer organisierten Formation erfordert einiges Können. Oberhalb einer Geschwindigkeit von 24 Kilometern pro Stunde ist der Luftwiderstand, sogar wenn kein Wind weht, das größte Hindernis für schnelles Fahren. Wenn mehrere Fahrer sich die Arbeit zur Überwindung des Luftwiderstands teilen, können sie durch Windschattenfahren bis zu 25 Prozent Energie einsparen. Formationsfahren lässt sich am besten in einem entsprechenden Kurs lernen.

→ Fahrer A fährt an der Spitze einer Reihe von zwei bis zu etwa einem Dutzend Fahrern. Bei längeren Formationen muss der Schlussfahrer oft mit Temposchwankungen kämpfen, die sich wellenartig durch die Reihe fortsetzen.

→ In einer Formation außerhalb eines Rennens gibt Fahrer A ein Tempo vor, das von allen gehalten werden kann, sodass keiner kämpfen muss, um dabei zu bleiben.

→ Fahrer A zieht an der Spitze kurz, etwa ein bis zwei Minuten lang, das Tempo an.

→ Kurze Tempoerhöhungen ergeben eine höhere Durchschnittsgeschwindigkeit, da der Fahrer an der Spitze abgelöst wird, bevor bei ihm Erschöpfung einsetzt.

→ Ist kein Seitenwind vorhanden, schaut Fahrer A sorgfältig, ob sich Fahrzeuge von hinten nähern, fährt dann auf die dem Verkehr zugewandte (linke) Seite und signalisiert Fahrer B, dass er sich zurückfallen lässt. Fahrer A lässt sich auf der linken Seite zurückfallen, damit die restlichen Fahrer der Formation beim Vorbeifahren an A nicht auf heranfahrende Fahrzeuge achten müssen.

→ Fahrer A fährt etwas langsamer als die anderen und ordnet sich hinter dem letzten Fahrer ein. Nähert sich von hinten Verkehr an, während A sich zurückfallen lässt, sollte A sich sofort wieder in die Reihe einordnen.

→ Bei vorhandenem Seitenwind lässt sich Fahrer A auf der Windseite der Formation zurückfallen, sodass die Reihe nicht unterbrochen wird, während A nach hinten fährt.

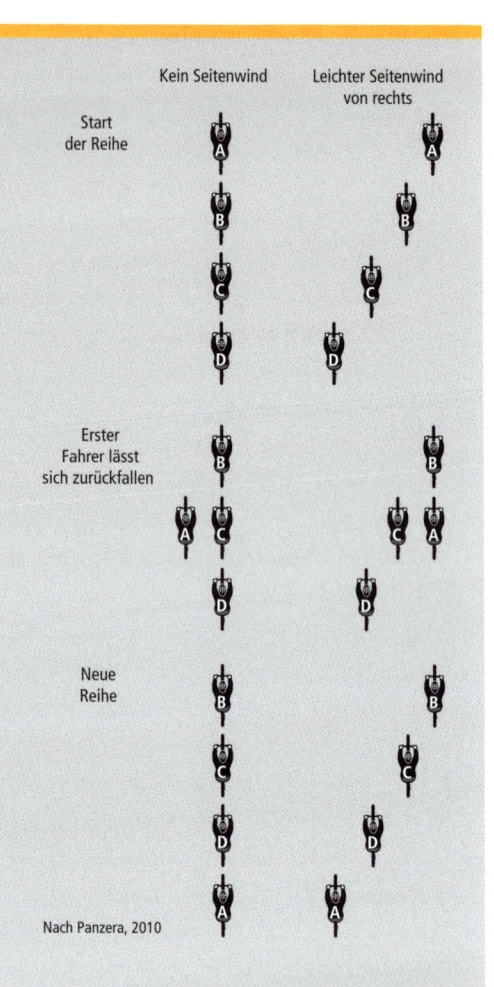

Nach Panzera, 2010

> → Fahrer B übernimmt die Position an der Spitze und achtet sorgfältig darauf, das Tempo nicht zu erhöhen. Fahrer, die neu an der Spitze fahren, sind manchmal versucht, das Tempo zu erhöhen, um zu zeigen, wie stark sie sind. Dies ermüdet jedoch die anderen Fahrer unnötig. Das Ziel liegt darin, als Team zu arbeiten und sich effizienter fortzubewegen.
> → In ebenem Gelände achtet Fahrer B sorgfältig darauf, die Geschwindigkeit von Fahrer A zu halten. In hügeligem Terrain fährt Fahrer B so, dass sein subjektives Belastungsempfinden oder seine Herzfrequenz nur leicht höher sind als zu dem Zeitpunkt, als Fahrer B von Fahrer A gezogen wurde.
> → Fahrer B zieht für eine oder zwei Minuten das Tempo an und lässt sich dann zurückfallen. Fahrer C übernimmt die Führung.
> → Wenn die beteiligten Fahrer unterschiedlich fit sind, können sie die Dauer ihrer Führungsarbeit variieren.

drei Minuten intensiv und drei Minuten Erholung. Danach wieder abnehmend zwei intensiv und zwei Minuten regenerativ, dann eine intensiv und eine Minute Regeneration.

→ Abnehmend: Vier Minuten intensiv fahren und vier Minuten erholen, dann drei Minuten intensiv und drei Minuten Erholung, anschließend zwei Minuten intensiv und zwei Minuten Erholung und schließlich eine Minute intensiv und eine Minute Erholung. Bei dieser Einheit nimmt die Dauer des Schmerzes im Verlauf ab!

→ Bergintervalle: Suchen Sie sich eine Steigung aus, die Sie in drei bis vier Minuten hinauffahren können. Fahren Sie die Steigung mit hoher Intensität, drehen Sie um, fahren Sie runter und rollen Sie zur Erholung noch etwas aus, bevor Sie den Anstieg wieder in Angriff nehmen. Wiederholen Sie dies einige Male und versuchen Sie, jedes Mal ein wenig schneller hinaufzufahren. Sie können auch versuchen, innerhalb von drei Minuten so weit wie möglich zu fahren und beim nächsten Mal versuchen, noch etwas weiter zu kommen.

→ Distanzintervalle: Suchen Sie sich eine Strecke aus, für die Sie drei bis fünf Minuten Zeit benötigen. Fahren Sie die Strecke, so schnell Sie können, erholen Sie sich und fahren Sie sie erneut, diesmal noch etwas schneller.

→ Zeitfahren: Ob Sie mit einem Herzfrequenzmesser, einem Wattmessgerät oder nach RPE trainieren, Sie sollten auf jeden Fall alle vier bis sechs Wochen ein Basis-Zeitfahren absolvieren. Versuchen Sie jedes Mal, den Kurs etwas schneller als zuvor zu fahren. Notieren Sie die Ergebnisse in Ihrem Trainingstagebuch. Wenn Sie einen Herzfrequenzmesser benutzen, berechnen Sie dann die Herzfrequenzzonen neu, bei Verwendung eines Wattmessgeräts die entsprechenden Trainingszonen.

Offene Intensitätstrainingseinheiten

Sie müssen sich nicht zum Sklaven der Werte auf einem Herzfrequenzmesser machen. Hier einige Anregungen, wie Sie ohne besondere

Ausrüstung Intensitätselemente in Ihr Training aufnehmen können:

→ Den Berg hochhämmern: Fahren Sie mit Freunden und legen Sie an Anstiegen Wettfahrten ein.

→ Nach Hause fliegen: Das Wetter schlägt um? Sie müssen sich beeilen, pünktlich zu einer wichtigen Veranstaltung zu kommen? Dann wird es Zeit, kräftig in die Pedale zu treten.

→ Fahren gegen den Wind: Wenn es keine Anstiege in Ihrer Nähe gibt, fahren Sie gegen den Wind und wechseln Sie zur Erholung die Richtung.

→ Fahren in schnellen Gruppen: Nehmen Sie an einer schnellen Vereinstour teil. Wenn die Gruppe zu schnell für Sie ist, geben Sie dem Anführer Bescheid, dass Sie sich für eine Weile zurückfallen lassen – fühlen Sie sich nicht verpflichtet, das Tempo bis zum Schluss mitzugehen. Für Ausfahrten mit einem Rennradklub müssen Sie sich die Technik des Formationsfahrens aneignen, wie wir im Folgenden erläutern werden.

→ Fahren Sie bei Vereinsrennen mit: Nehmen Sie an örtlichen Jedermannrennen teil. Fordern Sie sich in Zeitfahren gegen andere Fahrer.

→ Spielerisches Fahren: Fahren Sie mit Ihren Freunden aus Spaß um die Wette bis zum nächsten Briefkasten. Oder fahren Sie 100 Pedalumdrehungen schnell, sobald Sie ein Auto in einer bestimmten Farbe sehen. Lassen Sie bei Gruppenfahrten eine Person für einige Minuten ausreißen. Holen Sie ihn gemeinsam ein und lassen Sie dann den nächsten Fahrer ausreißen. Engen Sie sich bei diesen Fahrten nicht durch formelle Zwänge ein, lassen Sie Ihre Fantasie spielen und fahren Sie intensiv.

Weitere Information über den Nutzen des Trainings mit hoher Intensität und über die Trainingsgestaltung finden Sie in Johns im Anhang aufgeführter Veröffentlichung „Intensity: How to Plan and Gauge the Most Effective Training".

Gleich welchen Ansatz Sie verfolgen, indem Sie Training mit hoher Intensität in Ihr Programm aufnehmen, erhöhen Sie Ihre Durchschnittsgeschwindigkeit bei längeren Fahrten, sind stärker am Berg und können in Gruppen mithalten, wenn das Tempo erhöht wird.

Ernährung

Denken Sie an die Energiesysteme, die den Treibstoff für Ihre Muskeln bereitstellen, so wie in Kapitel 3 beschrieben. Wenn Sie während der langen Fahrten und der Regenerationsfahrten das aerobe System beanspruchen, werden Glykogen und Fett als Energielieferanten verstoffwechselt. Beschleunigen Sie etwas zur Tempofahrt, verbrennen Sie immer noch Fett, aber verbrauchen zunehmend Glykogen. Während der zügigen Fahrt verbrennen Sie weiterhin eine Mischung von Energielieferanten, während harter, intensiver Beanspruchungen greifen Sie jedoch hauptsächlich auf Glykogen zurück. Ihr Körper kann ausreichend Glykogen für lediglich 60 bis 90 Minuten harter Beanspruchung beim Fahren oder mehrere Stunden Ausdauerfahren speichern. Daraus folgt, dass Sie beim Fahren essen müssen.

Anhand der Informationen aus Kapitel 4 können Sie Ihren Kalorienverbrauch beim Fahren abschätzen. Mark wiegt rund 77 Kilogramm zum Ende seines Grundlagentrainings. Wenn er mit 24 Kilometern pro Stunde fährt, verbrennt er rund 750 Kalorien pro Stunde. Julia ist durch den regelmäßigen Laufsport schlank und wiegt 45 Kilogramm. Sie verbrennt bei 24 Kilometern pro Stunde rund 450 Kalorien pro Stunde. Auch leichte Menschen verbrauchen viel Energie! In Kapitel 4 haben wir die Empfehlung ausgesprochen, bei mehrstündigen Trainingsfahrten pro Stunde Radfahren 25 bis 60 Gramm oder 100 bis 240 Kalorien, und zwar vorwiegend aus einer Mischung von Kohlenhydraten, zu sich zu nehmen. Wenn Ihre Fahrten länger werden, empfehlen wir den Konsum von Kohlenhydraten in einer Menge von 60 bis 90 Gramm oder 240 bis 360 Kalorien pro Stunde in Kombination mit etwas Eiweiß und Fett. Wenn Sie ungefähr die gleiche Konstitution wie Mark haben, orientieren Sie sich am oberen Ende der Empfehlung, entspricht sie eher der von Julia, orientieren Sie sich am unteren Ende. Sie verdauen die Nahrungsmittel besser, wenn Sie im Verlauf einer Stunde mehrmals kleine Mengen unterschiedlicher Nahrung aufnehmen, statt einmal in einer Stunde nur ein Nahrungsmittel zu essen. Konsumieren Sie Obst, Marmeladen- oder Rosinenbrot, Müsliriegel, Energieriegel, Sportgetränke und andere Nahrungsmittel, die Ihnen gut schmecken. Trinken Sie beim Fahren so, dass Sie Ihren Durst stillen, nicht mehr. Tabelle 6.3 enthält Nährstoffinformationen zu beliebten und leicht konsumierbaren Nahrungsmitteln und Getränken.

Man kann nicht sagen, dass bestimmte Produkte Vorteile gegenüber anderen haben. Sportgetränke, Riegel und Gels sind in der Anwendung bequemer als herkömmliche Nahrungsmittel, kosten jedoch auch mehr und machen keinen besseren Radsportler aus Ihnen. Lesen Sie immer die Etiketten auf den Nahrungsmitteln, damit Sie über die Gesamtkalorien und den Kalorienanteil aus Kohlenhydraten informiert sind. Wählen Sie anschließend das aus, was Ihnen gut schmeckt und was Sie gut vertragen.

TABELLE 6.3 **Nährstoffinformationen beispielhafter Radverpflegung**

Essen	Menge	Kalorien	Kohlenhydrate (g)
Apfel	1 mittelgr.	100	25
Banane	1 mittelgr.	105	27
PowerBar (Cherry Cranberry Twister)	100 g	363	71
High5 (Karamel)	100 g	396	69
Clif Bar (Chocolate Chip)	100 g	357	54
High5 Energygel Plus	100 g	260	65
GU Energy Gel	100 g	312	78
Rosinen	42 g	130	34
Getränk	Menge	Kalorien	Kohlenhydrate (g)
Ultra Sports Buffer	500 ml	170	31,5
Isostar Hydrate & Perform	500 ml	148	34,8
Sponser Long Energy	500 ml	145	31,5
Cola	500 ml	210	52,5
Fruchtsaft (Apfel)	500 ml	230	55

Angaben aus: Clark und Hegmann 2005 und von ausgewählten Händlern und Herstellern

Regeneration

In Kapitel 3 haben wir ausgeführt, dass der Körper während der Regeneration stärker wird, nicht während des Trainings, daraus folgt, dass eine angemessene Erholung während der Wochen und Monate der Vorbereitung auf Ihr Radsportevent von entscheidender Bedeutung ist. Verschiende Methoden helfen Ihnen, Ihren Körper optimal zu erholen und die bestmögliche Leistung abzurufen.

Tägliche Regeneration

Die Qualität des morgigen Trainings hängt davon ab, was Sie heute tun, um sich zu regenerieren. Täglich ein wenig Zeit für Ihre Regeneration aufzuwenden, trägt dazu bei, dass Sie Ihr Energieniveau und Ihre Motivation behalten. Achten Sie auf Ihr Allgemeinbefinden während des Trainings.

→ Dehnen: Ihr Trainingsprogramm wird immer anspruchsvoller, je weiter sie sich entwickeln. Dehnübungen mindestens dreimal pro Woche lindern Schmerzen und bereiten den Körper auf die nächste Fahrt vor.

→ Ernährung: Beim Fahren verbrennen Sie mehr Kalorien, als Sie durch das Essen auf dem Rad aufnehmen. Achten Sie nach dem Training darauf, ausreichend zu essen und zu trinken, damit Sie bereit für den nächsten Tag sind. Wenn Sie abnehmen möchten, sollten Sie über den Tag verteilt etwas weniger essen, statt eine ganze Mahlzeit nach der Fahrt ausfallen zu lassen.

→ Schlaf: Ausreichend Schlaf ist wichtig für den Trainingserfolg und für die allgemeine Gesundheit. Gehen Sie wenn möglich etwas früher zu Bett und vermeiden Sie, im Bett fernzusehen oder zu lesen. Geben Sie Ihrem Gehirn die Möglichkeit, abzuschalten.

Wöchentliche Regeneration

Neben der täglichen Regeneration sollten Sie die folgenden Maßnahmen wöchentlich anwenden, um sich umfassend physisch und psychisch zu vitalisieren:

→ Aktive Regeneration: Sowohl die langen als auch die intensiven Fahrten führen zur Anreicherung von Stoffwechselabbauprodukten und zu Muskelkater. Aktive Regenerationsfahrten, Spaziergänge mit dem Hund, Fangen spielen oder schwimmen tragen zu einer schnelleren Erholung bei.

→ Massage: Professionelle Radrennfahrer erhalten regelmäßig Massagen. Wenn Sie keine Gelegenheit haben, sich massieren zu lassen, können Sie sich auch selbst eine am Wochenende geben:

Selbstgemachte Massagelotion: 240 ml Franzbranntwein, 240 ml Zaubernussextrakt, etwas Wintergrünöl (als Wärmespender) und etwas Olivenöl (für die Haut) mischen.

Massageort: Breiten Sie ein Handtuch auf Ihrem Bett oder einer Gymnastikmatte aus und setzen Sie sich darauf.

Aufwärmen: Tragen Sie Massagelotion auf und beginnen Sie, mit zügigen, leichten Auf- und Abbewegungen Ihrer Hände einen Quadrizeps und die Knieregion zu massieren. Führen Sie dies einige Minuten lag durch, bis die Muskeln sich warm anfühlen.

Dehnen. Setzen Sie sich dann so hin, dass das Knie des angewärmten Beins leicht gebeugt und die Muskeln entspannt sind. Greifen Sie den Quadrizeps dieses Beins mit beiden Händen und bewegen Sie die rechte Hand leicht nach links und die linke nach rechts, so wird der Muskel gedehnt. Anschließend die Richtung wechseln. Massieren Sie den Quadrizeps einige Minuten lang. Führen Sie mit den Fingern kreisförmige Bewegungen an den Stellen durch, an denen der Quadrizeps an den Seiten des Knies verankert ist.

Ausstreichen: Tragen Sie nach dem Dehnen mehr Massageöl auf den Quadrizeps auf. Streichen Sie einige Minuten lang sanft vom Knie bis zur Hüfte, dann in die andere Richtung und üben Sie dabei mehr Druck mit dem Handballen aus. Erhöhen Sie langsam den Druck, um vorhandene Knoten zu lösen. Massieren Sie nach dem Quadrizeps auch die hintere Oberschenkelmuskulatur und dann die Wade. Wiederholen Sie dies mit dem anderen Bein.

→ Badewanne und Sauna. Wenn Sie keine Gesundheitsprobleme haben, bietet sich ein kurzes Wannenbad oder ein Saunagang zur Entspannung an. Ihre Körpertemperatur steigt dabei an und Sie geraten ins Schwitzen, vergessen Sie daher nicht, eine Wasserflasche griffbereit zu haben.

Problembereiche

Bei langen oder intensiven Fahrten treten in Ihren Muskeln Mikrotraumata auf. Wenn die eben genannten wöchentlichen Erholungsmaßnahmen nicht ausreichen, um Ihre Schmerzen zu lindern, versuchen Sie eine Eisbeutelanwendung oder eine Massage mit der Hartschaumrolle:

→ Eisanwendung: Hierfür füllen Sie den Inhalt von zwei oder drei Eiswürfelschalen so in ein Handtuch, dass das Eis an einer Seite nur von einer Lage des Handtuchs bedeckt ist. Feuchten Sie anschließend diese Seite an und legen Sie sie auf die betroffenen Muskeln oder Gelenke. Das ist zwar eine etwas nasse Angelegenheit, aber das feuchte Handtuch leitet die Kälte besser als ein Plastikbeutel. Lassen Sie das Eis für etwa 15 bis 20 Minuten auf der betroffenen Region. Das Eis dient dazu, den Entzündungsprozess einzudämmen. Wenn Sie es länger dort belassen, transportiert Ihr Körper Blut in die Region, um eine Erfrierung zu verhindern, dadurch wird der entzündliche Prozess verstärkt. Zur Behandlung einer Verletzung sind zwei bis drei Eisbehandlungen pro Tag optimal. Bei punktuellen Schmerzen kann eine Eismassage wirkungsvoll sein. Lassen Sie Wasser in einem Pappbecher gefrieren und reißen Sie anschließend einen Teil des Bechers ab, sodass eine Art Eistüte entsteht. Reiben Sie das frei liegende Eis auf die schmerzende Stelle.

→ Hartschaumrolle: Verwenden Sie eine Hartschaumrolle, die gleiche, die wir für die Übungen in Kapitel 3 empfohlen haben zur Linderung von Verspannungen. Weil die Muskeln mit dem Körpergewicht, das auf der Rolle ruht, bearbeitet werden, ist die Massage mit der Rolle tiefenwirksamer als eine Handmassage. Eine richtig durchgeführte Massage mit der Rolle kann wirksamer sein als eine Handmassage, sie kann aber bei der Behandlung von Verspannungen auch schmerzhafter sein.

Anpassung des Trainings

Erfolgreiche Sportler hören eher auf ihren Körper, statt sich sklavisch an einen Plan zu halten. Mithilfe eines Trainingstagebuchs können Sie Ihre Leistung im Laufe der Zeit nachverfolgen. Die drei sichersten Anzeichen für potenzielles Übertraining sind Ihre Einstellung, Ihre Leistung und Ihr Ruhepuls. Freuen Sie sich, aufs Rad zu steigen, wenn die Zeit fürs Training gekommen ist? Absolvieren Sie Ihre Trainingseinheiten ungefähr so schnell wie in der vergangenen Woche? Ist Ihr Ruhepuls vor dem Aufstehen um mehr als zehn Prozent angestiegen? Wenn eines dieser Anzeichen an einem Tag ungünstig ist, muss dies nichts bedeuten, aber wenn über mehrere Tage Ihre Motivation gering, Ihre Fahrleistung unbefriedigend oder Ihr morgendlicher Ruhepuls erhöht ist, kann es sein, dass Sie eine zweite Regenerationswoche nötig haben. In einer Regenerationswoche sollten Sie das Gesamttrainingsvolumen um etwa die Hälfte reduzieren, dabei aber die Kombination der Trainingseinheiten aufrechterhalten. Sieht der Plan beispielsweise eine lange Fahrt von 5 Stunden, eine Tempofahrt von 90 Minuten und eine zügige Fahrt von 90 Minuten mit 30 Minuten gemischter Intensität vor, können Sie eine lange Fahrt von 2 oder 2,5 Stunden, eine 45-minütige Tempofahrt und eine 45-minütige zügige Fahrt mit 15 Minuten gemischter Intensität absolvieren. Wenn Ihnen trotzdem der Biss fehlt, legen Sie eine sehr ruhige Woche ein, in der Sie nur einige Spaziergänge oder Regenerationseinheiten absolvieren. Übertraining zu vermeiden ist einfacher, als sich von Übertraining zu erholen. Wenn Sie eine Regenerationswoche einlegen, sollten Sie nicht versuchen, das verringerte Volumen in der nächsten Woche wieder wettzumachen. Ändern Sie vielmehr Ihr Programm so, dass Sie das Training weiterhin progressiv steigern.

Weil ein systematischer Ansatz für das Vorbereitungstraining auf die Centurydistanz bessere Ergebnisse erbringt, beruhen die in diesem Kapitel erläuterten 8- und 15-Wochentrainingspläne auf den folgenden Prinzipien:

→ Progressive Überlastung: Das wöchentliche Gesamtvolumen wird allmählich gesteigert.

→ Individualität: Sie können die Dauer der Trainingseinheiten innerhalb gewisser Bereiche selbst bestimmen und so Ihrem Fitnessniveau und Zeitbudget gerecht werden.

→ Spezifität: Sie verbringen die meiste Zeit auf dem Fahrrad, um radsportspezifische Ausdauer und Leistungskraft zu entwickeln.

→ Variation: Sie absolvieren Fahrten auf unterschiedlichen Intensitätsniveaus, begleitet von ergänzendem Training.

→ Regeneration: Sie regenerieren regelmäßig und nutzen die Regenerationswoche und die Taperingphase, um die empfindliche Balance zwischen Training und Erholung zu halten.

Im nächsten Kapitel betrachten wir, was in den letzten Wochen vor dem Start wichtig ist: genaue Informationen über die Veranstaltung sammeln, die Feinabstimmung der Taperingphase, der Umgang mit Lampenfieber vor dem Event, sich vor dem Rennen richtige ernähren und die Ausrüstung überprüfen. Wir werden auch über die Veranstaltung selbst sprechen und Themen wie die Wahl des richtigen Tempos, Essen und Trinken während der Veranstaltung und die Bewältigung auftretender Probleme behandeln.

Kapitel 7

Centurys und 200-km-Events erfolgreich bewältigen

Kapitel 7 Centurys und 200-km-Events erfolgreich bewältigen

Der Countdown läuft – der große Tag naht! Genau wie Mark und Julia haben Sie anhand der in Kapitel 6 vorgestellten Programme einen Trainingsplan konzipiert und abgearbeitet. Der wöchentliche Mix aus langen Fahrten, aktiver Regeneration und schnellen Trainingseinheiten hat Ihre Fitness gesteigert und nun freuen Sie sich auf das Century oder 200-km-Event. Ihre Vorbereitung in den letzten Wochen vor der Veranstaltung wird dazu beitragen, dass Sie die Veranstaltung erfolgreich absolvieren. In diesem Kapitel beschreiben wir die entscheidenden Elemente, auf die Sie sich in diesen Wochen konzentrieren sollten. Wir nehmen den Tag der Veranstaltung in den Blick – von dem, was vor der Fahrt zu tun ist und wie Sie Ihren Energiehaushalt bis zur Ziellinie im Griff haben. Wir haben auch einige Checklisten aufgestellt, die Hilfestellungen für die Vorbereitung und den Start geben. Halten Sie diese Checklisten bereit, damit Sie während der späteren Kapitel darauf zurückgreifen können.

Einschätzung und Planung

Denken Sie an die Selbstbeurteilung und die Ziele zurück, die Sie im Rahmen von Kapitel 2 aufgestellt haben. Fahren Sie zum ersten Mal die Centurydistanz? Möchten Sie eine persönliche Bestzeit erreichen? Die erste Century- oder 200-km-Veranstaltung zu fahren, ist anders, als Ihre schnellsten 160 oder 200 Kilometer zu fahren. Ihre Ziele könnten sich im Verlauf des Trainings geändert haben, daher erleichtert es die Planung vor der Veranstaltung, wenn Sie sich noch einmal Ihrer Ziele vergewissern. Unternehmen Sie danach die notwendigen Schritte zur Planung des Events. Informieren Sie sich über die Veranstaltung, legen Sie fest, wie Sie anreisen werden und entwickeln Sie einen spezifischen Veranstaltungsplan.

Information über die Veranstaltung

Machen Sie sich so umfassend wie möglich ein Bild über die Veranstaltung. Hierzu einige Vorschläge:

→ Nutzen Sie die verfügbaren Quellen: Für die meisten Veranstaltungen sind Internetpräsenzen eingerichtet, die Informationen rund um das Event bieten. Auf manchen Websites finden sich auch Diskussionsforen, in denen Sie von Teilnehmern Informationen aus erster Hand zu der Veranstaltung erhalten können. Nehmen Sie direkten Kontakt mit den Organisatoren auf und stellen Sie die Fragen, die Sie beschäftigen.

→ Terrain: Wo befinden sich die Anstiege? Wenn Ihre Veranstaltung mit einem 300 Meter langen Anstieg beginnt, sollten Sie Ihr Starttempo mit Bedacht wählen. Wie steil sind die Anstiege? Wie lang sind sie? Viele Veranstaltungswebsites stellen Streckenprofile zur Verfügung.

→ Streckenplan: Für die meisten Veranstaltungen werden Streckenpläne erstellt (siehe Abbildung 7.1), die die genaue Wegbeschreibung vom Start bis zum Ziel enthalten und die Position der Verpflegungsstationen angeben. Die Organisatoren veröffentlichen die Streckenpläne erst etwa eine Woche vor der Veranstaltung, um – falls nötig – noch kurzfristige Änderungen vornehmen zu können. Wenn Sie den Plan erhalten, gehen Sie ihn mehrmals durch, damit Sie wissen, wie Sie die Strecke fahren müssen. Nehmen Sie bei Unklarheiten Kontakt mit den Organisatoren auf, das ist allemal besser, als sich möglicherweise während der Veranstaltung zu verirren. MapQuest, Google Maps und andere Kartensoftware kann hilfreich sein, ist jedoch nicht immer frei von Fehlern. Fertigen Sie mehrere Kopien des Streckenplans an und bringen Sie diese in verschiedenen Plastikbeuteln unter, für den Fall, das ein Exemplar verloren geht oder unleserlich wird.

→ Wetter: Welche Art von Wetter ist typisch für die Region? Könnte es regnen? Was ist mit dem Wind? Viele Websites informieren über Durchschnittstemperaturen, Niederschlag, vorherrschende Winde und sonstige Wetterverhältnisse für einen bestimmten Ort und die jeweilige Jahreszeit.

→ Reglement: Machen Sie sich im Vorfeld der Veranstaltung mit dem gesamten Reglement vertraut und achten Sie besonders auf Regeln, die Einfluss auf Ihr Fahren haben könnten. Bei bestimmten Veranstaltungen ist beispielsweise die Verwendung von Aero-Lenkeraufsätzen nicht gestattet.

→ Straßenverhältnisse: Prüfen Sie kurz vor der Veranstaltung, ob die Strecke durch Straßenarbeiten beeinträchtigt wird. Als Dan beim „Great Alaska Century 2009", auch bekannt als „Fireweed 100", teilnahm, war der Straßenbelag kilometerweit aufgerissen, sodass er auf rohem Schotter fahren musste.

→ Verpflegungsstationen: Wie viele gibt es? Wenn nur eine oder zwei vorgesehen sind, müssen Sie mehr Proviant und Flüssigkeit mit sich führen. Welche Art von Nahrungsmitteln und Getränken werden angeboten? Bei den meisten Verpflegungsstationen gibt es Obst, Gebäck, Wasser und Sportgetränke. Ist Ihre bevorzugte Verpflegung dabei? Wo sind die Verpflegungsstationen positioniert? Befindet sich eine Station direkt vor einem größeren Anstieg, sollten Sie möglicherweise vermeiden, viel zu essen, bevor Sie die Steigung bewältigen müssen. Sie könnten Proviant in die Taschen stecken und erst dann essen, wenn Sie die Steigung hinter sich haben. Andererseits eignet sich eine Verpflegungsstation vor einer langen Abfahrt hervorragend, um wieder Energie zu tanken.

→ Besenwagen: Bei vielen Veranstaltungen wird ein sogenannter Besenwagen eingesetzt – ein Fahrzeug, das von Helfern als Schlussfahrzeug gefahren wird und dazu dient, den Fahrern zu helfen und Informationen an die Veranstaltungsleitung weiterzugeben. Bei manchen Veranstaltungen wird technische Hilfe angeboten, während andere lediglich Fahrer, die aufgeben müssen, mitnehmen und zum Zielpunkt fahren.

→ Notfallnummern: Ist eine besondere Telefonnummer für Notfälle angegeben? Schreiben Sie diese Nummer auf den Streckenplan und speichern Sie sie in Ihrem Handy. Denken Sie daran, dass in manchen Gebieten kein Mobilfunknetz zur Verfügung steht.

→ 200-km-Brevets: Die Regeln eines Brevets sehen vor, dass Sie eine Brevet-Karte mitführen und diese an bestimmten Orten, den Kontrollpunkten, abzeichnen lassen. Machen Sie sich im Vorfeld mit der Position der Kontrollpunkte vertraut. Finden Sie auch heraus, ob beim Brevet Verpflegungsstationen und sonstige Unterstützung wie bei einer organisierten Centuryveranstaltung angeboten werden oder ob die Fahrt ohne Betreuung stattfindet. Dann müssen

> ## Was macht man, wenn es wehtut oder keinen Spaß macht?
> *Von Paul Carpenter*
>
> Zur guten Planung und Vorbereitung gehört auch, Notfallpläne parat zu haben, wenn etwas schiefläuft. Bei längeren Veranstaltungen ist es wahrscheinlich, dass Sie auch widrige Umstände bewältigen müssen. Diese mentalen Strategien können Sie beherzigen, wenn Sie in schwierige Situationen geraten.
>
> → Geraten Sie nicht in Panik: Beurteilen Sie die Situation. Bei allen Langstreckenfahrten ist es wahrscheinlich, dass einmal Schmerzen auftreten oder sich sonstige Probleme ergeben. Unterscheiden Sie zwischen Schmerzen, die Sie überwinden können, und solchen, bei denen Vorsicht besser ist als Nachsicht.
> → Entspannen Sie sich: Atmen Sie tief durch, konzentrieren Sie sich auf das Radfahren und koordinieren Sie Ihre Atmung mit der Pedalbewegung. Das hilft Ihnen, die Aufmerksamkeit neu auszurichten, nämlich weg vom Schmerz, und sich neu zu sortieren, sodass Sie eine vernünftige Entscheidung treffen können.
> → Bleiben Sie optimistisch: Denken Sie nicht negativ und reden Sie sich nicht selbst in ein Loch hinein, aus dem Sie nicht mehr herauskommen. Behalten Sie Ihre Zuversicht und vertrauen Sie auf Ihre gute Vorbereitung.
> → Führen Sie positive Selbstgespräche: Sprechen Sie positive Selbstbestätigungen aus, wie „Ich kann das", „Ich werde das überwinden", „Ich habe dafür trainiert", „Ich bin gut vorbereitet", „Ich habe das schon oft gemacht".

Sie Vorräte mitnehmen und sich auf der Strecke mit Essen und Trinken eindecken. Schauen Sie sich Jenny Hegmanns Vorschläge zu Essen aus dem Supermarkt in Kapitel 4 an.

Sie sollten sich so gründlich wie möglich über die Gegebenheiten Ihrer Veranstaltung informieren und im Vorfeld alle etwaigen Unklarheiten ausräumen. Auch wenn Sie dieses Event seit 20 Jahren fahren, können sich bestimmte Einzelheiten ändern. Am Tag der Veranstaltung möchte man keine unliebsamen Überraschungen erleben.

Anreise zum Event

Sie können es sich einfach machen und eine Veranstaltung in der Nähe Ihres Wohnorts aussuchen. Wenn Sie eine längere Anreise in Kauf nehmen, können Sie neue Landschaften, neue Eindrücke und andere Fahrer kennenlernen. Egal ob die Veranstaltung in der gleichen Stadt oder in einer anderen Ecke des Landes stattfindet, planen sollten Sie die Anfahrt in jedem Fall:

Anreise mit dem Auto:
Wenn Sie mit dem Auto anreisen, sind einige Punkte zu beachten:

- → Seien Sie zielorientiert: Was müssen Sie tun, um weiterfahren zu können? Wie können Sie das abstellen, was Sie plagt? Konzentrieren Sie sich auf das, was Sie ändern können, statt auf Dinge, die Sie nicht beeinflussen können.
- → Konzentrieren Sie sich auf kleine Ziele: Kleine Erfolge führen zu größeren Erfolgen. Fahren Sie noch 30 Minuten weiter oder bis zur nächsten Verpflegungsstation. Wenn Sie weiter machen, erreichen Sie Ihr Ziel. Vermeiden Sie, schon bei kleinen Schwierigkeiten vom Rad zu steigen, denn wenn Sie erst einmal angehalten haben, fällt es schwer, wieder aufzusteigen.
- → Sehen Sie widrige Bedingungen als Chance an: Konzentrieren Sie sich darauf, warum Sie an dieser Veranstaltung teilnehmen. Scheuen Sie sich nicht, Ihre Ziele anzupassen, wenn die Situation dies erfordert.
- → Machen Sie eine kurze Pause: Nehmen Sie sich etwas Zeit, um mental abzuschalten. Geben Sie nicht bei der ersten Schwierigkeit auf.

Denken Sie daran, dass eine Herausforderung, der Sie sich gestellt haben, und eine Schwierigkeit, die Sie überwunden haben, viel befriedigender sind als ein leicht erreichtes Ziel.

Paul Carpenter: Sieger beim Race Across the West 2008, Professor für Sportpsychologie am Department of Kinesiology and Physical Education der Northern Illinois University, DeKalb, Illinois

- → Machen Sie sich mit dem Weg zur Veranstaltung vertraut. Nichts ist frustrierender, als sich zu verfahren und nicht rechtzeitig am Veranstaltungsort einzutreffen.
- → Wenn Sie mit einer Fahrgemeinschaft fahren, sollten Sie sichergehen, dass alle Mitfahrer richtig über den Treffpunkt und die Abfahrtszeit informiert sind.
- → Sind Besonderheiten hinsichtlich der Parkplätze zu beachten? Bei manchen Veranstaltungen sind gesonderte Parkflächen abseits der Startzone ausgewiesen.
- → Packen Sie Ihre Ausrüstung am Vorabend mithilfe der Checkliste in Tabelle 7.2 ins Auto und überprüfen Sie doppelt, ob Sie alles eingepackt haben. Sie wollen nicht am Start bemerken, dass Sie Ihre Schuhe zu Hause vergessen haben!
- → Transportieren Sie Ihr Fahrrad wenn möglich im Auto, wo es vor Wettereinflüssen und Unfallschäden geschützt ist. Wenn Sie einen Dachgepäckträger verwenden, vergewissern Sie sich, dass das Fahrrad sicher befestigt ist. Wir halten nicht viel von Heckgepäckträgern, weil das Fahrrad bei Auffahrunfällen leicht beschädigt werden kann.

Anreise mit dem Flugzeug:
Wenn Sie per Flugzeug zur Veranstaltung anreisen, müssen Sie oder Ihr Händler das Fahrrad in einen Transportkarton oder Hartschalenkoffer verpacken. Kartons sind wenig belastbar und sollten daher verstärkt sein. Hartschalenkoffer sind teuer, daher werden Sie von manchen Händlern zur Miete angeboten. Ein Fahrrad muss unbedingt korrekt verpackt werden, damit es nicht zu Beschädigungen kommt. Eine gute Beschreibung, wie man ein Fahrrad in einen Transportkarton einpackt, wurde von „Adventure Cycling" erstellt, einer amerikanischen Non-Profit-Organisation, die auf Fahrradreisen spezialisiert ist (siehe Anhang). Wenn Ihr Fahrrad verpackt ist, können Sie es mit ins Flugzeug nehmen oder von einem Kurierdienst wie UPS versenden lassen. So oder so kann das Fahrrad versichert und der Versand nachverfolgt werden. Dies ist wichtig, falls das Fahrrad fehlgeleitet oder beschädigt wird. Das Fahrrad als Fluggepäck mitzunehmen, kann bequemer sein, weil sie es nicht schon im Voraus verpacken und versenden müssen und es gleichzeitig mit Ihnen am Zielort eintrifft. Andererseits finden Sie es vielleicht lästig, den Papierkram erledigen und das Fahrrad am Flughafen mitschleppen zu müssen. Die Fluggesellschaften verlangen immer höhere Gebühren, daher kann ein Versand per Kurierunternehmen billiger sein. Sie senden Ihr Fahrrad einfach an eine Adresse, an der Sie es problemlos abholen können – zum Beispiel an einen Verwandten, Freund oder einen Fahrradhändler. Das bedeutet jedoch, dass Sie das Fahrrad bereits deutlich vor der Veranstaltung verpacken und versenden müssen.

Service am Zielort:
Wenn Sie zum Event anreisen müssen, reservieren Sie frühzeitig eine Unterkunft, da Übernachtungsmöglichkeiten bei beliebten Veranstaltungen oft sehr schnell ausgebucht sind. Nehmen Sie bei der Auswahl Ihrer Unterkunft direkten Kontakt mit dem Hotel auf, um sich zu vergewissern, dass während Ihres Aufenthalts dort keine andere Veranstaltung stattfindet, die Ihnen den Schlaf rauben könnte.

Machen Sie vor der Veranstaltung die nächstgelegene Fahrradwerkstatt ausfindig und erkundigen Sie sich, welche Leistungen diese anbietet. Im Vorfeld der Veranstaltung sind die Fahrradwerkstätten möglicherweise sehr beschäftigt. Ist die Werkstatt bereit, Ihr Fahrrad gegen eine Gebühr zusammenzubauen, falls Sie es versenden? Wenn ja, versenden Sie es frühzeitig, damit die Werkstatt ausreichend Zeit zur Montage hat. Falls Sie bestimmte Sportgetränke und Energieriegel bevorzugen, sind diese beim Händler vor Ort erhältlich oder müssen Sie sie mitbringen? Wenn Sie spezielle Komponenten wie zum Beispiel Aero-Laufräder verwenden, verfügt der Händler über einen qualifizierten Mechaniker und die nötigen Ersatzteile, um gegebenenfalls ein beim Versand beschädigtes Laufrad zu reparieren? Um einen optimalen Service zu erhalten, sollten Sie im Voraus mit dem Händler sprechen und einen guten Draht zu ihm finden.

Die Veranstaltung planen

Nachdem Sie die spezifischen Informationen zu Ihrer Veranstaltung gesammelt haben, können Sie planen, wie Sie die Veranstaltung in Bezug auf Ihre Ziele, Ihr Tempo und die Zeit, die Sie an den Verpflegungsstationen verbringen, angehen werden. Denken Sie an Ihre wöchentlichen langen Ausfahrten zurück. Sicher waren manche davon hervorragend, manche mittelprächtig und manche weniger gut.

Bei Veranstaltungen ist das ähnlich. Wir möchten zwar jedes Mal unser Bestes geben, manchmal erfordern die Umstände jedoch, dass wir unsere Erwartungen überdenken. Denken Sie bei Ihrer großen Veranstaltung über drei mögliche Szenarien nach:

1. Sie fahren richtig gut. Sie haben das richtige Tempo gewählt, verbringen nicht zu viel Zeit an den Verpflegungsstationen und nehmen Verpflegung und Flüssigkeit in angemessenen Mengen auf. Machen Sie so weiter, aber seien Sie nicht zu enthusiastisch. 160 Kilometer dauern lange, und auch wenn Sie sich zunächst sehr gut fühlen, können Sie im späteren Verlauf, zum Beispiel bei Kilometer 130, einbrechen, wenn Sie sich anfangs zu sehr belastet haben.
2. Sie erleben einen normalen Tag. Nehmen Sie wie gehabt Verpflegung und Flüssigkeit zu sich und achten Sie auf Ihr Tempo. Machen Sie an den Verpflegungsstationen Halt, aber trödeln Sie nicht.
3. Sie erleben einen nicht so guten Tag. Keine Sorge – das kann jedem passieren. Nehmen Sie etwas das Tempo heraus, achten Sie auf Ihre Ernährung und konzentrieren Sie sich auf Ihre Fahrt. Energieniveau und Stimmung können während einer Veranstaltung deutlich schwanken. Nehmen Sie sich einige Extraminuten Zeit an den Verpflegungsstationen, um sich zu dehnen und neu zu sortieren.

Mark ist analytisch veranlagt, daher nimmt er sein Trainingstagebuch und den Streckenplan zur Hand. Auf Grundlage der Daten seiner langen Trainingsfahrten erstellt er einen Plan für ein Rennen, bei dem es gut läuft: Er notiert die Startzeit, die zu erwartende Ankunftszeit an den einzelnen Verpflegungsstationen, die voraussichtlichen Pausenzeiten und die so errechnete Endzeit. Auf diese Weise erstellt er auch einen Plan für ein Rennen, das durchschnittlich läuft, und einen für ein Rennen, das nicht so gut läuft, sodass er eine Vorstellung davon bekommt, wie sich die unterschiedlichen Szenarien entwickeln könnten.

Julia ist ein eher intuitiver Typ. Sie macht Yoga und progressive Muskelentspannung zur Entspannung. Sie entschließt sich, die drei Szenarien an drei aufeinanderfolgenden Abenden mithilfe der im Folgenden beschriebenen Technik zu visualisieren. Für eine detaillierte Visualisierung der drei Szenarien nimmt sie sich jeweils etwa eine Stunde Zeit. Am ersten Abend nimmt Sie sich den weniger guten Tag vor, am nächsten den mittelmäßigen und den hervorragenden Tag am dritten Abend, sodass sie positiv gestimmt für Ihr bevorstehendes Event ist.

Training

In den letzten Wochen vor Ihrer Veranstaltung verschiebt sich der Schwerpunkt des Trainings, und zwar weg von der Verbesserung der physischen Konstitution hin zur gezielten Vorbereitung auf das Event sowie der Aufrechterhaltung der Fitness bei gleichzeitiger Speicherung von Energie für das Rennen.

Profiteams fahren zur Vorbereitung im Training die Route ab und entwickeln eine spezifische Taktik für das Rennen. Wenn Ihr Event in Ihrer Nähe stattfindet, können Sie es genauso machen. Teilen Sie die Veranstaltungsdistanz in Teilabschnitte ein und fahren Sie diese an unterschiedlichen Tagen ab, sodass Ihr Körper sich an die Anforderungen der Strecke gewöhnt und Sie sich mit dem Streckenplan vertraut machen können. Fahren Sie ein- oder mehrmals die Teilabschnitte mit den Passagen ab, die Sie besonders schwierig finden, zum Beispiel die Anstiege, damit Sie während der Veranstaltung auf die Erfahrung zurückgreifen können, dass Sie sie bewältigen können. Wenn Sie nicht die Möglichkeit haben, die Veranstaltungsroute abzufahren, trainieren Sie auf ähnlichem Terrain.

Ihr Training sieht in den letzten zwei Wochen vor der Veranstaltung eine Taperingphase vor. Der Zweck liegt darin, das Fitnessniveau zu halten und zugleich Energie für die Veranstaltung zu speichern. So kurz vor dem Start können Sie Ihre Fitness nicht mehr steigern, aber sie kann einbrechen. Daher ist jetzt nicht der Zeitpunkt, ein versäumtes Trainingspensum nachzuholen. In den 8- und 15-wöchigen Programmen, die wir in Kapitel 6 dargestellt haben, sind die Taperingphasen gleich gehalten.

Woche 8 und Woche 15: Tapering

→ Lange Fahrt von 2:30 bis 3:30 Stunden am Wochenende vor der Veranstaltung. Diese Fahrt ist etwa halb so lang wie Ihre längste Fahrt und dient der Aufrechterhaltung Ihrer Ausdauer.

→ Eine moderate Tempofahrt in der Wochenmitte von 60 bis 90 Minuten Dauer und eine zügige Fahrt in der Woche von 60 bis 90 Minuten Dauer, davon 15 bis 20 Minuten mit gemischter Intensität. Diese zwei Fahrten dienen dazu, Ihre Leistung aufrechtzuerhalten.

→ Eine aktive Regenerationsfahrt von 40 bis 60 Minuten Dauer sowie eine optionale zweite Regenerationsfahrt von 20 bis 30 Minuten Dauer. Diese Fahrten bewirken, dass Sie sich lockern.

→ Zwei Rumpfkräftigungseinheiten von je 10 bis 20 Minuten und drei Dehneinheiten von je 10 bis 20 Minuten. In Kombination mit den Regenerationsfahrten werden diese Einheiten dazu beitragen, dass Sie sich von all dem harten Training erholen.

→ Kein Krafttraining

Woche 9 und Woche 16: Century

→ Tempofahrt von 30 bis 40 Minuten in der Wochenmitte

→ Zwei Fahrten zur aktiven Regeneration von je 20 bis 30 Minuten

→ Zwei Rumpfkräftigungseinheiten von je 10 bis 20 Minuten und drei Dehneinheiten von je 10 bis 20 Minuten

In der Taperingphase empfehlen wir, die im vorherigen Kapitel beschriebenen Regenerationstechniken einzusetzen. Dehnen, Massagen, Hartschaumrollenmassagen und ausreichend Schlaf werden dazu beitragen, dass Sie sich frisch für Ihre Veranstaltung fühlen.

Mentale Vorbereitung

Das Tapering sollten Sie auch nutzen, um sich mental vorzubereiten. Die psychologische Komponente ist im Ausdauersport von entscheidender Bedeutung. Durch einfache Entspannungs- und Visualisierungsübungen können Sie Ihre Herzfrequenz und Ihren Blutdruck absenken, den Transport von Blut in

Ihre Muskeln steigern, die Anspannung in den Muskeln lindern und Ihre Konzentration und Ihr Selbstvertrauen steigern.

Es gibt viele beliebte und wirkungsvolle Techniken, unter anderem Entspannungsmusik, Yoga, Tai-Chi und Meditation. Je mehr Sie eine Technik praktizieren, desto mehr Nutzen kann sie entfalten. Progressive Muskelentspannung und Visualisierung können bei der Vorbereitung auf ein Rennen besonders hilfreich sein.

Progressive Muskelentspannung

Für die progressive Muskelentspannung setzen oder legen Sie sich an einen ruhigen Ort. Wenn Sie mögen, können Sie dabei entspannende Musik hören. Beginnen Sie mit dem linken Fuß und spannen Sie alle Muskeln im Fuß an, indem Sie fünf Sekunden lang die Zehen anziehen, und halten Sie dabei die Luft an. Atmen Sie anschließend 30 Sekunden lang sanft aus und entspannen Sie dabei die Muskeln. Spannen Sie nun nacheinander die weiteren Regionen Ihres Körpers von unten nach oben an und entspannen Sie sich danach wieder:

→ linker Unterschenkel
→ linker Oberschenkel
→ wiederholen mit rechtem Fuß, rechtem Unter- und Oberschenkel
→ linke Hand und linker Unterarm
→ gesamter linker Arm
→ wiederholen mit rechter Hand, rechtem Unterarm und gesamtem rechten Arm
→ Bauch
→ Brustmuskeln
→ Nacken und Schultern
→ Unterkiefer und Gesicht

Durch diese Technik entspannen Sie nacheinander alle wichtigen Muskelgruppen und lernen, zwischen angespannten und entspannten Muskeln zu unterscheiden. Viele von uns haben häufig angespannte Muskeln, ohne dies zu bemerken. Mit der Zeit führt dies meist zu Spannungskopfschmerz, Erschöpfung und Stress. Wenn Sie ein Gefühl für die progressive Muskelentspannung gewonnen haben, können Sie mit ihrer Hilfe die Anspannung Ihrer Muskeln im Tagesverlauf kontrollieren und lernen, bewusst zu entspannen.

Sie können die progressive Muskelentspannung durch geführte Visualisierung weiter ausbauen. Stellen Sie sich vor, Sie sind an einem entspannenden Ort wie etwa einem Strand und versuchen Sie, mit allen Sinnen die Situation zu sehen, hören, riechen und fühlen – die Wellen, die Möwen, das salzige Meerwasser, die Sonne und die Meeresbrise. Wenn Sie sich immer wieder den gleichen Ort vorstellen, erhöht dies den Entspannungseffekt. Progressive Muskelentspannung können Sie zur allgemeinen Steigerung Ihres Wohlbefindens das ganze Jahr über praktizieren.

Sie können diese Techniken aber auch gezielt als Unterstützung für Ihr Radtraining einsetzen. Um das Auftreten von Nervosität beim Training und insbesondere vor dem Start eine Veranstaltung zu vermeiden oder einzudämmen, suchen Sie sich einen ruhigen Platz zum Sitzen, konzentrieren Sie sich auf die Entspannung Ihrer Muskeln und stellen Sie sich vor, Sie seien an Ihrem mentalen Ruheort.

Visualisierung

Durch Visualisierung oder eine Art mentale Generalprobe versuchen Sie, sich mit allen Sinnen Ihr Radsportevent und Ihre Bestleistung dort vorzustellen. John hat diese Technik eingesetzt, bevor er den Streckenrekord beim 1.200-km-Langstreckenrennen Boston–Montreal–Boston aufgestellt hat.

Beginnen Sie mindestens einige Tage vor der Veranstaltung mit der progressiven Muskelentspannung und suchen Sie in Ihrer Vorstellung Ihren Ruheort auf. Stellen Sie sich vor, Sie befänden sich am Start Ihres Events. Denken Sie nicht darüber nach, sondern versetzen Sie sich einfach in die Szenerie. Setzen Sie alle Ihre Sinne ein. Was sehen Sie? Überall Fahrer und Fahrräder in bunten Farben. Was hören Sie? Menschen unterhalten sich und Veranstaltungshelfer checken Fahrer ein. Was riechen Sie? Den Duft von frischem Kaffee und Backwaren. Am wichtigsten ist, dass Sie sich auf Ihr Gefühl konzentrieren. Stellen Sie sich vor, dass Sie entspannt und konzentriert zum Startblock rollen und bereit für ein großes Rennen sind. Hören Sie, wie Sie in die Pedale einklicken. Fühlen Sie, wie Sie zügig starten und fahren wie bei ihren besten langen Touren. Fühlen Sie, wie mühelos sich das Treten anfühlt. Sehen Sie, wie die Straße unter Ihren Reifen verschwimmt. Visualisieren Sie sich weiter selbst über den gesamten Verlauf der Veranstaltung hinweg. Je mehr Zeit Sie damit verbringen und je lebendiger und überzeugender Sie die Bilder gestalten können, desto weniger nervös werden Sie am Tag der Veranstaltung sein.

Wie bei anderen Fähigkeiten auch erfordern Entspannungs- und Visualisierungstechniken einige Übung, bis Sie sie beherrschen. Mit etwas Geduld und Fleiß werden Sie immer besser werden. Mentales Training führt zu mehr Selbstsicherheit, höherer Leistung und nicht zuletzt mehr Spaß bei der Veranstaltung. Weitere Informationen finden Sie im Anhang in Johns Artikel über mentale Trainingstechniken.

Ausrüstung vorbereiten

Nach all dem harten Training und der sorgfältigen Planung sind Probleme mit Ihrem Fahrrad etwas, auf das Sie getrost verzichten können. Bringen Sie Ihr Fahrrad etwa zwei Wochen vor der Veranstaltung zur Inspektion und Feinabstimmung in die Werkstatt. Dieses Zeitpolster verschafft der Werkstatt die Möglichkeit, gegebenenfalls noch benötigte Teile zu bestellen, und lässt Ihnen Zeit für einige Testfahrten nach der Feinabstimmung. Wenn Sie ein versierter Mechaniker sind, können Sie dies auch selbst erledigen.

Wie schon erwähnt, ist es hilfreich, ein freundliches Verhältnis zu seinem Fachhändler aufzubauen. Mitarbeiter in Fahrradläden sind oft stark beschäftigt, besonders zu Beginn der Saison oder vor wichtigen Veranstaltungen. Wenn Sie den Mitarbeitern beim Abholen Ihres Fahrrads Kaffee oder Kuchen spendieren, können Sie ihnen damit zeigen, dass Sie ihre Arbeit zu schätzen wissen. Wenn Sie einmal in der Klemme sitzen, werden sich die Mitarbeiter sicher an Ihre Freundlichkeit erinnern.

Ihre Bekleidung sollten Sie bereits gründlich getestet haben. Tragen Sie bei einer Veranstaltung keine neuen Kleidungsstücke, auch wenn Sie den Hersteller schon kennen. Wenn Sie empfindliche Haut haben, sollten Sie ihre Radsportkleidung mit dem gleichen Waschmittel waschen wie Ihre Alltagskleidung. Tabelle 7.1 zeigt eine Ausrüstungscheckliste zur Kontrolle vor der Fahrt, die Sie immer zur Hand haben sollten, insbesondere auch für die längeren Fahrten, die wir in den späteren Kapiteln beschreiben.

TABELLE 7.1	Ausrüstungscheckliste
Ob Sie Ihr Rad selbst warten oder dies vom Fachhändler durchführen lassen – prüfen Sie, ob Folgendes ersetzt werden sollte:	
Reifen und Schläuche	
Kette bei über 2.400 km Laufleistung	
Kassette oder Freilauf bei Verschleiß oder mit jeder dritten neuen Kette	
Fahrradcomputerbatterien, wenn über ein Jahr alt, zusätzlich die Metallkontakte mit feinem Sandpapier säubern	
Schalt- und Bremszüge	
Bremsschuhe	
Lenkerband	
Überprüfen Sie auch Folgendes:	
Satteltasche auf Verschleiß	
Schläuche, Flicken und frischer Flickenkleber sowie Pumpe oder CO_2-Kartuschen	
Trinkblase und Trinkflaschen auf undichte Stellen. Zur Überprüfung einer Trinkblase verschließen Sie diese, pusten Luft hinein und drücken Sie zusammen. Halten Sie dann Ihr Ohr daran und hören Sie, ob Luft entweicht. Auf die gleiche Weise die Trinkflasche schließen und zusammendrücken, dabei hören, ob Luft entweicht.	
Trinkblasen und -flaschen auf Sauberkeit. Verschmutzte oder von Schimmel befallene Getränkebehälter können zu Erkrankungen führen, also sollten Sie diese reinigen oder ersetzen.	
Pedalplatten auf festen Sitz und Verschleiß	
Bekleidung auf Sauberkeit und guten Zustand	

Warten Sie nicht bis zur letzten Minute. Überprüfen Sie Ihre Ausrüstung mehrere Wochen im Voraus. Wenn Sie bestimmte Dinge von der Liste austauschen müssen, besorgen Sie diese unverzüglich.

Ernährung

Essen ist Ihr Treibstoff, achten Sie daher in den letzten Wochen vor der Veranstaltung besonders gut auf Ihre Ernährung. In Kapitel 4 haben Sie Ihren täglichen Kalorienbedarf ermittelt. Falls Sie vorhaben, abzunehmen, haben Sie Ihre Kalorienzufuhr möglicherweise um bis zu 20 Prozent reduziert. In den letzten zwei Wochen vor der Veranstaltung ist es aber ratsam, Ihren gesamten Kalorienanteil zu sich zu nehmen, damit Ihre Energiespeicher gut gefüllt sind. Zur optimalen Auffüllung Ihrer Glykogenspeicher sollten Sie in den letzten Tagen vor der Veranstaltung die Aufnahme von Kohlenhydraten steigern und den Anteil von Fett und Eiweiß reduzieren. Ihre tägliche Nährstoffaufnahme ist idealerweise wie folgt zusammengesetzt:

→ 70 bis 75 Prozent der Gesamtkalorien aus Kohlenhydraten,
→ 15 bis 20 Prozent der Gesamtkalorien aus Fett und
→ 10 Prozent der Gesamtkalorien aus Eiweiß.

Achten Sie darauf, bei der Erhöhung des Kohlenhydratanteils nicht auch mehr Fett in Form von Butter oder gehaltvollen Saucen zu sich nehmen. Ihr Körper speichert das zusätzliche Glykogen mit Wasser, daher sollten Sie sich keine Sorgen machen, wenn Sie bei der kohlenhydratreichen Ernährung etwas zunehmen.

TABELLE 7.2 Packliste Event

Fahrrad und Zubehör:
- Fahrrad
- Satteltasche
- Ersatzschläuche und Flickset
- Werkzeug (siehe Kapitel 5)
- Rahmenluftpumpe oder CO_2-Kartuschen
- Computer, Herzfrequenzmesser und Wattmessgerät, falls Sie eines verwenden
- Standpumpe
- Trinkflaschen oder Trinkrucksack

Bekleidung und Accessoires:
- Helm und Spiegel
- Trikot
- Shorts
- Handschuhe
- Socken
- Schuhe
- Stirnband oder Helmmütze
- Armlinge, Knie- oder Beinlinge
- Windweste, -jacke oder Regenjacke
- Brille
- Saubere Kleidung zum Wechseln im Ziel

Verpflegung:
- Wasser
- Sportgetränk zum Mitnehmen und bevorzugtes Sportgetränk in Pulverform, falls dieses nicht an den Verpflegungsstationen angeboten wird
- Bevorzugte Verpflegung zum Mitnehmen wie Obst, Kekse, Riegel und Gels
- Zielverpflegung: Regenerationsgetränke und -speisen

Persönliche Gegenstände:
- Wegbescheibung zum Start
- Streckenplan und Notfallnummer der Veranstaltung
- Führerschein oder Personalausweis
- Kontaktangaben zu Personen, die im Notfall zu benachrichtigen sind
- Mobiltelefon mit einprogrammierter Notfallnummer
- Krankenversicherungskarte
- Verschriebene Medikamente
- Sonnencreme und Lippenbalsam
- Hygiene-Set
- Bargeld
- Kamera
- Kleines Notizbuch oder Visitenkarten zum Austausch von Kontaktinformationen

Sie haben experimentiert, um die Speisen und Getränke zu finden, mit denen Sie am besten zurechtkommen; Sie haben geübt, ausreichend Kalorien und Flüssigkeit zu sich zu nehmen und Sie haben gelernt, Ihre Verpflegung beim Fahren sicher zu handhaben, zu öffnen und zu verzehren. Stellen Sie anhand Ihrer Erkenntnisse ein Paket von Gegenständen zusammen, die Sie zur Veranstaltung mitnehmen. Dazu gehört auch die Verpflegung für vor, während und direkt nach der Veranstaltung. Zwar werden bei den meisten Veranstaltungen Speisen und Getränke angeboten, vielleicht sind es aber nicht die, die Sie bevorzugen. Wenn Sie ein bestimmtes Sportgetränk bevorzugen und nicht sicher sind, dass es beim Rennen verfügbar ist, nehmen Sie dieses in Pulverform mit und bereiten es sich mit Wasser selber zu. Lassen Sie sich nicht dazu verleiten, etwas Neues auszuprobieren. Sie werden eine Menge Ausrüstung zur Veranstaltung mitnehmen und die vollständige Packliste in Tabelle 7.2 hilft Ihnen, das Risiko zu minimieren, dass Sie etwas vergessen.

Letzte Vorbereitungen

Die letzten 24 Stunden vor der Veranstaltung können hektisch werden und vielleicht werden Sie sich durch die vielen Details überwältigt fühlen. Die Checkliste in Tabelle 7.3 hilft Ihnen, den Überblick zu behalten und entspannt zu bleiben.

Am Start

Jetzt geht es los! Das harte Training und die lange Vorbereitung liegen hinter Ihnen. Nun entspannen Sie sich, lassen Sie alles auf sich wirken und vergessen nicht den Spaß an der Sache. Um erfolgreich zu fahren, sollten Sie auf die folgenden wichtigen Aspekte achten.

Finden Sie Ihr Tempo:
Manche Fahrer gehen ein Rennen nach dem Startschuss sehr schnell an. Wenn Sie nicht gerade eine persönliche Bestzeit erreichen wollen, lassen Sie sich nicht verleiten, sich an sie ranzuhängen. Wählen Sie Ihre Gruppe sorgfältig aus und fahren Sie Ihr eigenes Tempo. Durch die Aufregung beim Start könnten Sie schneller fahren, als Sie sollten, also lassen Sie es in den ersten 30 Minuten entspannter angehen. Denken Sie daran, dass die Gruppe, die das richtige Tempo für Sie fährt, sich oft hinter Ihnen befindet! Wenn Sie ein Herzfrequenzmessgerät verwenden, sollten Sie daran denken, dass Ihre Herzfrequenz gegenüber den Werten Ihrer Trainingsfahrten erhöht sein kann. Nutzen Sie in diesem Fall alternativ das subjektive Belastungsempfinden zur Orientierung. Bei einem Wattmessgerät schwanken die Werte oft. Versuchen Sie, diese im gleichen Bereich zu halten wie bei Ihren langen Trainingsfahrten.

Schauen Sie auf Ihren Streckenplan
Legen Sie ein Exemplar des Streckenplans in einen am Lenker angebrachten Kartenhalter, halten Sie ihn in der Trikottasche griffbereit oder heften Sie ihn an ein Bein Ihrer Shorts, damit Sie ihn bei Bedarf schnell griffbereit haben. Das andere Exemplar bewahren Sie an einer anderen Stelle auf. Manche Organisato-

TABELLE 7.3 Checkliste vor dem Rennen

Am Abend vorher:

Nehmen Sie ein gutes Abendessen zu sich, um Ihre Energiespeicher komplett aufzufüllen. Essen Sie vor der Veranstaltung nur gewohnte Speisen, keine, die neu für Sie sind.

Packen Sie so viel wie möglich schon am Abend, damit Sie am Veranstaltungsmorgen keine Energie durch Hektik verlieren.

Überprüfen Sie mithilfe der Checklisten Ihre Ausrüstung und packen Sie alles ein mit Ausnahme der Dinge, die Sie in letzter Minute mitnehmen werden.

Überprüfen Sie alles doppelt oder lassen Sie es durch eine zweite Person überprüfen.

Ein zweites Augenpaar sieht vielleicht Dinge, die Ihnen nicht aufgefallen sind.

Entspannen Sie sich! Tun Sie etwas, das Ihnen hilft, abzuschalten und gut zu schlafen.

Am Morgen vor dem Event:

Schließen Sie die Vorbereitungen möglichst frühzeitig ab.

Schauen Sie sich Ihren Plan noch einmal an. Sie schaffen es!

Praktizieren Sie die Entspannungs- und Visualisierungsübungen.

Frühstücken Sie gut, aber essen Sie nur das, von dem Sie wissen, dass es Ihnen gut bekommt. Bevorzugen Sie vorwiegend Kohlenhydrate mit niedrigem glykämischem Index und etwas Eiweiß und Fett, um Schwankungen des Blutzuckerspiegels zu vermeiden.

Trinken Sie mit Bedacht. Durch die Aufregung vor der Veranstaltung kann es sein, dass Sie die Flüssigkeit sehr schnell wieder ausscheiden.

Brechen Sie frühzeitig auf, damit Sie in Ruhe zum Veranstaltungsort gelangen.

Kurz vor dem Start:

Packen Sie Ihr Fahrrad, Ihre Bekleidung und sonstige Ausrüstung aus und melden Sie sich an, bevor Sie sich unter die Teilnehmer mischen.

Checken Sie Ihr Fahrrad und Ihre Ausrüstung kurz durch:

- Reifen aufgepumpt?
- Reifen sauber?
- Bremsen funktionieren?
- Schaltung funktioniert reibungslos?
- Trinkflaschen oder Trinkblase gefüllt?
- Satteltasche, Ersatzschläuche und Werkzeug dabei?
- Pumpe oder CO_2-Kartuschen dabei?
- Falls Sie Computer, Herzfrequenzmesser und Wattmessgerät verwenden, sind die Geräte funktionsbereit?
- Helm, Handschuhe und Schuhe in Ordnung?
- Streckenplan und Proviant griffbereit?
- Sind wie in Tabelle 7.2 vorgschlagen Führerschein, Krankenversicherungskarte, Notfallkontaktinformationen, Mobiltelefon und sonstige persönliche Gegenstände in der Trikot- oder Satteltasche?

Toiletten sind oft besetzt. Gehen Sie frühzeitig, damit Sie Ihren Start nicht verpassen.

Vergessen Sie beim Abschließen Ihres Autos nicht die Schlüssel.

---

ren markieren die Straße mit Richtungspfeilen, wenn jedoch bereits andere Markierungen vorhanden sind, kann es zu Schwierigkeiten bei der Bestimmung der richtigen Richtung kommen. Verlassen Sie sich nicht darauf, dass die anderen Fahrer die richtige Richtung wählen, kontrollieren Sie jeden Richtungswechsel selbst.

Fahren in der Gruppe:

Das Fahren in einer Gruppe erhöht den Spaß, aber fahren Sie weiter konzentriert und auf-

Sicherheit: Umgang mit Hindernissen auf der Straße oder am Straßenrand

Straßen sind schmutzig. Sie müssen mit Glas, Schotter, Rollsplitt und rauem Asphalt rechnen oder auch mit Schlaglöchern, Reifen und anderen größeren Hindernissen. Der Umgang damit kann entscheidend dafür sein, ob Ihre Fahrt zu einem guten oder weniger guten Erlebnis wird. Das folgende Gefahrenmanagement trägt dazu bei, dass Sie von Problemen verschont bleiben:

1. Antizipieren: Schauen Sie immer nach vorn, um Probleme frühzeitig zu erkennen, auch wenn Sie in einer Gruppe fahren.
2. Aufmerksam sein: Seien Sie sich Ihrer Umgebung bewusst. Fahren Sie mit anderen Fahrern? Nähern sich Fahrzeuge von hinten? Solche Umstände schränken Ihre Reaktionsmöglichkeiten auf Hindernisse ein.
3. Abschätzen: Stellen Sie fest, welche Risiken und mögliche Konsequenzen sich durch das Hindernis ergeben, wie zum Beispiel:
   – Rauer Asphalt kann unangenehm zu befahren sein
   – Glas kann Reifenpannen verursachen
   – Schotter und Rollsplitt können dazu führen, dass Sie die Kontrolle über Ihr Rad verlieren
   – Schlaglöcher oder Reifenteile können zu Stürzen führen
4. Andere warnen: Wenn Sie in einer Gruppe fahren, weisen Sie Ihre Mitfahrer mündlich und durch Signale auf Probleme hin.
5. Entscheiden: Entscheiden Sie unter Berücksichtigung Ihrer Umgebung, der Art des Hindernisses, des Risikos und der möglichen Konsequenzen, wie Sie mit der Situation umgehen. Manchmal ist es die beste Lösung, das Hindernis zu überfahren.
6. Schaden begrenzen: Wenn Sie durch Glasscherben gefahren sind, halten Sie unverzüglich an und überprüfen Sie, ob sich Scherben in den Reifen befinden. Lassen Sie jeden Reifen über Ihren Handschuh laufen und suchen Sie dann beide Reifen auf Schäden ab. Sind Sie über größere Gegenstände gefahren, überprüfen Sie den Reifendruck und drehen Sie beide Laufräder, um zu überprüfen, ob sie rund laufen. Das braucht einige Minuten Zeit – aber bei Weitem nicht so lange wie eine Reifenreparatur!

Mit Wasser gefüllte Schlaglöcher sind besonders problematisch. Sie wissen nicht, wie tief sie sind, welche Beschaffenheit ihre Oberfläche hat und wie scharf die Kanten sind. Vermeiden Sie nach Möglichkeit, solche Schlaglöcher zu durchfahren. Nutzen Sie Ihre aktiven Regenerationsfahrten, um den Umgang mit verschiedenen Problemen zu üben:

→ Wenn Sie durch Glasscherben gefahren sind, streifen Sie Scherben mit dem Handschuh ab, während Sie fahren. Halten Sie dabei den Lenker gut fest und richten Sie den Blick auf die Straße. Legen Sie dann eine Hand vor der Bremse auf den Reifen, sodass die Hand nicht durch vom drehenden Reifen in die Bremse gezogen wird.

> → Wenn Sie durch Glasscherben gefahren sind, streifen Sie Scherben mit dem Handschuh ab, während Sie fahren. Halten Sie dabei den Lenker gut fest und richten Sie den Blick auf die Straße. Legen Sie dann eine Hand vor der Bremse auf den Reifen, sodass die Hand nicht durch den drehenden Reifen in die Bremse gezogen wird.
> → Beim Durchfahren von Schotter den Lenker etwas lockerer lassen, sodass das Vorderrad sich von selbst eine Linie suchen kann. Fahren Sie vorsichtig, damit das Hinterrad nicht durchdreht.
>
> Üben Sie das Gefahrenmanagement, bis es für Sie zur selbstverständlichen Gewohnheit wird.

merksam, wenn Sie sich gerade mit dem Nebenmann unterhalten. Auch wenn Sie nicht an der Spitze fahren, sollten Sie auf die Straße achten und Ihre Mitfahrer auf potenzielle Probleme hinweisen. Fahren Sie gleichmäßig in einer geraden Linie und weisen Sie mündlich oder durch ein Signal darauf hin, wenn Sie Ihre Position oder Geschwindigkeit ändern wollen. Achten Sie darauf, dass Ihr Vorderrad nicht mit einem anderen Hinterrad überlappt.

Fahren in Formation:
Bei Geschwindigkeiten über 24 Kilometer pro Stunde und bei Wind spart das Fahren in Formation ein beträchtliches Maß an Energie. Denken Sie an den in Kapitel 6 geschilderten Ablauf: Fahren Sie in einer Geschwindigkeit, bei der alle mithalten können, ziehen Sie das Tempo kurz an und halten Sie sorgfältig nach Verkehr Ausschau, bevor Sie sich zurückfallen lassen. Wenn kein Seitenwind herrscht, wählen Sie die dem Verkehr zugewandte Seite, bei Seitenwind die Windseite. Achten Sie beim Fahren in Formation auf Fahrer, die den Ablauf möglicherweise nicht kennen.

Essen und Trinken:
Die erste Stunde geht schnell vorbei, beginnen Sie schon jetzt damit, etwas zu essen. Abhängig von der Körpergröße empfehlen wir den Konsum von Kohlenhydraten in einer Menge von 60 bis 90 Gramm – oder 240 bis 360 Kalorien – in Kombination mit etwas Eiweiß und Fett pro Stunde Fahrt sowie ausreichend Flüssigkeit, um den Durst zu löschen. Über die Stunde verteilt kleine Mengen verschiedener Kohlenhydratlieferanten zu sich zu nehmen ist besser, als pro Stunde einmal zu essen. Orientieren Sie sich dabei an den Erfahrungen, die Sie während Ihrer wöchentlichen langen Fahrten gemacht haben; was dort funktioniert hat, wird auch während des Rennens funktionieren. Wenn Sie dazu neigen, das Essen oder Trinken zu vergessen, aktivieren Sie die Erinnerungsfunktion Ihrer Uhr.

Nutzen Sie die Verpflegungsstationen:
Es ist ein schönes Gefühl, an einer Verpflegungsstation anzukommen. Nutzen Sie das Angebot, aber lassen Sie dabei Ihre Vernunft walten. Sehen Sie die Verpflegungsstation nicht als Rastplatz an, sondern als Möglichkeit, sich neu einzudecken. Wenn Ihre Muskeln verspannt sind, können Sie sich mit

ABBILDUNG 7.2 Dehnung der hinteren Oberschenkelmuskeln

Dehnübungen auf dem Fahrrad locker machen, siehe Abbildungen 7.2 bis 7.4.

Stellen Sie Ihr Fahrrad bei der Ankunft an einer Verpflegungsstation so ab, dass Ihr Fahrrad nicht in Kontakt mit Dornen oder anderen möglicherweise gefährlichen Gegenständen kommt. Checken Sie Ihr Fahrrad kurz durch, bevor Sie weiterfahren: Sind die Reifen prall? Sind sie sauber? Funktionieren die Bremsen?

Unterhalten Sie sich ruhig mit anderen Fahrern, aber halten Sie sich nicht so lange auf, dass Ihre Muskeln steif werden. Gehen Sie zur Toilette, füllen Sie Ihre Trinkflaschen und Taschen auf und fahren Sie weiter. Danken Sie vor der Weiterfahrt den Helfern, denn ohne sie wäre das alles nicht möglich. Achten Sie dann auf Autos und andere Radfahrer und fahren Sie wie beim Start wieder allmählich an, bis Sie Ihr Tempo erreicht haben.

Mentale Rennstrategien:
Während des Rennens können Probleme auftreten. Keine Panik – für fast alles gibt es eine Lösung. Atmen Sie tief durch, entspannen Sie sich und diagnostizieren Sie das Problem. Liegt das Problem am Fahrrad? Fahren mit zu niedrigem Reifendruck oder schleifenden Bremsen kann einen im wahrsten Sinne des Wortes bremsen. Haben Sie wiederholt Reifenpannen? Vergewissern Sie sich, dass keine Fremdkörper im Reifen stecken oder aus dem Felgenband herausragen. Wenn Sie einen Tiefpunkt haben, kann es sein, dass Sie vergessen

ABBILDUNG 7.3 Dehnung des Quadrizeps

ABBILDUNG 7.4 Rückendehnung in der Drehbewegung

haben zu essen oder zu trinken? Wenn Ihre Beine müde sind, sind Sie zu hart gefahren? Gehen Sie innerlich die drei Grundszenarien durch. Wenn Sie das Essen vergessen haben, sollten Sie nicht versuchen, die Kalorienzufuhr auf einmal nachzuholen, da dies Verdauungsprobleme verursachen kann. Kehren Sie stattdessen einfach in den geplanten Rhythmus zurück. Wenn Sie zu hart gefahren sind und Ihre Beine müde sind, fahren Sie eine Weile langsamer, sortieren Sie sich und passen Sie Ihre Erwartungen an die Situation an. Während der Fahrt können Ihr Energielevel und Ihre Stimmung schwanken und nach einer Weile langsamen Fahrens können Sie sich wieder voller Energie fühlen. Denken Sie zuallererst daran, dass dies *Ihr* Rennen ist, was auch immer passiert. Sie können trotzdem Spaß haben und ins Ziel kommen.

Genießen Sie die Erfahrung:
Ob dies ihr erstes oder hundertstes Rennen ist, genießen Sie es. Schauen Sie nicht nur auf den Tacho und die anderen Geräte, sondern lassen Sie auch die Umgebung auf sich wirken. Schauen Sie sich die schöne Landschaft an, die vor Ihnen liegt. Unterhalten Sie sich mit den anderen Fahrern, die kommen und gehen. Vielleicht finden Sie hier neue Radsportkameraden und schließen sogar lebenslange Freundschaften. Nehmen Sie eine kleine Kamera in Ihrer Sattel- oder Trikottasche mit, fotografieren Sie reichlich und lassen Sie andere an den Bildern teilhaben. Wenn Sie die Veranstaltung entspannt angehen und den Spaßfaktor über die Leistung stellen, werden Sie ein angenehmes Erlebnis haben, an das Sie noch lange gerne zurückdenken werden.

Nach der Fahrt

Eine Century- oder 200-km-Veranstaltung erfolgreich zu absolvieren, kann gemischte Gefühle hervorrufen, besonders dann, wenn es das erste Mal war. Sie sind froh, dass der lange Tag vorüber ist. Sie sind stolz auf das, was Sie erreicht haben und sind in Feierlaune. Vielleicht verspüren Sie auch ein bisschen Wehmut, wenn Sie die Ziellinie sehen, die das Ende einer langen Reise markiert. Geben Sie sich selbst einen herzhaften Schulterklopfer, wenn Sie diese Linie überfahren. An einem Tag 160 oder 200 Kilometer auf dem Rad zu fahren, ist eine große Leistung.

Die Erholung beginnt in dem Moment, in dem Sie vom Rad steigen. Nehmen Sie sofort etwas Flüssigkeit zu sich, am besten ein isotonisches Getränk, und trinken Sie ausreichend, um Ihren Durst zu löschen. Essen Sie Kohlenhydrate mit mittlerem bis hohem glykämischem Index im Umfang von 500 bis 1.000 Kalorien innerhalb der nächsten Stunden nach der Zieleinfahrt, und zwar am besten salzige Kost. Wenn Sie nach diesem harten Tag keine Lust auf Essen verspüren, trinken Sie einen Smoothie, Kakao oder ein spezielles Regenerationsgetränk. Wechseln Sie so schnell wie möglich Ihre verschwitzte Radsportkleidung und ziehen Sie trockene und bequeme Kleidung an. Duschen Sie, wenn das vor Ort möglich ist oder reiben Sie sich auf der Toilette mit Feuchttüchern ab, um Hautirritationen vorzubeugen. Während der Fahrt haben Sie wahrscheinlich viele zuckerhaltige Speisen und Getränke zu sich genommen. Putzen Sie sich die Zähne, das wird Ihnen ein frisches Gefühl geben und Ihre Zähne schützen.

Dehnen nach der Fahrt lindert den unvermeidlichen Muskelkater und sorgt für eine

Im Ziel sollten Sie sich ausgiebig Zeit nehmen, Ihren Erfolg auszukosten, am besten in Gesellschaft.

unbeschwertere Heimfahrt. Ihr gutes Körpergefühl verrät Ihnen, welche Muskeln anfällig für Verspannungen sind. Dehnen Sie sich also, während Sie die Feierlichkeiten nach dem Rennen genießen. Viele andere werden es genauso machen. Sie können die gleichen Dehnübungen durchführen, die wir weiter oben für den Halt an den Verpflegungsstationen beschrieben haben.

Genießen Sie das Zusammensein mit anderen Radsportlern und schließen Sie neue Freundschaften. Danken Sie den beteiligten Helfern herzlich für ihre harte Arbeit, bevor Sie nach Hause fahren. Sie sind die unbesungenen Helden im Hintergrund der Radsportevents.

Wenn Sie wieder zu Hause angekommen sind, entspannen Sie sich, genießen Sie die Situation und gönnen Sie sich zur Feier des Tages ein festliches Abendessen. Sie haben es verdient, sich zu belohnen, aber essen Sie möglichst eine gesunde Mahlzeit aus hochwertigen Kohlenhydraten und Eiweiß. Seien Sie vorsichtig mit alkoholischen Getränken und vergessen Sie nicht, dass Ihr Körper sich nach wie vor vom anstrengenden Tag erholt. Trinken Sie zusätzlich Wasser, falls Sie zum Abendessen Bier trinken. Ein entspannter Spaziergang nach dem Abendessen fördert die Verdauung und kann das Auftreten von Muskelkater reduzieren.

Notieren Sie Ihre Erhrungen und Eindrücke in Ihrem Trainingstagebuch oder auf einem Zettel, bevor Sie schlafen gehen. Schreiben Sie auf, was Spaß gemacht hat, was Ihnen schwerfiel, was gut funktioniert hat und was nicht, was Sie gelernt haben und was Ihnen darüber hinaus noch einfällt. Je mehr Informationen Sie notieren, desto leichter werden Ihnen die Planungen für Ihr nächstes Event fallen. Denken Sie daran, dass eine Vorbereitung eine Vielzahl von Faktoren umfasst, und Sie möchten natürlich wissen, was am besten funktioniert. Wenn Sie die Überblick über Ihre absolvierten Rennen behalten, fördert das Ihre Weiterentwicklung als Radsportler und erinnert Sie an das, was Sie schon erreicht haben.

Als letzte Maßnahme vor dem Schlafengehen bietet es sich an, noch einmal Dehnübungen und eine Selbst- oder Hartschaumrollenmassage durchzuführen, um Ihre Muskeln zu lockern.

> Die 160- oder 200-km-Distanz zu bewältigen, bedeutet mehr, als einfach nur Fahrrad fahren. Die erfolgreiche Teilnahme an einer solchen Veranstaltung erfordert Einschätzung und Planung, physische und mentale Vorbereitung, die Vorbereitung Ihrer Ausrüstung, die angemessene Zufuhr von Verpflegung, eine gute Fahrtechnik und einen gute mentale Strategien. Ob Sie nun Neueinsteiger oder Veteran solcher Veranstaltungen sind – die Beachtung dieser Faktoren wird Ihnen helfen, Ihre bestmögliche Leistung abzurufen, sicher zu fahren und den Tag auf dem Fahrrad zu genießen. Der Langstreckenvirus wird Sie infizieren! Wenn Sie einige dieser Rennen absolviert haben, werden Sie vielleicht nach neuen Herausforderungen suchen. Im nächsten Kapitel beschreiben wir, wie man ein Training für mehrere Langstreckenveranstaltungen in einer Saison sowie für 300-km- und 320-km-Events gestaltet. Im Folgenden werden wir dann betrachten, wie man sich auf mehrtägige Radsportveranstaltungen vorbereitet und diese erfolgreich absolviert.

Kapitel 8

Ultimatives Training für Ultradistanzen

Kapitel 8 Ultimatives Training für Ultradistanzen

Wenn Sie ein oder zwei Centuryevents gefahren sind, suchen Sie vielleicht nach neuen Herausforderungen. Mit der richtigen Herangehensweise können Sie auf einem Fahrrad fast alles erreichen. Radfahrer wie Sie haben Kontinente durchquert und sogar mit eigener Kraft den Globus umrundet. In diesem und den folgenden Kapiteln bieten wir Ihnen Entscheidungshilfen bei der Suche nach den richtigen Events, geben Anregungen für die Vorbereitung und Tipps, wie Sie den Spaßfaktor bei der Vorbereitung und während der Rennen hoch halten.

In diesem Kapitel geben wir Ihnen einen Überblick, was es jenseits der 160 und 200 Kilometer noch für Distanzen gibt. Wir beschreiben, wie man sich auf mehrere Century- und 200-km-Events in einer Saison vorbereitet und diese erfolgreich bewältigt. Entsprechend stellen wir auch 300-km-Fahrten und Doppel-Centurys vor. Wir zeigen ein 8-Wochentrainingsprogramm zur Steigerung Ihrer Leistung bei Centurys, ein 4-wöchiges Programm zur Erhaltung Ihres Leistungsniveaus beim Fahren mehrerer Centuryveranstaltungen in einer Saison und ein 12-Wochen-Programm zur Vorbereitung auf ein Rennen über die doppelte Centurydistanz. Um es einfach zu machen, benutzen wir wieder den Begriff „Century" für Distanzen bis 200 Kilometer und „Doppel-Century" für Distanzen über 300 Kilometer. In Kapitel 9 gehen wir auf 2- bis 3-tägige Touren ein, und zwar sowohl auf organisierte Fahrten als auch auf selbst geplante. In Kapitel 10 übertragen wir die Prinzipien kürzerer Touren auf längere Brevets sowie auf Touren, die eine Woche oder länger dauern.

Sie haben sich viel darüber gelernt, wie man sich auf eine Centuryfahrt vorbereitet und sie erfolgreich absolviert. In diesen Kapiteln verwenden wir die gleichen Kompetenzen auch für die längeren Distanzen und werden auch einige neue Techniken vermitteln. Wir konzentrieren uns weiterhin auf die Bereiche, die entscheidend für den Erfolg sind: Einschätzung und Planung, mentale Vorbereitung, körperliches Training, Vorbereitung der Ausrüstung, Ernährung und Fahrtechnik.

Einschätzung und Planung

Beginnen Sie Ihre Planung und Vorbereitung für ein neues Radsportevent, indem Sie sich selbst fragen, warum Sie Radsport betreiben. Das Radfahren ist eine tolle Möglichkeit, um in Form zu bleiben, Zeit mit anderen Menschen zu verbringen und die Welt zu entdecken. Manchmal verfangen wir uns in Details und verlieren dabei das große Ganze aus dem Blick. Radfahren bedeutet viel mehr, als sich zum Sklaven eines Trainingsplans zu machen. Was auch immer Ihre Ziele sein mögen, verlieren Sie nie den Grund aus den Augen, warum Sie Radsport betreiben. Genießen Sie die kleinen Freuden, die Ihnen die Zeit auf dem Rad bringt. Auf der ganzen Welt fahren die Menschen Rad und das aus vielen Gründen. Welche Gründe haben Sie? Was gefällt Ihnen daran? Als Hilfestellung für die Auswahl Ihres nächsten Events haben wir in Abbildung 8.1 den folgenden Fragebogen konzipiert, den Sie so gründlich wie möglich ausfüllen sollten.

ABBILDUNG 8.1 Fragebogen zum Radfahren – Teil 1

Frage 1: Jetzt, wo Sie zunehmend Fortschritte als Radsportler machen, was gefällt Ihnen besonders am Fahren?

Suchen Sie nach einer neuen Herausforderung oder sind Sie mit Ihrem Programm zufrieden? _____

Fahren Sie lieber allein oder in einer Gruppe? _____

Macht es Ihnen Freude, anderen Fahrern zu helfen? _____

Was gefällt Ihnen sonst noch am Radfahren? _____

Frage 2: Was ist ein Anreiz für Sie?

Anspruchsvollere Centurys zu fahren? _____

Mehrere Centurys pro Jahr zu fahren? _____

Mehrtägige Touren mit Übernachtung unterwegs zu fahren? _____

Einzelne Touren über längere Distanzen zu fahren? _____

Neue Strecken, Terrains und Landschaften zu entdecken? _____

Was reizt Sie sonst noch? _____

Frage 3: Wo liegen Ihre Stärken und Schwächen?

Sie sollten damit vertraut sein, wie Ihr Körper auf das Training und die Anstrengung beim Rennen reagiert, und in der Lage sein, Ihre Stärken und Schwächen zu benennen _____

Verfügen Sie über die erforderliche Ausdauer, um eine lange Distanz zu bewältigen? _____

Haben Sie eine Ernährungsstrategie oder sinkt Ihr Energielevel am Ende einer langen Fahrt? _____

Verfügen Sie über gute Bergfahrqualitäten? _____

Bereitet Ihnen Wind Probleme? _____

Fahren Sie routiniert in einer Gruppe oder macht Sie das nervös? _____

Wie gut gehen Sie mit Angst und Nervosität vor einem Rennen um? _____

Welche sonstigen Stärken und Schwächen haben Sie? _____

ABBILDUNG 8.1 Fragebogen zum Radfahren – Teil 2

Frage 4: Waren Sie in der Lage, das Vorbereitungstraining auf die Centuryfahrt mit gleichbleibender Konzentration und Energie zu absolvieren?

Falls nicht, warum ist Ihre Motivation gesunken? War Ihr Trainingsvolumen zu hoch? Kamen Ihnen berufliche, soziale oder persönliche Faktoren dazwischen?

_____

_____

Wenn Sie im Verlauf des Trainings Ihren Enthusiasmus verloren haben, könnte die Vorbereitung auf längere Veranstaltungen schwierig werden. Vielleicht haben Sie mehr Spaß daran, mehr als eine Centuryveranstaltung pro Saison zu fahren, anderen Fahrern bei Ihrem ersten Century zur Seite zu stehen oder Wochenendtouren zu fahren.

Frage 5: Wie viel Zeit steht Ihnen in der Woche fürs Training zur Verfügung?

Das Training für längere Distanzen erfordert mehr Zeit. Schätzen Sie realistisch das Zeitbudget ein, das Sie für das Training aufwenden können. Sie sollten auch ausreichend Zeit für Familie, Arbeit, Freunde und sonstige Bedürfnisse zur Verfügung haben.

_____

_____

Frage 6: Welche Ziele und Ansprüche haben Sie in Bezug auf Familie, Beruf, Schule und Sonstiges?

_____

_____

Frage 7: Wenn Sie Ihre Antworten auf die ersten sechs Fragen betrachten – wie lauten Ihre Radsportziele?

_____

_____

Ziele im Radsport sollten nach der SMART-Regel formuliert werden: Sie sollten spezifisch, messbar, angemessen, realistisch und überprüfbar sein. Ziele müssen nicht kompliziert sein. Eine dreitägige Wohltätigkeitstour zu absolvieren ist ein solches SMART-Ziel.

Mit der Beantwortung dieser Fragen erhalten Sie ein Profil Ihrer Interessen und Ziele, das Ihnen bei der Entscheidung helfen wird, welche neuen Events für Sie geeignet sind. Im Verlauf der nächsten Kapitel werden wir auf diese Fragen zurückkommen und klären, welchen Einfluss Sie auf Ihr Training und Ihre Zielsetzungen haben.

Welche Veranstaltungen wecken Ihr Interesse? Recherchieren Sie ein wenig, nehmen Sie einen Kalender, schreiben Sie die Radveranstaltungen auf, an denen Sie gern teilnehmen möchten, und tragen auch Sie alle sonstigen Verpflichtungen wie Arbeit, Familie, Freunde ein, die Einfluss auf Ihre Planungen haben.

In Kapitel 6 haben wir zwei Trainingsprogramme skizziert, die anhand grundlegender Trainingsprinzipien auf die erfolgreiche Teilnahme an einem Century vorbereiten. Sobald Sie Radsportveranstaltungen mit anderen Distanzen in Angriff nehmen wollen, werden zwei weitere Trainingskonzepte bedeutsam: sportliche Reife und Periodisierung.

Sportliche Reife

Athleten entwickeln sich im Laufe der Jahre weiter und gewinnen an sportlicher Reife. Mit zunehmender Erfahrung wissen Sie immer besser, wie viel und welche Art von Training zu Verbesserungen führt und wann es Zeit ist, einen Gang herunterzuschalten. Je höher Ihr Pensum an gefahrenen Kilometern wird, desto besser können Sie mit den unausweichlichen psychischen, körperlichen und technischen Herausforderungen des Radfahrens umgehen.

Langjähriges aerobes Training führt zu einer steigenden Anpassung des Körpers. Wenn Sie schon eine weitere Ausdauersportart betrieben haben, sind Sie ein reiferer Ausdauersportler. Diese Anpassung kann in gewissem Maße auf den Radsport übertragen werden.

Wenn Sie erfahrener sind, fahren Sie ökonomischer, weil Sie die Kraft besser auf die Pedale übertragen und weniger Energie durch Bewegungen des Oberkörpers vergeuden. Darüber hinaus beherrschen Sie Fähigkeiten, die zu einer kraftsparenden Fahrweise beitragen: Ihr optimales Tempo finden, fahren in der Gruppe, sicheres Kurvenfahren ohne unnötiges Abbremsen, effizientes Klettern und vieles mehr.

Nach einigen Jahren Radsportpraxis ist Ihr Fahrrad perfekt auf Sie abgestimmt durch die optimale Passform von Fahrrad, Sattel, Shorts, Pedalen und Schuhen. Sie wissen, welche Speisen und Getränke in welchen Mengen gut für Sie sind und wann Sie diese zu sich nehmen müssen.

Schätzen Sie den Grad Ihrer sportlichen Reife ein, wenn Sie die Teilnahme an weiteren Radsportevents in Erwägung ziehen. Ist Ausdauersport noch relativ neu für Sie? Oder betreiben Sie schon länger einen Ausdauersport, sind jedoch neu im Langstreckenradsport? Oder haben Sie schon eine Reihe von Langstreckenveranstaltungen absolviert?

Wenn Sie erst seit kurzem Langstreckenradsport betreiben, konzentrieren Sie sich darauf, mehr Erfahrungen zu sammeln, indem Sie mehr Centurys oder Wochenendtouren fahren. Wenn Sie Veranstaltungen dieser Art bereits gemeistert haben, interessieren Sie sich vielleicht für längere Fahrten. Vielleicht möchten Sie aber auch weiter die Touren fahren, die Sie gut kennen, zur Abwechslung aber mal schneller, häufiger oder mit weniger Anstrengung.

Periodisierung

Ob Sie nun mehrere Veranstaltungen in einer Saison oder eine deutlich längere fahren möchten, Sie sollten für Ihre gesamte Saison planen und nicht für ein Event. Dabei bietet es sich an, das Trainingsvolumen und die Trainingsintensität in unterschiedliche Phasen zu unterteilen, um spezifische Ziele zu erreichen – diesen Prozess nennt man Periodisierung. Denken Sie an die Analogie des Hauses zurück, die wir in Kapitel 3 geschildert haben. Beim Bau eines Hauses beginnen wir mit einem Fundament, das die gesamte Konstruktion trägt und ermöglicht, den Bau weiter aufzustocken. Im Training legen Sie Ihr Fundament. Während dieser Phase entwickeln Sie Ausdauer, verbessern die Leistung des aeroben Energiesystems, trainieren Ihren Körper, Fett zu verbrennen und den Glykogenvorrat zu schonen, und gewöhnen sich daran, längere Zeit im Sattel zu verbringen.

Wenn das Fundament steht, bauen Sie das eigentliche Haus – Tragwerk, Wände und Böden. Nachdem Sie im Training Ihre Grundlagen erabrbeitet haben, gehen Sie in die Intensitätsphase über, um Ihre Leistung zu erhöhen. Ihre Durchschnittsgeschwindigkeit steigt und Ihre Bergfahrqualitäten verbessern sich. Wenn Sie beim Hausbau kein stabiles Fundament legen, kann das Fundament die Konstruktion nicht tragen. Ohne ausreichendes Grundlagentraining kann Ihr Körper die Anforderungen des Intensitätstrainings nicht bewältigen.

Der nächste Schritt beim Hausbau besteht darin, die Feinheiten hinzuzufügen, die aus einem Haus ein Zuhause machen: Gartengestaltung, Dekoration der Innenräume und Ausstattung mit Möbeln. In der Spitzenphase Ihres Trainings konzentrieren Sie sich auf die spezifische Vorbereitung für Ihre Veranstaltung, zum Beispiel durch Training auf Teilabschnitten der Veranstaltungsstrecke, Fahrten an zwei aufeinanderfolgenden Tagen zur Vorbereitung auf eine Wochenendtour oder Fahrten mit der Ausrüstung, die Sie für die Tour benötigen werden. Außerdem arbeiten Sie weiter an Ihrer mentalen Vorbereitung.

Nachdem Sie Ihre Trainingspyramide aufgebaut haben, machen Sie ein oder zwei Wochen Tapering, um voller Energie in das Rennen gehen zu können. Abbildung 8.2 zeigt, wie jede Phase des Trainings auf der vorhergehenden aufbaut.

Übereifrige Fahrer organisieren ihr Jahr oft in Form einer umgekehrten Pyramide. Solche Fahrer investieren die wenigste Zeit in den Aufbau einer Grundlage, mehr Zeit ins Intensitätstraining und die meiste Zeit in den Versuch, Höchstleistungen zu trainieren. Dieser falsche Ansatz führt üblicherweise zu Übertraining und erhöht die Wahrscheinlichkeit von Verletzungen und Erschöpfungszuständen. Zur Bewältigung von Ausdauerveranstaltungen benötigen Sie Ausdauer und die wird in der Grundlagenphase aufgebaut.

Training

Ob Sie nun für ein Century oder ein Brevet über 1.200 Kilometer trainieren möchten, das Grundkonzept des Trainings bleibt gleich. Um sich als Radsportler zu entwickeln, nutzen Sie die Prinzipien progressiver Überlastung, Regeneration, Individualität, Spezifität und Variation. Achten Sie gut auf den Aspekt der Individualität – also, wie Sie die Belastung und Regeneration handhaben –, denn mehr Trai-

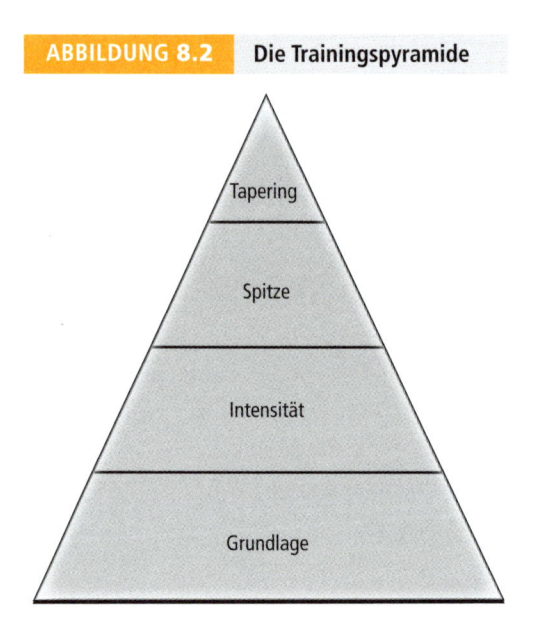

ABBILDUNG 8.2 Die Trainingspyramide

Ihre To-do-Liste: Seien Sie offen für Neues auf dem Rad!

Von Pete Penseyres

→ Erkunden: Erschließen Sie neue Wege, um von A nach B zu kommen. Benutzen Sie dabei Straßen oder Wege, die sich nicht mit dem Auto befahren lassen oder ohne Rad nur mühsam zu finden sind. Viele von uns haben diese Art von Erkundungstouren als Kinder gemacht und sie erinnern uns an das Gefühl von Freiheit und Entdeckergeist. Das kann für Erwachsene ebenso aufregend und lohnend sein wie für Kinder.

→ Gesellig sein: Fahren Sie mit einer Gruppe von Radeinsteigern und freuen Sie sich mit ihnen über ihr fantastisches Erlebnis, die unglaublich lang erscheinende Distanz von 15 Kilometern oder mehr aus eigener Kraft zu bewältigen. Beantworten Sie ihre Fragen und stellen Sie selbst welche, um mehr über ihr Leben zu erfahren. Jeder hat eine Geschichte zu erzählen. Eine Rast in der Mitte der Fahrt bei Kaffee oder einer Zwischenmahlzeit eignet sich wunderbar, um Geschichten zu erzählen und sich besser kennenzulernen.

→ Als Mentor fungieren: Helfen Sie anderen, sich als Radsportler zu verbessern und noch mehr auf dem Rad erreichen zu wollen. So gewinnen Sie neue Sportkameraden für gemeinsame Touren, mit dem angenehmen Nebeneffekt, dass mehr Radfahrer auf den Straßen mehr Achtsamkeit bei den motorisierten Verkehrsteilnehmern erzwingen. Das macht gleichzeitig die Straßen für alle sicherer.

→ Pendeln: Es gibt keine bessere Methode, zur Arbeit und zurück zu gelangen, als mit dem Fahrrad. Zu den Vorteilen zählen nicht nur offensichtliche wie Kosteneinsparungen, weniger CO_2-Ausstoß und verbesserte Gesundheit und Fitness, sondern auch weniger naheliegende wie die Möglichkeit, die Fahrzeit sinnvoll zu nutzen: zum Stressabbau, als vollwertiges Training, zur Bewältigung von Problemen und zum Sammeln von Erinnerungen, die kein Autofahrer so erleben wird. Sie werden Stoff für unterhaltsame Geschichten sammeln, die Ihnen keiner außer anderen Fahrradpendlern glauben wird.

→ Aufs Auto verzichten: Überlegen Sie jedes Mal, bevor Sie irgendwo hin müssen, ob Sie das nicht mit dem Rad erledigen können. Richten Sie sich ein Fahrrad mit Packtaschen oder Körben so ein, dass Sie damit Einkäufe transportieren oder Wechselkleidung mitnehmen können. Das ist praktisch, wenn Sie Termine haben, bei denen Sie vorher Ihre Radkluft wechseln müssen, Freunde oder Verwandte besuchen wollen oder um bequem das Rad zu nehmen, wenn Sie eigentlich das Auto benutzen wollten.

→ Touren: Machen Sie Urlaub mit dem Fahrrad – allein, mit Freunden oder in einer organisierten Gruppe. Sie sehen so viel mehr von der Landschaft, kommen viel besser mit anderen Menschen in Kontakt, gewinnen Eindrücke, an die Sie sich gern erinnern, bleiben fit und haben hinterher viel zu erzählen.

> → **Coachen Sie:** Erwerben Sie eine Lizenz als Radsporttrainer und genießen Sie, anderen dabei zu helfen, sicherer und besser zu fahren. Die Vorbereitung auf den Erwerb einer Lizenz wird dazu führen, dass Sie Ihr Wissen und Können als Radsportler weiter verbessern.
> → **Vielseitig sein:** Fahren Sie so viele unterschiedliche Fahrräder wie möglich. Rennrad, Mountainbike, Cruiser, Tandem, Liegerad, normales Fahrrad, Ein- und Dreirad gefahren zu sein, sollte auf Ihrer Liste der Dinge stehen, die Sie noch ausprobieren möchten, bevor Sie Rost ansetzen.
>
> *Penseyres kam zum Radsport über gemeinsame Campingtouren mit seiner Frau auf einem Tandem, 1979 stellte er dann den Transkontinentalrekord für zwei Tandems mit Windschattenfahren auf. 1984 und 1986 gewann er als Einzelfahrer das Race Across America (RAAM) und erzielte dabei mit 24,8 Kilometern pro Stunde über 5.000 Kilometer einen lange gültigen Rekord für die Durchschnittsgeschwindigkeit. Außerdem stellte er 1987 gemeinsam mit Lon Haldeman den Transkontinentalrekord im Tandemfahren der Herren auf. Mit einem vollverkleideten Liegerad fuhr er in dem Vierer-Herrenteam mit, das 1989 für einen neuen RAAM-Rekord sorgte. 1996 war er Mitglied des Vierer-Herrenteams, das den Rekord für Herrenteams der Altersklasse 50+ aufstellte. Penseyres hat für all diese Rennen trainiert, indem er mit dem Rad zur Arbeit gependelt ist. In den Jahren 2006 bis 2008 hat er neue Teilnehmer des RAAM als Coach und Mitfahrer in 8-Personenteams betreut. Er hat Landesmeistertitel im Straßenrennen der Masters-Altersklasse gewonnen und mit der Hilfe von sechs hervorragenden Tandempartnern weitere elf Titel in Straßenrennen und im Tandemzeitfahren errungen.*

ning erfordert eine ausreichende Regeneration, damit Sie stärker werden und den Spaß am Fahren behalten. Wir stellen im Folgenden drei Trainingsprogramme vor.

8-Wochentrainingsprogramm für Centurys oder 200-km-Events:

Wenn Sie in dieser Saison schon ein Century absolviert haben und noch eines bewältigen möchten, aber diesmal schneller, ist dieses Programm richtig für Sie! In der ersten Woche fahren Sie 4:20 bis 6:45 Stunden und bauen dieses Pensum im Verlauf auf 7:55 bis 11:00 Stunden auf, dazu kommt noch das Ergänzungstraining.

4-Wochenprogramm zur Leistungserhaltung für Centurys:

Wenn Sie gern Centurys oder 200 Kilometer fahren und sich dieser Herausforderung jeden Monat stellen wollen, ist das Ihr Plan! Das wöchentliche Pensum dieses Monats entwickelt sich von 2:10 bis 3:40 Stunden bis hin zu 5:40 bis 8:30 Stunden, dazu kommt noch das ergänzende Training.

12-Wochenprogramm für doppelte Centurys oder 300-km-Fahrten:

Wenn Sie Ihre Grenzen austesten möchten, nehmen Sie dieses Programm! Sie fahren 8:20 bis 10:30 Stunden in der ersten Woche und

TABELLE 8.1 Empfohlene Trainingsintensitäten

Trainingseinheit	Herzfrequenz in Prozent der LT	Leistung in Prozent der FTP	Einstufung des subjektiven Belastungsempfindens
Lang	75–87	56–75	2–3
Tempo	88–94	76–90	3–4
Zügig, wechselnde Intensität, harte Belastung	95–100	91–100	5–6
Zügig, wechselnde Intensität, im Regenerationsbereich	unter 75	unter 55	1–2
Aktive Regeneration	unter 75	unter 55	1–2

erhöhen das Pensum auf bis zu 13:05 bis 16:00 Stunden, dazu kommt das Ergänzungstraining.

Die Trainingseinheiten entsprechen denen, die wir in Kapitel 6 vorgestellt haben:

→ Lang: Absolvieren Sie während des gesamten Programms konsequent entweder die längere oder die kürzere Wochenendfahrt. Diese Fahrten steigern Ihre Ausdauer, trainieren Ihr Verdauungssystem und ermöglichen Ihnen, neue Ausrüstung und verschiedene Verpflegungsoptionen zu testen. Je länger diese Trainingseinheiten werden, desto weniger schaffen Sie es möglicherweise, über die gesamte Zeit das Tempo für die lange Fahrt zu halten. Fahren Sie dann langsamer und wählen Sie die Geschwindigkeit so, dass Sie bis zum Ende durchhalten. Auch wenn Ihre lange Fahrten in hügeligem Terrain statt finden, kann es passieren, dass Sie bei den Anstiegen in den Intensitätsbereich der Tempozone kommen, versuchen Sie dann bei den Abfahrten wieder in die Intensitätszone für die langen Fahrten zu gelangen.

→ Tempo: Diese etwas schnelleren Fahrten dienen der Steigerung Ihrer Durchschnittsgeschwindigkeit. Wenn Sie die längeren Wochenendfahrten absolvieren, sollten Sie auch die längeren Tempofahrten machen – fahren Sie die kürzeren Wochenendfahrten, können Sie auch die längeren Tempofahrten machen.

→ Zügige Fahrt. Diese intensiveren Fahrten beinhalten eine Phase mit wechselnder Intensität, die zur Steigerung Ihrer Kraft und zur Erhöhung Ihrer Durchschnittsgeschwindigkeit dient. Wenn Sie die längeren Wochenendfahrten fahren, sollten Sie auch die längeren zügigen Fahrten absolvieren. Wenn Sie die kürzeren Wochenendfahrten bevorzugen, können Sie auch die längeren zügigen Fahrten absolvieren. Wenn Sie die kürzeren zügigen Fahrten wählen, sollten Sie auch die kürzere Variante der Segmente mit wechselnder Intensität absolvieren.

→ Regeneration: Diese Einheiten tragen dazu bei, dass Sie sich erholen und Kräfte für neue Fahrten sammeln. Sie lassen sich gut in das Trainingsprogramm integrieren, zum Beispiel um Besorgungen zu machen.

→ Ergänzungstraining: Führen Sie weiterhin Ihre Übungen zur Rumpfkräftigung, die Dehnübungen und das ergänzende Krafttraining durch.

Für eine maximale Trainingseffizienz sollte die Intensität der Trainingseinheiten innerhalb der in Tabelle 8.1 genannten Bereiche liegen. Weitere Informationen zum Training mit Herzfrequenz, Wattmessung und RPE finden Sie in Kapitel 6.

Zwei Centurys in einer Saison

Mehrere Ausdauerveranstaltungen zu absolvieren, muss nicht unbedingt einen enormen Zeitaufwand bedeuten. Vielleicht war es bisher für Sie ausreichend, für eine Centuryfahrt zu trainieren und dann die Strecke zu bewältigen. Vielleicht ist auch Ihr Zeitbudget fürs Training begrenzt – in jedem Fall ist es eine große Herausforderung, mehre dieser Rennen zu fahren! In vielen Regionen besteht die Möglichkeit, an fast jedem Wochenende eine organisierte Century- oder 200-km-Veranstaltung zu absolvieren. Vielleicht ist Ihnen das zu viel, aber Sie könnten zwei dieser Veranstaltungen in einer Saison fahren, beispielsweise eine im Juli und eine im September. Die Veranstaltungen lägen dann etwa 10 Wochen auseinander, damit hätten Sie ausreichend Zeit, sich zu erholen, um sich dann auf die nächste Veranstaltung vorzubereiten.

Wie lange Ihr Körper regenerieren muss, hängt von Ihrem Körper, aber auch von Ihrer Einstellung ab. Überprüfen Sie, wie Sie sich nach dem ersten Century fühlen. Wenn Sie es kaum erwarten können, wieder aufs Rad zu steigen, und Ihre Beine sich frisch anfühlen, dürfte eine einwöchige Pause genügen, bevor Sie wieder mit dem Training beginnen. Wenn Ihre Beine jedoch schmerzen und Sie Ihr Fahrrad nicht einmal ansehen können, gönnen Sie sich eine weitere Regenerationswoche, bevor Sie wieder trainieren. Hören Sie auf Ihren Körper – er wird es Sie wissen lassen, wenn er eine Pause braucht.

Julia hat ihr erstes Centuryevent großen Spaß gemacht, also entschließt sie sich, im September gemeinsam mit Ihrem Bruder Mark ein weiteres zu fahren. Alles lief gut, sie hatte danach etwas Muskelkater in den Beinen, freut sich aber schon darauf, wieder in den Sattel zu steigen. Nach einer Woche mit entspanntem Radfahren, Dehnübungen und Selbstmassage fühlt sie sich wieder bereit fürs Training.

Julia hat ihre Ausdauergrundlage aufgebaut und ist nach ihrer Regenerationspause bereit für die nächsten Trainingsphasen: Intensität, Belastungsspitze und Tapering. Je nachdem, welches Ziel sie verfolgt, stehen ihr mehrere Optionen offen:

→ Wenn sie das Ziel hat, ein weiteres Century zu fahren, kann sie mit der Woche 8 des 15-Wochenprogramms aus Kapitel 6 beginnen.
→ Besteht ihr Ziel darin, ihre Leistung zu verbessern, kann sie sich im Training auf die Steigerung ihrer Geschwindigkeit und den Kraftaufbau konzentrieren.

Julias Ziel ist, ihre Leistung zu steigern. Weil sie gemeinsam mit Mark fahren will, wird sie nicht schneller fahren, aber sie möchte stark genug sein, um Mark das Tempo vorzugeben. Julias Ausdauer reicht für die 160 Kilometer, daher konzentriert sich das folgende Programm auf den Aufbau von Kraft unter Beibehaltung der Ausdauer. In jeder zweiten Woche unternimmt sie eine lange Tour, um Ihre Grundlagenausdauer zu erhalten, und in den anderen Wochen jeweils zwei Intensitätsfahrten.

8-Wochenprogramm zur Leistungssteigerung für Centurys oder 200-km-Rennen

Woche 1–3: Intensitätsphase

Steigerung der Intensität zur Verbesserung der Leistung und Aufrechterhaltung der Ausdauer

Woche 1

Rad fahren

Lange Tour: 2:00–3:00 Stunden
Tempofahrt in der Wochenmitte: 60–75 Minuten
Zügige Fahrt in der Wochenmitte: 40–60 Minuten, davon 10–15 Minuten mit wechselnder Intensität
Aktive Regenerationsfahrt: 40–60 Minuten
Zweite aktive Regenerationsfahrt: 20–30 Minuten (optional)
Gesamtfahrzeit: 4:20–6:45 Stunden

Ergänzendes Training

Zwei Einheiten Rumpfkräftigungstraining: je 10–20 Minuten
Drei Einheiten Dehnübungen: je 10–20 Minuten
Eine Einheit ergänzendes Krafttraining: 20–30 Minuten (optional)

Woche 2

Rad fahren

Zügige Fahrt am Wochenende: 60–90 Minuten, davon 20–30 Minuten mit wechselnder Intensität
Tempofahrt in der Wochenmitte: 60–75 Minuten
Zügige Fahrt in der Wochenmitte: 45–60 Minuten, davon 15–20 Minuten mit wechselnder Intensität
Aktive Regenerationsfahrt: 30–40 Minuten
Zweite aktive Regenerationsfahrt: 20–30 Minuten (optional)
Gesamtfahrzeit: 3:15–4:55 Stunden

Ergänzendes Training

Zwei Einheiten Rumpfkräftigungstraining: je 10–20 Minuten
Drei Einheiten Dehnübungen: je 10–20 Minuten
Eine Einheit ergänzendes Krafttraining: 20–30 Minuten (optional)

Kapitel 8   Ultimatives Training für Ultradistanzen

Woche 3

Rad fahren
Lange Tour: 3:00–4:00 Stunden
Tempofahrt in der Wochenmitte: 60–90 Minuten
Zügige Fahrt in der Wochenmitte: 40–60 Minuten, davon 10–15 Minuten mit wechselnder Intensität
Aktive Regenerationsfahrt: 40–60 Minuten
Zweite aktive Regenerationsfahrt, 20–30 Minuten (optional)
Gesamtfahrzeit: 5:20–8:00 Stunden

Ergänzendes Training
Zwei Einheiten Rumpfkräftigungstraining: je 10–20 Minuten
Drei Einheiten Dehnübungen: je 10–20 Minuten
Eine Einheit ergänzendes Krafttraining: 20–30 Minuten (optional)

Woche 4

Rad fahren
Zügige Fahrt am Wochenende: 30–45 Minuten, davon 10–15 Minuten mit wechselnder Intensität
Tempofahrt in der Wochenmitte: 30–45 Minuten
Zweite Tempofahrt in der Wochenmitte: 30–45 Minuten
Aktive Regenerationsfahrt: 20–30 Minuten
Zweite aktive Regenerationsfahrt: 20–30 Minuten (optional)
Gesamtfahrzeit: 1:50–3:15 Stunden

Ergänzendes Training
Zwei Einheiten Rumpfkräftigungstraining: je 10–20 Minuten
Drei Einheiten Dehnübungen: je 10–20 Minuten
Kein Krafttraining

Woche 5–7: Spitzenbelastungsphase

Spezifische Rennvorbereitung, wenn möglich Training auf dem Veranstaltungskurs oder Simulation von Streckenabschnitten.

Woche 5

Rad fahren
Lange Tour: 4:00–5:00 Stunden
Tempofahrt in der Wochenmitte: 60–90 Minuten
Zügige Fahrt in der Wochenmitte: 60–90 Minuten, davon 15–20 Minuten mit wechselnder Intensität
Aktive Regenerationsfahrt: 40–60 Minuten
Zweite aktive Regenerationsfahrt: 20–30 Minuten (optional)
Gesamtfahrzeit: 6:40–9:30 Stunden

Ergänzendes Training
Zwei Einheiten Rumpfkräftigungstraining: je 10–20 Minuten
Drei Einheiten Dehnübungen: je 10–20 Minuten
Eine Einheit ergänzendes Krafttraining: 20–30 Minuten Dauer (optional)

Woche 6

Rad fahren
Zügige Fahrt am Wochenende: 60–90 Minuten, davon 20–30 Minuten mit wechselnder Intensität
Tempofahrt in der Wochenmitte: 60–90 Minuten
Zügige Fahrt in der Wochenmitte: 60–90 Minuten, davon 15–20 Minuten mit wechselnder Intensität
Aktive Regenerationsfahrt: 40–60 Minuten
Zweite Aktive Regenerationsfahrt: 20–30 Minuten (optional)
Gesamtfahrzeit: 3:40–6:00 Stunden

Ergänzendes Training
Zwei Einheiten Rumpfkräftigungstraining: je 10–20 Minuten
Drei Einheiten Dehnübungen: je 10–20 Minuten
Eine Einheit ergänzendes Krafttraining: 20–30 Minuten (optional)

Woche 7 – Spitzenbelastung

Rad fahren
Lange Tour: 5:15–6:30 Stunden
Tempofahrt in der Wochenmitte: 60–90 Minuten

Kapitel 8 Ultimatives Training für Ultradistanzen

Zügige Fahrt in der Wochenmitte: 60–90 Minuten, davon 20–30 Minuten mit wechselnder Intensität
Aktive Regenerationsfahrt: 40–60 Minuten
Zweite aktive Regenerationsfahrt: 20–30 Minuten (optional)
Gesamtfahrzeit: 7:55–11:00 Stunden

Ergänzendes Training
Zwei Einheiten Rumpfkräftigungstraining: je 10–20 Minuten
Drei Einheiten Dehnübungen: je 10–20 Minuten
Eine Einheit ergänzendes Krafttraining: 20–30 Minuten Dauer (optional)

Woche 8 – Tapering

Rad fahren
Lange Tour: 2:30–3:30 Stunden
Tempofahrt in der Wochenmitte: 60–90 Minuten
Zügige Fahrt in der Wochenmitte: 60–90 Minuten, davon 10–15 Minuten mit wechselnder Intensität
Aktive Regenerationsfahrt: 40–60 Minuten
Aktive Regenerationsfahrt: 20–30 Minuten (optional)
Gesamtfahrzeit: 5:10–8:00 Stunden

Ergänzendes Training
Zwei Einheiten Rumpfkräftigungstraining: je 10–20 Minuten
Drei Einheiten Dehnübungen: je 10–20 Minuten
Kein Krafttraining

Eventwoche

Rad fahren
Lange Fahrt: 160 oder 200 Kilometer
Zügige Fahrt in der Wochenmitte: 30–40 Minuten, davon 10–15 Minuten mit wechselnder Intensität
Aktive Regenerationsfahrt: 20–30 Minuten
Aktive Regenerationsfahrt: 20–30 Minuten

Ergänzendes Training
Zwei Einheiten Rumpfkräftigungstraining: je 10–20 Minuten
Drei Einheiten Dehnübungen: je 10–20 Minuten
Kein Krafttraining

Wenn Sie gezielt trainieren wollen, um die 200 Kilometer schneller als bisher zu fahren, können Sie entweder eine Woche mit längeren Fahrten zwischen den Wochen sieben und acht einlegen oder aber die wöchentlichen Fahrten allmählich und proportional bis Woche sieben ansteigen lassen.
Planen Sie eine letzte lange Fahrt, die einer Dauer von zwei Dritteln bis drei Vierteln ihrer angestrebten Zeit für die 200 Kilometer entspricht.

Wenn Ihr Ziel ist, erfolgreich ein weiteres Century zu bestreiten, dann halten Sie sich an die entsprechenden Pläne aus Kapitel 6. Wenn Sie ein anspruchsvolleres Century fahren oder schneller werden möchten, richten Sie sich nach dem folgenden Programm zur Leistungssteigerung.

Mehrere Centurys in einer Saison

Wenn Sie erst einmal vom Langstreckenvirus infiziert sind, ist es vielleicht eine reizvolle Herausforderung für Sie, jede Monat ein Century- oder eine 200-km-Fahrt zu bestreiten. Diese Fahrten machen besonders viel Spaß, wenn Sie mit Freunden fahren! Zwischen den einzelnen

Gemeinsam mit der Familie eine Langdistanz zu bestreiten, macht besonders viel Spaß.

Die Herausforderung suchen

Viele Organisationen in den USA haben Programme, die Radsportler anbieten, sich jeden Monat der Herausforderung einer Langdistanzfahrt zu stellen. Die erste war „Ultra Midwest" im Jahr 2000, mit einem Angebot, jeden Kalendermonat ein Century zu fahren. Als Service bietet die Organisation eine Onlinenachverfolgung der Rennen und eine Übersicht über die bewältigte Gesamtdistanz an. Die UltraMarathon Cycling Association verleiht den „Larry Schwartz Year-Rounder-Award", einen Preis für Radsportler, die in jedem Kalendermonat eines Jahres ein Century absolvieren. Randonneurs USA bietet ein ähnliches Programm, den R-12 Award, der an Fahrer verliehen wird, die in zwölf aufeinanderfolgenden Monaten je ein 200-km-Brevet fahren. Genauere Angaben hierzu finden Sie im Anhang.

Events bleibt dann nur wenig Zeit, daher brauchen Sie ein Programm, mit dem Sie Ihre Fitness zwischen den Rennen aufrechterhalten können. Dabei dann die angemessene Balance zwischen Training und Regeneration zu finden, hängt von jedem Einzelnen ab.

Beginnen Sie mit einer Regenerationswoche, in der Sie entspannt Rad fahren, um nach dem Rennen auszulockern. Fahren Sie an den nächsten beiden Wochenenden moderate lange Touren, um Ihr Ausdauerniveau zu halten, und absolvieren Sie in jeder Woche eine Tempo- und eine zügige Fahrt, um die Kraft in den Beinen zu halten. Legen Sie anschließend in der Woche der nächsten Langstreckenfahrt ein Minitapering ein. Im Folgenden stellen wir Ihnen einen beispielhaften Trainingsplan vor, der zur Formerhaltung dient und Sie bei der Bewältigung eines Centuryevents pro Monat unterstützen wird. Warum als mittlerweile erfahrener Fahrer von Langstreckenrennen nicht mal anderen Fahrern helfen? Hier einige Ideen dazu:

→ Helfen Sie Centuryrookies: Erinnern Sie sich an Ihr erstes Langstreckenrennen? Gemeinsam mit einem anderen Fahrer die Strecke zu bewältigen, kann für Neulinge sehr hilfreich sein, besonders wenn es sich um einen erfahrenen Radsportler handelt. Geben Sie Tipps und stärken Sie ihnen den Rücken. Wenn es mal schwierig auf der Strecke wird, werden sie froh sein, dass Sie an ihrer Seite sind.

→ Als Pacemaker fahren: Bei vielen Veranstaltungen werden Tempomacher engagiert, die anderen helfen, ihre angestrebten Zeiten zu erreichen. Sie können für Neulinge das Tempo machen, um sie ins Ziel zu bringen, oder als Pacemaker für eine schnelle Gruppe fahren, was für Sie ein guter Anreiz sein kann, alles aus sich herauszuholen.

→ Fahren Sie mit Freunden oder der Familie: Bei vielen Events werden auch kürzere Strecken angeboten. Sie können zum Beispiel die 40-km-Distanz gemeinsam mit Ihrer Familie und die restlichen 120 Kilometer allein fahren. Im Ziel können Sie dann gemeinsam feiern und Spaß haben.

→ Fahren für wohltätige Zwecke: Sie können für jeden Kilometer, den Sie fahren, einen bestimmten Spendenbetrag sammeln. Sie können auch eine Zeitvorgabe setzen,

Trainingsprogramm zur Formerhaltung für Centurys und 200-km-Fahrten

Woche 1 – Regeneration

Rad fahren
Lange Tour: 1:00–2:00 Stunden
Tempofahrt in der Wochenmitte: 30–40 Minuten
Aktive Regenerationsfahrt: 20–30 Minuten
Aktive Regenerationsfahrt: 20–30 Minuten
Gesamtfahrzeit: 2:10–3:40 Stunden

Ergänzendes Training
Zwei Einheiten Rumpfkräftigungstraining: je 10–20 Minuten
Drei Einheiten Dehnübungen: je 10–20 Minuten
Eine Einheit ergänzendes Krafttraining: 20–30 Minuten (optional)

Woche 2

Rad fahren
Lange Fahrt: 3:00–4:00 Stunden oder 4:00–5:00 Stunden für 200-km-Rennen
Tempofahrt in der Wochenmitte: 60–90 Minuten
Zügige Fahrt in der Wochenmitte: 60–90 Minuten, davon 20–30 Minuten mit wechselnder Intensität
Aktive Regenerationsfahrt: 40–60 Minuten
Zweite aktive Regenerationsfahrt: 20–30 Minuten (optional)
Gesamtfahrzeit: 5:40–8:30 Stunden

Woche 3

Rad fahren
Lange Fahrt: 2:30–3:30 Stunden oder 3:30–4:30 für 200-km-Rennen
Tempofahrt in der Wochenmitte: 60–75 Minuten
Zügige Fahrt in der Wochenmitte: 60–75 Minuten, davon 15–20 Minuten mit wechselnder Intensität
Aktive Regenerationsfahrt: 40–60 Minuten
Zweite aktive Regenerationsfahrt: 20–30 Minuten (optional)
Gesamtfahrzeit: 5:10–7:30 Stunden

Kapitel 8 Ultimatives Training für Ultradistanzen

Ergänzendes Training
Zwei Einheiten Rumpfkräftigungstraining: je 10–20 Minuten
Drei Einheiten Dehnübungen: je 10–20 Minuten
Eine Einheit ergänzendes Krafttraining: 20–30 Minuten Dauer (optional)

Woche 3

Rad fahren
Lange Fahrt: 2:30–3:30 Stunden oder 3:30–4:30 für 200-km-Rennen
Tempofahrt in der Wochenmitte: 60–75 Minuten
Zügige Fahrt in der Wochenmitte: 60–75 Minuten, davon 15–20 Minuten mit wechselnder Intensität
Aktive Regenerationsfahrt: 40–60 Minuten
Zweite aktive Regenerationsfahrt: 20–30 Minuten (optional)
Gesamtfahrzeit: 5:10–7:30 Stunden

Ergänzendes Training
Zwei Einheiten Rumpfkräftigungstraining: je 10–20 Minuten
Drei Einheiten Dehnübungen: je 10–20 Minuten
Eine Einheit Ergänzendes Krafttraining von 20–30 Minuten (optional)

Eventwoche

Rad fahren
Lange Fahrt: 160 oder 200 Kilometer
Tempofahrt in der Wochenmitte: 30–40 Minuten oder, wenn Sie vollständig erholt sind und Ihre Leistung verbessern möchten, eine zügige Fahrt von 40–60 Minuten Dauer, davon 10–15 Minuten mit wechselnder Intensität
Aktive Regenerationsfahrt: 20–30 Minuten
Aktive Regenerationsfahrt: 20–30 Minuten

Ergänzendes Training
Zwei Einheiten Rumpfkräftigungstraining: je 10–20 Minuten
Drei Einheiten Dehnübungen: je 10–20 Minuten
Kein Krafttraining

Dieses Programm ermöglicht die Formerhaltung über einen Zeitraum von vier Wochen, sodass Sie anschließend ein weiteres Century oder 200-km-Event absolvieren können. Tasten Sie sich behutsam an den Plan heran, indem Sie jede Woche die kürzeren Fahrten wählen und Sie starke Beine für das Rennen haben. Wenn das gut für Sie klappt, können Sie zur Vorbereitung auf das nächste Rennen die längeren Fahrten wählen. Steht danach eine Leistungsverbesserung im Fokus, können Sie in den Wochen zwei und drei die Tempofahrt gegen eine weitere zügige Fahrt mit gemischten Intensitätsanteilen ersetzen.

wenn Sie diese nicht einhalten, müssen Sie den gespendeten Betrag selbst dazugeben – das wäre ein besonderer Ansporn, um Sie auf Trab zu halten!
→ Helfertätigkeiten: Bei Rennen besteht immer Bedarf an Helfern für die Registrierung, die Begleitfahrzeuge Reparaturen und die Verpflegungsstationen. Nur durch freiwillige Helfer sind organisierte Radsportveranstaltungen überhaupt möglich. Bei vielen Rennen werden Freiwillige gesucht, die die Strecke vorab zur Kontrolle abfahren. Ein guter Weg, um eine Centuryfahrt zu bewältigen und dabei die Strecke auf kurzfristig aufgetretene Probleme zu untersuchen.

Ob Sie nun zwei Centurys pro Saison oder eines pro Monat fahren, halten Sie sich an die Grundregeln:
→ Stimmen Sie Ihre Trainingsfahrten auf das jeweilige Rennen ab. Je spezifischer Sie sich auf die Veranstaltung vorbereiten, desto erfolgreicher werden Sie sein.
→ Achten Sie auf Ihre Ernährung – beim Fahren und im Alltag. Ausgewogene Mahlzeiten über den Tag verteilt und eine angemessene Nährstoff- und Getränkezufuhr beim Fahren sind die Voraussetzung dafür, dass Sie gute Leistungen im Radsport erbringen können.
→ Trainieren Sie hart, aber erholen Sie sich auch konsequent. Ein höheres Trainingsvolumen erfordert eine sorgfältige Regeneration, um Übertraining und Erschöpfungszustände zu vermeiden. Führen Sie weiterhin Dehnübungen und Massagen durch, benutzen Sie die Hartschaumrolle und achten Sie auf darauf, dass Sie genügend schlafen.
→ Hören Sie auf Ihren Körper und passen Sie den Trainingsplan Ihren individuellen Bedürfnissen an.

Doppel-Centurys und 300-km-Events

Wenn Sie bereits mehrere Centurys oder 200-km-Events ohne große Mühen absolviert haben, können Sie die Vorbereitung auf 300-km-Veranstaltungen und Doppel-Centurys in Angriff nehmen. Fahrten wie diese finden in vielen Ländern statt.

Doppelte Centurys werden als Eintagesveranstaltungen durchgeführt, bei denen die 320 Kilometer an einem Stück gefahren werden. Das metrische Äquivalent sind die 300-km-Fahrten, die zum Teil als Brevets organisiert sind. In diesem Kapitel benutzen wir zur Vereinfachung für beide Distanzen den Oberbegriff „Doppel-Century", weil das Training das gleiche ist. Einfache und doppelte Centuryfahrten gibt es in vielen Varianten. Nutzen Sie

Randonneure

Von John Lee Ellis, Randonneurs USA,
www.rusa.org

→ Brevet bedeutet „bescheinigt" und „randonnée „Tour" oder „Ausflug". Ähnlich wie beim Skiwandern geht es darum, einen weiten Kurs durch anspruchsvolles Terrain zu bewältigen.

→ Randonneurfahrten sind tief in der Radsporttradition verwurzelt. Die berühmteste Veranstaltung dieser Art ist Paris–Brest–Paris (PBP), die alle vier Jahre stattfindet und über 1.200 Kilometer von Paris nach Brest und zurück führt. Diese älteste Ausdauer-Radsportveranstaltung überhaupt wurde erstmals 1891 als Wettfahrt veranstaltet und findet mittlerweile als Rundfahrt ohne Wettbewerbscharakter statt. Im Jahr 2007 haben Radsportler insgesamt über 15 Millionen Kilometer im Rahmen von Randonneurveranstaltungen und Brevets zurückgelegt. In den USA finden jährlich vier oder fünf dieser Radmarathons statt, in Asien, Australien und Europa gibt es Veranstaltungen mit Strecken von 1.200 Kilometern und mehr.

→ Brevets sind eine Herausforderung für den Einzelnen, bei der die Kameradschaft im Mittelpunkt steht, nicht der Wettbewerbsgedanke. Ausdauer zählt hier mehr als die Endzeit. Auch der Gedanke der Selbstversorgung gehört zur Philosphie – das bedeutet nicht, dass man sich nicht gegenseitig hilft, jedoch entsprechen persönliche Betreuer oder übereifrige Veranstaltungshelfer nicht dem klassischen Geist des Randonnierens.

→ Die Standarddistanzen sind 200, 300, 400, 600, 1.000 und 1.200 Kilometer. Traditionell wird die Bewältigung einer Serie von 200, 300, 400 und 600 Kilometern mit dem Status des Superrandonneurs belohnt, was für viele Randonneure ein Saisonziel darstellt.

→ Mit der Absolvierung einer Brevetserie über 200, 300, 400 und 600 Kilometer können Fahrer sich für sogenannte Grand Randonnées qualifizieren, die über 1.200 Kilometer oder auch länger gehen, wie zum Beispiel Paris–Prest–Paris.

→ Die Fahrer folgen einer festgelegten Route und tragen eine Karte wie in Abbildung 8.3 bei sich, die an bestimmten Kontrollpunkten unter Angabe des Durchfahrtszeitpunkts abgezeichnet wird. Bei einem 300-km-Brevet können beispielsweise zwei oder vier Kontrollpunkte eingerichtet sein.

→ Die Distanz muss innerhalb eines Zeitlimits zurückgelegt werden, das einer Durchschnittsgeschwindigkeit von 15 Kilometern pro Stunde einschließlich der Haltezeiten entspricht. Diese Zeitlimits sind so gestaltet, dass Ausdauer und Beharrlichkeit belohnt wird und die Strecke auch bei widrigen Bedingungen – Technik, Wetter, Gelände, physische oder mentale

ABBILDUNG 8.3　Kontrollkarte

Rider's Last Name: _____		Brevet de Randonneurs Mondiaux
Rider's First Name: _____		
Address: _____		
RUSA Member #: _____ ☐ Applied for		Randonnée of
Club / ACP Code: Rocky Mountain Cycling Club / 906002		**200 KM**
RIDER's signature at the FINISH		**STOVE PRAIRIE**
The ride was done in: ___ hours ___ minutes		May 1, 2010
Signature of the ORGANIZER		Mead, Colorado (USA)
		SPONSORED BY
		Rocky Mountain Cycling Club
IMPORTANT! DNF: 303-604-1163 or 303-579-5866		VERIFIED & VALIDATED EXCLUSIVELY BY
MAIL TO: 2155 Dogwood Circle, Louisville CO 80027		Audax Club Parisien

Mead Hwy. 66 at I-25 08:00 0 km	Time:		
LaPorte Vern's Store – Rd 54G 10:16 to 13:08 77.0 km (47.9 miles)	Time:		
Stove Prairie Stove Prairie School – Rist Canyon Rd. 11:26 to 15:48 117.1 km (72.8 miles) ??? Westbound Road: _____	Time:		
Loveland Sandy's Conoco – US-34 at Glade Rd. 12:34 to 18:20 155.4 km (96.6 miles)	Time:	Secret Checkpoint:	Time:
Mead Hwy. 66 at I-25 13:53 to 21:30 204.3 km (127.1 miles)	Time:	Bike Inspection:	

Probleme – bewältigt werden kann und trotzdem auch noch genügend Zeit bleibt, anderen zu helfen. Die Fahrer haben zum Beispiel 13:30 Stunden Zeit, um die 200 Kilometer zu bewältigen und 20:00 Stunden für die 300 Kilometer.

→ Ein Randonneur ist vor allem bestrebt, ins Ziel zu kommen. Darüber hinaus versucht er vielleicht, persönliche Bestzeiten anzustreben, sich an malerischen Landschaften zu erfreuen, mit Freunden zu fahren, Neulingen zur Seite stehen, Material oder Strategien für Langstreckenveranstaltungen auszuprobieren oder all dies kombiniert. Ein 600-km-Rennen hat ein Zeitlimit von 40:00 Stunden. Ein Randonneur, der für diese Distanz 39:50 Stunden braucht, weil er sich nicht richtig fit fühlt, das Wetter nicht mitspielt oder einen schwächelnden Mitfahrer mitziehen muss, erhält die gleiche Auszeichnung wie ein Fahrer, der die Strecke in 25:00 Stunden schafft. Ein Teilnehmer, der nach 400 Kilometern aufgibt, weil es ihm keinen

Kapitel 8   Ultimatives Training für Ultradistanzen

> Spaß mehr gemacht hat oder weil er seiner persönlichen Bestzeit hinterherfährt, handelt nicht im Sinne des Randonneurethos.
> → Ob man allein oder in einer Gruppe fährt und ob man Schlafpausen einlegt oder nicht, bleibt dem Fahrer überlassen.
> → Brevets werden weltweit veranstaltet und Radfahrer können sich für Randonnees auf der ganzen Welt qualifizieren.
>
> Randonneurs USA betreut die Brevets in den Vereinigten Staaten. Im Anhang finden Sie eine Übersicht über Randonneurvereinigungen auf der ganzen Welt.

die Veranstaltungswebsites oder andere Informationsquellen, um nähere Angaben zur jeweiligen Veranstaltung zu bekommen.

Für die doppelte Centurydistanz gelten die gleichen Trainingsprinzipien wie für die einfache, allerdings ist das Trainingsvolumen höher. Um sich darauf vorzubereiten, sollten Sie folgende Grundsätze beachten:

→ Wenn Sie einschätzen wollen, wie viel Zeit Sie für diese Distanz brauchen werden, denken Sie daran, dass Sie ein langsameres Tempo fahren werden als beim einfachen Century. Wenn Sie dafür sieben Stunden benötigen, fahren Sie die Doppel-Century in 16:00 Stunden oder mehr. Fahren Sie die 200 Kilometer in 9:00 Stunden, können Sie für die 300 Kilometer rund 15:00 Stunden benötigen.

→ Planen Sie Ihre langen Fahrten so, dass sie etwa zwei Drittel bis drei Viertel so lang sind wie Ihr Rennen. Für ein Doppel-Century mit einer angepeilten Zeit von 16:00 Stunden sollte die letzte lange Trainingsfahrt 10:45 bis 12:00 Stunden dauern. Bei angestrebten 15:00 Stunden sollte die Fahrt zwischen 10:00 und 11:15 Stunden lang sein.

→ Weiten Sie die langen Fahrten allmählich aus.

→ Da Sie bereits über eine gute Ausdauergrundlage verfügen, sollten Sie die langen Fahrten im zweiwöchigen Wechsel durchführen, um Erschöpfungszustände oder Übertraining zu vermeiden. Dazwischen absolvieren Sie jeweils eine deutlich kürzere Ausdauerfahrt.

→ Legen Sie alle vier Wochen eine Regenerationswoche ein, in der Sie die lange Fahrt auf wenige Stunden reduzieren, die Tempofahrten und zügigen Fahrten einschränken und aktive Regenrationsfahrten ins Programm einbauen.

→ Am Anfang des Trainingsplans absolvieren Sie die zügigen Fahrten mit wechselnder Intensität in den Wochen mit weniger Umfang und kürzeren Ausdauerfahrten. Später ist dann jede Woche eine zügige Fahrt vorgesehen, in den Wochen mit langen Ausdauerfahrten fällt sie aber kürzer aus. Stimmt Ihre Form, können Sie im weiteren Verlauf des Trainings in den Wochen mit weniger Belastung eine zweite zügige Fahrt statt der Tempofahrt einlegen.

→ Führen Sie weiterhin die Rumpfkräftigungs- und Dehnübungen wie im Century-Trainingsprogramm durch.

12-Wochenprogramm für Doppel-Centurys und 300-km-Rennen

Woche 1

Rad fahren
Lange Fahrt 6:30–7:15 Stunden
Tempofahrt in der Wochenmitte: 40–60 Minuten
Zweite Tempofahrt in der Wochenmitte: 30–45 Minuten
Aktive Regenerationsfahrt: 40–60 Minuten
Zweite aktive Regenerationsfahrt: 20–30 Minuten (optional)
Gesamtfahrzeit: 8:20–10:30 Stunden

Ergänzendes Training
Zwei Einheiten Rumpfkräftigungstraining: je 10–20 Minuten
Drei Einheiten Dehnübungen: je 10–20 Minuten
Eine Einheit ergänzendes Krafttraining: 20–30 Minuten (optional)

Woche 2

Rad fahren
Lange Fahrt 3:30–4:30 Stunden
Tempofahrt in der Wochenmitte: 60–90 Minuten
Zügige Fahrt in der Wochenmitte: 40–60 Minuten, davon 10–15 Minuten mit wechselnder Intensität
Aktive Regenerationsfahrt: 40–60 Minuten
Zweite aktive Regenerationsfahrt: 20–30 Minuten (optional)
Gesamtfahrzeit: 5:50–8:30 Stunden

Ergänzendes Training
Zwei Einheiten Rumpfkräftigungstraining: je 10–20 Minuten
Drei Einheiten Dehnübungen: je 10–20 Minuten
Eine Einheit ergänzendes Krafttraining: 20–30 Minuten (optional)

Kapitel 8 Ultimatives Training für Ultradistanzen

Woche 3

Rad fahren
Lange Fahrt 7:15–8:00 Stunden
Tempofahrt in der Wochenmitte: 60–90 Minuten
Zweite Tempofahrt in der Wochenmitte: 45–60 Minuten
Aktive Regenerationsfahrt: 40–60 Minuten
Zweite aktive Regenerationsfahrt: 20–30 Minuten (optional)
Gesamtfahrzeit: 9:40–12:00 Stunden

Ergänzendes Training
Zwei Einheiten Rumpfkräftigungstraining: je 10–20 Minuten
Drei Einheiten Dehnübungen: je 10–20 Minuten
Eine Einheit ergänzendes Krafttraining: 20–30 Minuten (optional)

Woche 4 – Regeneration

Rad fahren
Lange Fahrt 2:00–3:00 Stunden
Tempofahrt in der Wochenmitte: 30–40 Minuten
Zügige Fahrt in der Wochenmitte: 40–60 Minuten, davon 10–15 Minuten mit wechselnder Intensität
Aktive Regenerationsfahrt: 40–60 Minuten
Zweite aktive Regenerationsfahrt: 20–30 Minuten (optional)
Gesamtfahrzeit: 3:50–6:10 Stunden

Ergänzendes Training
Zwei Einheiten Rumpfkräftigungstraining: je 10–20 Minuten
Drei Einheiten Dehnübungen: je 10–20 Minuten
Kein Krafttraining

Woche 5

Rad fahren
Lange Fahrt 8:00–9:00 Stunden
Tempofahrt in der Wochenmitte: 60–90 Minuten
Zügige Fahrt in der Wochenmitte: 40–60 Minuten, davon 10–15 Minuten mit wechselnder Intensität

Aktive Regenerationsfahrt: 40–60 Minuten
Zweite aktive Regenerationsfahrt: 20–30 Minuten (optional)
Gesamtfahrzeit: 10:20–13:00 Stunden

Ergänzendes Training
Zwei Einheiten Rumpfkräftigungstraining: je 10–20 Minuten
Drei Einheiten Dehnübungen: je 10–20 Minuten
Eine Einheit ergänzendes Krafttraining: 20–30 Minuten (optional)

Woche 6

Rad fahren
Lange Fahrt: 3:30–4:30 Stunden
Tempofahrt in der Wochenmitte: 1:30–1:45 Stunden
Zügige Fahrt in der Wochenmitte: 60–75 Minuten, davon 15–20 Minuten mit wechselnder Intensität
Aktive Regenerationsfahrt: 40–60 Minuten
Zweite aktive Regenerationsfahrt: 20–30 Minuten (optional)
Gesamtfahrzeit: 6:40–9:00 Stunden

Ergänzendes Training
Zwei Einheiten Rumpfkräftigungstraining: je 10–20 Minuten
Drei Einheiten Dehnübungen: je 10–20 Minuten
Eine Einheit ergänzendes Krafttraining: 20–30 Minuten (optional)

Woche 7

Rad fahren
Lange Fahrt: 8:45–10:00 Stunden
Tempofahrt in der Wochenmitte: 1:15–1:45 Stunden
Zügige Fahrt in der Wochenmitte: 40–60 Minuten, davon 10–15 Minuten mit wechselnder Intensität
Aktive Regenerationsfahrt: 40–60 Minuten
Zweite aktive Regenerationsfahrt: 20–30 Minuten (optional)
Gesamtfahrzeit: 11:20–14:15 Stunden

Ergänzendes Training

Zwei Einheiten Rumpfkräftigungstraining: je 10–20 Minuten

Drei Einheiten Dehnübungen: je 10–20 Minuten

Eine Einheit ergänzendes Krafttraining: 20–30 Minuten (optional)

Woche 8 – Regeneration

Rad fahren

Lange Fahrt: 2:00–3:00 Stunden

Tempofahrt in der Wochenmitte: 40–60 Minuten

Zügige Fahrt in der Wochenmitte: 40–60 Minuten, davon 10–15 Minuten mit wechselnder Intensität

Aktive Regenerationsfahrt: 40–60 Minuten

Zweite aktive Regenerationsfahrt: 20–30 Minuten (optional)

Gesamtfahrzeit: 4:00–6:30 Stunden

Ergänzendes Training

Zwei Einheiten Rumpfkräftigungstraining: je 10–20 Minuten

Drei Einheiten Dehnübungen: je 10–20 Minuten

Kein Krafttraining

Woche 9

Rad fahren

Lange Fahrt 9:45–11:00 Stunden

Tempofahrt in der Wochenmitte: 1:15–1:45 Stunden

Zügige Fahrt in der Wochenmitte: 40–60 Minuten, davon 10–15 Minuten mit wechselnder Intensität

Aktive Regenerationsfahrt: 40–60 Minuten

Zweite aktive Regenerationsfahrt: 20–30 Minuten (optional)

Gesamtfahrzeit: 12:20–15:15 Stunden

Ergänzendes Training

Zwei Einheiten Rumpfkräftigungstraining: je 10–20 Minuten

Drei Einheiten Dehnübungen: je 10–20 Minuten

Eine Einheit ergänzendes Krafttraining: 20–30 Minuten (optional)

Woche 10

Rad fahren
Lange Fahrt: 3:30–4:30 Stunden
Tempofahrt in der Wochenmitte: 60–90 Minuten
Zügige Fahrt in der Wochenmitte: 60–75 Minuten, davon 15–20 Minuten mit wechselnder Intensität
Aktive Regenerationsfahrt: 40–60 Minuten
Zweite aktive Regenerationsfahrt: 20–30 Minuten (optional)
Gesamtfahrzeit: 6:10–8:45 Stunden

Ergänzendes Training
Zwei Einheiten Rumpfkräftigungstraining: je 10–20 Minuten
Drei Einheiten Dehnübungen: je 10–20 Minuten
Eine Einheit ergänzendes Krafttraining: 20–30 Minuten (optional)

Woche 11 – Spitzenbelastung

Rad fahren
Lange Fahrt: 10:45–12:00 Stunden
Tempofahrt in der Wochenmitte: 60–90 Minuten
Zügige Fahrt in der Wochenmitte: 40–60 Minuten, davon 10–15 Minuten mit wechselnder Intensität
Aktive Regenerationsfahrt: 40–60 Minuten
Zweite aktive Regenerationsfahrt: 20–30 Minuten (optional)
Gesamtfahrzeit: 13:05–16:00 Stunden

Ergänzendes Training
Zwei Einheiten Rumpfkräftigungstraining: je 10–20 Minuten
Drei Einheiten Dehnübungen: je 10–20 Minuten
Eine Einheit ergänzendes Krafttraining: 20–30 Minuten (optional)

Woche 12 – Tapering

Rad fahren
Lange Fahrt: 4:00–6:30 Stunden
Tempofahrt in der Wochenmitte: 60–75 Minuten

Zügige Fahrt in der Wochenmitte: 60–75 Minuten, davon 10–15 Minuten mit wechselnder Intensität
Aktive Regenerationsfahrt: 40–60 Minuten
Zweite aktive Regenerationsfahrt: 20–30 Minuten (optional)
Gesamtfahrzeit: 6:40–10:30 Stunden

Ergänzendes Training
Zwei Einheiten Rumpfkräftigungstraining: je 10–20 Minuten
Drei Einheiten Dehnübungen: je 10–20 Minuten
Kein Krafttraining

Eventwoche

Rad fahren
Lange Fahrt: Veranstaltung
Tempofahrt in der Wochenmitte: 40–60 Minuten
Aktive Regenerationsfahrt: 40–60 Minuten
Zweite aktive Regenerationsfahrt: 20–30 Minuten (optional)

Ergänzendes Training
Zwei Einheiten Rumpfkräftigungstraining: je 10–20 Minuten
Drei Einheiten Dehnübungen: je 10–20 Minuten
Kein Krafttraining

Wie können Sie diese Grundsätze zur Gestaltung Ihres Traingsplans nutzen? Wenn Sie in letzter Zeit ein Century oder eine 200-km-Veranstaltung absolviert haben, ohne dass nennenswerte Probleme aufgetreten sind, können Sie sich mit dem folgenden 12-Wochen-Programm auf Ihre erstes Doppel-Century vorbereiten.

Beachten Sie, dass Sie im Verlauf des Programms:
→ allmählich die langen Fahrten ausweiten,
→ lange Fahrten alle zwei Wochen einplanen, um Übertraining und Erschöpfungszustände zu vermeiden,
→ jede vierte Woche eine Regenerationswoche einlegen und
→ nach Wochen mit sehr langen Fahrten jeweils Wochen mit mehr Intensitätstraining absolvieren.

Denken Sie daran, dass jeder unterschiedlich auf die Anforderungen von Alltag und Training reagiert, passen Sie also den Trainingsplan Ihren individuellen Bedürfnissen an. In dieser Phase Ihrer sportlichen Entwicklung sollten Sie ein gutes Gefühl dafür entwickelt haben, was für Sie funktioniert und was nicht.

Sorgen Sie dafür, dass Sie weiterhin Freude am Radsport haben und sich auf die nächste Veranstaltung freuen.

Mentale Vorbereitung

Bei der Vorbereitung auf Ihr erstes Century und während der Fahrt selbst haben Sie gemerkt, dass nicht alles so läuft wie geplant! Je mehr Sie fahren und je länger die Distanzen werden, einen umso größeren Stellenwert bekommen die mentalen Faktoren. Sie haben bereits eine Reihe von mentalen Fähigkeiten entwickelt, nutzen Sie diese bei der weiteren Rennvorbereitung:

→ Entspannungs- und Visualisierungstechniken: Üben Sie die Entspannungstechniken aus Kapitel 7. Wenn Sie diese Techniken gut beherrschen, können Sie jederzeit in Gedanken Ihren ruhigen Ort aufsuchen. Tritt im Rahmen Ihrer Rennvorbereitung ein Problem auf, ziehen Sie sich kurz mental in Ihren Ruheort zurück. Sie sind danach in einer besseren seelischen Verfassung, um realistischer einzuschätzen, was wirklich schiefgelaufen ist und was Sie dagegen unternehmen können. Die Visualisierungstechniken sind auch gut geeignet, um sich auf ein erfolgreiches Rennen vorzubereiten.

→ Einen Fahrstrategie erstellen: Entwickeln Sie mehrere Strategien für Ihr Rennen, eine für eine Fahrt, die Ihren Erwartungen entspricht, eine für einen weniger guten Tag und einen für eine herausragend gute Fahrt. Planen Sie ein, was Sie an Bekleidung und Beleuchtung brauchen werden, wenn das Dopppel-Century oder die 300 Kilometer langsam gefahren werden. Stellen Sie sich dann während der Fahrt mental auf alle Begleitumstände ein.

→ Probleme lösen: Je länger die Trainingsfahrten werden, desto höher wird die Wahrscheinlichkeit, dass Probleme auftauchen. Mit ein wenig Einfallsreichtum können Sie fast jede Art von Schwierigkeiten überwinden. Wenn Sie Ihre Problemlösungskompetenzen während der Trainingsfahrten üben, sind Sie für die Veranstaltung besser gerüstet. Müde Beine? Fahren Sie eine Stunde langsamer und essen und trinken Sie etwas. Mehrere Reifenpannen? Halten Sie an und untersuchen Sie den Reifen gründlich, um die Ursache zu finden. Gesäßschmerzen? Fahren Sie alle 5 bis 10 Minuten eine Minute lang im Stehen, um die Druckbelastung zu mindern.

Hinweise zur Ausrüstung

Ob Sie nun zwei oder mehr Centurys pro Saison oder ein Doppel-Century fahren – Ihr Fahrrad und Ihr Körper müssen längere Distanzen bewältigen. Das bedeutet auch, dass Probleme mit dem Fahrrad oder der Bekleidung größere Auswirkungen haben. Mehr Kilometer bedeuten höheren Verschleiß Ihrer gesamten Ausrüstung – vom Rad über die Bekleidung bis zum Zubehör. In Kapitel 5 haben wir die Ausrüstungsfaktoren Leistungsfähigkeit versus Verlässlichkeit gegeneinander abgewogen. Je länger die Distanzen werden, desto wichtiger wird die Verlässlichkeit gegenüber der Leistungsfähigkeit, das gilt insbesondere, wenn während der Fahrt keine technische Unterstützung zur Verfügung steht.

Fahrrad

Analysieren Sie, jetzt, wo Sie mehr Umfänge fahren, das aktuelle Set-up Ihres Fahrrads:

→ Wie fühlen Sie sich während langer Fahrten und danach?

Ein wenig Muskelkater ist normal, treten jedoch Schmerzen auf, sollten Sie Ihre Ausrüstung überprüfen. Brauchen Sie vielleicht einen anderen Sattel? Ist Ihr Trinkrucksack zu schwer?

→ Sollten Sie die Fahrradeinstellungen überprüfen lassen?

Wenn seit der letzten Anpassung mehr als ein Jahr vergangen ist, sollten Sie alle Einstellungen überprüfen lassen, denn Veränderungen der Leistungsfähigkeit oder Beweglichkeit sowie Verletzungen können diese beeinflussen. Beschreiben Sie Ihrem Händler, wie Sie sich aktuell auf dem Fahrrad fühlen und ob Sie beabsichtigen, längere Distanzen zu fahren. Er kann Ihnen Vorschläge machen, wie Sie den Fahrkomfort erhöhen können, zum Beispiel durch einen anderen Vorbau oder Lenker.

→ Funktioniert Ihr Fahrrad richtig?

Die vielen Kilometer verursachen Verschleißerscheinungen. Um Probleme mit der Schaltung zu vermeiden, sollten Sie regelmäßig Kette und Kassette auf Abnutzungserscheinungen prüfen und kontrollieren, ob die Schaltzüge verschlissen sind und die richtige Spannung aufweisen. Aus Sicherheitsgründen müssen Bremsen, Laufräder und Reifen regelmäßig inspiziert werden.

→ Ziehen Sie in Erwägung, mit niedrigeren Übersetzungen zu fahren:

Ihre Beine bringen möglicherweise nicht ganz so viel Kraft auf die Pedale, wenn Sie ein Century pro Monat fahren. Und auch in der zweiten Hälfte eines Doppel-Centurys werden Ihre Beine sich vermutlich nicht mehr so frisch anfühlen wie in der ersten. Eine Umstellung auf eine Kompaktkurbel, eine Dreifachkurbel oder eine Kassette mit größeren Zahnabstufungen trägt dazu bei, dass die Belastung der Knie reduziert wird und dass Sie auf langen Distanzen weniger schnell ermüden. Auch bei betreuten Touren sollten Sie mehr Ausrüstung wie Kleidung dabei haben, dann fährt es sich mit kleinen Gängen wesentlich leichter.

Bekleidung

Die Radsportkleidung, die Sie bei Ihrem ersten Century getestet haben, hat sich bewährt und eignet sich für weitere Centurys in den Sommermonaten. Veranstaltungen, die in anderen Regionen oder Jahreszeiten stattfinden, erfordern jedoch mehr Ausrüstung. Für längere Fahrten können Sie die gleichen Kleidungsstücke tragen wie bei Ihrem Century. Weil Sie jedoch früher starten und länger unterwegs sind, kann der Temperaturbereich während der Fahrt um 17 Grad oder mehr schwanken, je nachdem wo Sie fahren. Wenn Sie dann über 160 Kilometer unterwegs sind, ist es ratsam, Arm-, Knie- oder Beinlinge und eine Windjacke zu tragen. Die Knie werden wenig durchblutet und sollten bei Temperaturen unter 16 Grad bedeckt werden, um Verletzungen vorzubeugen. Wenn die Temperatur steigt, können Sie die Kleidungsgegenstände in der Trikot- oder Satteltasche oder in Ihrem Trinkrucksack verstauen. Wir verwenden immer eine größere Satteltasche, damit unsere Trinkrucksäcke nicht zu schwer werden und in den Trikottaschen ausreichend Platz für Verpflegung und Streckenpläne ist.

Außerdem: Je länger Sie fahren, desto größer ist auch die Chance, dass Sie mit widrigen Wetterbedingungen konfrontiert werden. Jeder Radfahrer wird irgendwann in schlechtes Wetter geraten, aber mit der richtigen Bekleidung kann das Fahren dann sogar Spaß machen. Sie brauchen eine Ausrüstung, die auf das ortsübliche Wetter abgestimmt ist. Wie oft regnet es in der Region? In manchen Gegenden muss mit vielen Regenstunden gerechnet werden, sodass man hier als Radfahrer unbedingt gute Regenkleidung benötigt. Wenn Sie in eher warmem Klima fahren, in der es zwar gelegentlich zu kurzen Schauern kommt, wo aber kein längerer Regen zu erwarten ist, kann eine leichte, schnell trocknende Regenjacke ausreichen. Bedenken Sie dabei auch Ihre persönlichen Ziele. Wenn Sie eine neue Bestzeit aufstellen wollen, werden Sie möglichst wenig Ausrüstung und Gewicht mit sich führen wollen und dafür Abstriche beim Komfort machen. Wählen Sie Ihre Bekleidung so, dass Sie mehrere Schichten übereinander tragen können, das bietet bessere Isolierung und flexible Handhabung. Am Oberkörper sollten Sie als erste Schicht ein dünnes Hemd aus Synthetikmaterial oder Wolle tragen, das die Feuchtigkeit von Ihrem Körper ableiten kann. Von Baumwolle ist abzuraten, da diese Feuchtigkeit speichert. Sie können den Brustbereich sogar mit einigen Lagen Zeitungspapier warm halten, das Sie an der nächsten Verpflegungsstation entsorgen können. Bei stärkerer Schweißbildung kann jedoch die Druckerschwärze abfärben. Für die Beine bieten sich Knie- oder Beinlinge an, Sie können aber auch eine lange Sporthose aus Stretchmaterial mit wind- und regendichtem Besatz an der Vorderseite tragen. Denken Sie auch an eine Bekleidungsschicht für Kopf, Hände und Füße. Unter dem Helm können Sie eine dünne Sturmhaube tragen und damit notfalls das Gesicht bedecken, für die Hände bieten sich leichte Innenhandschuhe zum Tragen unter Ihren Radhandschuhen an, die Füße können Sie mit Überschuhen bedecken und eine Duschhaube aus dem Hotel eignet sich als Regenmütze für den Notfall. Sobald es wärmer wird, können Sie die erste Lage ausziehen, um den Körper nicht zu überhitzen.

Über der ersten Lage tragen Sie die Isolierschicht, das ist normalerweise Ihr bevorzugtes Trikot. Bei kälteren Temperaturen können Sie auch eine Thermoweste oder ein langärmeliges Trikot aus Wolle oder Synthetik über Ihrem normalen Trikot tragen. Wir bevorzugen Wolle, weil sie auch in nassem Zustand noch wärmt. Gute Thermowesten sind an der Vorderseite winddicht und mit Rückentaschen ausgestattet, in denen Ausrüstung untergebracht werden kann.

Schließlich benötigen Sie noch eine Außenschicht. Zum Fahren bei kühler morgendlicher Witterung kann eine Windweste ausreichen. Sind jedoch Regenschauer oder viel Wind vorhergesagt, ist eine leichte Windjacke zweckmäßiger. Viele Windjacken sind mit abtrennbaren Ärmeln ausgestattet und lassen sich so flexibler verwenden. Wenn mit längeren Regenfällen zu rechnen ist, benötigen Sie eine spezielle, atmungsaktive Radregenjacke. Fahrradbekleidung, die als Außenschicht getragen wird, sollte aus Sicherheitsgründen grundsätzlich hell sein und über einen körperbetonten Schnitt verfügen, damit sie sich bei Wind nicht aufbläht. Gute Regenjacken sind mit Zweiwege-Frontreißverschlüssen und Reißverschlüssen unter den Armen ausgestattet, die bei Bedarf für zusätzliche Belüftung sorgen. Außerdem verfügen sie über einen verlängerten Rückenbereich, der beim Fahren das Gesäß bedeckt.

Bei der Wahl der richtigen Bekleidung spielen persönliche Vorlieben eine große Rolle. Manche Menschen möchten es immer warm haben, während andere es eher kühl bevorzugen. Genau wie Ihre sonstige Radsportausrüstung sollten Sie auch alle Kleidungsstücke testen, um herauszufinden, was sich bewährt und was nicht.

In Kapitel 10 werden wir noch detaillierter darauf eingehen, worauf es bei der Auswahl der richtigen Tourbekleidung ankommt. In Kapitel 11 behandeln wir die Hypothermie, die auch unter relativ milden klimatischen Bedingungen auftreten kann. Beim Fahren unter regnerischen und windigen Bedingungen können Sie auch bei 10 Grad eine Hypothermie entwickeln! Die richtige Kombination aus Basis-, Isolier- und Außenschicht hält Sie warm, trocken und gibt Ihnen Sicherheit.

Beleuchtung

Auch außerhalb der Saison können Sie ein Century vollständig bei Tageslicht fahren, und im Sommer ist dies auch bei den meisten Doppel-Centurys und 300-km-Events möglich. Manchmal lässt es sich jedoch nicht vermeiden, dass die erste Stunde nach dem Start noch bei Dunkelheit gefahren werden muss. Bedenken Sie also, wenn Sie Ihre Fahrt planen, ob Sie viel-

Sicherheit: Zweispurige Straßen

Viele Ihrer Fahrten werden über ruhige und landschaftlich reizvolle Landstraßen mit wenig Verkehr und gut ausgebauten Seitenstreifen führen. Manchmal werden Sie jedoch auch verkehrsreiche Straßen mit problematischen Bedingungen befahren müssen. Nachfolgend finden Sie einige Tipps für Ihre Sicherheit:

→ Wie zuvor bereits erwähnt, sollten Sie helle Kleidung tragen, einen Rückspiegel verwenden und ein berechenbares Fahrverhalten zeigen.

→ Antizipieren Sie mögliche Probleme. Wenn Ihnen ein Fahrzeug entgegenkommt, schauen Sie in den Rückspiegel. Nähert sich auch ein Fahrzeug von hinten? Oder kommen mehrere Fahrzeuge von vorne? Könnte eines in Ihre Spur wechseln, um die anderen zu überholen? Ist die Straße in beiden Situationen breit genug für zwei Autos und Sie? Oder wäre es sicherer, von der Straße runter zu fahren?

→ Benutzen Sie den sicheren rechten Rand der Straße, also den Teil, wo Sie fahren können, ohne ein erhöhtes Risiko von Reifenpannen oder Stürzen durch herumliegende Gegenstände einzugehen. An der unmittelbaren Fahrbahnkante befinden sich oft Schotter, abgebrochener Asphalt, Scherben und ähnliches. Fahren Sie nicht an Stellen, an denen ein hohes Risiko besteht, entweder über Gegenstände zu fahren oder plötzlich Hindernissen ausweichen zu müssen.

leicht erst in der Dunkelheit ankommen, falls das von Ihnen definierte langsame Szenario eintreten sollte. Wenn Sie Licht brauchen sollten, reicht dies als Basisausttattung: Ein einfaches, batteriebetriebenes Vorderlicht zur Montage auf dem Lenker und ein batteriebetriebenes Rücklicht zum Anbringen an die Sitzstreben. Wenn Sie bei Dunkelheit fahren, ist es äußerst wichtig, dass Sie gut sichtbar sind, also wählen Sie Kleidung und Ausrüstung mit reflektierenden Materialien. Gute Radwesten und Regenjacken sind mit reflektierenden Besätzen ausgestattet. Auch reflektierendes Klebeband an Laufrädern und Rahmen leistet gute Dienste. Wenn Sie Ihr Fahrrad nicht bekleben möchten, sind reflektierende Bänder an den Fußgelenken eine wirkungsvolle Alternative, die sich leicht verstauen lässt. Wenn Sie in ein Beleuchtungssystem investieren, können Sie auch Ihr Training flexibler gestalten, da Sie auch bei Dunkelheit fahren können – zum Beispiel auf dem Weg zur Arbeit und zurück. Die Themen Beleuchtung und Fahren bei Dunkelheit werden wir in Kapitel 10 im Zusammenhang mit den langen Fahrten noch ausführlicher behandeln.

Ernährung

Mittlerweile kennen Sie die Grundprinzipien der Ernährung und können gut einschätzen, was sich im Training und im Rennen bewährt hat. Entscheidend ist, dass Sie Ihr Wissen auch anwenden und das Folgende umsetzen.

→ Wenn auf Ihrer rechten Seite eine unübersichtliche Einfahrt liegt, überprüfen Sie, ob hinter Ihnen Fahrzeuge fahren. Fahren Sie dann etwas weiter in die Fahrbahnmitte oder werden Sie langsamer, sodass sie von einem Fahrzeug, dass aus der Einfahrt kommt, rechtzeitig gesehen werden.

→ Seien Sie vorsichtig, wenn Sie von Autos, die hinter Ihnen fahren, nicht gesehen werden können. Fahren Sie in solchen Situationen äußerst rechts. Dies kann zum Beispiel in schlecht einsehbaren Rechtskurven passieren oder wenn Sie den Gipfel eines Hügels erklimmen. Sie sind dann für Fahrzeuge nicht sofort sichtbar, die hinter Ihnen den Anstieg hinaufkommen.

→ Fahren Sie auf Straßen, auf denen Sie den Seitenstreifen benutzen können, etwa einen Meter rechts von den Autos. Auch auf Straßen mit sehr breiten Seitenstreifen sollten Sie darauf achten, dass Sie gut gesehen werden, und sorgen sie dafür, dass Ihnen bei Problemen noch eine Ausweichzone zur Verfügung steht. Es kann sein, dass Sie vor einer Kreuzung nach links ausweichen müssen, insbesondere dann, wenn ein Fahrzeug hinter Ihnen nach rechts abbiegen will.

→ Achten Sie auch auf das, was Sie hören. Nähert sich ein Fahrzeug aus einer nicht einsehbaren Ausfahrt? Verlassen Sie sich jedoch nicht vollständig auf Ihre Ohren, da Wind und Hintergrundgeräusche Ihr Gehör beeinträchtigen können.

→ Autofahrer sind tendenziell vorsichtiger, wenn Sie einer Gruppe von Radfahrern begegnen, sie brauchen jedoch mehr Platz, um eine Formation zu überholen. Achten Sie darauf, dass Sie den Verkehr nicht behindern.

→ Tägliche Ernährung: Essen Sie regelmäßig, ausgewogen und abwechslungsreich genug, um genug Energie für das Training zu haben? Protokollieren Sie Ihre Kalorienaufnahme in regelmäßigen Abständen, das hilft Ihnen, auf dem richtigen Weg zu bleiben und auf dem Rad gute Leistungen zu bringen.

→ Trainingsfahrten: Bleiben Sie bei der Verpflegung, die sich im Rennen bewährt hat. Im Training können Sie bei Bedarf mit neuen Produkten experimentieren. Achten Sie bei längeren Trainingsfahrten auf das, was Sie essen – was bei Centurydistanzen funktioniert, muss nicht unbedingt auch bei Doppel-Centurys oder 300-km-Fahrten funktionieren. Haben Sie vielleicht Warnzeichen bemerkt, dass Sie zu wenig essen? Manche Menschen reagieren gereizt, andere verspüren Benommenheit. Variieren Sie Ihre Verpflegung auf dem Rad, das erleichtert die regelmäßige Aufnahme und vermindert Verdauungsprobleme. Trinken Sie gerade so viel, um Ihren Durst zu stillen? Oder sehen Ihre Handgelenke am Handschuhsaum oder Ihre Knöchel am Sockenrand aufgeschwemmt aus? Wenn das der Fall ist, lagern Sie wahrscheinlich Flüssigkeit im Gewebe an und sollten erst wieder trinken, nachdem Sie die überschüssige Flüssigkeit über den Urin wieder ausgeschieden haben und die Schwellung zurückgeht.

→ Regeneration: Eine ausgedehnte Regenerationsphase nach den langen Fahrten ist die Grundlage für ein effektives Training in der darauffolgenden Woche. Essen Sie in den ersten Stunden nach der Fahrt 500 bis 1.000 Kalorien aus Kohlenhydraten mit mittlerem bis hohem glykämischem Index, um Ihre Glykogenspeicher wieder aufzufüllen. Nehmen Sie zusätzlich etwas Eiweiß und ausreichend Getränke zu sich.

→ Vor der Fahrt: Erhöhen Sie drei oder vier Tage vor einem Rennen den Anteil an Kohlenhydraten und vermindern Sie den Fett- und Eiweißanteil.

Letzte Vorbereitungen

Wie bei Ihrem ersten Century sind Sie im Vorfeld Ihres nächsten Events vielleicht etwas aufgeregt, egal ob es sich um ein weiteres Century oder aber eines über die doppelte oder die 300-km-Distanz handelt. Praktizieren Sie an den Abenden vor dem Rennen und am Morgen davor progressive Muskelentspannung. Die Checklisten zur Ausrüstung, Event- und Tourenplanung aus Kapitel 7 helfen Ihnen, sich zu organisieren und keinen Stress im Vorfeld aufkommen zu lassen. Sie können sich auch zusätzlich für Ihre Fahrten über 300 Kilometer eine kurze Merkliste erstellen, auf der Sie die geplanten Stopps an den Verpflegungsstationen eintragen.

Im Rennen

Wie bei anderen Rennen auch ist die Startphase aufregend und kann Stress verursachen. Visualisieren Sie vor dem Start, wie Sie Ihr Tempo finden und schnellere Fahrer vorbeiziehen lassen. Fahren Sie Ihr eigenes Rennen, orientieren Sie sich dabei an der Geschwindigkeit Ihrer langen Trainingsfahrten. Wenn Sie nach der ersten halben Stunde schneller unterwegs sind, zwingen Sie sich, langsamer zu werden. Am Anfang zurückzuhaltend zu fahren ist wesentlich klüger, als zum Ende hin keine Kraft mehr zu haben. Bedingt durch die Aufregung kann Ihre Herzfrequenz im Verlauf des Rennens schwanken, daher ist es sinnvoll, das Tempo anhand des subjektiven Belastungsempfindens oder mit dem Wattmessgerät zu steuern.

Am ökonomischsten fahren Sie, wenn Sie sich während des Rennens auf einem einigermaßen konstanten Anstrengungsniveau befinden, statt mit einer gleichbleibenden Durchschnittsgeschwindigkeit unterwegs zu sein. Wenn Sie die Steigungen mit hoher Intensität angehen und sich bei den Abfahrten wieder davon erholen müssen oder in einer Gruppe mit hohem Tempo fahren und dann nicht mehr mithalten können, verbrauchen Sie mehr Energie, als wenn Sie mit einer ziemlich konstanten Herzfrequenz, Leistung oder dem subjektiven Belastungsempfinden fahren. Wenn Sie sich Ihre Kräfte kontrolliert einteilen, verfügen Sie über mehr Reserven für den letzten Teil der Strecke.

Je länger die Strecken werden, desto wichtiger wird die Rennverpflegung. Die erste Stunde geht schnell vorüber – beginnen Sie schon in dieser Phase mit Essen und Trinken. Abhängig von Ihrer Körpergröße sollten Sie pro Stunde Fahrt 60 bis 90 Gramm gemischte Kohlenhydrate oder 240 bis 360 Kalorien in Kombination mit etwas Eiweiß und Fett zu sich nehmen und ausreichend trinken, um Ihren Durst zu stillen. Über die Stunde verteilt verschiedene Kohlenhydratlieferanten zu sich zu nehmen ist magenschonender, als am Ende der Stunde viel zu essen. Orientieren Sie sich dabei an den Erfahrungen, die Sie während Ihrer wöchentlichen langen Fahrten gemacht haben, was sich dort bewährt hat, wird auch bei dem Doppel-Century funktionieren. Damit Sie das Essen nicht vergessen, lassen Sie sich von der Weckfunktion Ihrer Uhr daran erinnern.

In einer Gruppe vergeht die Zeit im Gespräch mit anderen Fahrern am schnellsten. Sie können sich hier auch gegenseitig in schwierigen Phasen motivieren und sich bei technischen Problemen helfen. Lassen Sie sich aber nicht zu sehr ablenken, dass Ihre Sicherheit darunter leidet. Halten Sie sich immer an die Grundlagen des Fahrens in der Gruppe und bleiben Sie achtsam. Halten Sie Ausschau nach möglichen Gefahrensituationen und machen Sie auch Ihre Mitfahrer darauf aufmerksam. Fahren Sie in einer geraden Linie und weisen Sie durch Rufen oder Handzeichen darauf hin, wenn Sie Ihre Position oder Geschwindigkeit ändern wollen. Achten Sie auf Ihr Vorderrad. Denken Sie bei Formationsfahrten an den Ablauf: Erst kurz und gleichmäßig an der Spitze zu fahren und sich dann auf die dem Verkehr zugewandte Seite – oder bei Seitenwind auf die Windseite – zurückfallen lassen.

Wenn nötig, wenden Sie Ihr Mentaltraining an, also die Entspannungstechniken und Ihre Visualisierung eines ruhigen Ortes. Wenn sich ein Problem entwickelt, suchen Sie kurz Ihren imaginären Ruheort auf, analysieren Sie dann, was schiefgelaufen ist und was Sie dagegen tun können.

Eine Doppel-Century- oder 300-km-Fahrt kann einem unglaublich lang vorkommen, teilen Sie die Fahrt daher in Abschnitte ein. Johns Fahrten haben in der Regel drei Phasen:
1. Zu Beginn fühlt er sich frisch und hat Spaß am Fahren.
2. In der Mitte kommt ihm die Fahrt endlos vor.
3. Und dann endlich ist das Ziel in Reichweite!

Wenn Sie sich in der langen, harten mittleren Phasen des Rennens befinden, akzeptieren Sie es. Denken Sie nicht mehr darüber nach, wie anstrengend es gerade ist. Unterhalten Sie sich mit Ihren Mitfahrern, konzentrieren Sie sich auf die Landschaft oder planen Sie schon einmal Ihr Belohnungsessen.

Genießen Sie die Fahrt und halten Sie genauso auch Ihrer Rennstrategie fest, egal ob die Fahrt nun sehr gut, normal oder weniger gut ist. Konzentrieren Sie sich immer auf das nächste, kurzfristige Ziel. Wie bewältigt man das Race Across America? Man absolviert eine Zeitnahmestation nach der anderen. Wie bewältigt man ein Doppel-Century? Indem von einer Verpflegungsstation zur nächsten fährt.

Nutzen Sie die Verpflegungsstationen so, dass es Ihrer Rennstrategie und Ihrem Rennziel entspricht. Vor der Ankunft an einer Verpflegungsstation sollten Sie im Kopf schon mal eine Checkliste durchgehen, was Sie an der Station alles erledigen müssen – je nachdem, ob Sie eine persönliche Bestzeit anstreben, bei Tageslicht ins Ziel kommen möchten oder das Rennen vor dem Zielschluss beenden möchten. Vereinbaren Sie bei der Ankunft mit Ihren Mitfahrern, wie lange Sie Pause machen werden. Sehen Sie die Verpflegungsstation als eine Art Tankstelle an. Nehmen Sie Proviant und Getränke mit und essen und trinken Sie während des Aufenthalts etwas. Wenn nötig, wechseln Sie Ihre Bekleidung, tragen Sie Sonnenschutz auf oder dehnen Sie sich, wenn Sie sich verspannt fühlen. Überprüfen Sie Ihr Fahrrad und machen Sie sich bereit, gemeinsam mit Ihren Mitfahrern wieder aufzubrechen. Wenn es weniger auf die Zeit ankommt, unterhalten Sie sich ruhig etwas mit anderen Fahrern, aber bleiben Sie nicht zu lange, damit Ihre Muskeln nicht steif werden. Danken Sie vor der Weiterfahrt den Helfern. Achten Sie beim Wiederauffahren auf die Straße auf Autos und andere Fahrräder und nehmen Sie allmählich wieder Ihren Rhythmus auf.

> Bei der Vorbereitung auf mehrere Century-Fahrten oder längere Events und während des Rennens können Sie auf die gleichen Prinzipien zurückgreifen, die Sie auch bei Ihrem ersten Century angewendet haben. Fragen Sie sich bei der Suche nach neuen Herausforderungen, was Ihnen am Radfahren gefällt. Mehr Fitness? Die physische Herausforderung? Die Kameradschaft? Vergegenwärtigen Sie sich immer wieder Ihre persönliche Einschätzung und verlieren Sie nicht das aus den Augen, was für Sie selbst wichtig ist. Wichtig ist, dass Sie nie den Spaß verlieren, auch wenn Sie jetzt viel häufiger und länger fahren als früher und Sie auch schwierige Momente erleben werden. Machen Sie es wie Pete Penseyres: Versuchen Sie, den Radsport in Ihren Alltag zu integrieren, seien Sie hilfsbereit und haben Sie Spaß.
>
> Training muss keine komplexe Angelegenheit sein. Behalten Sie die Grundprinzipien – Volumensteigerung, Intensität, Überlastung und Regeneration, Spezifität und Individualität – im Blick und Sie sind für alles gewappnet: mehrere Centurys in einer Saison, Doppel-Centurys und 300-km-Distanzen oder, wie wir im nächsten Kapitel beschreiben werden, organisierte und nicht organisierte zwei- bis dreitägige Touren.

Kapitel 9

Mehrtagesrennen meistern

Kapitel 9   Mehrtagesrennen meistern

Die Prinzipien, die wir für die Vorbereitung auf längere Eintagesveranstaltungen eingeführt haben, können wir nun auch auf Mehrtagesveranstaltungen anwenden. Mehrere Tage hintereinander auf dem Fahrrad zu verbringen, kann eine Menge Spaß machen! Sie können zwei- oder dreitägige Touren nutzen, um sich mental und körperlich auf längere Touren und Brevets vorzubereiten. Viele erfahrene Randonneure haben mit Wochenendtouren angefangen und fahren aus Freude an der Abwechslung auch weiterhin welche.

In diesem Kapitel konzentrieren wir uns auf die Vorbereitung für zwei- oder dreitägige Touren, entweder organisiert oder ohne Betreuung. Wenn Sie eine Wochenendtour mit Camping planen, können Sie die gleiche Vorbereitung absolvieren und finden im nächsten Kapitel, das längere Veranstaltungen behandelt, Informationen zur richtigen Campingausrüstung. Auf Wochenendtouren bereiten Sie sich ähnlich vor wie auf eine Centuryveranstaltung, obwohl es einige neue Aspekte zu bedenken gilt. Wir wenden hierfür zur Vorbereitung und das Rennen selbst die bekannten Erfolgsfaktoren an, nämlich Einschätzung und Planung, Training, mentale Vorbereitung, Ausrüstung, Ernährung und Fahrtechnik. Sie erhalten zudem detaillierte Informationen darüber, wie man eine nächtliche Routine entwickelt, um optimal zu regenerieren.

Es gibt eine große Bandbreite an Wochenendfahrten, von der ruhigen Ausfahrt mit ein paar Freunden durch die Natur bis hin zur organisierten Wohltätigkeitsfahrt mit Tausenden von anderen Fahrern. In diesem Kapitel befassen wir uns mit diesen zwei Grundtypen von Wochenendtouren: organisierte und nicht organisierte Veranstaltungen. Organisierte Fahrten sind logistisch gesehen einfacher. Sie melden sich einfach an und zahlen die Startgebühr oder die Spendenvereinbarung. Die Organisatoren kümmern sich um die Route, die Verpflegungsstationen, die technische Unterstützung, die Nahrungsmittelversorgung, den Transport Ihrer Ausrüstung und die Übernachtungsmöglichkeiten. Sie müssen nur noch fahren. Viele Wohltätigkeitsorganisationen, kommerzielle Anbieter und Radsportklubs auf der ganzen Welt bieten zwei- und dreitägige Fahrten an. Bei nicht organisierten Touren ist der Planungsaufwand höher, weil Sie sich selbst um alle Details kümmern müssen. Diese Fahrten lassen sich unterschiedlich gestalten, von der Tour, bei der Sie nur eine minimale Ausstattung mitnehmen, in Hotels übernachten und in Restaurants essen bis hin zum Wochenendcampingtrip. Sie bestimmen selbst, mit wem Sie fahren und wann Sie fahren!

Einschätzung und Planung

Bevor Sie sich bei einer organisierten Tour anmelden oder Ihr eigenes Abenteuer planen, sollten Sie sich selbst fragen, was Sie sich davon versprechen. Möchten Sie eine entspannte Wochenendausfahrt mit Freunden oder der Familie erleben oder lieber eine anspruchsvolle Fahrt durch gebirgiges Terrain? Fahren Sie lieber allein oder lieben Sie Gesellschaft? Verschaffen Sie sich einen Überblick über die vielen Möglichkeiten und beziehen Sie auch die Informationen aus Tabelle 9.1 in Ihre Überlegungen ein, welche Art von Veranstaltung am besten zu Ihren persönlichen Zielen passt.

Bei organisierten Touren wird die Planung (fast) vollständig von anderen erledigt. Dennoch sollten Sie im Vorfeld so viel wie möglich über die Veranstaltung herausfinden. Sehen Sie sich die Website an, sprechen Sie mit Teilnehmern oder den Organisatoren, informieren Sie sich, welche Unterstützung angeboten wird, schauen Sie sich das Terrain an, analysieren Sie wenn möglich die Streckenpläne und klären Sie aufkommende Fragen. Sie werden viel Zeit und vielleicht auch Geld in eine organisierte Tour investieren, also sollten Sie darauf achten, dass diese Ihren Erwartungen entspricht.

Bei einer nicht organisierten Tour erledigen Sie alle Planungen selbst. Schätzen Sie Ihre Erfahrungen ehrlich ein und seien Sie realistisch bei der Planung und Ausarbeitung der Route. Eine Dreitagestour durch die Berge sieht vielleicht auf dem Papier großartig aus, wenn Sie jedoch wenig Erfahrung damit haben, könnte der Plan zu ehrgeizig sein. Die Vorbereitung einer nicht organisierten Tour dauert länger, weil Sie sich um die gesamte Logistik selbst kümmern müssen. Bedenken Sie, dass Ihre sonstigen Verpflichtungen wie Arbeit, Familie, Ausbildung und Ähnliches Ihre Vorbereitungszeit einschränken kann.

Für die Planung Ihrer Tour stehen eine Fülle von Informationsquellen zur Verfügung. Ein guter Start sind Landkarten, die Ihnen

TABELLE 9.1 Vergleich: organisierte und nicht organisierte Fahrten

Organisierte Fahrten

Alles ist geplant: Sie müssen nur losfahren. Organisierte Fahrten finden allerdings nicht überall statt.

Anzahl der Teilnehmer: Die meisten organisierten Touren haben hohe Teilnehmerzahlen – bei manchen Wohltätigkeitsfahrten fahren Hunderte oder sogar Tausende von Fahrern mit.

Keine Flexibilität: Im Allgemeinen ist es nicht möglich, von der Route oder dem geplanten Ablauf abzuweichen.

Unterstützung: Die Organisatoren bieten Verpflegungsstationen, technische Unterstützung unterwegs sowie warme Mahlzeiten an.

Logistik: Meist wird Ihr Gepäck tagsüber durch die Organisatoren transportiert.

Kosten: Organisierte Fahrten können teuer sein, insbesondere wenn luxuriöse Übernachtungsmöglichkeiten und Gourmetessen dazu gehören.

Spenden sammeln: Wochenendtouren werden oft zugunsten wohltätiger Organisationen durchgeführt.

Vorbereitung: Für viele Fahrten werden Trainingsmöglichkeiten angeboten, die bei der Vorbereitung auf die Veranstaltung helfen. Aktuelle Informationen zur Fahrt werden meist in Foren veröffentlicht.

Nicht organisierte Fahrten

Sie planen selbst: Das Organisieren einer sicheren Route mit Versorgungspunkten, Verpflegungs- und Übernachtungsmöglichkeiten kann viel Spaß machen.

Stellen Sie Ihre Gruppe selbst zusammen oder fahren Sie allein: Sie können wählen, ob Sie ein paar Freunde mitnehmen oder die Tour allein bewältigen.

Spontanität: Sie können anhalten und mit Menschen ins Gespräch kommen, eine landschaftlich schönere Strecke fahren oder früher nach Hause zurückkehren.

Selbstversorger: Sie müssen sich um die Verpflegung kümmern, einfache Reparaturen durchführen und größere Probleme selbst in Angriff nehmen.

Sie benötigen mehr Ausrüstung: Manche Fahrräder, besonders Rennräder, lassen sich mit hoher Beladung nicht gut fahren.

Kosten: Ihre eigene Wochenendtour kostet deutlich weniger als die meisten organisierten Fahrten, mit Ausnahme von Vereinstouren.

Familienfreundlich: Auch wenn die Familie nicht mitfährt, können Sie sie am Abend treffen.

einen allgemeinen Überblick über die geplante Route geben. Bei Straßenkarten für Autofahrer kann es jedoch sein, dass nur Hauptstraßen eingezeichnet sind und manche der abgebildeten Straßen nicht für Radfahrer geeignet sind. Einige Organisationen bieten spezielle Radwanderkarten an, die Informationen über den Straßenzustand, Steigungsgrade, Sehenswürdigkeiten sowie Einkaufs- und Übernachtungsmöglichkeiten enthalten. Hier ist es auch wichtig, sich über die jeweiligen Öffnungszeiten zu informieren. Achten Sie darauf, dass die Ausgabe, die Sie verwenden, aktuell ist. Solche Karten sind meist wetterfest und haben ein Format, das gut in einen Kartenhalter oder das Kartenfach einer Lenkertasche passt. Viele Städte und Regionen bieten im Internet Fahrradkarten zum kostenlosen Download an und etliche Online-Portale können Informationen aus erster Hand über Touren in bestimmten Gebieten geben. Im Internet finden Sie darüber hinaus Kartensoftware wie „Map My Ride" (www.mapmyride.com) und „Google Maps" (maps.google.com/biking), die Sie in Verbindung mit anderen Karten zur Planung von Streckenabschnitten, zur Entfernungsmessung und zur allgemeinen Unterstützung bei der Vorbereitung nutzen können. Eine gute Informationsquelle ist auch der ADFC. Die Interessenvertretung der Alltags- und Freizeitradler in Deutschland gibt auf ihrer Internetseite viele Tipps zur Radtourenplanung (http://www.adfc.de/adfc-reisenplus/radtouren-planung/radtouren-planung).

Folgende Punkte sollten Sie bei der Planung Ihrer Route beachten:

→ Tagespensum: Auch wenn Sie ohne Probleme eine Centuryfahrt an einem Tag schaffen, können drei Centurys an drei aufeinanderfolgenden Tagen weitaus anstrengender sein, zumal Sie Ausrüstung dabei haben. Planen Sie daher für Ihre erste Wochenendtour Tagesstrecken von 80 bis 120 Kilometern ein.

→ Terrain: Wenn Sie eine Wochenendtour durch bergiges Gelände planen, sollten Sie zuvor ein Century durch hügeliges Terrain ohne Probleme bewältigt haben.

→ Proviant einkaufen: Wenn Sie eine Route mit Geschäften wählen, die tagsüber und nachts geöffnet haben, müssen Sie weniger Gepäck auf dem Rad transportieren.

→ Wo möchten Sie übernachten? Möchten Sie in einer Pension, einem Hotel oder Motel übernachten oder wollen Sie campen? Das Thema Camping behandeln wir im nächsten Kapitel.

Beachten Sie darüber hinaus, wo Sie Unterstützung bei technischen, körperlichen oder wetterbedingten Problemen bekommen können. Informieren Sie sich, wo und wie Sie Ihre Familie und Freunde über Ihre Tour auf dem Laufenden halten können.

Training

Wie trainiert man für mehrtägige Touren? Für Wochenendfahrten gilt das Periodisierungsmodell aus Kapitel 8, das sich von unten nach oben aufbaut:

→ Im Basiszeitraum bauen Sie die erforderliche Ausdauer auf, um den Großteil der zu erwartenden Belastung über das Wochenende meistern zu können.

→ In der Intensitätsphase bauen Sie Kraft auf und halten gleichzeitig Ihr Ausdauerniveau.

→ In der Phase der Spitzenbelastung fahren Sie schon an aufeinanderfolgenden Tagen mit der gesamten Ausrüstung für Ihre Tour, legen jedoch kürzere Distanzen zurück.
→ In der Taperingphase halten Sie Ihr Fitnessniveau und füllen Ihre Energiespeicher für die Tour auf.

Die Trainingsprinzipien Spezifität, progressive Überlastung, angemessene Regeneration und Individualität gelten auch hier.

Nehmen wir einmal an, Sie haben sich für eine zweitägige Wochenendtour über 240 Kilometer angemeldet, was etwas sechs Stunden auf dem Rad pro Tag bedeutet. Bevor Sie unseren 12-Wochenplan zum Training für diese Tour in Angriff nehmen, sollten Sie mithilfe einer unserer Centurytrainingspläne in der Lage sein, mindestens vierstündige Ausfahrten ohne Probleme zu bewältigen. Folgen Sie dann diesem Plan, der ähnlich aufgebaut ist wie die Programme in Kapitel 6. Für eine maximale Trainingseffizienz sollte die Intensität der Trainingseinheiten innerhalb der in Tabelle 9.2 genannten Bereiche liegen. Weitere Informationen zum Training nach Herzfrequenz, Wattmessung und subjektivem Belastungsempfinden finden Sie in Kapitel 6.

→ Lang: Fahren Sie während des gesamten Programms konsequent entweder die längere oder die kürzere Wochenendfahrt. Beginnen Sie die erste Woche damit, einen Teil der für die Tour benötigten Ausrüstung mitzunehmen und nehmen Sie Woche für Woche etwas mehr mit, bis Sie in Woche 9 mit Ihrer gesamten Ausrüstung trainieren. Mit diesen Fahrten halten Sie Ihr Ausdauerniveau, gewöhnen sich an den Umgang mit einem beladenen Fahrrad und Sie können neue Ausrüstungsgegenstände und verschiedene Verpflegungsoptionen testen. Gemäß dem Spezifitätsprinzip steigern sich diese Trainingseinheiten in der Woche der Spitzenbelastung bis auf Fahrten mit einer Gesamtzeit von 7:00 bis 10:00 Stunden an zwei aufeinanderfolgenden Tagen. Absolvieren Sie diese Einheiten hauptsächlich in der Trainingszone für die langen Fahrten. Es kann jedoch sein, dass Sie Steigungen in der Tempozone fahren müssen und dass Sie bei den langen Fahrten in die Regenerationszone übergehen müssen, um die Fahrt beenden zu können.
→ Tempo: Diese etwas schnelleren Fahrten dienen zur Steigerung Ihrer Durchschnittsgeschwindigkeit. Wie auch bei den ande-

TABELLE 9.2	Empfohlene Trainingsintensitäten		
Traingseinheit	Herzfrequenz in Prozent der LT	Leistung in Prozent der FTP	Einstufung des subjektiven Belastungsempfindens
Lang	75–87	56–75	2–3
Tempo	88–94	76–90	3–4
Zügige Fahrt, wechselnde Intensität, harte Belastung	95–100	91–100	5–6
Zügige Fahrt, wechselnde Intensität, im Regenerationsbereich	unter 75	unter 55	1–2
Aktive Regeneration	unter 75	unter 55	1–2

ren Trainingsprogrammen sollten Sie, wenn Sie die längeren Wochenendfahrten absolvieren, auch die längeren Tempofahrten und zügigen Fahrten machen – dies gilt auch für die kürzeren Wochenendfahrten.

→ Zügig: Diese intensiveren Fahrten beinhalten jeweils einen Abschnitt, in dem mit wechselnden Intensitäten trainiert wird. Diese Einheiten dienen zum Kraftaufbau und steigern Ihre Durchschnittsgeschwindigkeit. Wenn Sie die kürzere Variante der zügigen Fahrten wählen, sollten Sie auch die kürzeren Segmente mit wechselnder Intensität absolvieren.

→ Regeneration: Diese Fahrten tragen dazu bei, dass Sie sich erholen und neue Energie für die nächste Tour tanken. Sie können die zweite Regenerationsfahrt auch durch eine andere Aktivität ersetzen, zum Beispiel Wanderungen mit der Familie, lockere Ballspiele oder schwimmen, jedoch sollten Sie mindestens viermal wöchentlich auf dem Rad trainieren.

→ Ergänzungstraining: Führen Sie weiterhin Ihre Rumpfkräftigungs- und Dehnübungen sowie Ihr ergänzendes Krafttraining durch.

Mit diesem Programm bauen Sie über drei Wochen Ihre Ausdauer auf und transportieren dabei immer mehr Ihrer Ausrüstung auf dem Rad. Nach einer Regenerationswoche folgt ein drei Wochen langer Kraftaufbau, dabei halten Sie Ihr Ausdauerniveau und erhöhen die Menge der mitgeführten Ausrüstung. Nach einer weiteren Regenerationswoche folgt die Spitzenbelastungsphase, in der Sie unter anderem an zwei Tagen in Folge mit voller Ausrüstung fahren werden. Schließlich folgt eine Taperingphase zur Formerhaltung und um die Energiedepots für die Tour zu füllen. Mehrtägige Fahrten bedeuten auch mehr Ausrüstung, wie wir im nächsten Abschnitt weiter erläutern werden, daher empfehlen wir, während der Trainingsfahrten den Umgang damit zu üben, damit Sie während der Tour auf alle Situationen vorbereitet sind. Nutzen Sie Ihre langen Trainingsfahrten, damit Sie diese beiden wichtigen Fähigkeiten beherrschen:

1. Üben Sie die Handhabung des Fahrrads in beladenem Zustand: Ihr beladenes Fahrrad lässt sich schwieriger ausbalancieren, schwankt im Wiegetritt stärker und hat ein anderes Fahrverhalten in Kurven. Darüber hinaus ist der Bremsweg länger, es lässt sich weniger schnell beschleunigen und mühsamer bergauf fahren.

2. Üben Sie das Fahren bei Tourengeschwindigkeit: Mit einem beladenen Fahrrad fahren Sie bei gleichem Energieaufwand langsamer als bei einem Century. Achten Sie auf Ihre Herzfrequenz, Ihr Wattmessgerät oder Ihr subjektives Belastungsempfinden. Lernen Sie, das Tempo zu akzeptieren. Genießen Sie die Fahrt, anstatt zu versuchen, ein bestimmtes Tempo zu erzwingen.

Ausrüstung

Das Fahrrad, das Sie bei Eintagesveranstaltungen fahren, dürfte auch für zwei- bis dreitägige Touren geeignet sein, insbesondere, wenn es sich um organisierte Fahrten handelt, bei denen Sie nicht viel Gepäck mitführen müssen. Wenn Sie Ihre Tour selbst organisieren, schauen Sie sich die geplante Route an und überprüfen Sie, ob es tagsüber und nachts

12-Wochenprogramm für eine zweitägige Wochenendtour über 240 Kilometer

Woche 1–3: Grundlagentrainingsphase

Bauen Sie Ihre Grundlagenausdauer weiter auf und gewöhnen Sie sich ans Fahren mit der Ausrüstung, die Sie für Ihre geplante Tour benötigen. Testen Sie gegebenenfalls neue Ausrüstungsgegenstände.

Woche 1

Rad fahren:
Lange Tour: 3:30–4:30 Stunden
Tempofahrt in der Wochenmitte: 50–75 Minuten
Zweite Tempofahrt in der Wochenmitte: 50–75 Minuten
Aktive Regenerationsfahrt: 30–40 Minuten
Zweite aktive Regenerationsfahrt: 20–30 Minuten (optional)
Gesamtfahrzeit: 5:40–8:10 Stunden

Ergänzendes Training:
Zwei Einheiten Rumpfkräftigungstraining: je 10–20 Minuten
Drei Einheiten Dehnübungen: je 10–20 Minuten
Ein oder zwei Einheiten ergänzendes Krafttraining: je 20–30 Minuten (optional)

Woche 2

Rad fahren:
Lange Tour: 4:00–5:00 Stunden
Tempofahrt in der Wochenmitte: 60–90 Minuten
Zweite Tempofahrt in der Wochenmitte: 50–75 Minuten
Aktive Regenerationsfahrt: 30–40 Minuten
Zweite aktive Regenerationsfahrt: 20–30 Minuten (optional)
Gesamtfahrzeit: 6:20–8:55 Stunden

Ergänzendes Training:
Zwei Einheiten Rumpfkräftigungstraining: je 10–20 Minuten
Drei Einheiten Dehnübungen: je 10–20 Minuten
Ein oder zwei Einheiten ergänzendes Krafttraining: je 20–30 Minuten (optional)

Woche 3

Rad fahren:
Lange Tour: 4:30–5:30 Stunden
Tempofahrt in der Wochenmitte: 60–90 Minuten
Zweite Tempofahrt in der Wochenmitte: 60–90 Minuten
Aktive Regenerationsfahrt: 30–40 Minuten
Zweite aktive Regenerationsfahrt: 20–30 Minuten (optional)
Gesamtfahrzeit: 7:00–9:40 Stunden

Ergänzendes Training:
Zwei Einheiten Rumpfkräftigungstraining: je 10–20 Minuten
Drei Einheiten Dehnübungen: je 10–20 Minuten
Ein oder zwei Einheiten ergänzendes Krafttraining: je 20–30 Minuten (optional)

Woche 4 – Regeneration

Rad fahren:
Lange Tour: 1:00–2:00 Stunden
Aktive Regenerationsfahrt: 30–40 Minuten
Aktive Regenerationsfahrt: 30–40 Minuten
Gesamtfahrzeit: 2:00–3:20 Stunden

Ergänzendes Training:
Zwei Einheiten Rumpfkräftigungstraining: je 10–20 Minuten
Drei Einheiten Dehnübungen: je 10–20 Minuten
Kein Krafttraining

Woche 5–7: Intensitätsphase

Bauen Sie intensive Belastungseinheiten in Ihren Plan ein, arbeiten Sie weiter an Ihrer Grundlagenausdauer und testen Sie Ihre Ausrüstung.

Woche 5

Rad fahren:
Lange Tour: 5:00–6:00 Stunden
Tempofahrt in der Wochenmitte: 45–75 Minuten

Zügige Fahrt in der Wochenmitte: 45–60 Minuten, davon 10–15 Minuten mit wechselnder Intensität
Aktive Regenerationsfahrt: 30–40 Minuten
Zweite aktive Regenerationsfahrt: 20–30 Minuten (optional)
Gesamtfahrzeit: 7:00–9:25 Stunden

Ergänzendes Training:
Zwei Einheiten Rumpfkräftigungstraining: je 10–20 Minuten
Drei Einheiten Dehnübungen: je 10–20 Minuten
Eine Einheit ergänzendes Krafttraining: 20–30 Minuten (optional)

Woche 6

Rad fahren:
Lange Tour: 5:00–6:00 Stunden
Tempofahrt in der Wochenmitte: 60–90 Minuten
Zügige Fahrt in der Wochenmitte: 60–75 Minuten, davon 15–20 Minuten mit wechselnder Intensität
Aktive Regenerationsfahrt: 30–40 Minuten
Zweite aktive Regenerationsfahrt: 20–30 Minuten (optional)
Gesamtfahrzeit: 7:30–9:55 Stunden

Ergänzendes Training:
Zwei Einheiten Rumpfkräftigungstraining: je 10–20 Minuten
Drei Einheiten Dehnübungen: je 10–20 Minuten
Eine Einheit ergänzendes Krafttraining: 20–30 Minuten (optional)

Woche 7

Rad fahren:
Lange Tour: 5:00–6:00 Stunden
Tempofahrt in der Wochenmitte: 1:15–1:45 Stunden
Zügige Fahrt in der Wochenmitte: 75–90 Minuten, davon 20–25 Minuten mit wechselnder Intensität
Aktive Regenerationsfahrt: 30–40 Minuten
Zweite aktive Regenerationsfahrt: 30–40 Minuten (optional)
Gesamtfahrzeit: 8:00–10:35 Stunden

Ergänzendes Training:
Zwei Einheiten Rumpfkräftigungstraining: je 10–20 Minuten
Drei Einheiten Dehnübungen: je 10–20 Minuten
Eine Einheit ergänzendes Krafttraining: 20–30 Minuten (optional)

Woche 8 – Regeneration

Rad fahren:
Lange Tour: 1:00–2:00 Stunden
Aktive Regenerationsfahrt: 30–40 Minuten
Aktive Regenerationsfahrt: 30–40 Minuten
Gesamtfahrzeit: 2:00–3:20 Stunden

Ergänzendes Training:
Zwei Einheiten Rumpfkräftigungstraining: je 10–20 Minuten
Drei Einheiten Dehnübungen: je 10–20 Minuten
Kein Krafttraining

Woche 9–12: Spitzenbelastungsphase

Führen Sie spezifisches Training an zwei aufeinanderfolgenden Tagen durch, bei denen Sie die gesamte Tourausrüstung mit sich führen. Abhängig von Ihrer Planung bieten sich Ihnen zwei Alternativen:
a. Zwei gleich lange Fahrten am Samstag und Sonntag oder
b. eine längere Fahrt am Samstag und eine kürzere Tempofahrt am Sonntag
Bleiben Sie dann bei Ihrer Variante im weiteren Programmverlauf.

Woche 9

Rad fahren:
a. Lange Fahrten an zwei aufeinanderfolgenden Tagen, Dauer: je 3:00–4:00 Stunden oder
b. eine lange Fahrt von 5:00–6:00 Stunden am Samstag und eine 1:00–1:30 Stunden lange Tempofahrt am Sonntag
Zügige Fahrt in der Wochenmitte: 60–90 Minuten, davon 15–20 Minuten mit wechselnder Intensität
Aktive Regenerationsfahrt: 20–30 Minuten

Zweite aktive Regenerationsfahrt: 20–30 Minuten (optional)
Gesamtfahrzeit: a. 7:20–10:30 Stunden; b. 7:20–10:00 Stunden

Ergänzendes Training:
Zwei Einheiten Rumpfkräftigungstraining: je 10–20 Minuten
Drei Einheiten Dehnübungen: je 10–20 Minuten
Eine Einheit ergänzendes Krafttraining: 20–30 Minuten (optional)

Woche 10

Rad fahren:
a. Lange Fahrten an zwei aufeinanderfolgenden Tagen, Dauer: je 3:30–4:30 Stunden oder
b. eine lange Fahrt von 5:00–6:00 Stunden am Samstag und eine 1:30–2:00 Stunden lange Tempofahrt am Sonntag

Zügige Fahrt in der Wochenmitte: 60–90 Minuten, davon 15–20 Minuten mit wechselnder Intensität
Aktive Regenerationsfahrt: 20–30 Minuten
Zweite aktive Regenerationsfahrt: 20–30 Minuten (optional)
Gesamtfahrzeit: a. 8:20–11:30 Stunden; b. 7:50–10:30 Stunden

Ergänzendes Training:
Zwei Einheiten Rumpfkräftigungstraining: je 10–20 Minuten
Drei Einheiten Dehnübungen: je 10–20 Minuten
Eine Einheit ergänzendes Krafttraining: 20–30 Minuten (optional)

Woche 11 – Spitzenbelastung

Rad fahren:
a. Lange Fahrten an zwei aufeinanderfolgenden Tagen, Dauer je 4:00–5:00 Stunden oder
b. eine lange Fahrt von 5:00–6:00 Stunden am Samstag und eine 2:00–2:30 Stunden lange Tempofahrt am Sonntag

Zügige Fahrt in der Wochenmitte: 60–90 Minuten, davon 15–20 Minuten mit wechselnder Intensität
Aktive Regenerationsfahrt: 30–40 Minuten
Zweite aktive Regenerationsfahrt: 30–40 Minuten (optional)
Gesamtfahrzeit: a. 9:30–12:50 Stunden; b. 8:30–11:20 Stunden

Kapitel 9 Mehrtagesrennen meistern

Ergänzendes Training:
Zwei Einheiten Rumpfkräftigungstraining: je 10–20 Minuten
Drei Einheiten Dehnübungen: je 10–20 Minuten
Eine Einheit ergänzendes Krafttraining: 20–30 Minuten (optional)

Woche 12 – Tapering

Die Taperingphase ist für beide Varianten des Trainingsprogramms gleich.

Rad fahren:
Lange Fahrt: 1:00–2:00 Stunden am Samstag
Tempofahrt: 60–90 Minuten am Sonntag
Zügige Fahrt in der Wochenmitte: 40–60 Minuten, davon 10–15 Minuten mit wechselnder Intensität
Aktive Regenerationsfahrt: 30–40 Minuten
Zweite aktive Regenerationsfahrt: 30–40 Minuten (optional)
Gesamtfahrzeit: 3:10–5:50 Stunden

Ergänzendes Training:
Zwei Einheiten Rumpfkräftigungstraining: je 10–20 Minuten
Drei Einheiten Dehnübungen: je 10–20 Minuten
Kein Krafttraining

Eventwoche

Rad fahren:
Lange Fahrten: Wochenendtour
Tempofahrt in der Wochenmitte: 40–60 Minuten
Aktive Regenerationsfahrt: 30–40 Minuten
Zweite aktive Regenerationsfahrt: 30–40 Minute

Ergänzendes Training:
Zwei Einheiten Rumpfkräftigungstraining: je 10–20 Minuten
Drei Einheiten Dehnübungen: je 10–20 Minuten
Kein Krafttraining

Versorgungsmöglichkeiten gibt. Lesen Sie bei einer organisierten Tour die Informationen auf der Website der Veranstaltung, damit Sie die Route kennen und wissen, was Sie mitnehmen müssen. Anhand der folgenden Informationen können Sie einschätzen, ob Ihr Fahrrad und die Ausrüstung, die Sie bei Centurys benutzen, für diese Tour angemessen ist.

Fahrrad

Ist die Route hinsichtlich des Schwierigkeitsgrads vergleichbar mit den Centurys, die Sie absolviert haben? Sind Ihr Fahrrad, die Laufräder und die Übersetzung für Anstiege und holprige Straßen geeignet? Nach mehreren Tagen auf dem Rad nimmt die Ermüdung zu, insbesondere, wenn es viel bergauf geht. Mit niedrigeren Übersetzungen erhöht sich der Fahrkomfort. Pedale und Schuhe mit versenkten Platten wie beispielsweise beim SPD-System von Shimano oder Tourenschuhe in Kombination mit Hakenpedalen und Riemen erleichtern das Gehen. Schauen Sie sich noch einmal die Fragen zur Fahrradeinstellung in Kapitel 8 an, wenn Sie Änderungen vornehmen müssen, geben Sie sich ausreichend Zeit, um sich daran zu gewöhnen.

Überprüfen Sie Ihr Fahrrad wie vor Eintagesrennen etwa zwei Wochen vor dem Start gründlich, damit Ihnen genügend Zeit bleibt, alles zu testen und letzte Anpassungen vorzunehmen. Wenn Sie eine Werkstatt damit beauftragen, teilen Sie mit, welche Art von Tour Sie fahren wollen. Was genau Sie am Fahrrad überprüfen sollten, finden Sie in Kapitel 7 oder online unter http://tinyurl.com/49ha5wb.

Manche Tourenveranstalter stellen Fahrräder mit voller Ausrüstung zur Verfügung, eine gute Gelegenheit, um die Tour mit einem Spitzenmodell zu fahren. Finden Sie vorher möglichst viel über das Rad und die verfügbaren Größen heraus und erkundigen Sie sich, ob Sie Schuhe, Pedale, Sattel oder sonstiges Zubehör selbst mitbringen müssen.

Bekleidung

Die Radkleidung, die Sie bei Ihren Centurys tragen, können Sie auch tagsüber bei einer organisierten Tour anziehen. Da Sie jedoch mehrere Tage unterwegs sein werden und die Wetterbedingungen wechseln können, ist es ratsam, etwas mehr Kleidung mitzunehmen. Unsere Empfehlungen dazu finden Sie in Kapitel 8. Bei einer selbst organisierten Tour sollten Sie so wenig extra Kleidung wie möglich mitnehmen. Sie können die Shorts, Unterhemd und Trikot für zwei oder drei Tage in Folge tragen, lassen Sie alles gut über Nacht auslüften. Nehmen Sie Unterwäsche, eine Laufshorts und ein zweites Unterhemd mit, die Sie in der Zeit tragen können, die Sie nicht auf dem Rad verbringen. Das Unterhemd dient auch als Ersatz, falls das erste beim Fahren nass wird. Diese Kleidungsstücke plus eine Windjacke sind wahrscheinlich ausreichend. Bei kühleren Bedingungen sollten Sie ein zweites wärmeres Trikot oder eine Thermoweste und -tights sowie eine leichte Regenhose mitnehmen, die Sie falls nötig beim Fahren und während der restlichen Zeit tragen können. Wenn Sie mit Rennradschuhen und Pedalplatten fahren, sollten Sie leichte Sandalen mitbringen. Und vergessen Sie nicht Ihre Badehose, falls Sie unterwegs Gelegenheit haben, einen Whirlpool zu benutzen! Wie auch bei kürzeren Touren sollten Sie alle Kleidungsstücke, die Sie tragen möchten, vorher testen.

Zubehör

Auf einer Wochenendtour müssen sie etwas mehr Ausrüstung mitnehmen. Auch wenn auf einer Tour für alles gesorgt wird, ist es komfortabel, wenn Sie etwas mehr Proviant und Bekleidung mitnehmen können. Zur Aufbewahrung und um Ihre Ausrüstung in Ordnung zu halten, ist dieses Zubehör nützlich, egal ob Sie nun eine organisierte oder nicht organisierte Tour fahren wollen:

→ Trikottaschen: Bei Eintagesfahrten haben sie Ihnen gute Dienste geleistet, um Proviant, Streckenpläne und andere Kleinigkeiten zu verstauen, und diesen Zweck erfüllen sie auf Mehrtagestouren ebenfalls sehr gut.

→ Lenkertaschen: Sehr praktisch, um Dinge aufzubewahren, die Sie beim Fahren griffbereit haben möchten, z.B. Karten/Streckenpläne, Verpflegung, Kamera, Sonnencreme, Lippenbalsam. Kontrollieren Sie vor dem Kauf, dass das Modell an Ihren Lenker passt, besonders dann, wenn Sie mit kombinierten Brems-/Schalthebeln fahren – vergewissern Sie sich, dass Sie die Hebel noch bedienen können, wenn die Tasche montiert ist. Achten Sie darauf, die Lenkertasche nicht zu stark zu beladen, da sonst das Fahrverhalten des Rads beeinträchtigt wird.

→ Rahmentaschen: Es werden verschiedene kleine Taschen angeboten, die auf dem Oberrohr in Höhe des Vorbaus oder am vorderen Rahmendreieck hinter dem Steuerrohr befestigt werden und die ebenfalls gut zur Aufbewahrung von Snacks, Lippenbalsam und anderen Kleinstgegenständen geeignet sind.

→ Trinkrucksack: Sie sind oft mit Fächern und Riemen ausgestattet, mit denen sich Ausrüstung transportieren lässt, man sollte jedoch bedenken, dass 1,5–3 Liter Flüssigkeit plus Ausrüstung im Verlauf eines Tages ziemlich schwer werden können.

→ Satteltasche: Es gibt Satteltaschen, die sich erweitern lassen und zusätzlich zum Werkzeug Platz für Regenkleidung sowie Armlinge und Beinlinge bieten.

→ Gepäckträgertaschen: Eine Packtasche ist eine größere Tasche, die auf einem Gepäckträger über dem Hinterrad montiert wird. Tourenräder sind üblicherweise mit Befestigungen für Gepäckträger ausgestattet, während dies bei Rennrädern meist nicht der Fall ist. Bei Rennrädern ist die Befestigung eines Gepäckträgers an der Sattelstütze durch eine Klemme mit Schnellspanner und eine zusätzliche Verankerung in den hinteren Ausfallenden mit Gummizügen möglich. Gepäckträgertaschen bieten mehr Platz als erweiterbare Satteltaschen. Sowohl Sattel- als auch Gepäckträgertaschen führen zu einer Verlagerung des Schwerpunkts nach oben, wodurch das Fahrrad stärker schwankt, daher dürfen sie nicht zu stark beladen werden.

Mit einer Kombination dieser Aufbewahrungsmöglichkeiten, erreichen Sie eine gute Lastverteilung auf dem Fahrrad. Sie können beispielsweise eine Lenker- oder Rahmentasche mit den wichtigsten Utensilien befüllen, Proviant in Ihren Trikottaschen oder dem Trinkrucksack unterbringen, eine Windjacke umschnallen und weiteres Zubehör in einer erweiterbaren Satteltasche oder einer Gepäckträgertasche mitführen (siehe Abbildung 9.1). Entwickeln Sie ein System für die Beladung und setzen Sie es bei Ihren Trai-

ABBILDUNG 9.1 Ein leicht beladenes Tourenfahrrad mit gut austarierter Beladung

ningsfahrten ein. Dort, wo Ihre Ausrüstungsgegenstände am besten untergebracht sind, sollten Sie sie auch bevorzugt platzieren. Auf einer Tour sollten Sie immer wissen, wo sich die einzelnen Teile Ihrer Ausrüstung befinden. Mithilfe von Plastiktüten können Sie sich organisieren und alle Gegenstände schützen, denn auch wenn eine Tasche als wasserdicht bezeichnet wirdt, sollten Sie zusätzliche Vorkehrungen treffen. Taschen, die nicht durchsichtig sind, sollten beschriftet werden. Eine Packliste für Touren finden Sie unter http://tinyurl.com/49ha5wb.

Mentale Vorbereitung

Die Techniken, die Sie zur mentalen Vorbereitung auf Eintagesveranstaltungen gelernt haben, werden Ihnen auch bei mehrtägigen Touren gute Dienste leisten.

→ Checklisten: Verwenden Sie die in diesem und in den vorherigen Kapiteln gezeigten Musterlisten als Vorlagen für Ihre eigenen Checklisten. So können Sie alles, was Sie brauchen, zusammenstellen und müssen sich keine Sorgen machen, dass Sie etwas vergessen. Bereiten Sie die Checklisten im Training zu Beginn der Spitzenbelastungsphase vor und nehmen Sie während der Wochenendfahrten gegebenenfalls Anpassungen vor.

→ Rennszenarien: Stellen Sie wie bei Ihren bisherigen Touren Pläne für einen hervorragenden Tag, einen langsamen Tag und für einen Tag, der Ihren Erwartungen entspricht, auf, sodass Sie Ihre Erwartungen an das Rennen entsprechend anpassen können. Wenn Sie eine Tour selbst planen, sollten Sie Service- und Öffnungszeiten von Restaurants oder Hotels berücksichtigen, damit Sie auf alle möglichen Probleme und Szenarios vorbereitet sind. Informieren Sie sich, wo und wie Sie Ihre Familie und Freunde über Ihre Tour auf dem Laufenden halten können.

→ Progressive Muskelentspannung: Setzen Sie Ihre Entspannungstechniken während des Trainings und am Vorabend der Tour ein, damit Sie gut schlafen können.

→ Visualisierung: Beginnen Sie in der Woche vor dem Rennen damit, jeden Tag einen Tourtag zu visualisieren. Wenn Sie die gesamte Tour einige Male visualisieren können, wird Ihnen das tatsächliche Ereignis eher vertraut als respekteinflößend vorkommen. Die progressive Muskelentspannung und die Visualisierung wurden in Kapitel 7 beschrieben.

Kapitel 9 Mehrtagesrennen meistern

Ausgeglichen leben
Von Dan McGehee

Die Balance im Leben zu finden ist eine Frage der Perspektive. Wenn Rad fahren in Ihrem Leben die höchste Priorität genießt, müssen Sie Ihre sonstigen Aktivitäten und Verpflichtungen nebenbei organisieren. Dieser Umstand trifft jedoch nur auf wenige Radsportler zu und bei diesen handelt es sich wahrscheinlich um Fahrer, die Ihren Lebensunterhalt mit Radsport verdienen. Für uns, die wir zur arbeitenden Bevölkerung zählen, besteht das Problem jedoch eher darin, nicht zuzulassen, dass das Fahrrad, das ich persönlich als meine Geliebte bezeichne, die wichtigeren Verantwortungsbereiche unseres Lebens in den Hintergrund treten lässt oder gar ganz verdrängt. Das klingt in der Theorie gut, aber im wirklichen Leben verschwimmen die Trennlinien, besonders in Zeiten, in denen man sich auf eine Tour vorbereitet. Für mich lautet die Frage: Was kann ich in meinem Leben noch zusätzlich tun, bevor durch den Radsport ein Ungleichgewicht entsteht? Ich möchte bei den Rennen, an denen ich teilnehme, konkurrenzfähig sein, ich möchte jedoch nicht, dass mein Familienleben oder meine beruflichen Ambitionen darunter leiden müssen.

Wenn Sie ein begeisterter Radsportler sind, wissen Ihre Familie und Ihre Kollegen wahrscheinlich von Ihrer Leidenschaft. Vielleicht interessieren sie sich sogar für Ihr Fahrrad, Ihre Kleidung, die Veranstaltung, an der Sie gerade teilgenommen haben, und die Entfernungen, die Sie zurücklegen. Gehen Sie jedoch nicht davon aus, dass Ihr Umfeld sich genau so sehr für Radsport interessiert wie Sie – das ist wahrscheinlich nicht der Fall. Vergessen Sie nicht, dass die anderen ihre eigenen Interessen und Hobbys haben. Das gilt auch für Trainingspartner und andere Radsportler, die Sie kennen und die ihre eigenen Ziele haben. Aber fahren Sie, um andere zu beeindrucken oder um einen inneren Drang zu befriedigen, der Sie motiviert, sich selbst zu testen? Entwickeln Sie eine ausgewogene Sichtweise in Bezug auf die Frage, warum Sie trainieren und Rad fahren, und beziehen Sie auch die Erfahrungen anderer mit ein. So können Sie lernen, den Radsport besser in Ihren Alltag zu integrieren.

Ein relativ strukturiertes Trainingsprogramm ist wichtig, um eine Balance zu erreichen. Betrachten Sie das ganze Jahr, Ihre Radsport- und Alltagsziele und die großen Veranstaltungen, bei denen Sie Ihre bestmögliche Leistung abrufen wollen. Je mehr Aktivitäten und Verpflichtungen außerhalb des Radsports für Sie wichtig sind, desto weniger Zeit haben Sie für große Events. Alle zusätzlichen Radsportveranstaltungen sind als Bonus anzusehen und können zum Training dienen – oder ab und zu auch ausgelassen werden – um Sie für Ihre Spitzenleistungen auf Kurs zu halten. Meiner Erfahrung nach sind Rekordversuche leicht zu erreichen, während Rennen mit festgelegten Terminen und Zeiten unflexibel sind. Kein Rennleiter wird seine Planungen ändern, weil mein Sohn ein Tennisturnier spielt, ich Bereitschaftsdienst habe oder meine Tochter in die Schule gefahren werden muss.

Es stärkt mich mental, wenn ich die eher zweitrangigen Rennen als Trainingseinheiten nutze, weil ich mich mehr als im normalen Training anstrengen muss, um eine gute Platzierung zu erreichen. Diese Touren stellen mich auf die Probe, wenn ich durch das harte Training in den Vorwochen bereits erschöpft bin. Wenn Sie in Ihren Kalender alle wichtigen Daten, die Radsport-Events sowie Ihre familiären und beruflichen Verpflichtungen eingetragen haben, können Sie schauen, welche weiteren Veranstaltungen noch in den Plan passen, davon ausgehend können Sie dann Ihre Trainingsplanung angehen. Im Laufe der Jahre habe ich mit meinem Trainingsprogramm experimentiert und Änderungen vorgenommen, um festzustellen, wie ich am besten Spitzenleistungen erreichen kann, aber dieser Prozess ist noch nicht abgeschlossen. Die Arbeit mit einem Radsporttrainer kann für Ihr Training einen unmittelbaren Gewinn an Erfahrungen bedeuten. Zwar wird auch der beste Trainer Monate brauchen, um einen guten Einblick in Ihre Stärken, Schwächen und Motivation zu bekommen, jedoch ersparen Sie sich durch die Arbeit mit einem Profi viele andere Trial-and-Error-Methoden.

Vergessen Sie jedoch nicht, dass Sie sich nach Ihrem großen Rennen, am Saison- und Jahresende und zum Ende Ihrer Laufbahn oder sogar Ihres Lebens fragen werden, ob all das Training und die vielen Opfer sich gelohnt haben. Ich hoffe, dass Sie in der Lage sein werden, diese Frage mit gutem Gewissen zu bejahen, jedoch nicht auf Kosten der wirklich wichtigen Dinge in Ihrem Leben.

McGehee hält den Straßenrekord der UltraMarathon Cycling Association über 160 Kilometer mit einer Zeit von 3:56:03 Stunden, das entspricht einer Durchschnittsgeschwindigkeit von 40,91 Kilometern pro Stunde. Er ist zehnmaliger Sieger beim „Cochise County Cycling Classic", einem Langstreckenrennen, das durch das südöstliche Arizona führt, und Rekordhalter für den Kurs über 406 Kilometer mit einer Zeit von 10:26 Stunden. Er ist Vater von drei Kindern und von Beruf Augenoptiker.

Ernährung

Im Rahmen Ihres Trainings für Ihr erstes Century haben Sie eine eigene Ernährungsstrategie entwickelt, seitdem kann sich einiges geändert haben:

→ Gewichtsverlust: Vielleicht haben Sie durch ein erhöhtes Radfahrpensum und weniger Essen an Gewicht verloren. Berechnen Sie Ihren Kalorienbedarf für Training und Alltag erneut anhand Ihres aktuellen Gewichts.

→ Erhöhtes Trainingsvolumen: Für eine Wochenendtour ist der Trainingsumfang höher als für ein Century, daher steigt Ihr wöchentlicher Kalorienbedarf.

→ Mehr Gewicht auf dem Fahrrad: Wenn Sie 4,5 Kilogramm weniger auf den Rippen haben, jedoch 7 Kilogramm zusätzliches Gewicht für Ihre Ausrüstung einplanen müssen, ändert sich Ihr Energiebedarf.

→ Gewohnheiten ändern: Das erfordert Beharrlichkeit. Vielleicht haben Sie es aber nicht geschafft, Ihre geplanten Ernährungsvorgaben zur täglichen Gewohnheit werden zu lassen.

Wir empfehlen, das Kapitel 4 noch einmal durchzugehen, Ihren Kalorienbedarf neu zu ermitteln und eine Woche lang ein Ernährungstagebuch zu führen, damit Sie einen Überblick über Ihre Ernährungsstrategie bekommen.

Wenn Sie an einer organisierten Tour teilnehmen, erkundigen Sie sich, welche Speisen an den Verpflegungsstationen und zu den Mahlzeiten angeboten werden. Falls Sie besonderen Ernährungsbedarf haben, sollten Sie Kontakt mit den Organisatoren aufnehmen, um abzuklären, ob dieser berücksichtigt werden kann.

Wenige Tage vor Tourstart sollten Sie unbedingt Folgendes tun:
→ Füllen Sie Ihre Glykogenspeicher auf: Erhöhen Sie beim Essen den Kohlenhydratanteil.
→ Nehmen Sie reichlich Flüssigkeit auf: Trinken Sie zusätzlich Wasser, das zur Speicherung des zusätzlichen Glykogens benötigt wird, und verzichten Sie auf Alkohol.
→ Abendessen und Frühstück: Essen Sie am Vorabend und am Renntag selbst nur Speisen, die Sie kennen und gut vertragen.

In Kapitel 7 finden Sie detaillierte Ernährungsvorschläge für die Rennvorbereitung.

Im Rennen

Los geht's! So wenden Sie im Rennen die Erfolgsfaktoren an.

Umgang mit mentalen Problemen

Je länger die Tour dauert, in Tagen und der Gesamtdistanz gerechnet, desto mehr Bedeutung bekommen die mentalen Faktoren. Sportpsychologen haben herausgefunden, dass ein optimales Erregungsniveau ein wichtiger Faktor für die Erbringung von Bestleistungen ist, wie Abbildung 9.2 zeigt.

Wenn Sie kein Lampenfieber haben, werden Sie lustlos fahren, und wenn Sie zu nervös sind,

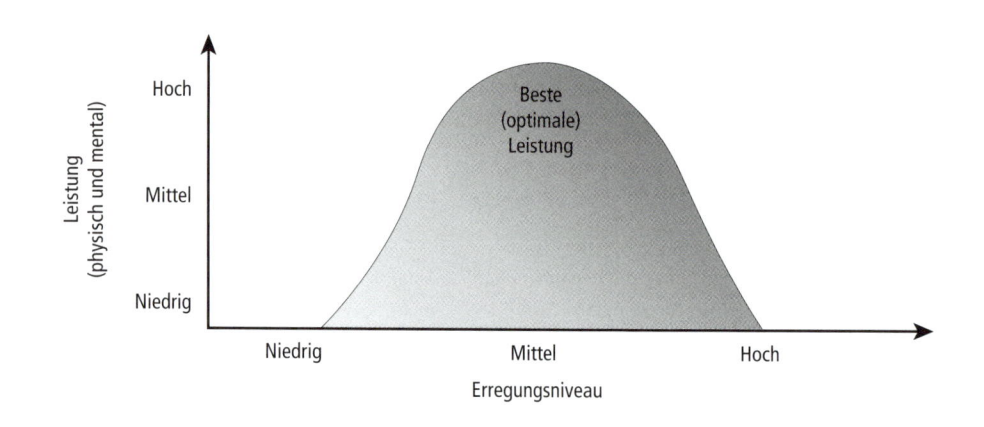

ABBILDUNG 9.2 Sportler erbringen Bestleistungen, wenn ihr Erregungsniveau weder zu hoch noch zu niedrig ist

verschwenden Sie Energie, die Sie fürs Fahren brauchen könnten. Sie haben bereits einige Mentaltechniken gelernt, um Kopf und Körper besser zu kontrollieren. Halten Sie Ihre Ausrüstung mithilfe der Checklisten geordnet und reduzieren Sie so Stress. Setzen Sie Entspannungstechniken ein, um sich am Vorabend des Rennens und gegebenenfalls am Morgen jeder Etappe zu beruhigen. Durch Ihre Visualisierungen vor der Fahrt wissen Sie, ob diese eher beruhigend auf Sie wirken oder eher die Aufregung steigern. Wenn Visualisierungen Sie beruhigen, können Sie sie an den Tourabenden zur Entspannung einsetzen. Wenn sie jedoch eher anregend wirken, könnten sie sich negativ auf Ihre Nachtruhe auswirken. Nutzen Sie Ihre jeweiligen Tagespläne, um sich gut auf jeden Renntag einstellen zu können.

Zusätzlich führen wir nun drei neue Techniken ein:

→ **Zeitmanagement:** Bei einem Eintagesevent nutzen Sie die Verpflegungsstationen, erreichen das Ziel, setzen sich ins Auto und fahren nach Hause. Wenn Sie eine Tour fahren, geht es abends noch weiter. Teilen Sie sich daher Ihren Renntag gut ein, sodass Ihnen am Abend noch ausreichend Zeit bleibt, um notwendige Dinge zu erledigen und sich zu entspannen.
→ **Organisation:** Wie bereits im vorherigen Abschnitt über die Ausrüstung erwähnt, erleichtert es Ihr Zeitmanagement, wenn Ihre Ausrüstung vollständig und gut in Schuss ist.
→ **Routine:** Entwickeln Sie als Bestandteil Ihrer Tourenplanung einen festen Ablauf vom Fahrtende am Nachmittag bis zum Beginn der nächsten Fahrt am folgenden Morgen. Listen Sie alles auf, was zu tun ist, und planen Sie die optimale Reihenfolge, in der Sie dies erledigen. Beachten Sie die Tipps zur Regeneration weiter unten in diesem Kapitel.

Wenn Sie am Start einer organisierten Tour eintreffen, lassen Sie sich zunächst registrieren und überprüfen Sie Ihre Ausrüstung, bevor Sie sich unter Ihre Mitfahrer mischen. Bei größeren Veranstaltungen finden üblicherweise Rennbesprechungen statt, bei denen die Route, Sicherheitshinweise, Regeln und mehr erläutert werden. Achten Sie gut auf das, was die Organisatoren sagen. Sie geben sich große Mühe, die Tour für alle Teilnehmer sicher und angenehm durchzuführen.

Wenn Sie alleine touren, überprüfen Sie Ihre Ausrüstung und Vorräte doppelt. Gehen Sie Ihre Tagesszenarien, Ihre Kontaktlisten und Ihren Notfallplan für technische, körperliche und sonstige Probleme noch einmal durch. Steigen Sie danach aufs Rad und haben Sie Spaß!

Tempo

Sie haben alles gelernt, was Sie zur Bewältigung eines Century- oder 200-km-Events wissen müssen. Das können Sie nun auf mehrtägige Veranstaltungen anwenden. Fahren Sie in einem komfortablen Tempo, denn Touren, egal ob organisierte oder selbst geplante, sind kein Wettbewerb. Sie finden ohne Zeitnahme statt und es gibt keine Preise, also fahren Sie entspannt und genießen Sie es. Fahren Sie Rennen oder schnelle Eintagesveranstaltungen, müssen Sie Ihr Tempo entsprechend daran ausrichten. Die folgenden Methoden helfen Ihnen, in einem kontinuierlichen Tempo zu fahren:

Problemlösungen

Durch eine gründliche Vorbereitung lassen sich die meisten Probleme vermeiden oder zumindest abmildern. Machen Sie Ihre Hausaufgaben. Vergewissern Sie sich, dass die Tour für Sie geeignet ist, bevor Sie sich bei einer Veranstaltung anmelden oder eine eigene Tour planen. Unternehmen Sie dann anhand der gesammelten Informationen Test- und Trainingsfahrten mit Ihrer gesamten Ausrüstung unter verschiedenen Wetterbedingungen. Überprüfen Sie vor einer Tour, dass Ihr Fahrrad und die gesamte Ausrüstung einsatzbereit sind. Lesen Sie in der Woche vor der Tour noch einmal die entsprechenden Passagen in diesem Buch und praktizieren Sie die Entspannungs- und Visualisierungstechniken.

Leider kann es trotzdem zu Problemen kommen. Mit dem richtigen Ansatz können Sie jedoch für fast alles eine Lösung finden und Ihre Fahrt fortsetzen. Beachten Sie diese Hinweise:

→ Bleiben Sie ruhig! Nehmen Sie sich eine Minute Zeit und essen und trinken Sie etwas, bevor Sie die Lösung eines Problems in Angriff nehmen. Setzen Sie Ihre Entspannungstechniken ein, um sich zu beruhigen. Sehen Sie die Dinge im richtigen Zusammenhang. Wie schlimm ist es tatsächlich? Zwischen Verzögerungen, unangenehmen Situationen und echten Katastrophen gibt es einen großen Unterschied, also versuchen Sie, die richtige Perspektive zu behalten.

→ Diagnose stellen: Was passiert gerade? Stellen Sie fest, welche Art von Problem vorliegt und treffen Sie Maßnahmen, um es zu beheben. Wenn Sie sich beispielsweise außergewöhnlich stark erschöpft fühlen, bedenken Sie die möglichen Ursachen und Lösungen. Sind Sie vom Start an zu schnell gefahren? Dann passen Sie Ihr Tempo an. Essen Sie so, wie Sie es geplant haben? Kehren Sie zurück zu Ihrer ursprünglichen Strategie. Schleift eine der Bremsen? Hat ein Reifen zu wenig Druck? Nehmen Sie die entsprechenden einfachen Anpassungen vor.

→ Akzeptieren und anpassen: Wenn Sie ein Problem lösen können, prima, wenn nicht, können Sie sich unter Umständen auf die Situation einstellen und trotzdem weiterfahren. Manchmal kommt es nur auf die Einstellung an. Nehmen wir an, der Schaltzug für das Schaltwerk reißt. Wie werden Sie darauf reagieren? Wenn Sie der Auffassung sind, die Fahrt abbrechen zu müssen und deshalb wütend werden, leidet Ihre Leistung darunter. Lassen Sie sich nicht nervös machen, legen Sie eine Pause ein und beurteilen Sie die Situation. Sie können diese Situation auch als Chance interpretieren, diese Fahrt mit vier Gängen fortzusetzen. Positionieren Sie das Schaltwerk so, dass die Kette auf dem meistgebrauchten Zahnkranz liegt und fixieren Sie sie mit einem Stock. Nun können Sie weiterfahren und haben vier Gänge zur Auswahl, großes Kettenblatt, kleines Kettenblatt und das jeweils im Sitzen oder im Stehen! Wenn Sie an einen sehr steilen Anstieg kommen, steigen Sie ab, fixieren das Schaltwerk so, dass die Kette auf einem größeren Zahnkranz liegt, und fahren hoch. Und am Ende des Tages haben Sie eine tolle Geschichte zu erzählen!

→ Machen Sie sich keine Sorgen über Dinge, die Sie nicht beeinflussen können: Sich über Dinge wie Regen, Gegenwind oder sonstige Überraschungen, die die Natur bereithält, zu ärgern, kostet nur unnötig Energie. Nehmen Sie die weniger schönen Tage als Kontrast zu den schönen Tagen an. Wenn Sie bei widrigen Wetterbedingungen fahren, erscheinen Ihnen die angenehmen Tage noch viel schöner!

→ Gruppendynamik: Beim Fahren in einer Gruppe finden wir die Gesellschaft anderer im Normalfall angenehm. Es kann jedoch passieren, dass Sie auf Menschen treffen, mit denen Sie nicht gut auskommen. Bei größeren Veranstaltungen wie einem Century, einer 300-km-Fahrt oder einer Wochenendtour können Sie sich einfach eine andere Gruppe suchen. Bei kleineren organisierten Touren kann es jedoch vorkommen, dass Sie gemeinsam mit Personen fahren und Zeit verbringen, die Ihnen nicht sympathisch sind. Sprechen Sie vor der Buchung einer Tour mit dem Veranstalter und finden Sie heraus, welche Teilnehmertypen es gibt. Der Veranstalter sollte versuchen, Ihnen eine Tour anzubieten, die zu Ihrem Fahrstil, Ihren Zielen und Ihren Interessen passt. Wenn Sie bei einer Tour auf eine Person treffen, die Ihnen gegen den Strich geht, behandeln Sie die Situation wie einen Gegenwind. Vergeuden Sie keine Energie damit, sich zu ärgern.

→ Herzfrequenz, Wattmessung oder RPE: Zügeln Sie Ihr Tempo mithilfe Ihres Herzfrequenzmessers, Wattmessgeräts oder des subjektives Belastungsempfindens (RPE). Denken Sie daran, dass Sie mehrere Tage hintereinander fahren und so mit Ihren Kräften haushalten müssen.

→ Am Trainingstempo orientieren: Fahren Sie in dem Tempo, das sich für Sie bei den beiden Fahrten am Samstag und Sonntag in den letzten Trainingswochen bewährt hat.

→ Tempo am zweiten Tag: Beginnen Sie den ersten Tag in der Geschwindigkeit, die Sie für den zweiten Tag einkalkuliert haben, wenn Ihre Beine müde sind.

→ Fahren Sie in einer Gruppe: Wenn Sie keine Solo-Tour fahren, bietet es sich an, sich einer Gruppe anzuschließen. Wenn Sie eine normale Unterhaltung führen können, ist Ihr Tempo richtig. Wenn Sie nur mit Mühe sprechen können, ist die Gruppe zu schnell, lassen Sie sich dann zurückfallen und suchen Sie sich eine andere Gruppe.

→ Stellen Sie den Spaß über die Leistung: Machen Sie sich keine Gedanken über Ihre Gesamtzeit. Bei Wochenendtouren können Sie in den meisten Fällen die Landschaft und angenehme Gesellschaft genießen. Wenn Sie die Blicke schweifen lassen und neue Kontakte knüpfen, werden Sie die Tour viele Jahre lang in angenehmer Erinnerung behalten.

→ Verwenden Sie eine Gedächtnisstütze: Falls Sie dazu neigen, im Rennen zu schnell zu fahren, richten Sie eine Alarmfunktion an Ihrem Herzfrequenzmesser ein, kleben Sie eine Notiz auf Ihren Lenker oder legen Sie sich einen Spruch zurecht, der Ihnen hilft, es langsamer angehen zu lassen.

Wenn Sie diese Techniken bei Ihren Trainingsfahrten üben, werden Sie sich weniger hinreißen lassen, die Tour zu schnell anzugehen und Sie werden so eher in der Lage sein, das gesamte Wochenende zu genießen.

Ernährung

Damit Sie genügend Energie für mehrtägige Fahrten haben, müssen Sie in besonderem Maße auf Ihre Nährstoffaufnahme achten. Anders als bei Eintagesveranstaltungen werden Sie am nächsten Tag wieder auf dem Fahrrad sitzen und viele Kilometer zurücklegen. Denken Sie an das Verhältnis von Kalorienaufnahme und Kalorienverbrauch im Verlauf eines Zeitraums von 24 Stunden. Dabei sollten Sie sowohl den Kalorienverbrauch beim Fahren als auch den für den restlichen Tag, den Sie mit weiteren Aktivitäten und Schlafen verbringen, berücksichtigen.

Wenn Sie bei einem Körpergewicht von 68 Kilogramm mit 24 Kilometern pro Stunde auf einem leicht beladenen Fahrrad fahren, verbrennen Sie rund 675 Kalorien pro Stunde. Im Verlauf einer sechsstündigen Fahrt verbrauchen Sie etwa 4.000 Kalorien. In den verbleibenden 18 Stunden entspannen Sie sich oder schlafen, sind also nicht sehr aktiv und verbrauchen dann weitere 2.000 Kalorien, somit ergibt sich ein Gesamtverbrauch von 6.000 Kalorien über 24 Stunden. Das ist eine ganze Menge!

Für längere Fahrten empfehlen wir den Konsum von gemischten Kohlenhydraten in einer Menge von 60 bis 90 Gramm oder 240 bis 360 Kalorien pro Stunde. Bei einer Aufnahme von 75 Gramm oder 300 Kalorien pro Stunde nehmen Sie im Verlauf der Fahrt 1.800 Kalorien zu sich, sodass Sie weitere 4.200 Kalorien in der verbleibenden Zeit des Tages aufnehmen sollten, und zwar bei Regeneration direkt nach der Fahrt, beim Abendessen, als Snack vorm Schlafengehen und beim Frühstück am nächsten Morgen.

Vermeiden Sie es, diese Zahlen nur zu schätzen. Es mag zwar mühsam erscheinen, einen Plan aufzustellen, aber dadurch gewährleisten Sie, dass Sie ausreichend mit Energie versorgt sind. Ihre Leistungsfähigkeit während der Veranstaltung hängt in hohem Maße von einer angemessenen Ernährung beim Fahren und in der restlichen Zeit des Tages ab.

Regeneration

Yogi Berra hatte recht, als er sagte: „Es ist erst vorbei, wenn es vorbei ist." Anders als bei Eintagesfahrten beginnt bei mehrtägigen Events am Ende der Fahrt gleich der Regenerationsprozess, der Sie für den nächsten Tag der Veranstaltung vorbereiten soll.

Routineablauf nach der Fahrt

Die Abläufe in den ersten Stunden nach der Fahrt haben Einfluss auf Ihr Energielevel, wie gut Sie nachts schlafen können und sich am nächsten Tag auf dem Rad fühlen werden.

→ Ernährung und Flüssigkeitsaufnahme: Essen Sie wie nach Ihren längeren Trainingsfahrten in den ersten Stunden 500 bis 1.000 Kalorien aus Kohlenhydraten mit mittlerem bis hohem glykämischem Index und dazu etwas Eiweiß, um Ihre Glykogenspeicher wieder aufzufüllen. Nehmen Sie während der Regeneration weiter Flüssigkeit zu sich.

→ Körperpflege: Ziehen Sie so bald wie möglich Ihre Radsportkleidung aus und trockene Kleidung an. Duschen Sie wenn möglich oder reinigen Sie sich ersatzweise mit

Baby-Feuchttüchern. Putzen Sie sich die Zähne. Sie werden sich gleich viel besser fühlen.
→ Dehnen Sie sich: Gehen Sie ein paar Schritte und führen Sie Dehnübungen durch, wenn Sie sich verspannt fühlen.
→ Beine hochlegen: Legen Sie sich hin und lagern Sie Ihre Beine hoch, sodass Ihre Füße sich etwa 30 Zentimeter oberhalb Ihres Herzens befinden. Dies verbessert die Blutzirkulation in Ihren Beinen.
→ Kühlen: Kühlen Sie schmerzende Stellen mit Eisbeuteln, die in der Regel bei organisierten Touren zur Verfügung stehen oder in Lebensmittelgeschäften erworben werden können.
→ Massage: Massieren Sie mithilfe der in Kapitel 6 beschriebenen Technik Ihre Beine.
→ Machen Sie ein Nickerchen: Ein kleines Nickerchen nach der Zwischenmahlzeit, die Sie unmittelbar nach der Fahrt zu sich genommen haben, wirkt Wunder für Ihre Regeneration – besonders dann, wenn Sie dabei Ihre Beine hoch lagern.

Routineablauf am Abend

Bei Wochenendtouren steht für die Teilnehmer an den Abenden oft der Spaß im Vordergrund. Organisierte Veranstaltungen bieten meist ein gemeinsames Abendessen an und oft findet darüber hinaus ein Unterhaltungsprogramm statt. Bei selbst organisierten Fahrten können Sie die Zeit mit Ihren Freunden und Ihrer Familie verbringen. Bei beiden Varianten bieten die Abende die Möglichkeit, sich zu entspannen und den Tag Revue passieren zu lassen.

Auch wenn Sie abends gern in Gesellschaft relaxen, müssen Sie sich auch auf den nächsten Tag vorbereiten. Hier einige Vorschläge für einen Routineablauf am Abend:
→ Auspacken und aufbauen: Holen Sie Ihre Ausrüstung und packen Sie alles aus. Wenn Sie campieren, bauen Sie Ihr Zelt auf. Achten Sie auf Ihr Fahrrad und Ihre Sicherheit.
→ Bereiten Sie sich auf den nächsten Tag vor: Legen Sie Kleidung, Streckenplan, Karten, Proviant und Sonstiges für den nächsten Tag bereit, damit Sie am Morgen nicht danach suchen müssen.
→ Überprüfen Sie Ihr Fahrrad: Nutzen Sie die Checklisten, die wir im Abschnitt über die Ausrüstungswartung vorgestellt haben.
→ Genießen Sie ein gutes Abendessen: Nehmen Sie hauptsächlich Kohlenhydrate zu sich, trinken Sie ausreichend Flüssigkeit und verzichten Sie möglichst auf Alkohol.
→ Achten Sie weiterhin auf Ihre Regeneration: Dehnen Sie sich, wenn Sie dies noch nicht getan haben. Behandeln Sie schmerzende Stellen mit Eis oder Massagen.
→ Entspannen Sie sich: Nehmen Sie sich kurz vorm Schlafengehen etwas Zeit für sich, lassen Sie Ruhe einkehren und praktizieren Sie progressive Muskelentspannung und visualisieren Sie bei Bedarf den nächsten Tag.

Routineablauf am Morgen

Der zweite Tag ist angebrochen und Sie haben gut geschlafen! Eine morgendliche Routine hilft Ihnen, sich für einen weiteren Tag voller Spaß auf dem Fahrrad bereit zu machen.
→ Dehnen Sie sich: Sie sind vielleicht etwas verspannt. Gehen Sie ein paar Schritte und führen Sie einige einfache Dehnübungen durch, um sich für die Fahrt bereit zu machen. Die dynamischen Dehn-

Sicherheit: Abfahrten

John lebt in Boulder, Colorado, am Fuße der Rocky Mountains. Er liebt es, stundenlange Anstiege zu bewältigen, um dann die Abfahrten hinunterzuschießen. Nachfolgend finden Sie einige Tipps für sichere Abfahrten:

→ Schauen Sie sich in regelmäßigen Abständen um: Je schneller Sie werden, desto schwieriger wird es wegen der zunehmenden Windgeräusche, herannahende Fahrzeuge zu hören, daher sollten Sie regelmäßig in den Rückspiegel schauen.

→ Hände am Oberlenker: Sie fahren wesentlich stabiler, wenn Ihre Hände sich am Oberlenker direkt hinter den Bremshebeln befinden. So können Sie auch die Bremshebel besser kontrollieren.

→ Inneres Pedal nach oben: Wenn Sie eine Kurve fahren, positionieren Sie das auf der Kurveninnenseite liegende Pedal nach oben auf die 12-Uhr-Position und das außen liegende Pedal nach unten auf die 6-Uhr-Position. Wenn Sie S-Kurven fahren, ändern Sie die Pedalposition für jede Kurve.

→ Gesäß nach hinten: Bei der Abfahrt wird das Vorderrad bedingt durch den Neigungswinkel mit mehr Gewicht belastet. Außerdem wandert beim Bremsen der effektive Schwerpunkt nach vorn. Um dies auszugleichen, sollten Sie Ihr Gesäß im Sattel um etwa fünf Zentimeter nach hinten verschieben. Dies lässt sich am einfachsten bewerkstelligen, indem Sie die Pedale auf die 3- und 9-Uhr-Position stellen, das Gesäß aus dem Sattel anheben und die Hände leicht nach vorn gegen den Lenker drücken.

→ Benutzen Sie hauptsächlich die Vorderradbremse: Aus den eben genannten Gründen lastet auf dem Vorderrad deutlich mehr Gewicht, daher kann das Hinterrad leichter rutschen oder schleudern. Ihre Vorderradbremse liefert die meiste Bremskraft. Benutzen Sie beide Bremsen. Bremsen Sie kräftig genug mit der

Die Technik des Gegensteuerns

Vorderradbremse, um das Tempo zu verringern, und gerade genug mit der Hinterradbremse, um die Kontrolle zu behalten.
→ In die Kurve legen: Das Fahrrad fährt sich deutlich stabiler, wenn Sie sich in die Kurve legen.
→ Gegensteuern: Profirennfahrer nutzen diese Technik zum Durchfahren von Kurven, statt den Lenker zu drehen. Verlagern Sie Ihr Gewicht auf das äußere Pedal in der 6-Uhr-Position. Drücken Sie dann mit gestrecktem Arm den Lenker an der Innenseite der Kurve hinunter. Gegenlenken ist die schnellste Methode, um das Rad in Schräglage zu bringen und ermöglicht ein schnelleres Durchfahren von Kurven.
→ Bremsen Sie frühzeitig: Wenn Sie bremsen, neigt das Rad eher dazu, sich aufzurichten statt sich in die Kurve zu neigen. Wenn das Fahrrad sich aufrichtet, fährt es geradeaus, statt in der Kurve einen Bogen zu fahren. Werden Sie vor der Kurve langsamer, damit Sie nicht in der Kurve bremsen müssen und so Ihre Linie zerstören.

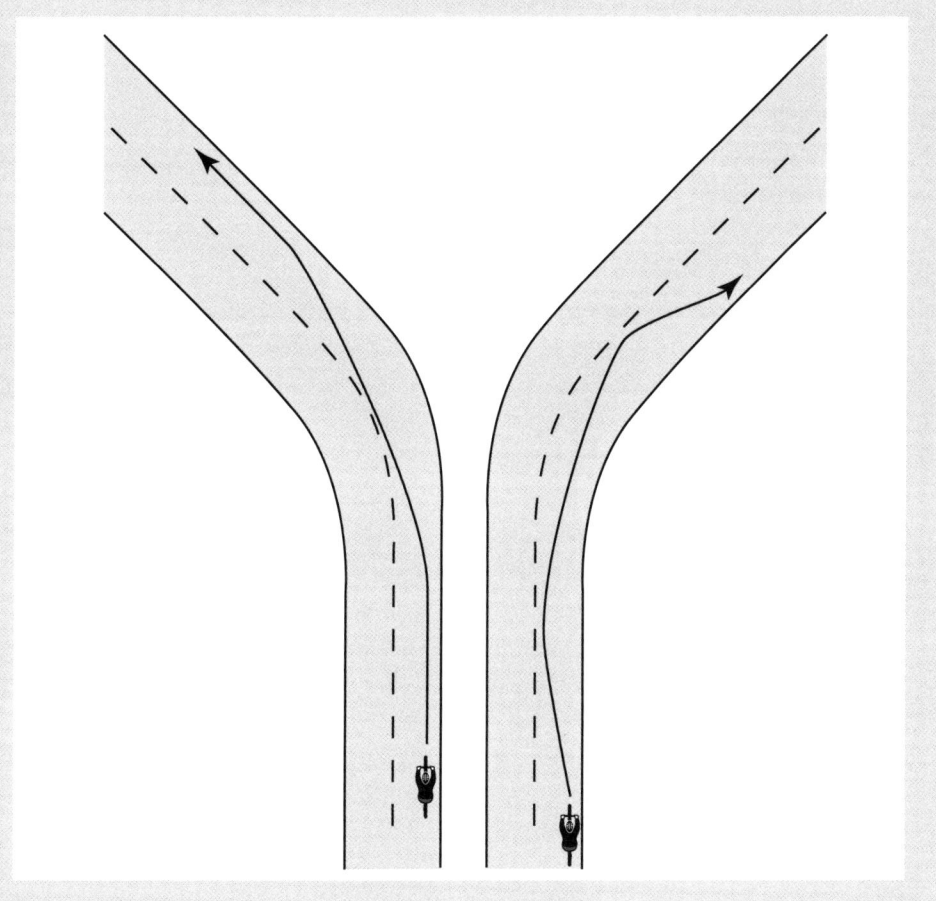

Tangenten fahren

> → Fahren Sie die Tangenten: Wenn kein Verkehr herrscht, und nur dann, können Sie eine Kurve schneller durchfahren, wenn Sie in gerader Linie fahren. Bei einer Linkskurve beginnen Sie am rechten Außenrand, achten auf den Verkehr, fahren dann die Tangente in der Nähe des Mittelstreifens und anschließend wieder zum rechten Rand der Fahrbahn. Bei einer Rechtskurve vergewissern Sie sich zweimal, dass sich kein Verkehr von hinten nähert, fahren dann zum Mittelstreifen, nehmen dann die Tangente in der Nähe des rechten Fahrbahnrands, fahren in der Nähe des Mittelstreifens aus der Kurve heraus und kehren dann wieder in Ihre Normalposition auf der Fahrbahn zurück.
> → Nehmen Sie die Mitte der Fahrspur ein: Wenn Sie in der gleichen Geschwindigkeit wie die Kraftfahrzeuge abfahren, positionieren Sie sich wie ein Motorrad in der Mitte der Fahrspur.
> → Üben: Wie alles andere in diesem Buch sollten Sie das Gezeigte üben, damit es zur Gewohnheit wird und Sie nicht während der Tour darüber nachdenken müssen. Fahren Sie bei einer Regenerationsfahrt auf einen leeren Parkplatz, stellen Sie einige Trinkflaschen auf, um einen Kurs abzustecken, und üben Sie das Kurvenfahren um die Flaschen. Üben Sie, das Gesäß nach hinten zu verlagern, wenn die Verkehrssituation dies zulässt. Versuchen Sie die Gegenlenktechnik. Ein Radsportklub in Ihrer Nähe bietet vielleicht Fahrtechnikkurse an, bei denen auch Kurvenfahrtechniken gezeigt werden. Wenn Sie diese Techniken beherrschen, haben Sie eine bessere Kontrolle über Ihr Fahrrad, fahren sicherer und können vielleicht Ihren Freunden davonfahren.

übungen aus Kapitel 3 eignen sich besonders dafür.

→ **Frühstück:** Füllen Sie Ihre Energiespeicher mit einem guten Frühstück randvoll auf, dann Ihre Trinkflaschen und bereiten Sie Ihren Proviant vor.

→ **Packen Sie Ihre Ausrüstung:** Nehmen Sie Ihre persönlichen Checklisten und Ihr Packsystem zur Hilfe, so vermeiden Sie, dass Sie etwas vergessen. Überprüfen Sie Ihre Ausrüstung trotzdem vor dem Start noch einmal.

→ **Schauen Sie sich die Route noch einmal an:** Prägen Sie sich Verpflegungsstationen, Geschäfte oder Steigungen ein. Nehmen Sie bei organisierten Touren gegebenenfalls an den Fahrerbesprechungen teil. Wenn Sie auf eigene Faust fahren, gehen Sie den Plan für den Tag mit Ihren Mitfahrern durch. Wenn es Fragen oder Befürchtungen gibt, ist jetzt der Zeitpunkt, diese zu äußern.

→ **Finden Sie Ihr Tempo:** Nehmen Sie sich beim Start etwas Zeit, langsam wieder in Ihren Rhythmus zu kommen.

→ **Genießen Sie den Tag!**

Instandhaltung der Ausrüstung

Präventive Wartung ist viel besser als Notfallreparaturen! Bei einer Tour sollten Sie regelmäßig drei Arten der präventiven Wartung durchführen:

Wartung bei Pausen

Führen Sie wie bei den Eintagesfahrten bei allen Pausen diese kurzen Kontrollen durch:

→ Drehen Sie langsam die Laufräder und halten Sie jeweils Ihre Hand, die durch den Handschuh geschützt ist, darüber, um die Reifen zu reinigen und auf Schnitte zu untersuchen. Überprüfen Sie auch, ob die Laufräder noch rund laufen und ob die Bremsen zentriert sind und schleifen.
→ Prüfen Sie den Reifendruck: Schnippen Sie fest mit dem Fingernagel gegen den Reifen. Es sollte ein helles „Ping"-Geräusch ertönen, kein dumpfes „Fump."
→ Ziehen Sie die Bremsen, um die Bremszüge auf Verschleiß und Dehnung zu überprüfen.

Wartung am Abend

Überprüfen Sie am Abend Ihre Reifen:

→ Luftdruck: Der richtige Luftdruck minimiert das Risiko von Reifenpannen, die entstehen, wenn der Schlauch auf die Felge gequetscht wird. Verwenden Sie hierfür eine Standpumpe mit einem genau anzeigenden Manometer, ein kleines tragbares Manometer oder den „Ping"-Test.
→ Zustand: Achten Sie darauf, dass die Reifen sauber sind und keine Schnitte aufweisen.

Überprüfen Sie Ihre Laufräder:

→ Rundlauf: Drehen Sie die Laufräder, sie sollten nicht flattern.
→ Schnellspanner: Sie sollten sicher, aber nicht zu fest sitzen.
→ Überprüfen Sie, ob die Bremsschuhe zentriert sind und nahe an den Felgen positioniert sind.
→ Überprüfen Sie, ob die Schaltvorgänge sauber laufen und die Gänge richtig eingelegt werden können.
→ Kontrollieren Sie Ihren Helm und verändern Sie wenn nötig die Einstellungen.

Wenn Sie eine Reifenpanne hatten, flicken Sie den Schlauch und testen Sie ihn, sodass er für den nächsten Tag einsatzbereit ist. Sie können ihn auch entsorgen und einen neuen Schlauch in ihre Satteltasche legen.

Regelmäßige Wartung

Wenn Ihr Fahrrad vor der Tour überholt wurde, sollte es reibungslos funktionieren. Bei starker Beanspruchung können sich manche Komponenten jedoch gelegentlich lockern. Überprüfen Sie mit einigen Tagen Abstand regelmäßig den festen Sitz der folgenden Komponenten:

→ Kurbelarme
→ Pedale
→ Kettenblattschrauben
→ Sattelstützenklemmung und Sattelklemmschrauben
→ Bremsbeläge, Bremskörper und Bremszugbefestigungsschrauben
→ Umwerfer, Schaltwerk und Schaltzugbefestigungsschrauben
→ Verschraubungen und Befestigungen von Flaschenhaltern und sonstigem Zubehör
→ Vorbauschrauben
→ Ist der Steuersatz leichtgängig, ohne zu viel Spiel zu haben?
→ Laufen die Naben leicht, ohne zu viel Spiel zu haben?
→ Läuft das Tretlager leicht und rund, ohne zu viel Spiel zu haben?
→ Sind die Pedalplattenbefestigungsschrauben an den Schuhen fest angezogen?
→ Sind die Packtaschen sicher befestigt und nicht verschlissen?

Kapitel 9 Mehrtagesrennen meistern

Ein Tag auf dem Fahrrad ist eine feine Sache, und mehrtägige Fahrten können sogar noch mehr Spaß bringen. Je nach Ihrem Budget und Ihren Vorstellungen können Sie organisierte Wochenendtouren unternehmen oder auf eigene Faust fahren und dabei so viel oder so wenig Luxus in Anspruch nehmen, wie es Ihnen gefällt. Wie bei Eintagesveranstaltungen hängt der Erfolg davon ab, angemessen zu planen, zu trainieren, das richtige Tempo zu wählen, sich angemessen mental vorzubereiten und auf die Ausrüstung und die richtige Ernährung zu achten.

Wir haben gezeigt, wie Sie die Konzepte und Fähigkeiten, die Sie für eintägige Veranstaltungen gelernt haben, auf Doppel-Centurys und 300-km-Fahrten anwenden. Sie haben gelernt, wie Sie mehrtägige Fahrten planen und für diese trainieren, wie Sie die passende Ausrüstung dafür auswählen und diese transportieren, wie Sie Ihre Ernährung über einen Zeitraum von 24 Stunden organisieren, wie Sie das richtige Tempo für längere Distanzen finden und wie Sie sich über Nacht regenerieren, damit Sie gut für die Weiterfahrt am nächsten Tag gerüstet sind.

Organisierte und selbst geplante Touren eröffnen neue Perspektiven für Sie als Radsportler. Sie werden andere Menschen kennenlernen, denn diese Art von Touren sprechen einen anderen Teilnehmerkreis an, der weniger am Wettbewerbsaspekt, sondern mehr am Spaß interessiert ist – Menschen, die dazu beitragen, dass die Tour zu einem Genuss wird. Mit der Teilnahme an organisierten Wohltätigkeitstouren leisten Sie einen positiven Beitrag, indem Sie anderen helfen. In Kapitel 10 übertragen wir die bisher behandelten Konzepte und Fertigkeiten auf die Vorbereitung und Durchführung längerer Touren und Brevets.

Kapitel 10

Ultradistanzfahrten

Vielleicht haben Sie sich schon einmal gefragt, wie weit Sie mit dem Fahrrad fahren könnten. Wenn Sie Eintagesveranstaltungen und Wochenendtouren erfolgreich bewältigt haben, könnten Ultradistanzfahrten wie diese reizvoll für Sie sein:

→ Länderdurchquerungen: In den Vereinigten Staaten gibt es zum Beispiel das „Cycle Oregon", das „Register's Annual Great Bicycle Ride Across Iowa" (RAGBRAI) und das „Bicycle Ride Across Tennessee" (BRAT)
→ Organisierte Fahrten: von einwöchigen Touren, die von kommerziellen Veranstaltern und Radsportvereinen angeboten werden, bis hin zu Länderdurchfahrungen mit Expeditionscharakter, wie sie etwa von PAC Tours und der Adventure Cycling Association veranstaltet werden
→ Selbstständig geplante Touren, zum Beispiel als Campingtour
→ 400-, 600-, 1.000- und 1.200-km-Brevets

Listen von Länderdurchquerungen, Veranstaltern von kommerziellen Touren und Brevet-Veranstaltern auf der ganzen Welt finden Sie im Anhang.

All diese Veranstaltungen sind anspruchsvolle Herausforderungen und eröffnen Ihnen eine völlig neue Perspektive auf die vielen Möglichkeiten des Radsports. Mit dem richtigen Ansatz können Sie so anspruchsvolle und lohnenswerte Touren erfolgreich bewältigen. In diesem Kapitel gehen wir sowohl auf organisierte und selbst geplante Mehrtagestouren als auch auf Brevets ein, weil sie ähnliche Vorbereitungen und Fertigkeiten erfordern. Viele Randonneure fahren ein 600-km-Brevet als zweitägige Tour mit kurzer Schlafpause und ein 1.000- oder 1.200-km-Brevet in drei oder vier Tagen mit kurzen Schlafpausen. Bei Brevets und Touren ist es unverzichtbar, dass Sie Ihren eigenen Fitness- und Erfahrungsstand realistisch einschätzen, bevor Sie eine entsprechende Veranstaltung auswählen und planen. Sie müssen trainieren, mehrere Tage im Sattel zu verbringen, mehr Ausrüstung zu transportieren und Ihre Ernährung über mehrere 24-Stunden-Zeiträume hinweg zu planen. Sie müssen mental fähig sein, sich gut auf die Tour vorzubereiten, alle Herausforderungen zu bewältigen und Probleme lösen zu können, außerdem sollten Sie Fahrtechniken beherrschen, Ihr richtiges Renntempo einschätzen können und wissen, wie Sie regenerieren, um den jeweils nächsten Tag auf dem Rad zu bestehen.

In diesem Kapitel erweitern wir die Kompetenzen, die Sie bereits in den Bereichen entwickelt haben, die über den Erfolg entscheiden: Einschätzung und Planung, körperliches Training, Mentaltechniken, angemessene Ausrüstung, gute Ernährung und Fahrtechniken. Zur spezifischen Vorbereitung bieten wir ein 8-Wochentrainingsprogramm zur Vorbereitung auf Mehrtagestouren und einen 12-Wochenplan für Brevets mit Distanzen von 200, 300, 400 und 600 Kilometern an.

Einschätzung und Planung

Was erwarten Sie von Ihrer nächsten Radsportveranstaltung? Was finden Sie aufregend? Haben Sie eine Traumtour, die Sie schon immer einmal machen wollten? Schwebt Ihnen eine leichte Tour für die ganze Familie vor oder haben Sie ein Auge auf eine von Lon Hal-

Neugier
Von Ken Bonner

„Neugier ist der Katze Tod!" („Diff'rent," Eugene O'Neill, 1921).

Obwohl viele Langstreckenradsportler damit zufrieden sind, Events über 160 oder 200 Kilometer zu fahren, nehmen sich manche längere Distanzen vor. Warum? Manchmal sind es die gleichen, etwas machohaften Beweggründe, die auch bei kürzeren Renndistanzen vorherrschen, aber für die meisten Langdistanzfahrer ist Neugier die Triebfeder. Wie lange kann ich fahren? Wie schnell kann ich über diese lange Distanz fahren? Welches Training ist am besten für mich? Wie werde ich mit extremen Wetterbedingungen wie starkem Wind, sintflutartigem Regen, Schnee, Hitze und Kälte, die oftmals alle innerhalb eines Rennens auftreten können, zurechtkommen? Wie viel und was genau brauche ich an Verpflegung, Getränken, Bekleidung und Betreuung? Welche Werkzeuge und Ausrüstungsgegenstände sind nötig, um technische Probleme in den Griff zu bekommen? Was verursacht wo und wann körperliche Schmerzen? Wie gehe ich angemessen mit Schmerzen um? Wie lange funktioniere ich ohne Schlaf? Wie teile ich das Schlafpensum angemessen ein? Die Erfahrungen, die andere Fahrer mit diesen Fragen gemacht haben, können sehr lehrreich sein.

Ich bin oft bei längeren Fahrten in schwierige Situationen geraten, beispielsweise ist mir beim Fahren in der Wildnis die Kette und mein Kettennietwerkzeug kaputt gegangen. Ein anderes Mal stand ich am Straßenrand, der Wind blies horizontal, drohte mein Fahrrad wegzureißen und um mich herum schlugen Blitze ein. Einmal gingen mir mitten im Nirgendwo die Schläuche, Flicken und Reifen aus und ich hatte noch 200 Kilometer vor mir, dann musste ich in einer Region, in der es Bären gab, nachts bei Regen am Straßenrand übernachten und schließlich ist mir einmal 80 Kilometer vor dem Ziel bei 38 Grad Hitze der Getränkevorrat ausgegangen. Aber ich habe auch tolle Menschen getroffen, sowohl Radsportler als auch „normale" Menschen.

Als ich das „Colorado Last Chance" fuhr, ein 1200-km-Brevet, habe ich einmal auf einer einsamen Landstraße etwa 65 Kilometer von Boulder entfernt, eine Reifenpanne repariert, als hinter mir ein Pick-up anhielt. Die Scheinwerfer des Trucks beleuchteten mein Fahrrad, aber niemand stieg aus. Pick-ups bedeuten dort, wo ich herkomme, normalerweise nichts Gutes! Ich brachte meine Reparatur zu Ende und dann stieg der Fahrer aus der Kabine, eine nette Frau! Als sie meine Geschichte hörte, war sie so von dem beeindruckt, was ich geschafft hatte, dass sie unbedingt meine Hand schütteln wollte – eine schwarze, ölverschmierte Hand! „Nein, das möchten Sie bestimmt nicht", sagte ich. Sie ließ sich jedoch nicht davon abbringen, ergriff meine Hand, schüttelte Sie und fuhr anschließend weiter in die Nacht hinein!

> Meine Helden sind die Langstreckenradsportler, die durchhalten und Widrigkeiten überwinden. Wally, ein Langstreckenfahrer und Bekannter von mir, hatte einen anspruchsvollen Bürojob, der ihm wenig Freizeit ließ, und er entschied sich, mit dem Radsport anzufangen. Wally hatte sich zum Ziel gesetzt, ein wenig abzunehmen, die Gegend zu erkunden und vielleicht etwas fitter zu werden. Eins kam zum anderen, und seine nächste Herausforderung sollte ein 1.200-km-Brevet werden. Das Resultat war, dass er aufgeben musste. Wally ließ sich nicht beirren und versuchte, zwei weitere 1.200-km-Brevets erfolgreich zu beenden. Und er schied zwei weitere Male aus! Die meisten Menschen hätten sich nach dem ersten Aufgeben ein neues Ziel gesucht, aber Wally nicht. In der nächsten Saison bestritt Wally erfolgreich vier 1.200-km-Brevets! Neugier mag der Katze Tod sein, aber wie das gängigere Sprichwort ergänzt: „Zufriedenheit bringt sie ins Leben zurück!"
>
> *Bonner ist seit 22 Jahren Ultradistanzradsportler. Er hält mehrere von der UltraMarathon Cycling Association (UMCA) zertifizierte Rekorde für Punkt-zu-Punkt-Fahrten in Kanada. 2008 hat er im Alter von 66 Jahren mit einer Zeit von 50:34 Stunden den Streckenrekord beim „Rocky-Mountain-1200-Brevet" in British Columbia aufgestellt und 2009 die Rekordgesamtzeit von 63:39 Stunden beim „Granite-Anvil-1200-Brevet" in Ontario erreicht. Bonner ist Mitglied der Randonneurs USA, der UMCA und des BC Randonneurs Cycling Club und hat bisher mindestens 37-mal an 1.200-km-Brevets teilgenommen.*

demans PAC-Touren geworfen, bei der die USA mit einem Tagespensum von über 160 Kilometern durchquert werden (www.pactour.com)? Es gibt viele Arten von Ultradistanzveranstaltungen, die zu Ihren Zielen und Ihrem Budget passen könnten:

→ Organisierte Mehrtagestouren: Sie können eine Radreise mit einem kommerziellen Tourenveranstalter unternehmen, an einer organisierten Landesdurchquerung teilnehmen, die Jahrestourenfahrt Ihres Klubs mitmachen oder sich von einem Freund oder Familienmitglied mit dem Auto begleiten und betreuen lassen, der Ihnen unterwegs und am Abend Gesellschaft leistet. Solche Touren ermöglichen es meist, ausreichend Zeit außerhalb des Sattels und in Gesellschaft zu verbringen, manchmal sind auch unterwegs Pausen eingeplant, um die Sehenswürdigkeiten der Region erleben zu können.

→ Selbst organisierte Touren: Sie brauchen Geld, Kleidung zum Wechseln oder beladen Sie Ihr Fahrrad mit allem, was Sie unterwegs brauchen – Verpflegung, Campingausrüstung und Bekleidung – und erleben Sie ein Abenteuer auf zwei Rädern, so lange Sie mögen. Radfahrer haben Kontinente durchquert und sogar die Welt umradelt. Sie haben die Wahl, ob Sie Freunde mitnehmen oder die Fahrt allein genießen.

→ Brevet: Werden Sie Randonneur und setzen Sie Ihr sportliches Geschick ein, um innerhalb bestimmter Zeitlimits einen festgelegten Kurs mit Kontrollpunkten zu fahren. Brevetserien über 200, 300, 400 und 600 Kilometer werden in vielen Teilen der Welt organisiert. Bei diesen Veranstaltungen können Sie sich an immer längere Distanzen herantasten und diese Erfahrung mit Gleichgesinnten teilen. Sie können diese Fahrten auch als Vorbereitung auf Brevets über 1.000, 1.200 Kilometer oder länger nutzen.

Nachdem Sie festgestellt haben, welche Art von Veranstaltung Sie reizt, sollten Sie realistisch Ihren aktuellen Fitnessstand einschätzen. Bevor Sie eine einwöchige Tour oder eine Brevetserie in Angriff nehmen, sollten Sie innerhalb der vergangenen ein bis zwei Monate eine zwei- oder dreitägige Tour, eine Eintagesfahrt über 250 oder besser 300 Kilometer oder in den letzten drei bis vier Monaten jeweils ein Century oder 200-km-Event pro Monat absolviert haben.

Sobald Sie an einer Tour interessiert sind, nutzen Sie Ihre bisherigen Erfahrungswerte, um realistisch einzuschätzen, wie viele Kilometer Sie auf der Tour bewältigen können. Wenn Sie zum Beispiel Centurys mit einer Durchschnittsgeschwindigkeit von 22,5 Kilometern pro Stunde inklusive der Pausenzeiten fahren, entspricht dies einer Gesamtzeit von rund sieben Stunden. Das heißt, kalkulieren Sie bei einem leicht beladenen Fahrrad eine Durchschnittsgeschwindigkeit von 21 Kilometern pro Stunde und Sie werden in 7 Stunden 145 Kilometer zurücklegen. Bei einem Fahrrad, das mit einer Campingausrüstung beladen ist, sollten Sie mit einer Durchschnittsgeschwindigkeit von 16 Kilometern pro Stunde und einem Tagespensum von 115 Kilometern rechnen. Denken Sie daran, dass die Erschöpfung mit jedem Tag zunimmt, also könnten Sie in der Wochenmitte schon 1,5 bis 3 Kilometer pro Stunde langsamer sein. Wir empfehlen, zunächst auf einer einwöchigen Tour Erfahrungen mit der Wahl des richtigen Tempos und der kumulativen Erschöpfung zu machen, bevor Sie längere Fahrten in Angriff nehmen.

Wenn Sie an einer Brevetserie interessiert sind, benötigen Sie den gleichen Fitnessstand wie jemand, der eine mehrtägige Tour plant. Sie sollten vor nicht allzu langer Zeit eine Fahrt über 240 Kilometer oder mehr, eine zwei- bis dreitägige Tour oder über mehrere Monate in jedem Monat eine Century- oder 200-km-Fahrt absolviert haben. Sie sollten in der Lage sein, ein 200-km-Event in einer Zeit von 9:00 bis 10:30 Stunden zu fahren, 160 Kilometer in 7:30 bis 8:30 Stunden. Gehen Sie die Notizen durch, die Sie nach den Fahrten gemacht haben, um herauszufinden, ob Sie während der Veranstaltungen erwähnenswerte Probleme mit Erschöpfung, dem Komfort auf dem Fahrrad, Ihrer Ernährung, dem Tempo oder Ihrer Stimmung hatten. Die Vorbereitung auf Brevets und die anschließende Teilnahme werden Ihre Fähigkeiten weiter vertiefen, Sie sollten sich jedoch Ihre Grundlagen bereits durch frühere Fahrten erarbeitet haben.

Langstreckenfahrten erfordern eine beträchtliche zeitliche und bei manchen Veranstaltungen auch finanzielle Investition. Sammeln Sie wie bei den anderen Events auch Informationen aus verschiedenen Quellen, zum Beispiel von Websites, Radsportvereinen und anderen Fahrern, um herauszufinden, welche Möglichkeiten sich bieten. Sehen Sie sich noch einmal die Tabelle 9.1 in Kapitel 9 an und bedenken Sie die nachfolgenden Informationen.

Arbeiten Sie in der Planungsphase gründlich und geduldig alle zu berücksichtigenden Aspekte durch, damit Sie eine nächste Herausforderung finden, die Ihren Bedürfnissen entspricht, denn die Vorbereitung und die Veranstaltung selbst wird einige Zeit in Anspruch nehmen, die Ihnen nicht für Ihre Familie und andere Prioritäten zu Verfügung stehen wird.

Organisierte Touren

Bevor Sie sich für eine bestimmte Tour entscheiden, sollten Sie sich gründlich informieren. Tourenveranstalter übernehmen normalerweise die gesamte Planung und Logistik, sodass Sie sich entspannen und Ihre Fahrt genießen können. Der Veranstalter wählt im Normalfall die Route aus, betreut die Fahrer während der Etappen und organisiert die Übernachtung und gegebenenfalls auch Mahlzeiten, sodass eine organisierte Tour eine attraktive Option darstellt, wenn Ihnen die Zeit oder Lust fehlt, selbst eine Tour zu organisieren.

Touren werden in den verschiedensten Schwierigkeitsgraden angeboten, von entspannten, familienfreundlichen Touren mit viel Zeit für Sehenswürdigkeiten bis hin zu mehrtägigen Fahrten im Gebirge mit Anstiegen, die auch für Profifahrer eine Herausforderung darstellen. Schätzen Sie anhand Ihrer Erfahrungen mit ähnlichen Terrains und Distanzen ab, wie lange Sie für jeden Tag der Tour benötigen würden und ob die einzelnen Etappen sich mit Ihrer Radsporterfahrung decken. Wenn Sie Ihre aktuelle physische Konstitution betrachten, könnten Sie nach weiteren acht Wochen Training an mehreren aufeinanderfolgenden Tagen Distanzen fahren, die mit denen der geplanten Tour vergleichbar sind, und wären Sie in der Lage, ohne Probleme eine Fahrt zu absolvieren, die mit dem härtesten Tag der Tour vergleichbar ist? Wenn Sie diese Fragen verneinen müssen, sollten Sie entweder eine leichtere Tour planen oder zunächst mehr Fahrerfahrungen sammeln, bevor Sie das Training für eine mehrtägige Tour beginnen und diese in Angriff nehmen.

Wenn Sie den Schwierigkeitsgrad ausgewählt haben, bedenken Sie Ihr finanzielles Budget. Je mehr Betreuung tagsüber zur Verfügung steht, je hochwertiger und abwechslungsreicher die Mahlzeiten sind und je luxuriöser die Unterbringung ist, desto höher wird der Preis sein. In den USA werden Touren ab zirka 500 US-Dollar pro Person für eine einwöchige Campingtour mit minimaler Betreuung bis hin zu mehreren Tausend US-Dollar für Touren mit Rundumbetreuung, luxuriöser Unterbringung und feiner Küche angeboten.

Erkundigen Sie sich, welche Art von Unterstützung für die Fahrer zur Verfügung steht. Manche Touren bieten aufwändige Verpflegungsstationen und eine mobile Werkstatt für technische Probleme an, während einige Klubtouren lediglich Streckenpläne mit einer Routenbeschreibung für jeden Tag zur Verfügung stellen. Sind die Etappen geführt oder sind Sie auf der Etappe für sich selbst verantwortlich? Manche Veranstalter lassen ein Begleitfahrzeug mitfahren, das bei Bedarf auch Platz für erschöpfte Fahrer bietet. Wenn Sie gemeinsam mit anderen fahren möchten, die Ihren Enthusiasmus für lange Distanzen nur bedingt teilen, können diese einzelne Abschnitte der Strecke mitfahren, dann ins Begleitfahrzeug einsteigen und Sie am Ende des Tages wiedertreffen. Bei anderen Touren ist es nicht vorgesehen, müde Fahrer im Auto zu transportieren, aber im Notfall wird Platz geschaffen, wenn ein Fahrer verletzt ist oder schwere technische Probleme hat. Erkundigen Sie sich beim Veranstalter, wie er die Nutzung des Begleitfahrzeugs handhabt.

Welche Art von Unterbringung schwebt Ihnen vor? Vom Campingplatz bis zum Hotel oder der Privatpension ist alles möglich. Die Art der Unterbringung kann sich auf Ihren Schlaf auswirken, was wiederum Ihre Form und Laune am nächsten Tag beeinflussen kann. Finden Sie auch heraus, welche Mahlzeiten im Angebot enthalten sind. Gemeinsames Kochen der Teilnehmer wird ebenso angeboten wie gemeinsame Besuche in teuren Restaurants oder individuelle Mahlzeiten. Das Essen sollte ein angenehmer Bestandteil der Tour sein. Wenn Sie mit Ihrer Familie oder Freunden fahren, bedenken Sie deren Vorlieben. Sie selbst sind vielleicht abenteuerlustig und haben Spaß am Camping, während andere am Ende des Tages eher einen gewissen Komfort zu schätzen wissen und gern im Restaurant essen.

Nehmen Sie Ihr eigenes Fahrrad mit oder bevorzugen Sie ein Leihfahrrad? Wenn Sie eines vom Veranstalter benutzen, müssen Sie Ihres nicht einpacken, versenden und wieder auspacken. Sie müssen nur noch fahren! Wenn ein Fahrrad zur Verfügung gestellt wird, informieren Sie sich darüber. Manche Veranstalter bieten Spitzenfahrräder mit Topkomponenten an. Fahren Sie normalerweise ein Rad mit Lenkerendschalthebeln? Können Sie sich an ein Rad mit Brems- und Schalthebeln gewöhnen? Bringen Sie aus Komfortgründen Ihre eigenen Pedale, Schuhe sowie Ihren Sattel und Helm mit und vergewissern Sie sich, dass der Veranstalter auf besondere Bedürfnisse eingehen kann.

Eine Fahrradtour kann viel mehr sein, als nur durch die Landschaft zu fahren. Viele thematisch ausgerichtete Touren werden angeboten, unter anderem Weinprobiertouren, Fahrten an historischen Schauplätzen entlang und vieles mehr. Tourenleiter oder -begleiter haben einen großen Anteil daran, ob eine Fahrt zu einem gelungenen Erlebnis wird oder nicht, daher sollten Sie sich über sie erkundigen. Wie lange sind sie schon als Tourenleiter tätig? Sind sie in der Gegend geboren oder kennen sie sich in der Region aus? Wenn die Tour im Ausland stattfindet, sprechen sie die Landessprache? Ein seriöser Veranstalter sollte in der Lage sein, Ihnen zu allen Aspekten der Tour Referenzpersonen zu nennen. Nehmen Sie Kontakt mit diesen Personen auf und fragen Sie, was ihnen gut und weniger gut gefallen hat. Eine rundum betreute Tour kann eine kostspielige Angelegenheit sein. Lesen Sie das Kleingedruckte, insbesondere die Rücktrittsbedingungen. Der Abschluss einer Reiseversicherung kann sinnvoll sein. Achten Sie darauf, dass der Veranstalter alle offenen Fragen klärt, sodass unangenehme Überraschungen vermieden werden.

Selbst organisierte Touren

Es macht Ihnen Spaß, Karten zu wälzen und mit Ihrer Familie und Freunden gemeinsam eine Tour auf eigene Faust zu planen. Bevor Sie jedoch mit der Planung starten, schätzen Sie Ihren Fitnesszustand realistisch ein – dieser Aspekt ist von besonderer Wichtigkeit, wenn Sie längere selbst organisierte Touren planen. Stellen Sie sich anschließend selbst die folgenden Fragen: Wie lang können Sie pro Tag fahren? Wie lang möchten Sie pro Tag fahren? Möchten Sie auf der Tour neben dem Radfahren noch weiteren Hobbys nachgehen, zum

Beispiel fotografieren oder angeln? Wo möchten Sie übernachten? Wie viel Zeit steht Ihnen angesichts familiärer, beruflicher und sonstiger Verpflichtungen für die Vorbereitung zur Verfügung?

Bei der Planung Ihrer eigenen Tour sind Sie in hohem Maße flexibel. Sie wählen die Länge der Tagesdistanzen anhand Ihrer Fähigkeiten und Interessen aus. Sie entscheiden, ob Sie den ganzen Tag mit Radfahren verbringen oder nur bis mittags fahren und anschließend durch die Stadt bummeln, wandern, angeln oder fotografieren. Sie wählen aus, wo Sie fahren möchten – in der Nähe Ihres Wohnorts oder in einer anderen Region. Sie entscheiden, ob Sie lieber in Privatpensionen in malerischen Orten, Hotels oder auf Campingplätzen übernachten.

Wenn Sie eine allgemeine Vorstellung von Ihrer Tour gewonnen haben, schauen Sie auf eine Karte und überlegen Sie sich mögliche Routen für die einzelnen Tage. Topografische Karten sind besonders gut geeignet, denn mehrtägige Fahrten in gebirgigem Terrain sind eine andere Herausforderung als Fahrten auf flacher Strecke. Suchen Sie sich eine Reihe von potenziellen Übernachtungsmöglichkeiten entlang der Strecke heraus, die entweder eine ganze Tagesdistanz auseinander- oder näher zusammenliegen. Sie sollten aber auch in Reichweite liegen, falls Sie sich für eine landschaftlich reizvolle Alternativroute entscheiden sollten. Suchen Sie dann entlang der Route Städte und Einkaufsmöglichkeiten für tagsüber und abends, sodass Sie planen können, was Sie mitnehmen müssen. Die einzelnen Tage sollten der Fahrdauer nach vergleichbar mit den Touren sein, die Sie bereits mit dem Gepäck, das Sie mitnehmen werden, absolviert haben, und zwar entweder mit der Minimalausstattung, siehe Kapitel 9, oder mit Campingausrüstung, wie in diesem Kapitel beschrieben. In Onlineforen, Radsportgruppen und bei Radsportfachhändlern sowie Vereinen können Sie sich Unterstützung für Ihren Planungsprozess holen. Andere Fahrer sind Ihre Route vielleicht schon gefahren und so wie die meisten Radsportler werden Sie mit Ihnen ihre Erlebnisse teilen und Ihnen damit helfen, möglichen Problemen aus dem Weg zu gehen. Denken Sie auch daran, Reservierungen vorzunehmen, wenn Sie in der Hauptreisesaison fahren.

Bevor Sie sich endgültig für eine Route entscheiden, arbeiten Sie einen Plan für den Fall aus, dass medizinische, technische oder sonstige Probleme auftreten. Können Sie bei Bedarf auf öffentliche Verkehrsmittel zurückgreifen? Werden Ihnen freundliche Anwohner helfen? Oder müssen Sie per Telefon Hilfe holen? Funktionieren Mobiltelefone in der Region? Wenn nicht, stehen öffentliche Telefone zur Verfügung? Stellen Sie einen Plan auf, wie Sie in Kontakt mit Ihren Bezugspersonen bleiben und wie Sie bei Notfällen jemanden erreichen können.

Brevets

Brevets können wegen der Distanzen, die man dabei zurückgelegt, und der Kameradschaft untereinander zu den erfüllendsten Radsporterlebnissen überhaupt zählen. Sind Sie neugierig darauf, wie weit Sie fahren können? Bei längeren Brevets verbringen Sie in 24 Stunden erheblich mehr Zeit im Sattel als bei den härtesten Mehrtagestouren und sehen dabei auch mehr von der Landschaft. Bei den meisten Brevets legen Sie innerhalb von 24 Stunden 300 Kilometer oder mehr zurück. Wegen der

Zeitbeschränkungen absolvieren die Fahrer Brevets über 600 Kilometer mit minimalen Schlafpausen. Wie viel Schlaf möchten oder brauchen Sie? Sind Sie bereit, bei Dunkelheit mit Beleuchtung zu fahren? Rad fahren bei Nacht kann ein wundervolles Erlebnis sein, pure Magie ist es, dann noch den Sonnenaufgang zu erleben. Für Menschen, die empfindlich auf Schlafmangel reagieren oder bei Dunkelheit schlecht sehen, kann das Fahren bei Nacht jedoch erhebliche Schwierigkeiten bereiten. Bedenken Sie die genannten Faktoren und überlegen Sie, ob es Ihnen Spaß machen würde, lange Distanzen innerhalb der in Tabelle 10.1 genannten Zeitlimits in Angriff zu nehmen. Wenn dem so ist, sind Sie bereit für die Herausforderung, Brevets zu fahren!

Mentale Vorbereitung

Je länger die Veranstaltung dauert, desto stärker wirken sich Ihre mentalen Fähigkeiten auf Ihre Leistung und Ihren Fahrspaß aus. Sie haben sich bereits in Kapitel 7 mit Entspannungs- und Visualisierungstechniken zur Vorbereitung auf eine Veranstaltung vertraut gemacht. Eine weitere Möglichkeit ist, zur Motivationssteigerung während der Fahrt Kraftworte und Bilder einzusetzen. Beginnen Sie mit freier Assoziation: Schreiben Sie die Wörter auf, die Sie am besten in Ihrer Eigenschaft als Ausdauerradsportler beschreiben. Vielleicht fallen Ihnen zu Ihrem Fahrstil Begriffe wie stark, gleichmäßig, fließend ein und zu Ihrer Einstellung Eigenschaften wie fokussiert, beharrlich und gelassen. Stellen Sie sich nun Bilder vor, die die einzelnen Kraftwörter bei Ihnen auslösen, „gleichmäßig" und „fließend" könnten zum Beispiel das Bild eines Schwarms von Zugvögeln hervorrufen, „gelassen sein" wiederum das Bild einer schlafenden Katze. Diese Wörter und Bilder eignen sich gut, um sie als Hilfen in bestimmten Situationen einzusetzen. Sie hatten schon wieder eine Reifenpanne? Sagen Sie mehrmals „gelassen" zu sich und visualisieren Sie die Katze, wie sie sich vor Ihnen streckt, bevor Sie den Reifen von der Felge ziehen. Müde, entmutigt und es ist noch weit bis ins Ziel? Wiederholen Sie „gleichmäßig" und „fließend" und stellen Sie sich vor, wie Sie und Ihre Begleiter wie ein Schwarm Zugvögel fahren.

Weil die mentale Vorbereitung ebenso wichtig wie das körperliche Training ist, beinhaltet unser Trainingsplan für die Brevets, den wir im nächsten Abschnitt vorstellen, in jeder Woche fest eingeplante Zeiten zum Praktizieren der progressiven Muskelentspannung, zur Entwicklung von Kraftwörtern und zur Visualisierung der einzelnen Brevets. Wir empfehlen darüber hinaus, diese Techniken im Rahmen der Vorbereitung für eine Tour zu trainieren, um die unvermeidliche Aufregung im Vorfeld zu lindern und die Techniken bei Bedarf während der Fahrt einsetzen zu können.

Schon bei den 160-km-Fahrten haben Sie einen Plan für einen voraussichtlichen Verlauf

TABELLE 10.1	Zeitlimits für Brevets
Die Brevetdistanzen müssen innerhalb eines Zeitlimits zurückgelegt werden, die Haltezeiten sind darin inbegriffen.	
200 Kilometer	13:30
300 Kilometer	20:00
400 Kilometer	27:00
600 Kilometer	40:00
1.000 Kilometer	75:00
1.200 Kilometer	90:00

und Alternativpläne für besonders gute und besonders beschwerliche Verläufe entwickelt, sodass Sie auf alle Möglichkeiten vorbereitet waren. Für Veranstaltungen über 300 Kilometer, Doppel-Centurys und für Wochenendtouren haben Sie ebenfalls drei Szenarien entwickelt und anhand dieser entschieden, welche Bekleidung und Ausrüstung zweckmäßig sein wird. Je länger die Fahrten werden, desto detaillierter sollten die Szenarien in den folgenden Bereichen ausgearbeitet werden:

→ Zeitmanagement: Wie in Kapitel 9 beschrieben, müssen Sie Ihre Zeitabläufe bei den Wochenendtouren so gestalten, dass am Ende des Tages noch ausreichend Zeit übrig bleibt. Bei längeren Touren wird Zeitmanagement wichtiger, weil Sie im Laufe des Tages langsamer werden. Auch wenn Sie am ersten Tag mit einer Geschwindigkeit von 24 Kilometern pro Stunde, Haltezeiten nicht eingerechnet, fahren, kann es sein, dass Sie am siebten Tag nur noch 19 Kilometer pro Stunde zurücklegen. Welche Auswirkungen sollte das langsamere Tempo auf die Zeit haben, die Sie an den letzten Tagen der Tour nicht im Sattel verbringen? Eine Tour, die eine Woche dauert, variiert meist von Tag zu Tag, was die Distanz und das Terrain angeht, daher ist es erforderlich, für jeden Tag eine Zeitmanagementstrategie zu entwerfen.

→ Ernährung: In Kapitel 9 haben wir ein Ernährungsmanagementkonzept für Wochenendtouren eingeführt, das sich über einen 24-Stunden-Zyklus erstreckt. Wenn Sie auf einer Wochenendtour etwas zu wenig essen, wird Ihre Leistungsfähigkeit nicht besonders stark darunter leiden, bei einem höheren täglichen Fahrpensum oder mehr Fahrtagen in Folge wird das Ernährungsmanagement jedoch zu einem entscheidenden Faktor. Bei einem Körpergewicht von 68 Kilogramm können Sie Glykogen mit einem Brennwert von rund 1.800 Kalorien speichern. Wenn Sie eine mehrtägige Tour oder ein Brevet fahren und innerhalb des 24-Stunden-Rhythmus nicht ausreichend essen, entleeren Sie Ihre Glykogenspeicher immer weiter. Ihr Plan für die Veranstaltung sollte auch einen spezifischen Ernährungsplan enthalten, der eine ausreichende tägliche Aufnahme von Kohlenhydraten gewährleistet.

→ Brevets: Bei jedem Brevet müssen alle Kontrollpunkte innerhalb einer festgelegten Zeit erreicht werden und die Zieleinfahrt muss innerhalb der erlaubten Maximalzeit erfolgen. Für jedes Ihrer drei Fahrszenarios sollten Sie Ihre Fahrgeschwindigkeit kalkulieren und das Zeitbudget für die Pausen so planen, dass Sie auch beim langsamsten Szenario die Kontrollpunkte und das Ziel innerhalb der Zeitlimits erreichen und noch einen kleinen Sicherheitspuffer haben. Denken Sie daran, dass Sie alle 24 Stunden mindestens 1,5 Kilometer pro Stunde langsamer werden. Bei Brevets über Distanzen von 600, 1.000 und 1.200 Kilometer sind Zeitbegrenzungen üblich, die keine vollständigen Übernachtungspausen zulassen. Schätzen Sie für diese längeren Brevets zunächst Ihre Fahrgeschwindigkeit und dann Ihre Gesamtfahrzeit für diese Veranstaltung ein. Subtrahieren Sie diese Zeit vom Gesamtzeitlimit der Veranstaltung, um festzustellen, über wie viel Pausenzeit Sie verfügen können. Teilen Sie dann die verfügbare Gesamtpausenzeit auf die Zeiten an den Kontrollpunkten, Ihrer Schlafpausen und eines Sicherheitspuffers auf. Entwerfen Sie die drei Fahrszenarien anhand unterschiedlicher Fahrgeschwindigkeiten und Pausenzeiten. Wenn Sie sich an den Kontrollpunkten diszipliniert verhalten und Ihre Fahrt durchschnittlich verläuft, bleibt Ihnen vielleicht eine Schlafpause von drei oder vier Stunden – das ist nicht besonders viel, reicht aber aus, um weitermachen zu können.

→ Kleiderbeutel: Manche Veranstalter transportieren bei Brevets einen oder mehrere kleine Kleiderbeutel zu den geplanten Übernachtungskontrollpunkten. Packen Sie Wechselkleidung, Pflegeutensilien wie eine Zahnbürste, Austauschbatterien und -lampen, Ersatzschläuche und vielleicht einen Reifen hinein. Wenn Sie lieber spezielle Sportlernahrung als konventionelle Lebensmittel zu sich nehmen, senden Sie ihre bevorzugten Speisen und Getränke voraus.

Viele Fahrer fertigen detaillierte Kalkulationstabellen für Brevets mit über 400 Kilometern Länge an, um die verschiedenen Variablen wie Fahrgeschwindigkeit, Pausenzeiten, Nahrungsaufnahme und Schlafpausen von Kontrollpunkt zu Kontrollpunkt genau zu berechnen.

Training

Sie wissen bereits, wie man sich auf ein Century, eine 300-km-Fahrt, ein Doppel-Century oder eine Wochenendtour vorbereitet. Die Planung für eine längere Tour oder ein Brevet erfordert eine ähnliche systematische Herangehensweise, die auf den gleichen Konzepten beruht.

Achten Sie im Rahmen Ihrer Vorbereitung auf alle erfolgsentscheidenden Faktoren: Verbesserung der physischen Kondition und Regeneration, Verfeinerung von Techniken wie Tempowahl und Zeitmanagement, ein 24-Stunden-Ernährungsplan und Training der mentalen Fähigkeiten. Je länger die Veranstaltung, desto mehr gewinnen diese Aspekte an Bedeutung und fördern Ihre Entwicklung als erfahrener Radsportler. Manche Menschen entwickeln sich schnell, während andere sich erst im Laufe vieler Jahre verbessern. Notieren Sie in Ihrem Trainingstagebuch, wie Sie reagieren, wenn sich Umfang oder Intensität des Trainings erhöhen, wie es um Ihre mentale und körperliche Befindlichkeit in verschiedenen Phasen des Programms bestellt ist, wann Ihre Motivation hoch ist und wann niedrig, wie sich Training, Familie und Arbeit aufeinander auswirken und welche weiteren Faktoren Ihren Radsport beeinflussen. Achten Sie dabei besonders auf aufkommende Probleme und deren Lösung. Verlieren Sie während der gesamten Vorbereitung nicht aus den Augen, was der Radsport Ihnen bedeutet und was er Ihnen gibt.

Training für mehrtägige Touren

Dieses Trainingsprogramm für mehrtägige Touren geht davon aus, dass Sie eine einwöchige Tour mit Fahrzeiten von fünf bis sechs Stunden pro Tag planen, und zwar entweder als organisierte Veranstaltung oder als Campingtour mit entsprechender Ausrüstung. Für diesen 8-Wochenplan kommt wieder das Konzept der Periodisierung zur Anwendung. Bevor Sie das Training für eine mehrtägige Tour aufnehmen, sollten Sie davor eine Wochenendtour, ein Century pro Monat über drei oder vier Monate hinweg oder ein Rennen über 300 Kilometer oder die Doppel-Centurydistanz absolviert haben. Wenn Sie eine der genannten Strecken in den letzten Wochen absolviert haben, ist Ihre Grundlagentrainingsphase bereits abgeschlossen. Sie haben Ihre Ausdauer durch lange Fahrten aufgebaut und sind mit Ihrem Fahrrad und Ihrer Ausrüstung gut vertraut. Wenn seit den letzten längeren Fahrten ein Monat oder mehr vergangen ist, sollten Sie einige Wochen Ausdauertraining nach einem der früheren Programme durchführen, bis Sie ohne Schwierigkeiten eine fünf- oder sechsstündige Fahrt absolvieren können. Innerhalb dieses Programms dienen die Wochen 1 bis 3 dazu, Ihre Ausdauer so aufzubauen, dass Sie an mehreren Tagen hintereinander fahren können. Außerdem findet Intensitätstraining statt, um Kraft aufzubauen. Woche 4 ist eine Regenerationswoche. In den Wochen 5 bis 7 findet die Spitzenbelastungsphase statt zur direkten Vorbereitung auf die Veranstaltung. Sie werden mit der Ausrüstung und Beladung trainieren, die auch bei Ihrer Tour zum Einsatz kommen werden. In Woche 8 wird getapert, damit Sie sich erholen und Ihre Energiespeicher für die Fahrt auffüllen können.

Dieses Trainingsprogramm bereitet Sie auf eine einwöchige Tour vor, dafür wechseln sich Wochen mit harter und solche mit deutlich geringerer Belastung ab.

Woche 1: Hoher Umfang mit mehreren Ausdauerfahrten hintereinander am Wochenende. Die Woche enthält auch eine intensive Einheit in der Wochenmitte sowie eine Regenerationsfahrt.

Woche 2: Niedriges Volumen mit mehreren Tempoeinheiten hintereinander am Wochenende, zwei intensiven Einheiten in der Wochenmitte sowie einer Regenerationsfahrt.

Woche 3: Mehrere längere Fahrten am Wochenende und ähnliches Training in der Wochenmitte.

Woche 4: Regenerationswoche mit niedrigem Trainingsvolumen.

Die Wochen 5 bis 8 verlaufen nach dem gleichen Rhythmus.

Das Training für mehrtägige Touren setzt die gleichen Trainingskomponenten wie die anderen Programme ein. Für eine maximale Trainingseffizienz sollte die Intensität der Trainingseinheiten innerhalb der in Tabelle 10.2 genannten Bereiche liegen. Weitere Informationen zum Training nach Herzfrequenz, Wattmessung und RPE finden Sie in Kapitel 6.

TABELLE 10.2 Empfohlene Trainingsintensitäten

Trainingseinheit	Herzfrequenz in Prozent der LT	Leistung in Prozent der FTP	Einstufung des subjektiven Belastungsempfindens
Lang	75 bis 87	56 bis 75	2 bis 3
Tempo	88 bis 94	76 bis 90	3 bis 4
Zügig, wechselnde Intensität, starke Belastung	95 bis 100	91 bis 100	5 bis 6
Zügig, wechselnde Intensität, Regeneration	unter 75	unter 55	1 bis 2
Aktive Regeneration	unter 75	unter 55	1 bis 2

→ **Lang:** Fahren Sie während des gesamten Programms konsequent entweder die längeren oder die kürzeren Wochenendfahrten. Beginnen Sie die erste Woche damit, einen Teil der für die Tour benötigten Ausrüstung mitzunehmen und nehmen Sie Woche für Woche etwas mehr mit, bis Sie in Woche 5 mit Ihrer gesamten Ausrüstung trainieren. Diese Fahrten halten Ihr Ausdauerniveau, gewöhnen Sie an das Fahren mit einem beladenen Fahrrad und ermöglichen Ihnen, neue Ausrüstung und verschiedene Nahrungsmittel zu testen. Denken Sie daran, dass Sie die Belastungsintensität beim Fahren von Steigungen etwas erhöhen können, aber die meiste Zeit im Intensitätsbereich für die lange Fahrt bleiben sollten. Es kann sein, dass es Sie es bei langen Distanzen nicht schaffen, im Intensitätsbereich für die längeren Fahrten zu bleiben. Das ist kein Problem – hören Sie auf Ihren Körper.

→ **Tempo:** Diese etwas schnelleren Fahrten dienen der Steigerung Ihrer Durchschnittsgeschwindigkeit. So wie bei den anderen Trainingsprogrammen sollten Sie, wenn Sie die längeren Wochenendfahrten absolvieren, auch die längeren Tempofahrten und zügigen Fahrten machen, fahren Sie die kürzeren Wochenendfahrten, können Sie auch die längeren Tempofahrten und zügigen Fahrten wählen.

→ **Zügig:** Diese intensiveren Fahrten beinhalten jeweils einen Teil, in dem mit wechselnden Intensitäten trainiert wird, dies steigert Ihre Kraft und Ihre Durchschnittsgeschwindigkeit. Wenn Sie die kürzere Variante der zügigen Fahrten wählen, sollten Sie auch die kürzeren Segmente mit wechselnder Intensität absolvieren.

→ **Regeneration:** Diese Fahrten oder anderen Aktivitäten tragen dazu bei, dass Sie sich erholen und Energie tanken.

→ **Ergänzungstraining.** Führen Sie weiterhin Ihre Rumpfkräftigungs- und Dehnübungen sowie Ihr ergänzendes Krafttraining durch.

Das folgende Programm zeigt einen optimalen Plan. Sie können Ihr Ziel auch mit einem geringeren Vorbereitungsaufwand erreichen, jedoch werden Sie dann wahrscheinlich weniger Spaß an der Tour haben.

Es bereitet Sie auf eine Wochentour mit täglichen Fahrzeiten von fünf bis sechs Stunden vor. Wenn Ihr Fitnesszustand es zulässt, eine Tour mit längeren Fahrzeiten in Angriff zu nehmen, können Sie das Programm entsprechend modifizieren, sollten aber das Verhältnis zwischen den unterschiedlichen Trainingsfahrten beibehalten. Wenn Sie beispielsweise eine Tour mit täglichen Fahrzeiten von sieben bis acht Stunden planen, sollten Sie den Trainingsumfang für alle Fahrten in diesem Programm um 25 Prozent steigern. Bevor Sie mit einem modifizierten Programm beginnen, denken Sie daran, eine ausreichende Ausdauergrundlage aufzubauen, damit Sie den Umfang der ersten Woche problemlos bewältigen können.

Training für eine Brevetserie

Randonneurklubs auf der ganzen Welt veranstalten jedes Jahr viele Brevets. Die Standardserien mit Brevets über 200, 300, 400 und 600 Kilometer werden oft in Abständen von einem Monat veranstaltet. Wenn Sie daran interessiert sind, Brevets zu fahren, können Sie sich mit diesem Programm auf eine Brevetserie vorbereiten. Hier ist jede Brevetveranstaltung

Kapitel 10   Ultradistanzfahrten

8-Wochentrainingsprogramm für mehrtägige Touren

Woche 1–3: Intensitätsphase

Ausdauer aufbauen für mehrtägige Fahrten, Kraft aufbauen fürs Fahren mit Gepäck, gegebenenfalls neue Ausrüstung testen und stetig mehr Ausrüstung mitnehmen, bis in Woche 5 erstmals mit der gesamten Ausrüstung trainiert wird.

Woche 1

Rad fahren:
Lange Fahrten an zwei aufeinanderfolgenden Tagen: je 3:00–4:00 Stunden, insgesamt 6:00–8:00 Stunden
Zügige Fahrt in der Wochenmitte: 60–90 Minuten, davon 10–15 Minuten mit wechselnder Intensität
Tempofahrt in der Wochenmitte: 60–90 Minuten (optional)
Aktive Regenerationsfahrt: 30–40 Minuten
Zweite aktive Regenerationsfahrt: 20–30 Minuten (optional)
Gesamtfahrzeit: 7:30–12:10 Stunden

Ergänzendes Training:
Zwei Einheiten Rumpfkräftigungstraining: je 10–20 Minuten
Drei Einheiten Dehnübungen: je 10–20 Minuten
Eine Einheit ergänzendes Krafttraining: 20–30 Minuten (optional)

Woche 2

Rad fahren:
Tempofahrten an zwei aufeinanderfolgenden Tagen am Wochenende: je 60–90 Minuten, insgesamt 2:00–3:00 Stunden
Zügige Fahrt in der Wochenmitte: 60–90 Minuten, davon 15–20 Minuten mit wechselnder Intensität
Zweite zügige Fahrt in der Wochenmitte: 60–90 Minuten, davon 10–15 Minuten mit wechselnder Intensität
Aktive Regenerationsfahrt: 30–40 Minuten
Zweite aktive Regenerationsfahrt: 20–30 Minuten (optional)
Gesamtfahrzeit: 4:30–7:10 Stunden

Ergänzendes Training:
Zwei Einheiten Rumpfkräftigungstraining: je 10–20 Minuten
Drei Einheiten Dehnübungen: zu je 10–20 Minuten
Eine Einheit ergänzendes Krafttraining: 20–30 Minuten (optional)

Woche 3

Rad fahren:
Lange Fahrten an zwei aufeinanderfolgenden Tagen: je 3:30–4:30 Stunden insgesamt 7:00–9:00 Stunden
Zügige Fahrt in der Wochenmitte: 60–90 Minuten, davon 15–20 Minuten mit wechselnder Intensität
Tempofahrt in der Wochenmitte: 60–90 Minuten (optional)

Aktive Regenerationsfahrt: 30–40 Minuten
Zweite aktive Regenerationsfahrt: 30–40 Minuten (optional)
Gesamtfahrzeit: 8:30–13:20 Stunden

Ergänzendes Training:
Zwei Einheiten Rumpfkräftigungstraining: je 10–20 Minuten
Drei Einheiten Dehnübungen: zu je 10–20 Minuten
Eine Einheit ergänzendes Krafttraining: 20–30 Minuten (optional)

Woche 4 – Regeneration

Rad fahren:
Lange Tour: 1:00–2:00 Stunden
Aktive Regenerationsfahrt: 30–40 Minuten
Aktive Regenerationsfahrt: 30–40 Minuten
Tempofahrt in der Wochenmitte: 60–90 Minuten (optional)
Gesamtfahrzeit: 2:00–4:50 Stunden

Ergänzendes Training:
Zwei Einheiten Rumpfkräftigungstraining: je 10–20 Minuten
Drei Einheiten Dehnübungen: je 10–20 Minuten
Kein Krafttraining

Kapitel 10 Ultradistanzfahrten

Woche 5–8: Spitzenbelastungsphase

Weiter Fahrten an aufeinanderfolgenden Tagen im wöchentlichen Wechsel mit der Tourausrüstung. Sie können auch Fahrten mit Übernachtung durchführen.

Woche 5

Rad fahren:

Lange Fahrten an zwei aufeinanderfolgenden Tagen: je 4:00–5:00 Stunden Dauer, insgesamt 8:00–10:00 Stunden

Zügige Fahrt in der Wochenmitte: 60–90 Minuten, davon 15–20 Minuten mit wechselnder Intensität

Tempofahrt in der Wochenmitte: 60–90 Minuten (optional)

Aktive Regenerationsfahrt: 20–30 Minuten

Zweite aktive Regenerationsfahrt: 20–30 Minuten (optional)

Gesamtfahrzeit: 9:20–14:00 Stunden

Ergänzendes Training:

Zwei Einheiten Rumpfkräftigungstraining: je 10–20 Minuten

Drei Einheiten Dehnübungen: zu je 10–20 Minuten

Eine Einheit ergänzendes Krafttraining: 20–30 Minuten (optional

Woche 6

Rad fahren:

Tempofahrten an zwei aufeinanderfolgenden Tagen am Wochenende: je 1:30–2:00 Stunden, insgesamt 3:00–4:00 Stunden

Zügige Fahrt in der Wochenmitte: 60–90 Minuten, davon 20–25 Minuten mit wechselnder Intensität

Zweite zügige Fahrt in der Wochenmitte: 60–90 Minuten, davon 15–20 Minuten mit wechselnder Intensität

Aktive Regenerationsfahrt: 20–30 Minuten

Zweite aktive Regenerationsfahrt: 20–30 Minuten (optional)

Gesamtfahrzeit: 5:20–8:00 Stunden

Ergänzendes Training:

Zwei Einheiten Rumpfkräftigungstraining: je 10–20 Minuten

Drei Einheiten Dehnübungen: zu je 10–20 Minuten

Eine Einheit ergänzendes Krafttraining: 20–30 Minuten (optional

Woche 7 – Spitzenbelastung

Rad fahren:

Lange Fahrten an zwei aufeinanderfolgenden Tagen: je 5:00–6:00 Stunden Dauer, insgesamt 10:00–12:00 Stunden

Zügige Fahrt in der Wochenmitte: 60–90 Minuten, davon 15–20 Minuten mit wechselnder Intensität

Tempofahrt in der Wochenmitte: 60–90 Minuten (optional)

Aktive Regenerationsfahrt: 30–40 Minuten

Zweite aktive Regenerationsfahrt: 30–40 Minuten (optional)

Gesamtfahrzeit: 11:30–16:20 Stunden

Ergänzendes Training:

Zwei Einheiten Rumpfkräftigungstraining: je 10–20 Minuten

Drei Einheiten Dehnübungen: zu je 10–20 Minuten

Eine Einheit ergänzendes Krafttraining: 20–30 Minuten (optional

Woche 8 – Tapering

Rad fahren:

Lange Tour: 1:30–2:00 Stunden an einem Wochenendtag

Tempofahrt: 60–90 Minuten am anderen Wochenendtag

Zügige Fahrt in der Wochenmitte: 40–60 Minuten, davon 10–15 Minuten mit wechselnder Intensität

Aktive Regenerationsfahrt: 30–40 Minuten

Zweite aktive Regeneration: 30–40 Minuten (optional)

Gesamtfahrzeit: 3:40–5:50 Stunden

Ergänzendes Training:

Zwei Einheiten Rumpfkräftigungstraining: je 10–20 Minuten

Drei Einheiten Dehnübungen: je 10–20 Minuten

Kein Krafttraining

> **Eventwoche**
>
> **Rad fahren:**
> Lange Fahrt: Tour beginnt am Wochenende
> Tempofahrt in der Wochenmitte: 40–60 Minuten
> Aktive Regenerationsfahrt: 30–40 Minuten
> Aktive Regeneration: 30–40 Minuten
>
> **Ergänzendes Training:**
> Zwei Einheiten Rumpfkräftigungstraining: je 10–20 Minuten
> Drei Einheiten Dehnübungen: je 10–20 Minuten
> Kein Krafttraining

Sicherheit: Rad fahren bei Dunkelheit

Bei längeren Brevets wird auch bei Dunkelheit gefahren. Manche Randonneure investieren viel Zeit und Geld in Beleuchtungssysteme, letztlich ist Fahrtechnik jedoch wichtiger als Leuchtkraft.

→ Fahren Sie wenn möglich auf der Straße, nicht auf dem Seitenstreifen. Durch die Autoreifen sind diese in der Regel relativ sauber. Auf den Seitenstreifen befinden sich meist mehr Scherben und andere Kleinteile, die nachts nicht gut sichtbar sind.

→ Es passiert schnell, dass Sie sich nur noch auf den Lichtkegel Ihrer Vorderleuchte oder auf die Rückleuchte eines anderen Fahrers konzentrieren. Gewöhnen Sie sich an, permanent die gesamte Straße abzusuchen und nach Gegenständen Ausschau zu halten, die vom Mond- oder Sternenlicht und anderen Lichtquellen angeschienen werden.

→ Wenn Sie in einer Gruppe unterwegs sind, sollten Sie Seite an Seite statt hintereinander im Windschatten fahren. Durch eine Unterhaltung bleiben Sie aufmerksam, außerdem wird das sichere Fahren hintereinander bei Nacht durch die schlechtere Sicht und erhöhte Reaktionszeit erschwert.

→ Geschwindigkeit und Leistung sind bei Dunkelheit weniger leicht zu beurteilen. Ohne beleuchtete elektronische Anzeigen haben Sie keinen Zugriff auf die Daten. Lernen Sie, auf Ihren Körper zu hören und fahren Sie nach dem subjektive Belastungsempfinden.

→ Das Risiko, nicht sichtbare Bodenwellen zu überfahren, steigt. Fahren Sie im Stil eines Mountainbikers und lassen Sie den Lenker etwas lockerer, sodass Sie ruppige Passagen überfahren können, ohne zu stürzen.

zugleich Ausdauertrainingseinheit zur Vorbereitung auf das nächste Brevet. Die Ausdauereinheiten zwischen den Brevets dienen der Aufrechterhaltung des Ausdauerniveaus und um sich gezielt auf das Event vorzubereiten. Für dieses Programm nehmen wir an, dass Sie eines der Century- oder 200-km-Programme absolviert haben und innerhalb des vergangenen Monats ein 200-km-Brevet in einer Zeit von 9:00 bis 10:30 Stunden und mit einer entsprechenden Durchschnittsgeschwindigkeit von 19 bis 22 Kilometern pro Stunde einschließlich Pausenzeiten ohne Probleme gefahren sind. Wir gehen auch davon aus, dass die Brevets im Abstand von vier Wochen angesetzt sind, sodass Sie jeweils drei Wochen Zeit zur Erholung und Vorbereitung auf die nächste Fahrt haben, ähnlich wie bei einem Pensum von einem Century pro Monat. Ihr Ziel ist, die Brevetserie komplett zu absolvieren, nicht neue Höchstgeschwindigkeiten zu erzielen.

Der Trainingsplan basiert auf den in Tabelle 10.3 dargestellten Endzeiten einschließlich kurzer Haltezeiten an den Kontrollpunkten. Unterschiede hinsichtlich des Terrains und der Bedingungen wurden berücksichtigt.

Nach dem Prinzip der Individualität können Ihre Brevetzeiten unterschiedlich ausfallen. Ihre Geschwindigkeit kann auf der 400-km-Distanz im Vergleich zu den 300 Kilometern deutlich absinken, weil die 400 Kilometer zum Teil bei Dunkelheit gefahren werden. Die Zeit für die 600 Kilometer beinhaltet keine Schlafpause. Wenn Sie es schaffen, Ihr Training so zu gestalten, dass Sie die 600 Kilometer in etwa 34:00 Stunden einschließlich der Haltezeiten an den Kontrollpunkten fahren können, hätten Sie ausreichend Zeit für eine Schlafpause von 3:00–4:00 Stunden.

Das Training für Brevets setzt die gleichen Trainingskomponenten und -intensitäten, siehe Tabelle 10.2, wie die anderen Programme ein. Das Programm ist so gestaltet, dass die Brevets im Abstand von vier Wochen stattfinden, entsprechend sind die Wochenendtrainingsfahrten gestaltet. Im Einzelnen ist das Programm so gestaltet:

→ Regenerationsfahrt am ersten Wochenende nach dem Brevet: Eine 60- bis 90-minütige Fahrt, um die Akkus wieder aufzuladen. Seien Sie mit Spaß dabei, aber halten Sie die Intensität im niedrigen Bereich in der Zone zur aktiven Regeneration. Wenn Sie über viel Erfahrung verfügen, können Sie eine Ausdauerfahrt von 2:00 bis 3:00 Stunden machen.

→ Ausdauerfahrt am zweiten Wochenende nach dem Brevet: Diese Fahrten von 5:00 bis 10:00 Stunden Dauer erhalten Ihr Ausdauerniveau und sollten sich in der Intensitätszone für die langen Fahrten abspielen. Es kann sein, dass Sie bei Anstiegen mit

TABELLE 10.3 **Vermutete Brevetzielzeiten für die Trainingsserie**

Distanz	Zeit	geschätzte Geschwindigkeit (km/h)	erlaubte Zeit
200 km	9:00 bis 10:30	22 bis 19	13:30
300 km	14:30 bis 16:30	20,5 bis 18	20:00
400 km	21:00 bis 23:30	19 bis 17	27:00
600 km	34:00 bis 37:30	17,5 bis 16	40:00

12-Wochenprogramm für eine Brevetserie

Woche 1 – 200-km-Brevet

Rad fahren:
Lange Fahrt: 200 Kilometer in 9:00–10:30 Stunden
Tempofahrt in der Wochenmitte: 30–40 Minuten
Aktive Regenerationsfahrt: 20–30 Minuten
Aktive Regenerationsfahrt: 20–30 Minuten (optional)
Gesamtfahrzeit: 9:50–12:10 Stunden

Ergänzendes Training:
In der Wochenmitte zwei Einheiten mentales Training: je 20–30 Minuten zur Entspannung und Visualisierung des Brevets
Zwei Einheiten Rumpfkräftigungstraining: je 10–20 Minuten
Drei Einheiten Dehnübungen: je 10–20 Minuten

Woche 2 – Regeneration

Woche 2 – Regeneration
Rad fahren:
Lange Fahrt: 1:00–1:30 Stunden zur Regeneration oder Ausdauerfahrt von 2:00–3:00 Stunden
Tempofahrt in der Wochenmitte: 60–90 Minuten
Aktive Regenerationsfahrt: 20–30 Minuten
Aktive Regenerationsfahrt: 20–30 Minuten (optional)
Gesamtfahrzeit: 2:20–5:30 Stunden

Ergänzendes Training:
In der Wochenmitte zwei Einheiten mentales Training: je 20–30 Minuten zur Analyse des vergangenen und zur Planung des nächsten Brevets
Zwei Einheiten Rumpfkräftigungstraining: je 10–20 Minuten
Drei Einheiten Dehnübungen: je 10–20 Minuten

Woche 3 – Ausdauer

Rad fahren:
Lange Fahrt: Ausdauerfahrt über 5:00–8:00 Stunden, 0,5 bis 1,0 Kilometer pro Stunde schneller als beim 200-km-Brevet in Woche 1

Tempofahrt in der Wochenmitte: 60–90 Minuten
Zügige Fahrt: 60–90 Minuten, davon 20–25 Minuten mit wechselnder Intensität
Aktive Regenerationsfahrt: 40–60 Minuten
Zweite aktive Regenerationsfahrt: 40–60 Minuten (optional)
Gesamtfahrzeit: 7:40–13:00 Stunden

Ergänzendes Training:
In der Wochenmitte zwei Einheiten mentales Training: je 20–30 Minuten, darin Kraftworte üben und Visualisierung des nächsten Brevets
Zwei Einheiten Rumpfkräftigungstraining: je 10–20 Minuten
Drei Einheiten Dehnübungen: je 10–20 Minuten

Woche 4 – Eventvorbereitung und Tapering

Rad fahren:
Lange Fahrt: Vorbereitungsfahrt für das Brevet: 4:00–6:00 Stunden
Tempofahrt in der Wochenmitte: 45–75 Minuten
Zügige Fahrt: 45–75 Minuten, davon 15–20 Minuten mit wechselnder Intensität

Aktive Regenerationsfahrt: 40–60 Minuten
Zweite aktive Regenerationsfahrt: 40–60 Minuten (optional)
Gesamtfahrzeit: 6:10–10:30 Stunden

Ergänzendes Training:
In der Wochenmitte zwei Einheiten mentales Training: je 20–30 Minuten, darin Kraftworte üben und Visualisierung des nächsten Brevets
Zwei Einheiten Rumpfkräftigungstraining: je 10–20 Minuten
Drei Einheiten Dehnübungen: je 10–20 Minuten

Woche 5 – 300-km-Brevet

Rad fahren:
Lange Fahrt: 300 Kilometer in 14:30–16:30 Stunden
Tempofahrt in der Wochenmitte: 30–40 Minuten
Aktive Regenerationsfahrt: 40–60 Minuten
Aktive Regenerationsfahrt: 40–60 Minuten (optional)
Gesamtfahrzeit: 15:40–19:10 Stunden

Ergänzendes Training:
In der Wochenmitte zwei Einheiten mentales Training: je 20–30 Minuten zur Entspannung und Visualisierung des Brevets
Zwei Einheiten Rumpfkräftigungstraining: je 10–20 Minuten
Drei Einheiten Dehnübungen: je 10–20 Minuten

Woche 6 – Regeneration

Rad fahren:
Lange Fahrt: 1:00–1:30 Stunden zur Regeneration oder Ausdauerfahrt von 2:00–3:00 Stunden
Tempofahrt in der Wochenmitte: 60–90 Minuten
Aktive Regenerationsfahrt: 20–30 Minuten
Aktive Regenerationsfahrt: 20–30 Minuten (optional)
Gesamtfahrzeit: 2:20–5:30 Stunden

Ergänzendes Training:
In der Wochenmitte zwei Einheiten mentales Training: je 20–30 Minuten zur Analyse des vergangenen und zur Planung des nächsten Brevets
Zwei Einheiten Rumpfkräftigungstraining: je 10–20 Minuten
Drei Einheiten Dehnübungen: je 10–20 Minuten

Woche 7 – Ausdauer

Rad fahren:
Lange Fahrt: Ausdauerfahrt über 7:00–10:00 Stunden, 0,5 bis 1,0 Kilometer pro Stunde schneller als bei der langen Fahrt in Woche 3
Tempofahrt in der Wochenmitte: 60–90 Minuten
Zügige Fahrt in der Wochenmitte: 60–90 Minuten, davon 15–20 Minuten mit wechselnder Intensität
Aktive Regenerationsfahrt: 40–60 Minuten
Aktive Regenerationsfahrt: 40–60 Minuten (optional)
Gesamtfahrzeit: 9:40–15:00 Stunden

Ergänzendes Training:

In der Wochenmitte zwei Einheiten mentales Training: je 20–30 Minuten, darin Kraftworte üben und Visualisierung des nächsten Brevets

Zwei Einheiten Rumpfkräftigungstraining: je 10–20 Minuten

Drei Einheiten Dehnübungen: je 10–20 Minuten

Woche 8 – Eventvorbereitung und Tapering

Rad fahren:

Lange Fahrt: Vorbereitungsfahrt für das Brevet: 3:00–5:00 Stunden, einschließlich Fahren bei Nacht. Start vor der Morgendämmerung oder Ende der Fahrt am späten Abend, um das Brevet zu simulieren.

Tempofahrt in der Wochenmitte: 60–90 Minuten

Zügige Fahrt in der Wochenmitte: 60–90 Minuten, davon 10–15 Minuten mit wechselnder Intensität

Aktive Regenerationsfahrt: 40–60 Minuten

Aktive Regenerationsfahrt: 40–60 Minuten (optional)

Gesamtfahrzeit: 5:40–10:00 Stunden

Ergänzendes Training:

In der Wochenmitte zwei Einheiten mentales Training: je 20–30 Minuten, darin Kraftworte üben und Visualisierung des nächsten Brevets

Zwei Einheiten Rumpfkräftigungstraining: je 10–20 Minuten

Drei Einheiten Dehnübungen: je 10–20 Minuten

Woche 9 – 400-km-Brevet

Rad fahren:

Lange Fahrt: 400 Kilometer in 21:00–23:30 Stunden

Tempofahrt in der Wochenmitte: 40–60 Minuten

Aktive Regenerationsfahrt: 40–60 Minuten

Aktive Regenerationsfahrt: 40–60 Minuten (optional)

Gesamtfahrzeit: 22:20–26:30 Stunden

Ergänzendes Training:
In der Wochenmitte zwei Einheiten mentales Training: je 20-30 Minuten zur Entspannung und Visualisierung des Brevets
Zwei Einheiten Rumpfkräftigungstraining: je 10-20 Minuten
Drei Einheiten Dehnübungen: je 10-20 Minuten

Woche 10 – Regeneration

Rad fahren:
Lange Fahrt: 1:00-1:30 Stunden zur Regeneration oder Ausdauerfahrt von 2:00-3:00 Stunden
Tempofahrt in der Wochenmitte: 40-60 Minuten
Aktive Regenerationsfahrt: 60-90 Minuten
Aktive Regenerationsfahrt: 40-60 Minuten (optional)
Gesamtfahrzeit: 2:40-6:30 Stunden

Ergänzendes Training:
In der Wochenmitte zwei Einheiten mentales Training: je 20-30 Minuten zur Analyse des vergangenen und zur Planung des nächsten Brevets
Zwei Einheiten Rumpfkräftigungstraining: je 10-20 Minuten
Drei Einheiten Dehnübungen: je 10-20 Minuten

Woche 11 – Ausdauer

Rad fahren:
Lange Fahrt: Ausdauerfahrt über 6:30-10:00 Stunden, 0,5 bis 1,0 Kilometer pro Stunde schneller als bei der langen Fahrt in Woche 7. Wenn Sie sich gut fühlen, können Sie einige Stunden länger oder an zwei aufeinanderfolgenden Tagen fahren. Sie könnten am Samstag eine 200-km-Tour und am Sonntag eine 100-km-Tour fahren. Oder Sie absolvieren eine Trainingsfahrt über Nacht mit Fahrradbeleuchtung.

Tempofahrt in der Wochenmitte: 60-90 Minuten
Zügige Fahrt in der Wochenmitte: 60-90 Minuten, davon 10-15 Minuten mit wechselnder Intensität
Aktive Regenerationsfahrt: 40-60 Minuten
Aktive Regenerationsfahrt: 40-60 Minuten (optional)
Gesamtfahrzeit: 9:10-15:00 Stunden

Ergänzendes Training:

In der Wochenmitte zwei Einheiten mentales Training: je 20–30 Minuten, darin Kraftworte üben und Visualisierung des nächsten Brevets

Zwei Einheiten Rumpfkräftigungstraining: je 10–20 Minuten

Drei Einheiten Dehnübungen: je 10–20 Minuten

Woche 12 – Eventvorbereitung und Tapering

Rad fahren:

Lange Fahrt: Vorbereitungsfahrt für das Brevet: 2:00–4:00 Stunden

Tempofahrt in der Wochenmitte: 60–90 Minuten

Zügige Fahrt in der Wochenmitte: 60–90 Minuten, davon 10–15 Minuten mit wechselnder Intensität

Aktive Regenerationsfahrt: 40–60 Minuten

Aktive Regenerationsfahrt: 40–60 Minuten (optional)

Gesamtfahrzeit: 4:40–9:00 Stunden

Ergänzendes Training:

In der Wochenmitte zwei Einheiten mentales Training: je 20–30 Minuten, darin Kraftworte üben und Visualisierung des nächsten Brevets

Zwei Einheiten Rumpfkräftigungstraining: je 10–20 Minuten

Drei Einheiten Dehnübungen: je 10–20 Minuten

Eventwoche – 600-km-Brevet

Rad fahren:

Lange Fahrt: 600 Kilometer in 34:00–37:30 Stunden, Schlafpausen nicht inbegriffen

Tempofahrt in der Wochenmitte: 40–60 Minuten

Aktive Regenerationsfahrt: 40–60 Minuten

Zweite aktive Regenerationsfahrt: 40–60 Minuten lang (optional)

Gesamtfahrzeit: 35:20–40:30 Stunden

Ergänzendes Training:

In der Wochenmitte zwei Einheiten mentales Training: je 20–30 Minuten zur Entspannung und Visualisierung des Brevets

Zwei Einheiten Rumpfkräftigungstraining: je 10–20 Minuten

Drei Einheiten Dehnübungen: je 10–20 Minuten

etwas höherer Intensität fahren müssen oder dass Sie bei langen Fahrten etwas langsamer werden. Versuchen Sie im Laufe des Programms, alle vier Wochen das Tempo zu erhöhen, sodass Sie in Woche 11, in der Mitte zwischen dem 400-km- und dem 600-km-Brevet, eine Durchschnittsgeschwindigkeit von 22 bis 24 Kilometern pro Stunde einschließlich der Pausenzeiten erreichen. Auf diese Weise bauen Sie Ihre Grundgeschwindigkeit auf, sodass sich Ihre zunehmende Ermüdung nicht so sehr auf die Gesamtgeschwindigkeit auswirkt.

→ Vorbereitungsfahrt am dritten Wochenende nach dem Brevet: Probieren Sie bei diesen kürzeren Ausdauereinheiten das Tempo für das nächste Brevet zu halten und nehmen Sie dabei die gesamte Ausrüstung auf dem Fahrrad mit. Bei Fahrten ab 300 Kilometer Länge nimmt die Ermüdung stetig zu und Sie werden daher das gesamte Brevet nicht so hart wie Ihre normalen Trainingseinheiten fahren können. Sehen Sie sich als Hilfestellung dafür die Tipps in Kapitel 9 an. Nutzen Sie diese Vorbereitungsfahrt, um Ihren Ess- und Trinkrhythmus zu üben, Ihre Pausenzeiten zu planen und zur gründlichen Überprüfung Ihrer Ausrüstung.

Die Ausdauerfahrt am zweiten Wochenende kann flexibel gehandhabt werden. Wenn zwischen den Brevets nur zwei Wochenenden liegen, streichen Sie Woche 2. Wenn Ihnen mehr als drei Wochenenden zur Verfügung stehen, können Sie weitere Ausdauerwochen dazufügen, aber trainieren Sie nicht zu viel! Jede Woche beinhaltet eine Tempofahrt in der Wochenmitte, ein oder zwei Einheiten zur aktiven Regeneration sowie ergänzendes Rumpfkräftigungs- und Beweglichkeitstraining. In manchen Wochen ist eine zügige Fahrt mit wechselnden Intensitäten in der Wochenmitte vorgesehen.

Je länger die Fahrt dauert, desto höher sind die mentalen Anforderungen, daher sollten Sie sich auch darauf gut vorbereiten. Jede Woche enthält zwei 20- bis 30-minütige Einheiten Mentaltraining:

→ Erste Woche – Analyse: Gehen Sie Ihre Fahrt in der Woche nach dem Brevet noch einmal durch. Was hat gut geklappt? Welche Probleme sind aufgetaucht? Was müssen vor dem nächsten Brevet noch ausprobieren und in den Griff bekommen? Entwickeln Sie auf der Grundlage Ihrer Erfahrungen die drei Szenarien für das nächste Brevet.
→ Zweite und dritte Woche – vor der Fahrt: Visualisieren Sie in diesen Wochen das nächste Brevet, wie in Kapitel 7 beschrieben, und arbeiten Sie mit Kraftworten und -bildern.
→ Vierte Woche – entspannen: Wenden Sie in der Woche vor dem Brevet Ihre Entspannungstechniken an, wie sie auch in Kapitel 7 beschrieben werden.

Ausrüstung

Für Ultradistanzfahrten kann es zweckmäßig sein, ein anderes Fahrrad zu fahren und die Ausrüstung anders zu transportieren. Es kann sein, dass Sie mehr Bekleidung benötigen, um für unterschiedliche Wetterbedingungen gewappnet zu sein. Für längere Brevets ist eine Beleuchtung unerlässlich. Sie sollten alle neuen Ausrüstungsgegenstände vor der Tour gründlich im Training testen.

Fahrrad

Welchen Fahrradtyp Sie für Ihre Touren oder Brevets brauchen, hängt von der geplanten Veranstaltungen ab. Wenn Sie an einer organisierten Tour teilnehmen, mit leichtem Gepäck mehrere Tage unterwegs sind oder ein organisiertes Brevet bestreiten, kann Ihnen das Fahrrad, das Sie auch bei kürzeren Events einsetzen, gute Dienste leisten. Bei vielen Brevets und selbst organisierten Touren führen die Strecken jedoch durch Regionen, in denen nicht immer eine Werkstatt in der Nähe ist. Bei diesen Veranstaltungen wird der Faktor Zuverlässigkeit wichtiger als der Faktor High End. Superleichte Komponenten und exquisite Laufräder sind für solche Fahrten nicht die optimale Wahl. Wenn Sie campen möchten, dürfte ein spezielles Tourenrad Ihren Anforderungen entsprechen, solche Räder sind auch für Brevets und Touren mit wenig Gepäck geeignet.

Ein Tourenrad, sozusagen ein Wohnmobil auf zwei Rädern, bringt Sie und Ihre Ausrüstung durch fast jedes Abenteuer. Manche dieser Räder sind für das Fahren auf Straßen ausgelegt, während andere mit robusteren Mountainbikelaufrädern ausgestattet sind, die auch ein Befahren von Straßen in schlechtem Zustand und unbefestigten Wegen ermöglichen. Tourenräder unterscheiden sich in mehreren Punkten von Rennrädern:

→ Robusterer Rahmen: Tourenrahmen sind dafür ausgelegt, viel Ausrüstung zu transportieren – manche Fahrer transportieren 18 Kilogramm Ausrüstung und mehr auf Ihrem Fahrrad – und bestehen in der Regel aus langlebigen Materialien wie Stahl, Aluminium oder Titan, die jahrelanger harter Beanspruchung bei minimalem Wartungsaufwand standhalten.

→ Aufrechte Sitzposition: Bei Tourengeschwindigkeiten spielt der Luftwiderstand eine untergeordnete Rolle, daher bieten diese Rahmen eine aufrechtere, komfortablere Sitzposition, die die Ermüdung in der Sitzposition reduziert und die Sichtbarkeit verbessert.

→ Längere Kettenstreben: Die Kettenstreben, die vom Tretlager bis zu den hinteren Ausfallenden verlaufen, sind bei Tourenrädern länger, sodass sich ein längerer Radstand ergibt, der zu einem stabileren Fahrverhalten führt. Längere Kettenstreben ermöglichen auch mehr Bewegungsfreiheit im Fersenbereich, sodass der Fuß mit der Pedale nicht an die Hinterradpacktaschen anstoßen kann.

→ Mehr Vorlauf: Die Vorwärtsbiegung der Gabel im Bereich des Laufrads trägt zur Absorbierung von straßenbedingten Vibrationen bei und verlängert den Radstand, was mehr Fahrstabilität gibt.

→ Robuste Laufräder: Durch die Beladung mit Gepäck werden die Laufräder stärker belastet. Tourenräder sind in der Regel mit konventionell aufgebauten Laufrädern mit 36 Speichen, die sich unterwegs austauschen lassen, und robusten Naben und Felgen ausgestattet.

→ Schalthebel: Tourenräder verfügen anstelle von kombinierten Brems-/Schalthebeln meist über zuverlässige konventionelle Schalthebel, die am Lenkerende oder Unterrohr montiert sind, oder sie sind mit Mountainbikeschalthebeln ausgestattet, die mit dem Daumen bedient werden. Wenn ein kombinierter Brems-/Schalthebel unterwegs einen Defekt hat, können Sie diesen wahrscheinlich nicht beheben. Die anderen Schalthebeltypen lassen sich

im Reibungsmodus betreiben, wenn der Indizierungsmechanismus versagt, und gerissene Schaltzüge können problemlos ausgetauscht werden.
→ Befestigungsösen am Rahmen: Tourenradrahmen verfügen über Befestigungsvorrichtungen für Vorder- und Hinterradgepäckträger, zusätzliche Flaschenhalter und Schutzbleche.

Je nachdem, ob Sie campen, eine Tour mit Hotelübernachtung oder Brevets fahren werden, können einige oder auch alle der genannten Aspekte für Ihre Zwecke passend sein.

Umbauten am Fahrrad
Wenn Sie Ihr Fahrrad, das Sie bei Centurys fahren, für Touren oder längere Brevets einsetzen möchten, können Sie durch einige Umbauten den Komfort erhöhen. Ihre Fahrradwerkstatt wird Sie über die Vor- und Nachteile der möglichen Optionen und deren Realisierbarkeit beraten.
→ Niedrigere Übersetzungen: Bei höherer Beladung wird das Bergauffahren schwieriger und es ist ratsam, mit niedrigeren Übersetzungen zu fahren, um die Knie nicht übermäßig zu belasten. Auch wenn Sie ohne Gepäck fahren, nimmt die Ermüdung im Verlauf mehrtägiger Touren und Brevets so zu, dass Sie nicht mehr die gleichen Übersetzungen fahren können wie zu Beginn. Ziehen Sie folgende Möglichkeiten in Erwägung:
→ Kompaktkurbelsatz: Diese sind mit kleineren Kettenblättern ausgestattet und ermöglichen niedrigere Übersetzungen bei geringerem Gewicht als eine Kurbel mit Dreifachkettenblatt.
→ Kassette mit größeren Abstufungen: Standardschaltwerke können nur eine begrenzte Maximalabstufung von Zahnkränzen schalten, die üblicherweise 11 oder 12 Zähne bis 25 oder 27 Zähne umfasst. Wenn Sie an Ihrem Fahrrad ein Tourenrad- oder Mountainbikeschaltwerk montieren, können Sie eine Kassette mit einer Abstufung von 12 bis 32 Zähnen oder größer verwenden.
→ Dreifachkettenblätter: Bei einem Wechsel vom Zweifach- auf ein Dreifachkettenblatt steht Ihnen ein Maximum an Übersetzungen zur Verfügung. Weil das Schaltwerk in diesem Fall die Kettenspannung über einen weiteren Übersetzungsbereich konstant halten muss, ist für ein Dreifachkettenblatt ein Tourenrad- oder Mountainbikeschaltwerk erforderlich.
→ Breitere Reifen: Im Freizeitbereich werden meist 20 bis 25 Millimeter breite Reifen benutzt. Breitere Reifen mit 28 bis 32 Millimetern können mehr Gewicht bewältigen und bieten bessere Dämpfungseigenschaften, insbesondere auf schlechten Straßen. Manche Reifen sind auch mit einem Durchstichschutz an der Lauffläche ausgestattet. Zwar ist kein Reifen unverwundbar, aber ein Durchstichschutz reduziert die Häufigkeit von Reifenpannen, sofern der Reifen mit dem richtigen Druck aufgepumpt und regelmäßig inspiziert wird.
→ Schutzbleche: Sie halten das Wasser von Ihnen und anderen Fahrern ab und machen das Fahren bei Nässe erträglicher. Darüber hinaus schützen sie das Fahrrad, insbesondere den Antrieb und den Steuersatz, vor Spritzwasser und Splitt. Tourenradrahmen haben Befestigungsvorrichtun-

gen für Schutzbleche, die die Laufräder vollständig abschirmen und den größtmöglichen Schutz bieten. Bei Rennradrahmen besteht die Möglichkeit, kleine Schutzbleche, die einen gewissen Schutz bieten, mit Clipverschluss an das Sattelrohr anzubringen. Wenn Sie regelmäßig bei Regen in der Gruppe fahren, ist es zweckmäßig, einen Schmutzfänger am unteren Abschluss des hinteren Schutzblechs anzubringen. Befestigen Sie mit Klebeband ein Stück Karton oder Plastik und tauschen Sie es bei Bedarf aus. Wenn Sie Schutzbleche montieren, sollten Sie das Wechseln der Laufräder üben, denn Schutzbleche, die nah am Reifen montiert sind, erschweren das Einsetzen der Laufräder, das gilt besonders für das Hinterrad, wenn ein Gepäckträger montiert ist.

Gepäckträger

Wenn Sie längere Touren oder Brevets fahren, müssen Sie mehr Ausrüstung mitführen. Auch bei organisierten Veranstaltungen werden Sie mehr Proviant, Kleidung und sonstige Gegenstände dabei haben, die Ihre Fahrt komfortabler machen. Schauen Sie sich noch einmal die einfachen Methoden zum Transport zusätzlicher Ausrüstung aus Kapitel 9 an. Bei selbst organisierten Campingtouren müssen Sie Ihre gesamte Ausrüstung transportieren, und zwar entweder mit Packtaschen, siehe Abbildung 10.1, oder einem Anhänger:

→ Packtaschen: Packtaschen sind paarweise angeordnete Taschen, die an Trägern über den Laufrädern hängen. Die größeren verfügen über zusätzliche Fächer und werden über dem Hinterrad montiert. Die kleineren sind für das Vorderrad bestimmt. Bei

ABBILDUNG 10.1 Fachgerecht beladenes Tourenrad mit Lenkertasche sowie Packtaschen vorn und hinten

Veranstaltungen, bei denen wenig Ausrüstung transportiert werden muss, zum Beispiel bei längeren Brevets, können die kleineren vorderen Packtaschen auch am Hinterradgepäckträger befestigt werden. Bei einem schwer beladenen Fahrrad ändert sich das Fahrverhalten merklich, daher bevorzugen manche Fahrer Anhänger.

→ Anhänger: Ein Anhänger wird mit einem Schnellspanner hinter dem Fahrrad befestigt und kann eine Menge an Ausrüstung transportieren. Der Schwerpunkt bleibt hier niedrig und das Fahrrad selbst wird nicht mit zusätzlichem Gewicht belastet, was sich günstig auf das Fahrverhalten auswirkt. Ein Anhänger kann auch mit Fahrrädern verwendet werden, die nicht über Befestigungsvorrichtungen für Gepäckträger verfügen. Für mehrtägige Touren abseits befestigter Straßen ist ein Anhänger eine gute Wahl, da die meisten Mountainbikefederungssysteme keine Gepäckträgermontage zulassen. Im Alltag verwandelt ein Anhänger Ihr Fahrrad in einen Transporter für Ihre Einkäufe und sonstige Lasten, wodurch Besorgungsfahrten zu einem Kinderspiel werden. Wenn Sie die Anschaffung eines Anhängers in Erwägung ziehen, informieren Sie sich gründlich über die erhältlichen Ausführungen und testen Sie sie vor Ort, denn ein Anhänger wirkt sich merklich auf das Fahrverhalten aus.

Welches Transportsystem Sie auch wählen, denken Sie daran, dass es leicht dazu verführen kann, zu viel mitzunehmen. Auch wenn noch Platz übrig ist – nehmen Sie nichts mit, was nicht wirklich notwendig ist. Wenn Sie erstmal ein paar Tage lang mit Beladung gefahren sind, werden Sie dankbar sein, dass Sie nicht zu überladen sind.

Wenn Sie mit Packtaschen fahren, achten Sie auf eine gleichmäßige Lastverteilung auf beiden Räder für ein gutes Fahrverhalten und vermeiden Sie eine einseitige Belastung des Hinterrads. Mit wie viel Gewicht das Vorderrad belastet werden kann, ohne dass Sie Abstriche machen müssen, was Fahrstabilität und Steuerung betrifft, hängt vom Vorlauf ab – je größer die Neigung ist, desto mehr kann das Fahrrad vorn belastet werden. Wenn Sie das Gewicht relativ weit unten anbringen, indem Sie Packtaschen statt einer Gepäckträgertasche oder einer Lenkertasche verwenden, liegt der Schwerpunkt niedrig.

Ob Sie nun Packtaschen oder einen Anhänger verwenden – experimentieren Sie bei Ihren Trainingsfahrten, bis Sie ein Beladungssystem gefunden haben, mit dem Sie Ihre Ausrüstung gut organsiert unterbringen und das alle Gegenstände gut während der Fahrt schützt. Verteilen Sie wie bei Ihren kürzeren Fahrten die Gegenstände, die Sie am Tag griffbereit haben müssen, wie Proviant, Karten, Sonnenschutz, Kamera auf Ihre Trikottaschen, die Lenkertasche, die Rahmentasche und Ihren Trinkrucksack. Packen Sie die schwersten Gegenstände wie das Zelt oder Kochgeschirr nach unten, damit andere Gegenstände nicht in Mitleidenschaft gezogen werden und das Fahrverhalten des Fahrrads nicht beeinträchtigt wird. Schützen Sie Ihre Ausrüstung mithilfe von Plastiktüten, nicht durchsichtige Taschen sollten Sie beschriften. Entwickeln Sie ein System und behalten Sie dieses bei. Sie sollten genau wissen, wo und wie Sie jeden mitgeführten Gegenstand verstauen. Je mehr

Sie sich dies zur Gewohnheit machen, desto weniger Zeit werden Sie mit der Suche nach bestimmten Teilen vergeuden, was besonders bei Brevets wichtig ist, und desto weniger wahrscheinlich wird es, dass Sie etwas vergessen. Eine Packliste für Touren finden Sie unter http://tinyurl.com/49ha5wb.

Bekleidung

Bei einer langen Tour oder einem Brevet sollten Sie für alle Wetterbedingungen gewappnet sein: Sonne, Wind, Regen und – bei Fahrten durch bergiges Terrain – auch Schnee. Hochwertige Regenbekleidung mit Jacke und Hose, Handschuhe und Überschuhe, eine feuchtigkeitsableitende Schicht, eine Isolierschicht und winddichte Materialien sorgen dafür, dass Ihnen auch bei widrigem Wetter nicht der Spaß am Radfahren vergeht. Entscheidend ist das Schichtenprinzip, mit dem Sie die Kleidung an wechselnde Wetterbedingungen anpassen können.

→ Oberkörper: Für eine Wochenendtour oder ein längeres Brevet dürften zwei feuchtigkeitsableitende Unterhemden, ein Trikot, eventuell eine Thermoweste oder ein dickeres Trikot und eine Wind- oder Regenjacke ausreichen. Bei längeren Veranstaltungen steigt die Wahrscheinlichkeit, nass zu werden, und es ist ein gutes Gefühl, wenn man ein nasses Unterhemd gegen ein trockenes tauschen kann. Alternativ können Sie ein Unterhemd und Trikot aus Wolle tragen, diese wärmen auch noch in nassem Zustand und sind besonders für längere Brevets gut geeignet.

→ Beine: Ihre Beine brauchen auf einer einwöchigen Tour oder bei längeren Brevets mehr Schutz als bei kurzen Fahrten. Beinlinge oder lange Tights sind besser geeignet als Knielinge, eine Regen- oder Windschutzhose sollte man auf jeden fall dabeihaben.

→ Hände und Füße: Als Minimalausstattung sollten Sie eine dünne Sturmhaube, Unterziehhandschuhe, Überschuhe und eine Duschhaube mitnehmen. Windabweisende Radhandschuhe und Unterziehhandschuhe oder Handschuhe mit langen Fingern halten die Hände warm. Dreifingerhandschuhe, bei denen Zeige- und Mittelfinger sowie Mittelfinger und kleiner Finger in zwei getrennten Fächern untergebracht sind, halten wärmer als konventionelle Fingerhandschuhe. Für die Füße eignen sich Überschuhe, die über den gesamten Schuh und bis über die Knöchel reichen. Aerodynamische und sehr enge Modelle für Rennradfahrer sind jedoch weniger geeignet, weil diese die Blutzirkulation beeinträchtigen. Als Wärmespender für Hände und Füße bei extrem kaltem Wetter bieten sich kleine Pakete an, die auf chemischem Weg Wärme erzeugen. Diese können bis über 38 Grad Celsius heiß werden, daher sollten sie zur Vermeidung von Verbrennungen nicht in direkten Kontakt mit der Haut kommen.

Die Kleidung zum Schutz von Oberkörper, Beinen und Händen und Füßen sollte leicht zugänglich sein, auch wenn Kälte oder Regen wenig wahrscheinlich sind. Wenn Sie in kaltem oder nassem Klima fahren, halten Sie Ihre trockene Alltagskleidung griffbereit, damit Sie die nasse Fahrradkleidung schnell ausziehen können.

Sicherheit: Fahren auf nassen Straßen

Auch wenn es in Ihrer Region selten regnet, kann es sein, dass Sie bei Regen fahren müssen, besonders wenn Sie an längeren Veranstaltungen teilnehmen. Diese Tipps helfen Ihnen, sicher zu fahren:

→ Sichtbarkeit: Regen und Nebel führen dazu, dass Sie für Autofahrer schlecht zu sehen sind, tragen Sie also unbedingt helle, gut sichtbare Bekleidung. Bedenken Sie auch, dass Ihre eigene Sicht sich bei nassen Wetterbedingungen verschlechtert.

→ Augen: Eine Radbrille mit farblosen oder gelben Gläsern schützt Ihre Augen.

→ Bremsweg: Auch bei den besten Bremsen beeinflusst Wasser die Bremswirkung. Bremsen Sie frühzeitig. Ziehen Sie die Bremse zunächst leicht an, um das Oberflächenwasser von den Felgen abzustreifen und bremsen Sie anschließend kräftiger.

→ Traktion: Aus ähnlichen Gründen haften die Reifen in nassem Zustand weniger gut. Bei scharfen Bremsvorgängen steigt die Wahrscheinlichkeit, ins Rutschen oder Schleudern zu kommen.

→ Vorausschauend fahren: Schlechtere Sicht, längere Bremswege und weniger Traktion bedeuten, dass es umso wichtiger ist, den Verkehr und mögliche Hindernisse im Auge zu behalten.

→ Kurvenfahren: Im vorherigen Kapitel haben wir empfohlen, das Fahrrad beim Kurvenfahren zu neigen, was bei trockenen Straßen sehr gut funktioniert. Bei nassen Straßen sollten Sie den Körper in die Kurve neigen, das Fahrrad aber eher aufrecht halten.

→ Rollsplitt und Scherbe: Auf nassen Straßen sind Rollsplitt und Scherben schlechter zu sehen und haften leichter an den Reifen an. Säubern Sie die Reifen regelmäßig mit dem Radhandschuh, um das Risiko von Reifenpannen zu vermindern.

→ Wassergefüllte Schlaglöcher: Umfahren Sie mit Wasser gefüllte Schlaglöcher wenn möglich, denn Sie können nicht abschätzen, wie tief diese sind, wie der Grund beschaffen ist und wie scharf die Kanten sind.

→ Halten Sie sich warm und trocken: Wenn es Sie ohne Regenkleidung erwischt, müssen Sie improvisieren! Ein großer Müllbeutel mit Löchern für Arme und Hals schützt Ihren Oberkörper. Kleine Plastikbeutel, die Sie über den Socken, aber in den Schuhen tragen, halten Ihre Füße trocken. Sie können diese Beutel mit Klebeband oder Gummibändern befestigen, sodass sie nicht in die Kette geraten können. Mit extra großen Gummihandschuhen, die Sie über Ihren Radhandschuhen tragen, halten Sie die Hände trocken.

Beleuchtung

Fragen Sie zehn Randonneure oder Tourenfahrer, welches für Sie das beste Beleuchtungssystem ist, und Sie werden zehn unterschiedliche Antworten bekommen. Als Einstieg eignen sich einfache Leuchten zur Befestigung an Lenker und Sitzstreben. Diese Ausstattung können Sie durch Zusatzleuchten, leistungsfähigere Lampen oder auch einen Nabendynamo am Vorderrad, der Elektrizität für die Lampen erzeugt, und eine Helmlampe ergänzen. Besorgen Sie sich ein gutes Beleuchtungssystem, auch wenn Sie keine Fahrten bei Dunkelheit planen. Bei schlechtem Wetter haben Sie so eine bessere Sicht und Sie werden auch von anderen Verkehrsteilnehmern besser erkannt. Auf einer Tour sind Sie vielleicht gezwungen, später am Abend zu fahren, um einen bestimmten Campingplatz zu erreichen oder Sie müssen in der Dämmerung noch eine Besorgungsfahrt machen. Eine batteriebetriebene Lenkerleuchte oder Helmlampe leistet auch abends beim Camping gute Dienste. Bei längeren Brevets und auch für abendliches Training ist eine Beleuchtung unverzichtbar. Sparen Sie dabei nicht am falschen Ende.

In Deutschland gibt es rechtliche Vorgaben zur Fahrradbeleuchtung. Gesetzlich vorgeschrieben sind ein weißer Frontscheinwerfer, ein rotes Rücklicht und ein Dynamo als Stromquelle, außerdem Reflektorstreifen oder gelbe Speichenreflektoren. Mehr Informationen daszu finden Sie unter http://www.adfc.de/verkehr-recht/recht/regeln-fuer-radfahrer/richtige-ausstattung/technische-ausstattung. Überprüfen Sie, welche verkehrsrechtlichen Vorschriften für die jeweilige Region gelten, in der Sie Ihre Tour fahren wollen. Für bestimmte Sportverbände und Veranstaltungen kön-

TABELLE 10.4 Vor- und Nachteile von Batterie- und Dynamobeleuchtungen

Vorteile von Dynamos	Nachteile von Dynamos
Erzeugen im Allgemeinen mehr Licht als Batterieleuchten, sofern nicht sehr schwere Batterien verwendet werden.	Niedrige Lichtleistung bei geringen Geschwindigkeiten, zum Beispiel bei Anstiegen, vermindert Sichtbarkeit des Radfahrers für motorisierte Verkehrsteilnehmer.
Lichtleistung steigt mit der Geschwindigkeit.	Funktioniert nur beim Fahren, beim Halten keine Sichtbarkeit.
Keine Batterien erforderlich, Ersatzbaterrien mitnehmen nicht erforderlich.	Vordere Lampe kann nicht eingesetzt werden, um Reparaturarbeiten zu beleuchten.
	Dynamos erzeugen Widerstand, was sich besonders bei langsamen Geschwindigkeiten auswirkt.*
Vorteile von Batterielampen	**Nachteile von Batterielampen**
Vordere und hintere Leuchten funktionieren auch bei langsamer Fahrt und beim Halten.	Bei höheren Geschwindigkeiten nicht so hell wie Dynamolampen.
Meist leichter.	Ersatzbatterien müssen mitgenommen werden, vor allem, wenn es unterwegs schwierig wird, Ersatz zu besorgen.
Kann zur Beleuchtung bei Reparaturen und beim Camping eingesetzt werden.	

*Beim Fahren mit 10 Kilometern pro Stunde verlangsamt Sie ein Nabendynamo um rund 1,6 Kilometer pro Stunde. Beim Fahren mit 24 Kilometern pro Stunde verlangsamt Sie ein Nabendynamo um rund 0,9 Kilometer pro Stunde.

nen darüber hinaus weitere Regelungen gelten. Bedenken Sie die Vor- und Nachteile dynamo- und batteriebetriebener Beleuchtungssysteme, die wir in Tabelle 10.4 aufzeigen. Weitere Information über Dynamos finden Sie darüber hinaus im Anhang.

Bedenken Sie bei der Vielzahl von Beleuchtungssystemangeboten folgende Faktoren:

Lichtleistung: Ein Vorder- und Rücklicht, das den gesetzlichen Anforderungen entspricht, entspricht auch dem Brevetreglement, ein noch leistungsfähigeres Vorderlicht ermöglicht Ihnen jedoch, noch besser zu sehen und damit vorausschauend zu fahren und für andere Verkehrsteilnehmer besser gesehen zu werden. Mit zwei Vorderleuchten erhöhen Sie Ihre Sichtbarkeit noch weiter, eine wird dabei weiter nach vorn gerichtet und fungiert als Fernlicht, wenn Sie schnell unterwegs sind.

Zuverlässigkeit: Überprüfen Sie vor dem Kauf unbedingt die Zuverlässigkeit der Leuchten. Sprechen Sie mit anderen Fahrern, informieren Sie sich im Internet und sehen Sie sich das Angebot in den Fachgeschäften an.

Tief montierte Vorderleuchten: Mit einer Leuchte, die an der Gabelkrone oder in der Nähe der Vorderradnabe montiert ist, lässt sich die Straßenoberfläche leichter beobachten als mit einer Leuchte, die am Lenker oder am Helm montiert ist.

Zusatzleuchten: Wenn der Umwerfer oder das Schaltwerk einen Defekt haben oder ein Laufrad nicht mehr rund läuft, können Sie die Fahrt noch fortsetzen, aber wenn die Beleuchtung versagt, ist die Fahrt vorbei. Bei Brevets ist es nicht gestattet, bei Dunkelheit oder schlechter Sicht ohne funktionierende, am Fahrrad montierte Beleuchtung zu fahren. Ein zusätzliches Vorder- und Rücklicht verdoppelt die Sichtbarkeit und kann bei einem Defekt als Ersatz dienen, sie bedeuten jedoch zusätzliches Gewicht. Sie können auch eine besonders leichte zusätzliche Vorderleuchte als Ersatz mitnehmen.

Helmleuchte: Mit einer Helmleuchte können Sie Straßenschilder, Streckenzettel und elektronische Anzeigen besser lesen und benötigen keine Taschenlampe, wenn Sie Arbeiten am Fahrrad durchführen oder Ihre Packtaschen durchsuchen. Achten Sie darauf, dass die Stabilität des Helms nicht durch die Montage beeinträchtigt wird und dass von der Lampe kein Verletzungsrisiko bei Stürzen ausgeht. Helmleuchten ergänzen darüber hinaus Ihr Beleuchtungssystem und tragen dazu bei, dass andere Verkehrsteilnehmer Sie besser sehen. Sie sollten jedoch mit Umsicht und nur als Ergänzung eingesetzt werden, da sie möglicherweise andere Fahrer ablenken oder sogar blenden können. Auch mit einer Helmleuchte sind Sie gesetzlich zu einer am Fahrrad montierten Beleuchtung verpflichtet. Ähnliches gilt für Brevets, wo Helmleuchten zugelassen sind, zusätzlich Beleuchtung aber vorgeschrieben ist.

Ersatzbatterien und -lampen: Bei sinkender Batterieleistung verringert sich auch die Lichtleistung. Das Licht kann dabei so schwach werden, dass Brevetkontrolleure Ihnen die Weiterfahrt nicht gestatten. Standardbatterien in den Größen AAA, AA oder C sind in Lebensmittelgeschäften, an Tankstellen sowie an Kontrollpunkten erhältlich. Wenn Sie andere Batteriegrößen verwenden, sollten Sie entsprechenden Ersatz mitnehmen. Da es eine Vielzahl von Glühlampenmodellen gibt, sollten Sie auf jeden Fall Ersatzlampen mitnehmen, auch wenn Sie keine zusätzlichen Batterien benötigen.

Coach Johns Beleuchtungssystem

Seit über 30 Jahren genießt John das Fahren bei Nacht. Seine Ausrüstung hat sich im Laufe der Zeit mit dem technischen Fortschritt geändert und er vertraut jetzt auf diese Komponenten:

→ Ein Vorderradnabendynamo für zwei Vorderlichter, wovon eines als Fernlicht ausgerichtet ist und bei Bedarf eingeschaltet wird.
→ Falls der Dynamo mal ausfällt, hat John eine kleine Batterieleuchte am Lenker, die mit AA-Batterien betrieben wird.
→ Eine Bergsteigerlampe auf dem Helm mit separatem Batteriepaket und einer Leitung, die lang genug ist, um die Batterien in einer Trikottasche unterzubringen, damit nicht zu viel Gewicht auf dem Kopf lastet. Diese Leuchte wird wie die Lenkerleuchte mit AA-Batterien betrieben.
→ Zwei Rückleuchten an den Sitzstreben, die mit Batterien vom Typ AAA betrieben werden und auf Blink- oder Dauerbetrieb eingestellt werden können.
→ Reflektierende Klettbänder an den Knöcheln und ein reflektierendes Dreieck, das an der Satteltasche oder am Trinkrucksack hängt.
→ Reflektierendes rotes Klebeband an allen vier Seiten des Helms.
→ Reflektierendes rotes Klebeband an den Kurbelarmen und links und rechts sowie an der Rückseite der Sitzstreben.
→ Reflektierendes weißes Klebeband rechts und links und an der Vorderseite der Gabel.
→ Reflektierendes rotes Klebeband an Speichenkreuzungen.

Akkus: Viele Geräte sind mit Akkus ausgestattet. Allgemein gilt, je heller das Licht, desto schwerer die Batterie und desto kürzer die Brenndauer, bis eine Wiederaufladung erforderlich ist. Für die Freizeit oder die Fahrten zum Arbeitsplatz nutzen viele Radler oft hell leuchtende, wiederaufladbare Leuchten, die meist nur eine bis sechs Stunden leuchten. Diese Modelle sind für Touren und längere Brevets ungeeignet.

Justieren Sie Ihr Rücklicht: Wenn Sie das Rücklicht parallel zu den Sitzstreben montieren, leuchtet es möglicherweise in den Himmel! Wenn Sie es an die Satteltasche hängen, kann es auf den Boden leuchten. Werden Sie tatsächlich von Autofahrern gesehen?

Blinkendes Rücklicht: Solche Leuchten sind möglicherweise für Autofahrer besser sichtbar, können jedoch andere Teilnehmer stören. Vergewissern Sie sich, ob diese Leuchten in Ihrem Land gesetzlich zulässig sind und verwenden Sie sie mit Umsicht. Bei Brevets muss mindestens ein Rücklicht permanent leuchten.

Bringen Sie sich zum Leuchten: Verwenden Sie reflektierendes Klebeband, tragen Sie reflektierende Bekleidung und bringen Sie Reflektoren an Ihrem Fahrrad an. Reflektierende Materialien sind am wirksamsten überall dort, wo Bewegung im Spiel ist – an Laufrädern, Speichen, Kurbeln, den Knöcheln und im Fersenbereich der Schuhe. Bei Brevets ist eine reflektierende Weste oder Schärpe vorgeschrieben.

Bei Dunkelheit können Sie nie hell genug sein – leuchten Sie wie ein Weihnachtsbaum!

Ernährung

Im Rahmen der kürzeren Touren und der langen Trainingsfahrten haben Sie Ihr persönliches Ernährungskonzept perfektioniert. Denken Sie daran, bei Ihren großen Radevents nichts Neues auszuprobieren. Testen Sie Ihre Verpflegung vorher. Erkundigen Sie sich bei den Organisatoren, ob Verpflegung angeboten wird, wenn ja, finden Sie heraus, was für Speisen und Getränke an den Verpflegungsstationen, den Kontrollpunkten und den gemeinsamen Mahlzeiten angeboten werden. Überprüfen Sie bei selbst organisierten Brevets oder mehrtägigen Touren, ob es genügend Läden entlang der Strecke gibt, wo Sie einkaufen können, und planen Sie entsprechend.

Beginnen Sie drei oder vier Tage vor großen Touren, den Anteil von Kohlenhydraten beim Essen zu erhöhen und den Anteil von Fett zu reduzieren. Füllen Sie wie in Kapitel 7 beschrieben Ihre Glykogenspeicher auf, indem Sie 70 bis 75 Prozent Ihrer Gesamtkalorienaufnahme aus Kohlenhydraten, 15 bis 20 Prozent aus Fett und die verbleibenden 10 Prozent aus Eiweiß beziehen.

Letzte Vorbereitungen

Im Vorfeld der Tour sollten Sie noch mal alle Aspekte, die für die Fahrt wichtig sind, durchgehen, um Sicherheit zu gewinnen und kurzfristig auftretende Probleme zu klären.

Trainieren Sie mit dem geplanten Gewicht, denn ein mit Ausrüstung beladenes Fahrrad fährt sich anders. Das Fahrverhalten beim Klettern, im Wiegetritt, beim Bremsen, Kurven fahren und Abfahren ist anders, also beladen Sie Ihre Packtaschen oder Ihren Anhänger für die Trainingsfahrten und gewöhnen Sie sich an das veränderte Fahrverhalten.

Fahren Sie bei Dunkelheit, um sich auf ein langes Brevet vorzubereiten. Rad fahren bei Nacht kann sehr friedlich sein, wenn Mond und Sterne scheinen und wenig Autos unterwegs sind, erfordert jedoch einige Übung. Um zu testen, wie gut Ihre Beleuchtung funktioniert und wie gut Sie bei Nacht sehen und sich orientieren können, sollten Sie einen Teil Ihrer Trainingsfahrten so planen, dass Sie die Fahrt entweder bei Dunkelheit beginnen oder beenden. Diese Fahrten können Sie anfangs auf Straßen durchführen, die in Ihrer Nähe liegen und Ihnen gut bekannt sind, damit Sie es bei Problemen nicht weit haben.

Üben Sie Reparaturen bei Dunkelheit. Weil die Sicht eingeschränkt ist, werden platte Reifen durch übersehene Glasscherben wahrscheinlicher. Setzen Sie sich einmal abends in den Garten und üben Sie, im Schein Ihrer Fahrradleuchte oder Helmleuchte einen Schlauch zu flicken.

Simulieren Sie Ihre Veranstaltung jeweils im Rahmen der Wochenendfahrten, die Bestandteil der Trainingsprogramme sind. Üben Sie bei diesen Gelegenheiten, das richtige Tempo zu finden, ausreichend zu essen und zu trinken und die Pausen zu planen. Widerstehen Sie der Versuchung, eine Trainingsfahrt wegen schlechten Wetters zu verschieben. Nutzen Sie stattdessen die Gelegenheit, um Ihre Ausrüstung zu testen. Sofern das Wetter nicht ausdrücklich gefährlich ist, werden Veranstaltungen meist wie geplant durchgeführt.

Zwei Wochen vor dem Beginn einer Veranstaltung sollten Sie entweder selbst Ihr Fahrrad einer Inspektion unterziehen oder dies von einer Werkstatt erledigen lassen, damit Sie sicher sein können, dass alles richtig funktioniert. Wenn Sie eine Werkstatt damit beauftragen, teilen Sie mit, welche Veranstaltung sie fahren wollen. Was genau Sie am Fahrrad überprüfen sollten, finden Sie im Kapitel 7 in Tabelle 7.1 oder online unter http://tinyurl.com/49ha5wb.

Auf der Tour

Als sie vor Jahren für Paris–Brest–Paris trainierten, machten John und sein Freund Warren die Entdeckung, dass es einen guten Grund gab, wenn einer von ihnen nicht so gut gelaunt war: Er hatte dann einfach zu wenig gegessen! So entwickelten Sie sich nach und nach zu kompletten Radsportlern.

Randonneure, die ihr Training, ihre Ausrüstung und ihre Fahrtechnik sehr gut kennen und beherrschen, machen die Erfahrung, dass Ernährung und mentale Fähigkeiten immer mehr Einfluss darauf haben, eine Tour erfolgreich und mit Spaß zu bewältigen.

Ernährung

Essen Sie am Morgen des Events mindestens eine Stunde vor dem Start das gleiche Frühstück wie Sie es von Ihren wöchentlichen langen Fahrten kennen, auch, wenn Sie nervös sind. Vermeiden Sie einen Start mit leerem Magen, denn es ist sehr schwierig, die fehlende Kalorienzufuhr wieder wettzumachen.

Beginnen Sie dann bereits in der ersten Stunde nach dem Start, etwas zu essen. Wir empfehlen den Konsum von gemischten Kohlenhydraten in einer Menge von 240 bis 360 Kalorien pro Stunde und zusätzlich etwas Eiweiß und Fett. Wenn Sie die geplante Menge nicht zu sich nehmen, können Sie im späteren Tagesverlauf Probleme bekommen. Nutzen Sie bei Bedarf die Weckfunktion Ihrer Uhr. Bleiben Sie während der Fahrt und an den Verpflegungsstationen bei Speisen, die Sie kennen und vertragen. Frisch gebackene Kekse, Kuchen und andere Leckereien mögen verlockend sein, aber wenn Ihr Körper nicht daran gewöhnt ist, können Sie Probleme mit der Verdauung bekommen. Trinken Sie ausreichend, um den Durst zu stillen, aber trinken Sie nicht zu viel. Achten Sie auf Warnzeichen, die auf Wassereinlagerung im Gewebe hinweisen. Befolgen Sie die gleiche Ernährungsroutine, die Sie auch bei den langen Fahrten praktiziert haben, wenn diese im Training funktioniert hat, wird sie es wahrscheinlich auch bei der Veranstaltung tun. Wenn Sie jedoch auf bestimmte Speisen keinen Appetit mehr haben oder Ihr Magen gereizt reagiert, suchen Sie nach Alternativen. Denken Sie daran, dass sie einen hohen Kohlenhydratanteil bevorzugen, denn Speisen mit einem hohen Anteil an Fett und Eiweiß mögen zwar schmackhaft sein, sind jedoch weniger leicht verdaulich.

Gehen Sie in den ersten Stunden eines Brevets nachlässig mit Ihrer Ernährung um, werden Sie im späteren Verlauf erhebliche Probleme bekommen und unter Umständen nicht bis zu Ende fahren können. Wenn Sie innerhalb der ersten Tage einer Tour nicht auf Ihre tägliche Kalorienzufuhr achten, kann sich ein chronischer Glykogenmangel aufbauen, der Ihnen die Fortsetzung der Tour stark erschweren wird. Bei Brevets oder längeren Touren verbringen Sie viele Stunden oder Tage im Sattel. Für diese Leistung müssen Sie sich eine gute Grundlage durch eine solide, tägliche Ernährung auf dem Rad und danach schaffen. Denken Sie daran, dass in einem Zeitraum von 24 Stunden die Kalorienaufnahme gleich dem Kalorienverbrauch sein sollte.

Coach Johns 24-Stunden-Ernährung

Vor einer Tour, einem Brevet oder einer anderen langen Veranstaltung arbeite ich die drei Strategien für einen guten Tag, einen hervorragenden Tag und einen, an dem man kämpfen muss, aus. Das Szenario für den guten Tag sagt mir, wie lange die Fahrt ungefähr dauern wird und ich kann daraus meine Pausenzeiten bestimmen. Anschließend berechne ich meinen Kalorienbedarf ausgehend von meinem Körpergewicht von 86 Kilogramm:

Bei einer mehrtägigen organisierten Tour fahre ich täglich sechs Stunden mit 24 Kilometern pro Stunde und verbrenne dabei etwa 10 Kalorien pro Kilogramm Gewicht und Stunde, die Abende verbringe ich mit Ausruhen, Essen und Schlafen.

Grundumsatz (GU)	86 kg × 22	1.900 Kalorien
Leichte Alltagsaktivitäten	30 % des GU	600 Kalorien
6 Stunden Rad fahren bei 24 km/h	86 kg × 10 × 6 h	5.100 Kalorien
	Gesamt	7.600 Kalorien

Planungen für 400-km-Brevets und längere Distanzen:
→ 400-km-Finish in 20:30 Stunden, 600-Kilometer-Finish in 36:00 Stunden
→ Durchschnittsgeschwindigkeit 21,5 Kilometer pro Stunde, dabei Verbrennung von acht Kalorien pro Kilogramm und Stunde
→ Alle zwei Stunden an Lebensmittelläden halten zur schnellen Versorgung, alle vier Stunden an Kontrollpunkt halten, pro 24 Stunden zwei Stunden Gesamtpausenzeit
→ Für Brevets über 600 Kilometer und länger zusätzliche 4:30 Stunden Haltezeit pro 24 Stunden für Schlafpause, macht drei Stunden effektive Schlafzeit

Grundumsatz	86 kg × 22	1.900 Kalorien
Sehr leichte Alltagsaktivitäten (fast immer Rad fahren)	10 % des GU	200 Kalorien
Während der ersten 24 Stunden eines 600-km-Brevets, 17,5 h Fahrt bei 21,5 km/h	86 kg × 8 × 17,5 h	12.300 Kalorien
	Gesamt	14.400 Kalorien

Manche vertreten die Auffassung, der menschliche Körper könne maximal 300 Kalorien pro Stunde verarbeiten, neue Forschungen haben jedoch gezeigt, dass man bis zu 360 Kalorien aus Kohlenhydraten pro Stunde verdauen kann, wenn die Kohlenhydrate in einem günstigen Mischungsverhältnis vorliegen, zum Beispiel als Glukose und Fruktose, wie Jeukendrup 2010 in einer Studie zeigen konnte. Ich selbst habe bei der Teilnahme am RAAM bis zu 500 Kalorien pro Stunde einschließlich Eiweiß und Fett konsumiert und andere RAAM-Fahrer als Coach betreut, die ebenso viel gegessen haben. Bei langen Fahrten können Sie Ihren Körper daran gewöhnen, mehr Nahrung pro Stunde zu verarbeiten, vor allem, wenn Sie in jeder Stunde regelmäßig kleine Mengen essen. Ich gehe bei meinen Ernährungsplänen davon aus, dass ich 350 bis 450 Kalorien pro Stunde auf dem Fahrrad esse.

Während der Tour verbrenne ich rund 850 Kalorien pro Stunde. In dieser Zeit versuche ich, rund 400 Kalorien zu essen, wobei ich beim Bergauffahren oder bei Hitze weniger zu mir nehme und mehr esse, wenn ich bergab fahre oder es kühl ist. Damit ergibt sich ein Kaloriendefizit von 450 Kalorien pro Stunde über sechs Stunden, das entspricht einem Gesamtdefizit von 2.700 Kalorien für die gesamte Fahrzeit. Für den Rest der 24 Stunden benötige ich noch weitere 2.500 Kalorien, also muss ich pro Tag in der Zeit, in der ich nicht fahre, 5.200 Kalorien aufnehmen.

Beim 600-km-Brevet verbrauche ich beim Fahren pro Stunde rund 700 Kalorien und nehme etwa 450 Kalorien auf. Somit beträgt mein Defizit 250 Kalorien pro Stunde oder 4.400 Kalorien bei 17:30 Stunden Fahrzeit. Rechnet man 2.100 Kalorien für den Grundumsatz und minimale Aktivitäten während der Pausenzeiten hinzu, benötige ich sage und schreibe 6.500 Kalorien zusätzlich zu dem, was ich auf dem Fahrrad esse. Bei einer Tour oder einem Brevet nehme ich ausreichend Kalorien auf, indem ich den ganzen Tag über permanent esse:

→ Frühstück: 750 bis 1.000 Kalorien, bestehend aus einem Muffin oder Bagel mit Marmelade, Frühstücksflocken oder Pfannkuchen, Fruchtsaft, Milch oder Joghurt und Obst. Um Zeit zu sparen, nehme ich bei einem Brevet mehrere Portionen einer Trinkmahlzeit, Sportgels und dazu ein Stück Obst oder einen Bagel zu mir.
→ Stündlich beim Fahren: 400 Kalorien während einer Tour, bis 450 Kalorien auf einem Brevet. Bei Touren und Brevets bin ich mit zwei 750-ml-Flaschen unterwegs. In der einen ist ein Sportgetränk mit 180 Kalorien, in der anderen ist Wasser. Pro Stunde trinke ich mindestens eine halbe Flasche, was also rund 90 Kalorien entspricht, und esse weitere 350 bis 400 Kalorien. Ich esse gern Obst, Cracker, Brezeln, Müsliriegel und Kekse mit Fruchtfüllung. Darüber hinaus habe ich Sportgels dabei, die ich nehme, wenn ich einen Schub brauche oder wenn eine Bergaufpassage ansteht, bei der es schwerfällt, feste Nahrung zu kauen.
→ Verpflegungspause: 250 bis 500 Kalorien während einer Tour oder 500 bis 750 Kalorien auf einem Brevet. Ich esse die gleichen Dinge wie beim Fahren: Obst, Cracker, Brezel, Müsliriegel und Kekse mit Fruchtfüllung, sorge jedoch für Abwechslung. Wenn ich beim Fahren

Müsliriegel gegessen habe, esse ich zur Abwechslung Weizencracker, die ich auch sehr gern mag. Bei einem Brevet trinke ich ein kalorienreiches, leicht verdauliches Getränk wie einen Frappuccino, der auch zur Koffeinzufuhr gedacht ist, Kakao oder Fruchtsaft.

→ Mittagessen: 750 Kalorien auf einem Brevet bis 1.000 Kalorien während einer Tour. Bei einer Tour wähle ich kohlenhydratreiche Lebensmittel: Ein Sandwich mit Mehrkornbrot, Nudelsalat, Obst und Nachtisch. Bei einem Brevet kaufe ich ein weiteres kalorienreiches Getränk in einem Laden und dazu ein Sandwich und Kekse zum Essen auf dem Rad. Wenn ich an einer Verpflegungsstation oder beim Mittagessen mehr als 500 Kalorien zu mir nehme, fahre ich zunächst in entspanntem Tempo weiter, um das Essen zu verdauen und meine Beine wieder warm werden zu lassen.

→ Regeneration: 500 bis 1.000 Kalorien. Bei einer Tour beginne ich mit dem Essen, noch bevor ich meine Fahrradschuhe ausgezogen habe. Zuerst gibt es Gemüsesaft und Chips, die Kalorien und Natrium liefern, und dann Brezeln, die weniger Fett als Chips enthalten, und Wasser, denn normalerweise kann ich keine Sportdrinks mehr sehen.

→ Abendessen: 750 Kalorien auf einem Brevet bis 1.000 Kalorien während einer Tour. Auch bei anstrengenden Touren benötige ich nicht viel Eiweiß. Ich esse einen frischen Salat, der eine angenehme Abwechslung zu all den Getreideprodukten darstellt, die ich zu mir genommen habe, und dazu ein Nudelgericht. Bei einem Brevet kaufe ich ein Abendessen in einem Lebensmittelladen, das ich bei der Weiterfahrt esse und das wiederum hauptsächlich Kohlenhydrate enthält und möglichst eine Abwechslung darstellt. Bei Brevets esse ich kleinere Mahlzeiten als bei Touren, weil ich beim Fahren esse.

→ Snack vorm Zubettgehen: 250 Kalorien während der Tour bis 1.000 Kalorien auf einem Brevet. Bei einer Tour gehe ich gern mit Freunden Eis essen, dabei kann ich die Beine ausstrecken und zusätzlich etwas essen! Bei Brevets esse ich viel vorm Schlafengehen, sodass ich im Schlaf verdauen kann. Vielleicht esse ich eine schnelle Mahlzeit an einem Kontrollpunkt, eine Trinkmahlzeit aus meiner Utensilientasche, Frühstücksflocken vom Hotelbuffet oder eine Pizza vom Lieferservice.

→ Mitternachtssnack: Ich lege mir auch etwas zu Essen neben das Bett für den Fall, dass ich hungrig aufwache.

Radsportler sagen oft: „Aber mir ist nicht nach Essen." Mir ist manchmal auch nicht nach Radfahren, aber ich trete weiter in die Pedale, wenn ich ins Ziel kommen will. Beim Essen und Trinken verfahre ich mit der gleichen Beharrlichkeit. Es ist nicht leicht, all die Kalorien aufzunehmen, die ich bei einem Brevet verbrenne, aber ich mache mir keine Sorgen, wenn ich mal etwas zu wenig esse, da ich ja auch noch Körperfett verbrennen kann. Man darf jedoch nicht vergessen, dass Fett in der Flamme des Glykogens verbrannt wird, daher muss man reichlich Kohlenhydrate aufnehmen.

Bei längeren Touren gewinnt die Ernährung nach der Fahrt zur Regeneration an Bedeutung. Beginnen Sie jeden Tag, nachdem Sie aus dem Sattel gestiegen sind, sofort damit, etwas zu trinken, und essen Sie innerhalb der nächsten Stunden 500 bis 1.000 Kalorien aus Kohlenhydraten mit mittlerem bis hohem glykämischem Index in Verbindung mit etwas Eiweiß, um die Erholung zu fördern. Verlieren Sie keine Zeit und beginnen Sie sofort damit, Ihre Energiespeicher wieder aufzufüllen. Wenn Sie keinen Appetit auf feste Nahrung haben, nehmen Sie einen Shake oder einen Regenerationsdrink zu sich. Essen Sie anschließend ein gutes Abendessen mit überwiegendem Kohlenhydrateanteil und vielleicht noch einen Snack vorm Zubettgehen. Halten Sie etwas zu essen und Wasser für den Fall bereit, dass Sie nachts aufwachen und Hunger verspüren. Beginnen Sie den nächsten Tag mit einem guten Frühstück.

Bei Brevets, mit einer Distanz von 400 Kilometern oder länger, fahren Sie besser, wenn Ihre drei Veranstaltungsszenarien spezifische Ernährungspläne mit Mengenangaben enthalten, die angeben, wie viel und was Sie zusätzlich zur Nahrungsaufnahme beim Fahren essen müssen, um ausreichend Kalorien zu sich zu nehmen. Planen Sie pro Stunde auf dem Rad die Aufnahme von 240 bis 360 Kalorien aus Kohlenhydraten in Verbindung mit etwas Eiweiß und Fett und etwas mehr an den Kontrollpunkten. Manche Fahrer setzen sich an den Kontrollpunkten zum Essen hin, allerdings schrumpft so das Zeitbudget, das für die Schlafpause zur Verfügung steht. Essen Sie vor einer Schlafpause 500 bis 1.000 Kalorien vorwiegend aus Kohlenhydraten und trinken Sie etwas. Das ist Ihre einzige Regenerationspause. Nehmen Sie dann 300 bis 500 Kalorien vorwiegend aus Kohlenhydraten auf, bevor Sie weiterfahren. Wenn bei Ihrer Veranstaltung ein Taschenmitnahmeservice angeboten wird, können Sie leicht verdauliche Trinkmahlzeiten, die es auch praktisch in Pulverform gibt, vorausschicken und vorm Schlafen und als Frühstück konsumieren.

Mentales Management

Sie haben Ihre Veranstaltungsszenarien entwickelt, die Fahrt visualisiert und Ihre Kraftwörter eingeübt. Vertrauen Sie auf Ihren Plan und Ihre Vorbereitung, denn Sie haben es trainiert, mit allen Unwägbarkeiten umzugehen. Fahren Sie nach Ihrem eigenen Plan. Beurteilen Sie im Verlauf der Fahrt regelmäßig, welcher Art von Szenario die Fahrt entspricht und passen Sie sich gegebenenfalls an. Geraten Sie nicht in Panik, wenn Sie unterwegs Probleme bekommen. Greifen Sie auf die Problemlösungskompetenzen zurück, die Sie eingeübt haben. Entspannen Sie sich eine Minute lang und diagnostizieren Sie anschließend das Problem. Durchdenken Sie die Situation. Sie können nahezu jedes Problem lösen. Und wenn Sie es nicht lösen können, können Sie sich vielleicht so darauf einstellen, dass Sie trotzdem weiterfahren können.

Bleiben Sie mental stark, wenn Sie beim Fahren unvermeidliche und schwierige Phasen durchlaufen. Sie müssen vielleicht alleine bei Dunkelheit fahren, werden nass, frieren und müssen sich weiteren Problemen stellen. Setzen Sie Ihre Entspannungstechniken und Ihre Kraftwörter ein, damit Sie sich auf die Dinge konzentrieren, die Sie beeinflussen können. Ignorieren Sie den Rest. Versuchen Sie, der aktuellen Situation etwas Positives abzugewinnen oder denken Sie daran, dass wieder bessere Zeiten kommen werden. Befolgen Sie Ihren Routineablauf für den Abend und die Nacht. Ob Sie eine Tour oder ein Brevet fahren, Sie werden ein besseres Gefühl der Kontrolle haben, wenn Sie Ihre Ruhezeiten nach einem geplanten Ablauf gestalten: Regeneration, Mahlzeiten, Körperpflege, Ausrüstung überprüfen, schlafen und so weiter. Ihr Plan sorgt dafür, dass Sie nichts übersehen und schafft so mehr Zeit für Entspannung und Schlaf.

Das Puzzle zusammenfügen

Zu Beginn einer jeden Radsportveranstaltung werden Sie aufgeregt, vielleicht sogar nervös sein. Versuchen Sie, sich zu entspannen. Sie haben alles im Vorfeld geübt, jetzt müssen Sie nur noch die Einzelteile zusammenfügen. In Kapitel 8 haben Sie gelernt, wie man für Ganztagesveranstaltungen trainiert und diese erfolgreich bewältigt. In Kapitel 9 haben Sie diese Fähigkeiten erweitert und gelernt, wie Sie für Touren mit Übernachtung das geeignete Tempo finden und erfolgreich ins Ziel kommen. Wenden Sie Ihr Wissen und Ihre Fähigkeiten nun auf längere Veranstaltungen an.

→ Achten Sie auf Ihr Tempo: Wie wir schon oft erwähnt haben, fahren Sie in einem komfortablen Tempo. Veranstaltungen dieser Art vergeben keine Preise für den Ersten im Ziel, also entspannen Sie sich und genießen Sie die Fahrt. Halten Sie das Tempo anhand Ihrer Herzfrequenz, des Wattmessgeräts oder des subjektiven Belastungsempfindens bewusst niedrig und sparen Sie Energie, denn Sie werden viele Stunden oder Tage fahren. Beginnen Sie in dem gleichen Tempo, mit dem Sie Ihre langen Trainingsfahrten gefahren sind, oder wählen Sie eine niedrigere Geschwindigkeit.

→ Fahren Sie in einer Gruppe: Wenn Sie sich einer geeigneten Gruppe angeschlossen haben, nehmen Sie sich Zeit zum Plaudern, die Zeit vergeht in aller Regel schneller, wenn man mit anderen fährt, und vielleicht lernen Sie sogar neue Freunde kennen. Wenn Sie beim Fahren eine normale Unterhaltung führen können, ist Ihr Tempo richtig. Wenn Sie nur mit Mühe sprechen können, ist die Gruppe wahrscheinlich zu schnell, lassen Sie sich dann zurückfallen und suchen Sie sich eine andere Gruppe. Denken Sie beim Fahren in der Gruppe an die entsprechenden Sicherheitstipps aus Kapitel 3.

→ Nachts oder ermüdet fahren: Seien Sie besonders vorsichtig beim Fahren in Gruppen, wenn Sie müde sind, insbesondere bei Dunkelheit. Dann sind die Abstände zu anderen Teilnehmern schwieriger abzuschätzen, zumal Ihre Reaktionszeit durch die Müdigkeit erhöht wird.

→ Ruhezeiten einplanen: Decken Sie sich an Verpflegungsstationen ein, füllen Sie Ihre Trinkflaschen auf, gehen Sie bei Bedarf zur Toilette und fahren Sie möglichst schnell wieder los, damit Sie in Ihrem mentalen und physischen Rhythmus bleiben. Halten Sie sich am Ende des Tages an Ihren Routineablauf für den Abend und die Nacht.

→ Überlegungen zum Schlaf: Bei Brevets bleibt Ihnen umso mehr Zeit für eine Schlafpause, je kürzer Sie die Haltezeiten gestalten. Einen verminderten Schlafbedarf kann man sich nicht antrainieren, aber Sie können lernen, mit weniger Schlaf umzugehen. Wie viel Schlafmangel noch erträglich ist und zu welcher Nachtzeit der Mangel am problematischsten ist, ist individuell unterschiedlich. Manche Fahrer kommen am besten damit zurecht, bis in die frühen Morgenstunden zu fahren und dann bis zum Morgengrauen zu schlafen. Andere bevorzugen eine Schlafpause gegen Mitternacht und eine Weiterfahrt einige Stunden vor Sonnenaufgang. Das Gehirn durchläuft Zyklen von leichtem zu tiefem Schlaf, und zwar üblicherweise in einem Rhythmus von etwa 90 Minuten. Wenn Sie versuchen, innerhalb eines Tiefschlafzyklus aufzuwachen, werden Sie sich gerädert fühlen. Sie können Ihren Schlafzyklus abschätzen, indem Sie sich notieren, wann Sie nachts aufwachen. Wenn Sie nach fünf Stunden Schlaf aufwachen, um zur Toilette zu gehen, dürfte Ihr Schlafzyklus 300 Minuten, also 5 Stunden, geteilt durch 3, also 100 Minuten lang sein. Planen Sie Ihre Schlafpausen so, dass diese einen oder mehrere volle Schlafzyklen umfassen.

→ Ausrüstung: Führen Sie die Pausenchecks und abendlichen Kontrollen Ihres Fahrrads durch, die wir in Kapitel beschrieben haben. Nutzen Sie den technischen Support, falls auf Ihrer Tour so ein Service angeboten wird.

Nach dem Event

Zunächst einmal: Herzlichen Glückwunsch! Eine Tour oder ein Brevet zu fahren, ist keine leichte Aufgabe. Wenn Sie sich ausgiebig von Ihren Mitfahrern verabschiedet haben und Zeit zum Entspannen gefunden haben, denken Sie über das Erlebnis nach. Was hat Ihnen gefallen? Hätten Sie bei der Vorbereitung oder der Tour gern etwas anders gemacht? Zeichnen Sie die objektiven Tourdaten wie Distanz, Durchschnittsgeschwindigkeit, Höhenmeter und Sonstiges und außerdem die subjektiven wie Emotionen und Befindlichkeiten auf. Je mehr Fahrten Sie machen, desto mehr Wissen können Sie für Ihre zukünftigen Langdistanzfahrten nutzen.

Nehmen Sie sich nach einer ausgiebigen Tour oder einer Brevetserie Zeit, um angemessen zu regenerieren, bevor Sie wieder aktiv werden. Der Erholungsbedarf ist individuell unterschiedlich, als Grundregel kann man jedoch eine Woche Regeneration für jede gefahrene Woche veranschlagen. Wenn Sie eine zweiwöchige Tour gefahren sind, gönnen Sie sich zwei Wochen Regeneration, bevor Sie das normale Training wieder aufnehmen. Geben Sie sich nach einer Brevetserie mindestens einige Wochen Zeit und fahren Sie nur entspannt, nachdem Sie die 600-km-Distanz gefahren sind. Zwingen Sie sich nicht, wieder aufs Fahrrad zu steigen, Sie sollten erst wieder Lust aufs Fahren haben, bevor Sie mit dem Training beginnen. Verbringen Sie Zeit mit der Familie oder Freunden, gehen Sie wandern, machen Sie etwas Crosstraining oder probieren Sie etwas Neues aus. Sie werden merken, wann die Zeit gekommen ist, wieder zu trainieren, erzwingen Sie es nicht. Verlieren Sie nicht das große Ganze aus den Augen. Ob Sie nun Eintagesveranstaltungen fahren oder das ganze Land durchqueren – behalten Sie Spaß an der Sache!

Kapitel 10   Ultradistanzfahrten

In diesem Kapitel sind wir darauf eingegangen, wie man für mehrtägige Langstreckenveranstaltungen, sowohl Touren als auch Brevets, trainiert und sich darauf vorbereitet. Ob Sie eine Eintagesveranstaltung, eine Wochenendtour, ein langes Brevet oder eine mehrtägiges Event fahren, die Konzepte bleiben die gleichen. Durch Anwendung unserer sechs Erfolgsfaktoren – Zielsetzung und Planung, Training, Ausrüstung, Ernährung, Fahrtechnik und mentale Fähigkeiten – können Sie sich auf praktisch jede Radsportherausforderung vorbereiten und diese erfolgreich bewältigen.

Lange Distanzen im Sattel sorgen für Glücksgefühle, können aber auch Schmerzen und Beschwerden bedeuten. Niemand plant, sich zu verletzen, passieren kann es trotzdem. Im nächsten Kapitel werfen wir einen Blick auf die meistverbreiteten Probleme im Radsport und darauf, was zu tun ist, wenn diese auftreten. Wichtiger ist jedoch, dass wir Präventivmaßnahmen vorstellen, die dazu beitragen, dass Sie glücklich und unbeschadet fahren können.

Kapitel 11

Verletzungen vorbeugen

Kapitel 11 Verletzungen vorbeugen

Niemand denkt gern darüber nach, wie es ist, wenn man sich verletzt. Rad fahren ist gelenkschonend und für fast jeden geeignet, Langstreckenradsport erfordert jedoch viel Training und je mehr Sie fahren, desto höher ist die Wahrscheinlichkeit, dass Sie sich einmal verletzen. Beim Radsport können relativ geringfügige Beeinträchtigungen wie Sonnenbrand auftreten, aber auch potenziell lebensbedrohliche und traumatisierende. In diesem Kapitel gehen wir auf drei verbreitete Kategorien von Verletzungen ein, nämlich Überlastung, umgebungsabhängige Probleme und Unfälle, und beschreiben Maßnahmen, um die Wahrscheinlichkeit und die Schwere von Verletzungen zu reduzieren. Hierzu zählen auch wichtige Konzepte in den Bereichen Fahrradanpassung, Training und Regeneration. Wir informieren außerdem darüber, wie man mögliche Ursachen für im Radsport verbreitete gesundheitliche Probleme findet.

Wir bieten zwar Vorschläge zur Prävention an, empfehlen jedoch dringend, im Falle einer Verletzung oder eines Unfalls schnellstmöglich einen Arzt zur Behandlung aufzusuchen. So können weitere Schädigungen verhindert und Ihre Zwangspause auf dem Rad reduziert werden. Im vergangenen Jahr wurde ein guter Freund von John, ein erfahrener, umsichtiger Radsportler, von einem plötzlich nach links abbiegenden Lastwagen erfasst. Mike erlitt einige Prellungen und Hautabschürfungen, aber da nichts gebrochen war, absolviert er seine Brevetserie und fuhr auch den Rest der Saison. Als er schließlich doch einen Orthopäden konsultierte und eine Kernspintomografie machen ließ, stellte sich heraus, dass er an Handgelenk und Hüfte operiert werden musste und sechs bis zwölf Monate keinen Radsport mehr betreiben konnte.

Verletzungen durch Überlastung

Verletzungen durch Überlastung entstehen aus wiederholten submaximalen Belastungen bestimmter Regionen des Bewegungsapparats, durch die Ermüdungserscheinungen an den Sehnen oder Entzündungen des umgebenden Gewebes hervorgerufen werden. Ausdauersportler sind hierfür besonders anfällig. Bei einer vierstündigen Fahrt mit einer durchschnittlichen Trittfrequenz von 85 Umdrehungen pro Minute durchläuft jedes Bein 20.400 Beugungs- und Streckungszyklen! Wenn bei Ihnen biomechanische Besonderheiten, muskuläre Dysbalancen oder eine nicht perfekt abgestimmte Radeinstellung vorliegen oder Sie zu schwere Gänge fahren, kann diese wiederholte Belastung mit der Zeit zu schmerzhaften Schädigungen führen. Überlastungsverletzungen können aus inneren oder äußeren Faktoren entstehen, wie in Tabelle 11.1 gezeigt wird, und zu Schmerzen, Funktionsstörungen oder beidem führen.

Der Schweregrad dieser Verletzungen lässt sich in vier Stufen unterteilen:
Stufe 1: Schmerzen nur nach Aktivität
Stufe 2: Schmerzen bei Aktivität, jedoch ohne Einschränkung der Leistung
Stufe 3: Leistungseinschränkungen durch Schmerzen während der Aktivität
Stufe 4: Chronische, dauerhafte Schmerzen auch im Ruhezustand

Die folgende Übersicht, die wir anhand unserer jahrelangen Erfahrung als Radsporttrainer erstellt haben, listet weit verbreitete Überlastungsverletzungen von Radsportlern auf, sor-

TABELLE 11.1	Innere und äußere Faktoren für Überlastungsverletzungen
Innere Faktoren für Überlastungsverletzungen	**Äußere Faktoren für Überlastungsverletzunge**
Fehlstellungen der Gliedmaßen oder problematische Struktur der Füße	Falsche Radeinstellungen
Muskuläre Dysbalancen	Falsches Training
Körpergewicht	Nicht sachgemäße Ausrüstung
Vorschädigungen	Schlechte Fahrtechnik

tiert nach betroffenen Körperpartien. Wir zeigen Möglichkeiten auf, wie man Problemen dieser Art durch Anpassungen beim Training, der Fahrtechnik, dem Fahrrad, der Ausrüstung und der Bekleidung entgegenwirken kann. Wenn Sie jedoch den Verdacht haben, dass bei Ihnen eine Verletzung vorliegt, wenn bei Ihnen also Stufe 1 oder Stufe 2 länger andauert, oder wenn Sie das Gefühl haben, dass eine solche entsteht, sollten Sie schnellstmöglich medizinische Hilfe in Anspruch nehmen, damit sich die Verletzung nicht verschlimmert. Ihr Hausarzt wird Sie je nach Art und Schwere der Verletzung möglicherweise an einen Facharzt für Orthopädie, einen Physiotherapeuten oder einen qualifizierten Athletiktrainer verweisen. Für detaillierte Informationen über diese und weitere Gesundheitsbeschwerden empfehlen wir Andy Pruitts Buch „Medical Guide for Cyclists".

Gesäßbeschwerden

Wunde Stellen im Gesäßbereich entstehen nach Pruitt & Matheny durch starken Druck, Reibung, Feuchtigkeitsentwicklung und bestimmte Temperaturen. Schmerzen können durch Druck auf die Sitzknochen, Wundscheuern, infizierte Haarfollikel, Hautgeschwüre oder Taubheit entstehen.

Je mehr Gewicht Sie transportieren müssen, desto mehr Druck wird auf Ihr Gesäß ausgeübt. Bei Frauen ist das Becken anders aufgebaut, daher benötigen Frauen generell andere Sättel als Männer. Bei Beinlängenunterschieden kann es vorkommen, dass sich das kürzere Bein zu stark nach dem Pedal streckt, wodurch diese Seite im Schrittbereich am Sattel scheuern kann. Achten Sie auf ungewöhnliche Abnutzungserscheinungen am Sattel.

Konditionierung: Sie sollten leicht und flexibel auf dem Sattel aufsitzen. Ihre Beine sollten kräftig genug sein, um die Tretbewegung abzustützen, sodass der Großteil des Gewichts nicht auf dem Sattel lastet. Bei einer schwachen Rumpfmuskulatur wird das Gewicht nicht gleichmäßig zwischen Sattel und Lenker verteilt. Wenn Ihre Beweglichkeit nicht ausreicht, um sich komfortabel nach vorn zu lehnen, ruht zu viel Gewicht auf dem Gesäß.

Technik: Durch permanentes Sitzen erhöht sich der Druck auf die Gesäßregion. Gehen Sie auch auf flachen Straßen alle 10 bis 15 Minuten aus dem Sattel, sodass eine Druckentlastung erfolgen kann und die Blutzirkulation wiederhergestellt wird. Wenn Sie den Fuß während der gesamten Tretbewegung flach auf dem Pedal ruhen lassen, die Sattelhöhe aber darauf ausgerichtet ist, dass Sie die Ferse anheben, wird Ihr Gesäß stark belastet.

Auswahl des Sattels: Es ist eine Vielzahl von Sattelmodellen erhältlich, vom leichten, schmalen Rennsattel bis zu Tourensätteln aus Leder mit Spiralfederung. Ein Gesäß ist so individuell wie ein Gesicht. Probieren Sie unterschiedliche Sättel aus, bis Sie einen gefunden haben, der zu Ihnen passt. Ein geeigneter Sattel ist breit genug, um das Gewicht auf die Sitzknochen und nicht auf die Dammregion zu verlagern. Bei einem zu weichen Sattel sinken die Sitzknochen in das Polstermaterial ein, sodass der Druck auf den Dammbereich erhöht wird. Auf dem Sattel sollten Sie ohne Widerstand gleiten können, ein weicher Sattel erzeugt dabei mehr Reibung als ein fester Sattel. Wenn Sie sich für einen Ledersattel entscheiden, beachten Sie die Herstellerhinweise zum Einfahren des Sattels.

Sattelposition: Wunde Stellen im Gesäßbereich beruhen oft auf einer fehlerhaften Fahrradeinstellung. Ein zu hoch eingestellter Sattel führt zu starken Wiegebewegungen, wenn sich die Beine bei jeder Tretbewegung strecken, um die Pedale zu erreichen. Ist die Sattelnase zu stark nach unten geneigt, rutschen Sie immer wieder nach vorn und drücken sich anschließend wieder hoch. Eine zu weit nach oben geneigte Sattelnase führt zu Druckentwicklung im Dammbereich.

Lenkerposition: Bei zu hoch oder zu nah in Richtung Sattel eingestelltem Lenker ist die Sitzposition zu aufrecht, sodass mehr Gewicht auf dem Gesäß lastet. Achten Sie besonders darauf, wenn Sie einen Tourenradrahmen fahren, weil diese eigens für eine aufrechtere Sitzposition konstruiert sind.

Bekleidung: Radshorts können Sitzbeschwerden und wunde Stellen verursachen. Ebenso wie der Sattel sollte die Hose zu Ihrer Anatomie passen. Shorts, die leicht verrutschen, bei denen das Sitzpolster nicht passt, die Nähte unangenehm sind oder die Bewegungsfreiheit einschränken, werden wahrscheinlich zu Problemen führen. Deswegen sollten Sie bei Shorts nicht am falschen Ende sparen. Hochwertige Hosen sind zwar teurer, halten jedoch länger als billige Modelle, sodass sich die Investition auf lange Sicht auszahlt. Durch Eincremen mit Vaseline können Sie verhindern, dass das Sitzpolster an der Haut scheuert. Es gibt zwar teurere Alternativen, Vaseline hat sich jedoch bewährt, ist zudem preiswert und enthält – anders als andere Gesäßcremes – keine Zusatzstoffe, die die Haut reizen könnten.

Knieverletzungen

→ Chrondomalazie: Eine degenerative Erkrankung der Kniescheibe, die durch übermäßige auf das Knie einwirkende Kompressions- oder Reibungskräfte entsteht. Beim Hinhocken oder wenn Sie schwere Gänge treten, werden Sie Schmerzen oder ein mahlendes Gefühl oder Geräusch bemerken. Möglicherweise tragen Störungen in der Bewegungsmechanik der Füße zu diesem Krankheitsbild bei.

→ Tendinitis: Entzündung einer Sehne, die das Muskelgewebe mit dem Knochen verbindet, oder Sehnenscheide, die sich durch Schmerzen und Schwellungen an den Hüften, Knien oder Sprunggelenken äußert, wenn die Sehnen bewegt werden. Durch lang anhaltende chronische Entzündungsprozesse kann es zu Mineralablagerungen kommen. Eine Tendinitis entsteht oft, wenn die Trainingsbelastung und der -umfang zunimmt und man zu viel zu schnell macht, aber auch durch zu hohe Gewichte im Kraftraum und erhöhte Trainingsintensität.

→ Frühjahrsknie: Eine Form der Tendinitis, die sich durch Schmerzen oberhalb der

Kniescheibe äußert, und durch zu schnellen Belastungsaufbau am Beginn Saisonbeginn im Frühjahr verursacht wird.

→ Tractus-iliotibialis-Scheuersyndrom: Das Iliotibialband (ITB) ist ein dicker Sehnenfaserstrang, der an der Außenseite des Oberschenkels von der Oberseite des Hüftknochens bis kurz unterhalb des Knies verläuft. Das ITB sorgt für die laterale (seitliche) Stabilität des Knies. Beim Radfahren verläuft das ITB über die Vorwölbung an der Außenseite des unteren Oberschenkelknochens. Die entstehende Reibung kann zu Schmerzen führen, wenn das ITB verkürzt ist oder Fehlstellungen vorliegen.

→ Bursitis des Pes Anserinus (Sehnenstruktur auf der Innenseite des Unterschenkels): Eine Entzündung der Schleimbeutel, also der kleinen flüssigkeitsgefüllten Säckchen, die zur Reduzierung der Reibung in gelenkumgebendem Gewebe dienen. Radsportler mit verkürzter hinterer Oberschenkel- und Wadenmuskulatur sind besonders anfällig für eine Schleimbeutelentzündung des Knies, die sich durch lokale Schwellungen äußert und meist berührungsempfindlich und überwärmt ist.

Abweichende Bewegungsabläufe, die durch Beinlängendifferenzen, Beinfehlstellungen oder muskuläre Dysbalancen entstehen, können zu Knieschmerzen führen. Bei Frauen ist das Becken breiter, dadurch ändert sich der Winkel, in dem Oberschenkel und Schienbein aufeinander treffen. Pedalen, die zu nah am Tretlagerzentrum liegen, können auch zur Entstehung von Kniebeschwerden beitragen. Biomechanische Probleme lassen sich meist nur mit geschultem Auge erkennen und korrigieren, wenn Sie wissen oder vermuten, dass bei Ihnen ein solches vorliegt, sollten Sie den Rat eines Facharztes einholen.

Konditionierung: Schwerere Gänge zu treten erfordert mehr Muskelkraft, wenn Ihnen dafür die erforderliche Kraft fehlt, werden Ihre Knie stärker belastet. Auch durch muskuläre Dysbalancen wird das Knie stärker bansprucht. Rad fahren trainiert vermehrt den Quadrizeps und weniger die Gesäß- und hintere Oberschenkelmuskulatur, die um das Knie herum verläuft und es stabilisiert. Durch regelmäßiges Krafttraining mit den in Kapitel 3 beschriebenen Übungen und das Krafterhaltungstraining während der Saison, das wir in Kapitel 6 beschrieben haben, kräftigen Sie die Muskeln, die für eine optimale Gelenkstabilität sorgen.

Training: Eine zu schnelle Trainingssteigerung kann zu einer Überlastung der Knie und Problemen wie Frühjahrsknie, Tendinitis, Schleimbeutelentzündung, Chrondomalazie oder dem Tractus-iliotibialis-Scheuersyndrom führen. Erhöhen Sie den Umfang und die Intensität Ihres Training allmählich, indem Sie sich nach unseren Empfehlungen und Programmen richten.

Fahrtechnik: Konzentrieren Sie sich beim Radfahren auf eine saubere Ausführung der Bewegungen. Runde, gleichmäßige Bewegungen, denken Sie an eine Dreh- statt an eine Stampfbewegung, belastet die Knie weniger. Wenn Sie besonders beim Bergauffahren mit einer höheren Trittfrequenz, aber in einem niedrigeren Gang fahren, belasten Sie die Knie weniger stark.

Fahrradeinstellung: Durch einen zu niedrig oder zu weit nach vorn positionierten Sattel werden die auf die Kniescheibe wirkenden Kompressionskräfte erhöht. Ein zu hoch eingestellter Sattel kann Schmerzen an der Knierückseite verursachen und die Sehnen am hinteren Oberschenkel belasten. Durch ein Pedal, das keine Rotation des Fußes erlaubt, werden Seitwärtsbewegungen der Knie während der Tretbewegung unterdrückt, während ein Pedal mit zu viel Rotation dazu führt, dass Muskeln und Sehnen zu stark für die Stabilisierung der Knie beansprucht werden. Die Pedalplatten müssen korrekt ausgerichtet werden, das gilt insbesondere, wenn Beinlängendifferenzen oder sonstige anatomische Probleme vorliegen. Ein zu langer oder zu kurzer Kurbelarm beeinträchtigt die Mechanik der Tretbewegung. Wenn Sie ein neues Fahrrad oder neue Ausrüstung anschaffen oder Ihren Fahrstil ändern, lassen Sie Ihr Rad neu einstellen. Bei verletzungsbedingten Problemen oder biomechanischen Besonderheiten kann es ratsam sein, die Anpassung von einem Sportmediziner mit Radsportkenntnissen vornehmen zu lassen.

Bekleidung: Die Knie werden wenig durchblutet und kühlen daher schnell aus, wodurch das Risiko von Verletzungen steigt. Bei Temperaturen unterhalb von 16 Grad sollten Knie- oder Beinlinge getragen werden.

Verletzungen der Füße und Sprunggelenke

→ Tendinitis: Die Achillessehne an der Ferse kann sich entzünden.
→ Heiße Füße: Durch Kompression der Nerven in den Füßen entsteht ein Hitzegefühl, das sich in brennenden Schmerzen äußern kann.
→ Blasen: Sie werden durch Reibung verursacht und können sich ohne Behandlung von einer kleinen Unannehmlichkeit zu einer offenen Wunde entwickeln.

Füße sind wie Fingerabdrücke – jeder Mensch hat seine individuellen. Ihre Füße können einen hohen oder niedrigen Spann haben und breit oder schmal gebaut sein. Die Bewegungsmechanik Ihrer Füße hat eine direkte Auswirkung auf die nächstgelegenen Gelenke, gibt es Abweichungen in der Mechanik, kann dies Knie oder Hüften schädigen. Haben Sie Fußprobleme, sollten Sie einen Arzt oder Podologen zurate ziehen.

Konditionierung: Eine schwache Muskulatur im Bereich der Sprunggelenke erhöht die Belastung, die auf Füße und Sprunggelenke wirkt. Führen Sie zur Stärkung allgemeine Kräftigungsübungen für den Unterkörper wie Ausfallschritte und Kniebeugen an der Wand durch, dazu Übungen für die Füße und Sprunggelenke wie Fersenheben im Stehen und Sitzen.

Fahrtechnik: Ein runder Tritt reduziert die Belastung der Füße und Sprunggelenke. Wenn sich jedoch Probleme mit einer Achillessehnenentzündung bekommen, sollten Sie den Fuß flach halten und nicht die Ferse hochziehen, um die Sehne bei der Aufwärtsbewegung des Pedals nicht unnötig zu reizen. Wenn Sie Ihre Fahrweise auf einen flachen Fuß umstellen, sollten Sie zum Ausgleich den Sattel entsprechend niedriger einstellen.

Fahrradanpassung: Ein zu hoch eingestellter Sattel führt dazu, dass die Fersen zum Erreichen der Pedale stark angehoben werden, was wiederum eine erhöhte Belastung der Füße und Sprunggelenke zur Folge hat. Die Positionierung der Pedalplatten hat große Auswirkungen auf die Füße und Sprunggelenke, daher sollte für die Montage der Pedalplatten die Hilfe eines erfahrenen Spezialisten in Anspruch genommen werden. Durch zu weit vorn positionierte Pedalplatten wird die Achillessehne belastet.

Bekleidung: Zu kleine Pedalplatten können einen zu starken Druck auf die Fußsohlen ausüben und so zu heißen Füßen führen, das passiert auch leicht durch zu enge Schuhe. Kaufen Sie Schuhe am Abend, da Ihre Füße dazu neigen, im Laufe des Tages anzuschwellen. Wenn Sie orthopädische Einlagen tragen, nehmen Sie diese mit ins Geschäft. Beachten Sie, dass Fahrradschuhe europäischer Hersteller tendenziell eher schmal geschnitten sind. Dicke Socken können ebenfalls zu Druck und Reibung führen und daher Blasen verursachen. Probieren Sie Schuhe mit den Socken an, die Sie normalerweise beim Radfahren tragen. Wenn Sie viel im Winter fahren, können Sie etwas größere Schuhe kaufen, die Platz für dickere Socken bieten. Auch für Ultraausdauerveranstaltungen wie lange Brevets kann es sinnvoll sein, etwas größere Schuhe zu kaufen, die auch bei etwas stärkerem Anschwellen des Fußes noch ausreichend Platz bieten.

Verletzungen des unteren Rückens

Muskelzerrungen: Schädigungen der Muskeln oder der umgebenden Sehnen führen zu Zerrungen im unteren Rückenbereich. Diese Beschwerden können durch Alltagsaktivitäten, ungünstige biomechanische Abläufe oder durch sportliche Aktivitäten entstehen. Zu den Symptomen einer Muskelzerrung gehören Schwellungen, in schwereren Fällen auch Blutergüsse, Rötungen an der betroffenen Stelle sowie stechende Schmerzen, Beweglichkeitseinschränkungen und Schwäche.

Eine verspannte oder schwache Muskulatur begünstigt das Auftreten von Schmerzen im unteren Rücken. Das liegt oft daran, dass eine schwache Rumpf- oder verspannte hintere Oberschenkelmuskulatur die untere Rückenmuskulatur unnötig stark belastet. Auch Beinlängendifferenzen und sonstige anatomische Besonderheiten können Probleme im unteren Rückenbereich verursachen. Wenden Sie sich bei bestehenden Problemen an Ihren Arzt, der Sie gegebenenfalls an einen Physiotherapeuten verweisen wird.

Konditionierung: In diesem Buch weisen wir immer darauf hin, wie wichtig die Kräftigung der Rumpfmuskulatur und die Verbesserung der Beweglichkeit sind. Die Durchführung der entsprechenden Übungen nimmt nicht viel Zeit in Anspruch und schützt die untere Rückenmuskulatur, daher sollten Sie sie regelmäßig praktizieren.

Training: Erhöhen Sie den Umfang und die Intensität Ihres Trainings allmählich, damit sich die Muskeln im unteren Rücken an die zusätzliche Belastung gewöhnen können.

Fahrtechnik: Vermeiden Sie es, beim Radfahren zu lange in einer Position zu verweilen. Bewegen Sie sich im Sattel, fahren Sie im Stehen und nehmen Sie unterschiedliche Griffpositionen am Lenker ein. Versuchen Sie, sich beim Fahren zu entspannen, denn dadurch wird die Spannung in der gesamten Muskulatur vermindert. Auf dem Fahrrad können Sie eine modifizierte Form des in Kapitel 3 beschriebenen Katzenbuckels machen. Schmerzen im unteren Rücken können auch durch Alltagsaktivitäten entstehen. Gewöhnen Sie sich eine gute Haltung im Sitzen und Stehen an. Wenn Sie aus beruflichen Gründen viel sitzen, konzentrieren Sie sich auf Ihre Haltung. Stehen Sie regelmäßig auf und gehen Sie ein paar Schritte. Wenn Sie etwas hochheben, beugen Sie sich nicht aus der Taille hinunter.

Gehen Sie stattdessen in die Knie und führen Sie den Hebevorgang mit der Kraft Ihrer Hüft- und Beinmuskulatur aus.

Fahrradeinstellung: Ein zu hoch eingestellter Sattel führt dazu, dass man sich zu sehr nach der Pedale strecken muss, was wiederum zur Folge hat, dass das Becken zu beiden Seiten abkippt. Ihre untere Rückenmuskulatur wird versuchen, diesen Ablauf zu stabilisieren. Zu niedrige oder zu weit vorn positionierte Lenker oder Aero-Aufsätze führen zu einer erhöhten Anspannung der unteren Rückenmuskulatur. Wenn die Hände auf den Bremsgriffen ruhen, sollten Sie mit relativ geradem und nicht mit gekrümmtem Rücken fahren können.

Verletzungen von Nacken und Schultern

Muskelzerrungen: Zerrungen von Muskeln im Nacken- oder Schulterbereich äußern sich durch Schmerzen, Verspannungen oder Einschränkungen der Beweglichkeit. Diese Schmerzen machen sich entweder sofort bemerkbar oder erst im Laufe einer Fahrt. Sie treten regelmäßig oder phasenweise auf, vielleicht nur dann, wenn Sie den Kopf drehen, um nach dem Verkehr zu schauen, oder immer, wenn Sie in der Unterlenkerposition sind.

Schwache oder verspannte Muskeln können Nacken- und Schulterprobleme verursachen. Ihr Kopf plus Helm übt ein beträchtliches Gewicht aus, Ihre Nacken- und Schultermuskulatur muss also beim Fahren hart arbeiten. Lange Fahrten können also zu einer schmerzhaften Angelegenheit für den Nacken werden.

Konditionierung: Die in Kapitel 3 beschriebenen Kräftigungsübungen für den Oberkörper stärken Schultern und Nacken, die Übungen aus Kapitel 6 dienen zur Krafterhaltung.

Training: Steigern Sie Ihr Training nur langsam, damit sich Ihre Nacken- und Schultermuskulatur an die Belastung gewöhnen kann.

Fahrtechnik: Regelmäßiges Wechseln der Fahrposition entlastet Nacken und Schultern, aber auch die untere Rückenmuskulatur. Sie haben sich daran gewöhnt, beim Fahren regelmäßig zu essen und zu trinken, wechseln Sie zugleich auch Ihre Position. Auch mit leicht gebeugten Ellbogen zu fahren ist empfehlenswert. Viele Fahrer ziehen instinktiv die Schultern nach oben, sobald Sie gegen den Wind oder bergauf fahren oder sich anstrengen – lassen Sie bewusst Ihre Schultern fallen. Ähnlich wie bei Problemen mit der unteren Rückenmuskulatur können Alltagsaktivitäten und eine schlechte Haltung auch zu Nackenproblemen führen, die Ursache für Schmerzen ist also nicht immer das Radfahren.

Fahrradanpassung: Wenn Sattel und Lenker zu weit auseinanderliegen, müssen Sie sich stark strecken und belasten so die Schultern stärker. Auch bei zu niedrig eingestelltem Lenker kann es zu Schmerzen kommen. Experimentieren Sie mit unterschiedlichen Einstellungen des Vorbaus und der Bremsposition Ihrer Hände und probieren Sie Lenker in unterschiedlichen Breiten aus.

Verletzungen der Hände und Handgelenke

→ „Radfahrerlähmung" oder Ulnariskompressionssyndrom: Eine Kompression des Nervus ulnaris (Ellennervs), die sich durch Kribbeln, Taubheit oder Schmerzen an Ringfinger und kleinem Finger äußert, die in manchen Fällen auch in die Hand und den Unterarm ausstrahlen können.

→ Karpaltunnelsyndrom: Eine Kompression des Mediannervs, die Schmerzen, Schwäche oder Taubheitsgefühle in Daumen und Zeigefinger verursacht, die auch in die Hand und den Unterarm ausstrahlen können.

Die Kompression des Nervs kann durch die Druckbelastung des Lenkers auf die Hände oder durch Fahren mit aufgestellten statt gestreckten Handgelenken entstehen. Für Schmerzen an den Händen und Handgelenken gibt es nur wenige innere Auslösefaktoren, aber manche Menschen scheinen anfälliger für Reizungen des Nervus ulnaris zu sein als andere.

Konditionierung: Ihre Rumpfmuskulatur sollte ausreichend gekräftigt sein, sodass Ihre Hände nicht Ihr Gewicht auf dem Lenker halten müssen, sondern wie beim Klavierspielen oder Tippen auf dem Computer nur leicht aufliegen. Im Rahmen Ihres Krafttrainingsprogramms werden auch Ihre Handgelenke gestärkt. Jedes Mal, wenn Sie ein Gewicht in Ihren Händen halten, trainieren Sie alle Beuger- und Streckermuskeln Ihrer Handgelenke. Wenn Sie berufsbedingt viel tippen oder sonstige Handarbeiten verrichten müssen, sind Sie möglicherweise anfälliger für Hand- und Handgelenksbeschwerden.

Fahrtechnik: Variieren Sie Ihre Handposition beim Fahren, wechseln Sie regelmäßig die fünf Griffpositionen am Lenker:
→ Oberlenkergriff mit den Fingern an der Vorderseite des Lenkerrohrs und geraden, nicht gebeugten Handgelenken,
→ an der Oberseite der Lenkerbiegung, mit den Daumen an der Innenseite und geraden Handgelenken,
→ auf den Bremsgriffen, entweder mit den Daumen nach innen und allen vier Fingern nach außen oder mit Daumen und Zeigefinger an der Innenseite, jeweils mit geraden Handgelenken,
→ an der Biegung des Lenkes hinter den Bremshebeln, was allerdings eine Beugung der Handgelenke erfordert,
→ am Unterlenker mit geraden Handgelenken.

Ein regelmäßiger Wechsel der Griffpositionen entlastet auch die Nacken-, Schulter- und Rückenmuskulatur. Gepolsterte Handschuhe können hilfreich sein, eine zu starke Polsterung kann jedoch wiederum zu Kompression und Reibung führen.

Fahrradeinstellung: Fahrräder mit mehr Vorlauf oder breiteren Reifen übertragen weniger Vibrationen von der Straße. Wenn Sie einen Rennradrahmen mit gerader Gabel fahren, kann es sinnvoll sein, eine Gabel mit etwas mehr Vorlauf einzubauen. Zu niedrige Rennlenker führen dazu, dass zu viel Gewicht auf den Händen und Handgelenken lastet. Bei neueren, anatomisch geformten Lenkern wird der Druck besser verteilt. Auch ein Polstern des Lenkers ist sinnvoll, um Erschütterungen und Vibrationen abzudämpfen:
→ Umwickeln Sie den Lenker mit zwei Lagen Lenkerband.
→ Verwenden Sie Lenkerband mit einer Gelschicht an der Innenseite.
→ Verkleiden Sie die Oberfläche des Lenkers mit einer Lage Neopren unter dem Lenkerband an der Stelle, an der Ihre Hände liegen.

Auch wenn Sie nicht alle Überlastungsverletzungen verhindern können, so haben Sie doch erhebliche Einflussmöglichkeiten auf die äußeren Faktoren Training, Ausrüstung, und Fahrtechnik. Die inneren Faktoren können

TABELLE 11.2 — Strategien zur Vermeidung von Überlastungsverletzungen

- **Steigerung:** Vermeiden Sie einen zu schnellen und zu intensiven Aufbau der Trainingsbelastung, steigern Sie vielmehr behutsam Intensität und Umfang des Trainings.
- **Fahrradeinstellung:** Lassen Sie Ihr Rad professionell anpassen und einstellen und konsultieren Sie bei möglichen biomechanischen Besonderheiten einen Spezialisten. Lassen Sie die Anpassung regelmäßig überprüfen – Alter, mehr Kraft oder Beweglichkeit, Verletzungen sowie neue sportliche Ziele können eine Veränderung der Fahrposition erforderlich machen.
- **Auswahl und Einsatz der Übersetzungen:** Wählen Sie Übersetzungen, die zum Terrain passen und fahren Sie keine zu schweren Gänge.
- **Krafttraining:** Kräftigere Muskeln, Bänder und Sehnen vertragen mehr Beanspruchung und tragen dazu bei, Verletzungsrisiken zu reduzieren und muskuläre Dysbalancen zu korrigieren.
- **Beweglich bleiben:** Beim Fahren verharren wir oft in einer Position, und unsere Beine bewegen sich innerhalb eines begrenzten Bewegungsumfangs, was unweigerlich zu Verspannungen führt.
- **Crosstraining:** Andere sportliche Aktivitäten kräftigen die Muskeln auf andere Weise und fördern die allgemeine Gesundheit.
- **Schützen Sie Ihre Extremitäten:** Die Knie sind nicht besonders gut durchblutet, daher sollten Tights oder Beinlinge bei Temperaturen unterhalb von 16 Grad getragen werden. Manche Menschen sind bei kaltem Wetter besonders anfällig für Sehnenentzündungen.
- **Angemessene Ausrüstung:** Nutzen Sie einen Sattel, Schuhe, Handschuhe und Fahrradkomponenten, die zu Ihrer Anatomie passen, und tauschen Sie sie aus, wenn diese abgenutzt sind.
- **Verändern Sie Ihre Position:** Bewegen Sie sich beim Fahren.
- **Legen Sie Pausen ein:** Pro Stunde einige Minuten auf- und abzugehen, kann sehr hilfreich sein.

mit der richtigen medizinischen Behandlung angegangen werden. Ein Großteil aller Überlastungsverletzungen entsteht durch fehlerhaftes Training, wir empfehlen also dringend, die in diesem Buch beschriebenen Prinzipien zu beherzigen, um gesund zu bleiben und die Zeit auf dem Fahrrad zu genießen. In Tabelle 11.2 zeigen wir Strategien zur Vermeidung von Überlastungsverletzungen.

Wenn sich eine Überlastungsverletzung anbahnt, versuchen Sie nicht, trotzdem weiterzufahren, denn das könnte Ihr Saisonaus bedeuten. Machen Sie ein paar Tage Pause vom Radsport und erholen Sie sich. Zur Linderung der unmittelbaren Symptome können Sie die betroffene Region mit Eis kühlen, leicht dehnen und massieren. Bei entzündlichen Prozessen können Sie rezeptfrei erhältliche, entzündungshemmende Medikamente entsprechend den auf dem Beipackzettel angegebenen Hinweisen einnehmen. Während Sie pausieren, sollten Sie versuchen, den Grund Ihrer Beschwerden herauszufinden und was man dagegen tun kann. Mögliche Ursachen sind falsches Training, schlechte Fahrradeinstellung, anatomische Besonderheiten oder mangelnde Fahrtechnik. Vielleicht benötigen Sie einen Arzt, einen Experten für Fahrradanpassung oder einen anderen Spezialisten, um die richtige Diagnose zu stellen und eine darauf abgestimmte Behandlung zu finden.

Umgebungsabhängige Gesundheitsbeeinträchtigungen

Langstreckenradsportler absolvieren ihr Training und ihre Wettkämpfe oft unter Bedingungen, in denen es zu unterschiedlichen Problemen kommen kann. Solche Beeinträchtigungen der Gesundheit sind manchmal unangenehm, aber nur leichter Natur, unter

Rad fahren bei muskulärer und mentaler Erschöpfung

Von Michelle Grainger

Bei Veranstaltungen mit Distanzen von 200 Kilometern und mehr stellt sich unweigerlich eine zunehmende Erschöpfung ein. Auch schon bei einer mehrtägigen Tour kommt es zu muskulärer und mentaler Erschöpfung. Sie schleicht sich in unsere Beine und lässt uns nach schleifenden Bremsen oder platten Reifen schauen, die nicht existieren. Der Beginn der Erschöpfung lässt sich dadurch hinauszögern, dass man das ganze Jahr über gut in Form bleibt und seine aerobe Ausdauer und Muskelkraft aufrechterhält.

→ Trainieren Sie mit Vernunft und bauen Sie Umfang und Intensität allmählich auf.
→ Befolgen Sie einen Plan, der sowohl lange, langsame als auch intensive Trainingseinheiten umfasst.
→ Machen Sie das gesamte Jahr über Krafttraining.

Auftretende Schmerzgefühle sind zum Teil auf verzögert eintretende Muskelschmerzen beziehungsweise Muskelkater (DOMS – delayed onset muscle soreness) zurückzuführen. DOMS wird durch Belastung der Muskeln erzeugt, die zu tiefgeweblicher Muskelermüdung und Faserrissen führt. Nach einer anstrengenden Fahrt oder sonstigen intensiven Trainingseinheiten repariert der Körper leichte Beschädigungen der Muskeln durch erhöhte Blutzufuhr zu diesen Muskeln und durch die Freisetzung von chemischen Reizstoffen, die die Schmerzrezeptoren anregen, sodass die Nerven des betroffenen Muskels Schmerzsignale zum Gehirn senden.

Stetige Muskelbewegung mit geringerer Intensität ist hilfreich für den Reparaturprozess der Muskeln – dies ist der Grund, warum aktive Regeneration so wichtig ist. Das Alter hat einen großen Einfluss auf unsere Regenerationsfähigkeit über den Tag und die gesamte Saison gesehen. Je älter wir werden, desto weniger Elastizität weist unser Muskelgewebe auf. Wenn wir das gesamte Jahr über auf unsere Form achten, wird unsere Regenerationsfähigkeit positiv beeinflusst.

Wenn man DOMS kennt und entsprechende Maßnahmen dagegegen ergreift, ist man besser für die Herausforderung mehrtägiger Fahrten gerüstet. Nachfolgend finden Sie einige Tipps, wie Sie sich auf eintretende Erschöpfung vorbereiten und diese bekämpfen können:

→ Essen Sie vorher, während und insbesondere direkt nach dem Ende der Fahrt. Trinken Sie, wenn Sie durstig sind.
→ Dehnen Sie sich regelmäßig vor und während der Fahrten.
→ Wenn Ihnen die Strecke und das Terrain bekannt sind, können Sie gezielt Verpflegungsstopps und mentale Pausen einplanen.
→ Konzentrieren Sie sich auf kleine Ziele wie das Erreichen des nächsten Kontroll- oder Verpflegungspunkts, statt über die Gesamtsituation nachzudenken.

> → Jede Fahrt baut auf der vorherigen auf. Wenn Sie bereits mehrere 200-km-Fahrten abgeschlossen haben, verfügen Sie über die physischen und mentalen Grundlagen, um eine lange Distanz in kleinere Abschnitte zu unterteilen und die Sicherheit zu haben, dass sie die Distanz Abschnitt für Abschnitt bis zum Ziel bewältigen können.
> → Achten Sie bei längeren Brevets darauf, wie es Ihnen ergeht, wenn Sie wenig Schlaf bekommen. Auch wenn Sie vielleicht nie 24 Stunden nonstop fahren können, sollten Sie Ihre Grenzen kennen. Indem Sie schrittweise die Länge Ihrer Fahrten erhöhen und Ihre Fähigkeit testen, trotz wenig Schlaf konzentriert zu bleiben, lernen Sie diese Grenzen kennen.
> → Wir werden bei Erschöpfung unweigerlich langsamer. Wir können eine Veranstaltung über 600 Kilometer nicht mit dem gleichen Tempo fahren wie eine kürzere Distanz und ebenso wenig können wir eine Distanz von 160 Kilometern an Tag 7 einer Tour genauso schnell fahren wie bei einem Century. Erkennen Sie diese Tatsache an und akzeptieren Sie sie.
> → Um trotz Muskelschmerzen weiterfahren zu können, bietet es sich an, die schmerzenden Muskeln zu dehnen und zu massieren, schmerzlinderndes Sportgel aufzutragen, Eisbeutel aufzulegen und kalte oder warme Wannenbäder zu nehmen.
> → Auch die Einnahme von rezeptfrei erhältlichen entzündungshemmenden Medikamenten kann hilfreich sein, hierzu sollte jedoch ärztlicher Rat eingeholt werden.
>
> Denken Sie daran, dass bei eintretender Erschöpfung die Leistung zwar abnimmt, sich danach aber wieder einpendelt. Ihre Beine sind zwar müde, aber Sie können weiterfahren!
>
> *Michelle Grainger erreichte 1990 den dritten Platz beim Race Across America. Über zehn Jahre lang war sie professionelle Mountainbikerennfahrerin. Auf dem MTB gewann Sie das 24-Stunden-Rennen „Montezuma's Revenge" (2001) und die „24 Stunden von Finale", Italien (2001, 2002, 2003), hielt Streckenrekorde beim „Vail Ultra 100" (1999, 2001, 2002), und war siebte beim „Cape Epic", einem Mountainbikerennen über sieben Etappen in Südafrika (2004). Mittlerweile ist sie aktive Randonneurin. Grainger verfügt über 20 Jahre Erfahrung als Trainerin, unter anderem hat sie auch John trainiert. Weitere Informationen finden Sie unter www.athleticexcellence.net.*

Umständen aber auch ernst oder lebensbedrohlich. Bei Hitze kann es zu Krämpfen, Erschöpfung oder Hitzschlag kommen. Bei Kälte drohen leichte bis schwere Unterkühlung. In der Höhe kann es zu Unwohlsein oder Herz- und Lungenödemen kommen. Eine Veränderung der geistigen Verfassung ist in jedem Fall der wichtigste Hinweis dafür, dass etwas nicht stimmt. Ist jemand verwirrt, desorientiert oder liegen Artikulations- oder Koordinationsprobleme vor, weist das auf eine Beeinträchtigung des zentralen Nervensystems hin – ein lebensbedrohlicher Notfall. Rufen Sie in diesem Fall sofort den Notarzt. Auch wenn Sie nicht unter extremen äußeren Bedingungen trainieren – Probleme können auch bei relativ milden Verhältnissen auftreten. Sie sollten wissen, wie man sich selbst schützt, Risiken einschätzt und Symptome bewerten kann und darauf eingestellt sein, Notfallmaßnahmen durchzuführen.

Hitzebedingte Gesundheitsbeeinträchtigungen

→ Sonnenbrand: Sonnenbrand kann schon nach 30-minütiger UV-Einstrahlung entstehen, und das Risiko steigt, wenn Sie in höher gelegenen Regionen fahren oder die Umgebung helle, reflektierende Oberflächen aufweist. Tragen Sie reichlich Sonnenschutzmittel auf die betroffenen Hautpartien sowie auf die Lippen auf, möglichst mit Lichtschutzfaktor über 15, und zwar auch an wolkigen Tagen, und wiederholen Sie dies regelmäßig. Hellhäutige und sonnenempfindliche Fahrer sollten helle Kleidung tragen und Ihre Haut so wenig wie möglich direkt der Sonne aussetzen. Radsportkleidung reduziert zwar die Einwirkung von UV-Strahlung auf die Haut, blockiert diese jedoch nicht vollständig. John bekam einmal einen Sonnenbrand unter den Radshorts, nachdem er einen Tag lang in Höhenlagen gefahren war! Mittlerweile gibt es einige Hersteller, die Bekleidung aus UV-beständigem Gewebe mit Lichtschutzfaktoreinstufung anbieten.

→ Hautkrebs: Dieses krankhafte Wachstum von Hautzellen tritt meist an Stellen auf, die der Sonne ausgesetzt sind. Die Fälle von Hautkrebs nehmen zu, die Krankheit kann jedoch dadurch verhütet werden, dass man die Haut vor UV-Strahlung schützt und sie regelmäßig auf verdächtige Veränderungen überprüft.

→ Augenerkrankungen: Starke Sonneneinwirkung über längere Zeit führt zur Bildung von Linsentrübungen, durch die das klare Sehen beeinträchtigt wird. Tragen Sie beim Fahren eine Sonnenbrille mit UV-Schutz. Sonnenbrillen mit Panoramagläsern verhindern darüber hinaus, dass in der Luft befindliche Partikel ins Auge gelangen können. Für Wolkentage sind gelbe und für Nachtfahrten farblose Gläser erhältlich.

→ Krämpfe: Sie treten auf, wenn ein Muskel sich unwillkürlich verkrampft, besonders, wenn der Muskel ermüdet ist und sich in bereits verkürztem Zustand weiter zusammenzieht. Radfahren besteht aus sich wiederholenden Bewegungen ohne vollständige Muskelextension, daher ist man bei Erschöpfung anfällig für Krämpfe, und zwar insbesondere bei hohen Temperaturen. Dehnübungen während der Pausen, wie in Kapitel 7 gezeigt, tragen dazu bei, das Auftreten von Krämpfen zu verhindern. Dehydrierung und Elektrolytmangel oder -ungleichgewicht sind zwar keine direkten Ursachen, tragen aber wahrscheinlich zur Entstehung von Krämpfen bei. Achten Sie gut auf Ihre Ernährung, damit Sie mit einem ausgewogenen Elektrolythaushalt losfahren. Trinken Sie beim Radfahren so viel, dass Sie Ihren Durst stillen, aber nicht mehr.

→ Hitzeschäden: Wenn Sie sich bei Hitze sportlich betätigen, kann eine plötzliche Erschöpfung eintreten, die über eine normale Ermüdung hinausgeht. Hartes Trai-

ning bei hohen Temperaturen, insbesondere bei gleichzeitiger hoher Luftfeuchtigkeit, erhöht die Anfälligkeit für Hitzeschäden. Anzeichen und Symptome hierfür sind unter anderem:
– Erschöpfung
– Kopfschmerzen
– Benommenheit
– Übelkeit
– Starkes Schwitzen
– Kalte und feuchte Haut
– Fahle oder graue Haut
– Leicht erhöhte Körpertemperatur
– Schneller, flacher Puls

Bei Verdacht auf Hitzeschäden sollten folgende Maßnahmen ergriffen werden:
1. Sportliche Betätigung einstellen.
2. Aus der Sonne gehen und wenn möglich einen schattigen oder klimatisierten Ort aufsuchen.
3. Hinlegen und Beine und Füße leicht erhöht lagern.
4. Beengende Kleidung lockern oder ausziehen.
5. Kühles Wasser oder andere alkohol- und koffeinfreie Getränke trinken.
6. Den Körper mit kühlem Wasser besprühen oder mit einem kühlen, feuchten Schwamm benetzen. Wenn andere Personen Symptome von Hitzeschäden zeigen, fächern Sie ihnen Luft zu und geben Sie Ihnen Wasser.
7. Behalten Sie die Situation sorgfältig im Auge, Hitzeschäden können sich schnell zu einem Hitzeschlag entwickeln.

Wenn sich innerhalb einer Stunde keine Besserung der Befindlichkeit einstellt, sollten Sie unverzüglich ärztliche Hilfe in Anspruch nehmen, wie die Mayo Clinic in Ihren Empfehlungen zu „Heat Exhaustion" rät.

→ Hitzschlag: Ein Hitzschlag kommt selten vor, ist aber besonders gefährlich. Er tritt typischerweise als Folge anstrengender Aktivitäten bei Hitze in Verbindung mit unzureichender Flüssigkeitszufuhr auf. Die Kühlmechanismen des Körpers sind nicht mehr in der Lage, die steigende Körpertemperatur zu senken. Durch den Anstieg der Körpertemperatur kann die Gehirnfunktion beeinträchtigt werden, was zum Verlust des Bewusstseins und nachfolgend zu Hirnschäden führen kann – ohne Behandlung kann dies tödlich sein. Aufgrund der Auswirkungen auf das Gehirn ist eine Veränderung des geistigen Zustands das entscheidende Gefahrensignal, tritt eine solche Veränderung auf, muss umgehend der Notarzt verständigt werden. Ein Hitzschlag ist ein medizinischer Notfall, typische Symptome sind laut der Mayo Clinic:
– Desorientierung, Gereiztheit, Verwirrtheit
– Bewusstlosigkeit
– Schwindel, Benommenheit, Ohnmacht
– Zunächst starkes Schwitzen; in späteren
– Stadien kein starkes Schwitzen
– Heiße, trockene Haut, bei körperlicher
– Betätigung auch feuchte Haut
– Rötliche Hautfarbe
– Merklich erhöhte Körpertemperatur
– Schneller Herzschlag
– Schnelle, flache Atmung
– Kopfschmerzen
– Übelkeit

Das Risiko von Hitzeschäden oder eines Hitzschlag kann durch folgende Maßnahmen deutlich verringert werden:

Akklimatisierung: Durch Akklimatisierung kann sich der Körper besser auf Aktivitäten bei hohen Temperaturen einstellen, dazu tragen auch die eintretenden physiologischen Veränderungen bei, durch die die Hitze, die durch die Aktivität erzeugt wird, besser abgeleitet wird. Die Anpassung richtet sich danach, wie lange der Körper der Hitze ausgesetzt ist, und nicht nach der körperlichen Anstrengung, sie benötigt einen Zeitraum von mehreren Wochen. Sich passiv an die Hitze zu gewöhnen ist fast so effektiv wie eine aktive Anpassung, also stellen Sie die Klimaanlage aus, öffnen Sie das Fenster und gewöhnen Sie sich an die Außentemperaturen!

Tempo: Leider arbeiten unsere Muskeln nicht vollkommen effizient und ein beträchtlicher Teil der verbrauchten Energie wird in Wärme statt in Vorwärtsbewegung umgewandelt. Je heißer der Tag ist, desto schwieriger ist es für den Körper, diese Wärme abzubauen, und bei extrem heißen Bedingungen kann es passieren, dass der Körper zusätzliche Wärme aus der Umgebung aufnimmt. Fahren Sie langsamer!

Flüssigkeitsaufnahme: Ihr Körper leitet Hitze über das Schwitzen ab, also trinken Sie, wenn Sie Durst haben. Sie können Ihre Trinkvorräte kühlen, indem Sie Eiswürfel in die Trinkflaschen oder den Trinkrucksack füllen, die Flaschen am Vorabend der Fahrt einfrieren oder diese in nasse Socken einhüllen.

Einschätzung: Vor Beginn sollten Sie abschätzen, ob und wann Sie fahren werden. Wenn sich ein heißer Tag abzeichnet, fahren Sie schon vor dem Frühstück. Wenn Sie eine lange Ausdauerfahrt planen, unterteilen Sie diese in zwei etwas schnellere, aber dafür kürzere Tempofahrten und fahren eine vor dem Frühstück und die andere nach dem Abendessen.

Schutz: Tragen Sie helle, atmungsaktive Kleidung.

Maßhalten: Schränken Sie den Konsum von Koffein und Alkohol ein.

Überwachen: Wie zuvor erwähnt, kann sich die Wirkung von Hitze nach und nach verstärken. Um sicherzugehen, dass Sie keine Hitzeschäden erleiden, notieren Sie Ihr Gewicht vor und nach längeren Fahrten. Für jedes verlorene Kilogramm sollten Sie einen Liter Flüssigkeit aufnehmen.

Kältebedingte Gesundheitsbeeinträchtigungen

→ Belastungsinduzierter Bronchospasmus: Diese Verkrampfung der Bronchialmuskulatur wurde früher als belastungsinduziertes Asthma bezeichnet und tritt häufig bei Personen auf, die sich bei kalten, trockenen Bedingungen sportlich betätigen. Es treten Atemschwierigkeiten, Kurzatmigkeit, Husten, Engegefühl in der Brust und Keuchen auf. Bei bestehender Anfälligkeit für Bronchospasmen kann es hilfreich sein, Mund und Nase mit einer Sturmhaube oder ähnlichem abzudecken und so die Atemluft anzuwärmen und feucht zu halten, was den Ausbruch der Symptome mildern kann. Lässt sich hierdurch keine Besserung erreichen, sollten Sie einen Arzt aufsuchen.

Der Windchill, also die gefühlte Temperatur, fällt dramatisch ab, wenn die Umgebungstemperatur sinkt, die Windgeschwindigkeit zunimmt oder beides eintritt, wie die Daten in Tabelle 11.3 zeigen.

→ Unterkühlung: Wenn der Körper Wärme schneller abgibt, als er sie erzeugt, beginnt der Rumpf auszukühlen und es kommt zur Unterkühlung. Die meisten Fälle dieses po-

TABELLE 11.3	Windchill beim Radfahren	
Umgebungstemperatur	Radfahren mit 24 km/h bei	Windchill
4 Grad	Windstille	0 Grad
–1 Grad	Gegenwind mit 8 km/h	–8 Grad
–7 Grad	Gegenwind mit 24 km/h	–17 Grad

Nach NOAA, www.nws.noaa.gov/os/windchill/index.shtml

tenziell lebensgefährlichen Zustands treten bei Temperaturen um 4 Grad auf, nicht in arktischen Regionen oder im Gebirge. Bei etwas Regen und Auskühlung durch den Fahrtwind kann es schon gefährlich werden, wenn man nicht vorbereitet ist. Zu den Ursachen von Unterkühlung zählen nicht ausreichend warme Kleidung, zu langer Aufenthalt in der Kälte und zu langes Tragen nasser Kleidung. Symptome einer leichten Unterkühlung sind unter anderem Zittern und anschließende Störungen der Feinmotorik, die sich zum Beispiel daran zeigen können, dass ein Reißverschluss nicht mehr ohne Schwierigkeiten geöffnet oder geschlossen werden kann.

Ohne Behandlung verschlimmert sich das Auskühlen, was von einem moderaten Verlauf bis zu einer schweren Unterkühlung führen kann. In diesem Fall ist das Gehirn betroffen, die Aussprache wird undeutlich und es stellt sich Desorientierung ein. Anschließend tritt Bewusstlosigkeit ein und in der Folge der Tod. Zur Vermeidung von Unterkühlungen achten Sie auf angemessene Bekleidung, vermeiden Sie lange Aufenthalte in nassen und kalten Umgebungen und gebrauchen Sie Ihr Urteilsvermögen: Wenn Sie Einbußen in der Feinmotorik bemerken, sollten Sie sofort folgende Maßnahmen ergreifen:

Schützen Sie sich vor der Witterung: Wenn es möglich ist, steigen Sie vom Rad und wärmen Sie sich in einem Gebäude oder geschützten Raum auf. Wenn es trocken, aber windig ist, halten Sie an und kauern Sie sich mit dem Rücken zum Wind zusammen, um eine möglichst kleine Angriffsfläche zu bieten.

Ziehen Sie sich warm an: Tragen Sie alles, was Sie an Bekleidung dabei haben.

Improvisieren Sie: Trockenes Zeitungs- oder Altpapier unter dem Trikot erhöht die Isolierung. Müllbeutel lassen sich zu Regenjacken und Gamaschen zweckentfremden.

Ziehen Sie nasse Kleidung aus: Kleidung aus Wolle isoliert auch in nassem Zustand, aber Baumwolle und manche Synthetikfasern entziehen dem Körper Wärme.

Warme Getränke: Trinken Sie warme, koffein- und alkoholfreie Getränke.

Suchen Sie körperliche Nähe: Die Körperwärme einer nicht unterkühlten Person kann Sie sehr gut aufwärmen.

Jegliche Veränderungen des geistigen Zustands wie Verwirrung oder Sprachstörungen sind Anzeichen für einen medizinischen Notfall, rufen Sie in diesem Fall sofort den Notarzt.

Leichte und schwere Erfrierungen: Leichte Erfrierungen treten auf, wenn die äußere Hautschicht durch starke windbedingte Auskühlung oder Kontakt mit kalten Oberflächen gefriert. Oberflächliche Erfrierungen betreffen die äußere Hautschicht und Teile des darunter liegenden Gewebes. Üblicherweise tritt innerhalb von 24 Stunden Blasenbildung auf. Bei schweren Erfrierungen geht die gesamte Flüssigkeit des Hautgewebes in einen kristallinen Zustand über, dies kann zur Zerstörung des betroffenen Gewebes führen. Zur Vermeidung von Erfrierungen sollte dem Wetter angemessene, nicht zu enge Bekleidung getragen werden, insbesondere an den Extremitäten, und Sie sollten realistisch einschätzen, ob und wann Sie draußen fahren sollten.

Dan hat in Alaska gelebt und John lebt in Colorado, daher kennen beide Kälteschäden aus eigener Erfahrung. Im Folgenden lesen Sie Ratschläge, wie man Unterkühlungen verhindert, Ratschläge zur passenden Bekleidung bei widrigen Bedingungen gab es auch schon in den Kapiteln 8 und 10.

Bekleidung: Tragen Sie trockene, winddichte und gut isolierte Kleidung, die Feuchtigkeit entweichen lässt. Ziehen Sie mehrere Bekleidungsschichten an und nehmen Sie Ersatzkleidung für alle möglichen Wetterbedingungen mit. Achten Sie sorgfältig auf Ihre Hände und Füße, denn bei kalten Temperaturen reduziert der Körper die Blutzufuhr zu den Extremitäten, um den Rumpf warm zu halten.

Helm: Verwenden Sie zusätzlich zu einer Sturmhaube oder Helmmütze eine Helmabdeckung. Viele Fahrer in Alaska haben einen Winterhelm, bei dem die Belüftungsöffnungen mit Klebeband verschlossen sind.

Ernährung: Bei kaltem Wetter benötigen Sie Kalorien als Energielieferant fürs Fahren, aber auch um warm zu bleiben, also sollten Sie dabei mehr essen als im Sommer. Außerdem benötigen Sie auch Flüssigkeit. Auch bei Temperaturen über dem Gefrierpunkt kann die Motivation nachlassen, regelmäßig zu essen und zu trinken, in diesem Fall müssen Sie alle 20 bis 30 Minuten kurz anhalten, um etwas zu essen und zu trinken. Bei Temperaturen unterhalb des Gefrierpunkts müssen Sie darauf achten, dass Ihre Getränke flüssig bleiben. John verwendet einen kleinen Trinkrucksack, der unter die äußere Bekleidungsschicht passt.

Planen Sie Ihre Fahrt: Aus Sicherheitsgründen sollten Sie Ihre Fahrten immer an die jeweiligen Gegebenheiten anpassen. Statt vier Stunden am Stück fahren Sie viermal eine Stunde. So können Sie bei Bedarf zwischendurch zu Hause vorbeischauen und einen heißen Kakao trinken! Bei Schnee fahren Sie mit dem Mountainbike am besten auf der Straße, um mehr Grip zu haben und weniger leicht einen Platten bekommen. Ein langsames Tempo hat den Vorteil, dass der Windchilleffekt geringer ist. Berühren Sie bei extremer Kälte keine Metallteile an Ihrem Fahrrad und fahren Sie lieber auf dem Rollentrainer, wenn es zu kalt ist.

Höhenkrankheit

In Höhenlagen wirken sich der verminderte Luftdruck und eine geringere Sauerstoffkonzentration auf Ihre sportliche Leistungsfähigkeit und Ihre Befindlichkeit aus. Schon ab 1.500 Meter können sich Höheneffekte bemerkbar machen und oberhalb von 2.400 Metern Symptome der Höhenkrankheit auftreten. Erste Anzeichen einer Höhenkrankheit sind unter anderem:

– Kopfschmerzen
– Appetitlosigkeit
– Höherer Puls
– Erschöpfung bei Aktivität und im Ruhezustand
– Kurzatmigkeit bei Belastung
– Schlafprobleme
– Benommenheit oder Schwindel
– Übelkeit oder Erbrechen

Kapitel 11 Verletzungen vorbeugen

Sicherheit: Umgang mit Hunden

Auf einer Tour in Kalifornien wurde John von einem Hund verfolgt und gebissen. Da die zuständigen Behörden nicht in der Lage waren, den Hund ausfindig zu machen, musste John die schmerzhafte Prozedur einer Tollwutimpfserie über sich ergehen lassen. Wir hoffen, dass Sie niemals mit bösartigen Hunden zu tun haben werden, aber eine Begegnung mit übermäßig freundlichen oder auch aggressiven Hunden ist nicht ganz unwahrscheinlich. Hier einige Vorschläge:

→ Seien Sie aufmerksam: Eine bewusste Wahrnehmung Ihrer Umgebung ist der Schlüssel zum sicheren Fahren. Achten Sie immer mit einem Auge und Ohr auf Hunde, genauso wie den Verkehr und andere Fahrer.

→ Fahren Sie vorausschauend: Wenn Sie einen Hund sehen, schätzen Sie die Situation ein. Ist er angeleint? Bellt er nur oder bewegt er sich auf Sie zu? Wie schnell ist er? Wird er sich Ihnen von vorn nähern oder hinter Ihnen herlaufen?

→ Warnen: Machen Sie Ihre Mitfahrer auf die Gefahr aufmerksam.

→ Bleiben Sie ruhig: Vermeiden Sie eine Kollision mit dem Hund, Sie könnten sonst stürzen oder den Hund töten. Geraten Sie nicht in Panik und behalten Sie die Kontrolle über Ihr Fahrrad.

→ Schätzen Sie ein, ob der Hund freundlich ist: Hunde jagen gerne hinter Dingen her, die sich bewegen, und schnellere Objekte machen ihnen umso mehr Spaß. Wenn der Hund spielt, fahren Sie langsamer und reden Sie mit freundlicher Stimme auf den Hund ein. Vielleicht können Sie einfach an ihm vorbeifahren. Wenn der Hund trotzdem noch spielen will, steigen Sie vom Rad ab und gehen Sie vorbei, wobei Sie das Rad zwischen sich und den Hund positionieren.

→ Geben Sie ein Kommando: Viele Hunde hören auf Kommandos, die mit fester Stimme ausgesprochen werden. Versuchen Sie: „Aus!" „Sitz!" „Nein!"

→ Fliehen: Wenn Sie über ausreichend Geschwindigkeit verfügen, können Sie versuchen, dem Hund davonzufahren, aber denken Sie daran, dass der Hund gern beweglichen Objekten hinterherjagt.

→ Abschrecken: Wenn der Hund nicht auf Stimmkommandos reagiert und einen aggressiven Eindruck macht, besprizen Sie ihn mit Ihrer Wasserflasche.

→ Schützen Sie sich, wenn dies erforderlich ist: Pfefferspray oder physische Gewalt sollten nur in wirklich gefährlichen Situationen eingesetzt werden.

→ Rechnen Sie mit einer Kollision: Auch ein Hund, der nur spielen will, kann vor Ihr Fahrrad laufen und eine Kollision verursachen. Wenn Sie einen Schlenker um den Hund fahren, können Sie die Kontrolle über das Fahrrad verlieren. Wenn Sie mit einer Kollision rechnen, verlagern Sie das Gesäß hinter den Sattel, damit Sie nicht über den Lenker geschleudert werden, und halten Sie den Lenker fest in den Händen, damit das Vorderrad nicht unter Ihnen ausbricht.

→ Lassen Sie die Hand am Lenker: Auch ein kleinerer Sturz kann einen Schlüsselbeinbruch zur Folge haben. Wenn ein Sturz zur rechten Seite droht und Sie Ihren rechten Arm ausstrecken, um den Sturz abzufangen, wird die Aufprallenergie über den Arm übertragen und führt zum Bruch des relativ schwachen Schlüsselbeins. Behalten Sie die Hände bei Stürzen, ob sie nun durch einen Hund oder ein anderes Hindernis verursacht werden, möglichst am Lenker. Vielleicht kommt es so zu Hautabschürfungen an den Händen und Unterarmen, diese heilen jedoch nach ein paar Tagen, während die Heilung eines Schlüsselbeinbruchs bis zu sechs Wochen dauern kann.

Wenn Sie auf Ihren Trainingsrunden wiederholt Probleme mit bestimmten Hunden haben, kann es sinnvoll sein, das zuständige Ordnungsamt zu verständigen.

Am Mount Evans in Colorado befindet sich in einer Höhe von 4.307 Metern die höchstgelegene befestigte Straße der Vereinigten Staaten. John lebt auf einer Höhe von 1.800 Metern, aber wenn er eine gute Saison hat, fährt er den Mount Evans hinauf. Seine Erfahrung hat ihn Folgendes gelehrt:

Tempo und Übersetzungen anpassen: In Höhenlagen ist der begrenzt verfügbare Sauerstoff ein limitierender Faktor. Akzeptieren Sie diesen Umstand und fahren Sie langsamer.

Gewicht: Je mehr Gewicht Sie auf dem Rad transportieren, desto härter muss Ihr Körper arbeiten.

Kontinuierliche Verpflegung: Wenn das Atmen schwer fällt, kommt es Ihnen vielleicht unmöglich vor, während der Fahrt zu essen und zu trinken. Halten Sie dann kurz an, nehmen Sie etwas zu sich und fahren anschließend weiter.

Auch wenn Sie nicht in Colorado leben, können Sie das Radfahren in den Bergen genießen. Die Akklimatisierung braucht aber Zeit. Wenn Sie in einer Höhenlage ankommen, zum Beispiel 1.500 Meter hoch, beginnt Ihr Körper, sich anzupassen, es dauert jedoch bis zu einer Woche, bis Sie sich an die Höhe gewöhnt haben. In den ersten Tagen, die Sie in der Höhenluft verbringen, kann Ihre Leistungsfähigkeit sogar abfallen. Wenn Sie zum Beispiel den Mount Evans hinauffahren möchten, kommen Sie also entweder mindestens eine Woche vorher oder direkt am Vorabend nach Colorado. Die Höhe wirkt sich oft auch auf die Schlafqualität aus. John hat viele Touren in Colorado geleitet und die Routen so geplant, dass die Teilnehmer in der ersten Woche an weniger hoch gelegenen Orten übernachtet haben, um ihnen Gelegenheit zur Akklimatisierung zu geben. Am Tag wurden dann immer höher gelegene Pässe angefahren. Je schneller die Höhe von Abend zu Abend ansteigt, desto wahrscheinlicher wird das Auftreten von höhenbedingten Symptomen.

Probleme mit der Höhe kommen auch in leichter bis schwerer Ausprägung vor. Achten Sie auch hier auf die geistige Verfassung. Zeigt eine Person Anzeichen von Verwirrung, Desorientierung oder Taumeln, ist das zentrale

Nervensystem betroffen und der Zustand ist lebensbedrohlich. Bringen Sie die betroffene Person so schnell und sicher wie möglich an einen niedriger gelegenen Ort.

Traumatische Verletzungen

Sie fahren die Straße entlang und genießen Ihre lange Tour, als Sie plötzlich von einem Auto geschnitten werden, von der Straße abkommen und stürzen. Oder noch schlimmer, ein Fahr direkt vor Ihnen wird von einem Fahrzeug erfasst und liegt danach bewegungslos auf der Straße. Fahrradunfälle sind furchteinflößend. Unfälle durch Stürze oder mit Beteiligung von anderen Radfahrern, Fußgängern, Kraftfahrzeugen und Hunden führen jedes Jahr zu Hunderttausenden von medizinischen Notfällen.

Unfälle vermeiden

Zwar lässt sich nicht jeder Unfall verhindern, Sie können jedoch durch defensives Fahren das Risiko verringern. Je mehr Erfahrungen Sie als Radsportler machen, desto mehr werden Sie sich eine defensive Fahrweise angewöhnen. Ebenso wie Sie im Laufe Ihrer sportlichen Weiterentwicklung immer wieder Ihren Ernährungsplan und Ihr Trainingsprogramm überprüft haben, sollten Sie sich die Zeit nehmen, diese wichtigen Sicherheitsaspekte immer wieder präsent zu haben:

- → Tragen Sie Ihren Helm: Kopfverletzungen sind eine der Hauptursachen für Todesfälle im Radsport. Steigen Sie nie ohne Helm aufs Rad, auch wenn es nur eine kleine Testrunde ist.
- → Seien Sie aufmerksam: Schauen Sie immer wieder seitlich und nach hinten, ein Rückspiegel macht dies noch leichter, und achten Sie auf andere Radfahrer, Fußgänger, Autos und Gefahrenquellen.
- → Achten Sie auf Ihre Sichtbarkeit: Tragen Sie helle oder reflektierende Kleidung. Fahren Sie bei Dämmerung oder Dunkelheit mit heller Beleuchtung und reflektierender Bekleidung und Ausrüstung.
- → Beachten Sie alle Verkehrsregeln: Als Radfahrer bedienen Sie ein Fahrzeug auf vier Rädern und müssen die gleichen Verkehrsregeln beachten wie Fahrer von Kraftfahrzeugen.
- → Fahren Sie berechenbar: Verhalten Sie sich wie ein Auto. Bleiben Sie bei Abzweigungen in der Geradeausspur. Wechseln Sie nur in die Rechtsabbiegespur, wenn Sie tatsächlich rechts abbiegen möchten, wechseln Sie in die Linksabbiegespur, wenn Sie links abbiegen möchten. Zeigen Sie mit herausgestrecktem Arm an, dass Sie abbiegen möchten. Fahren Sie nicht auf Bürgersteigen. Autofahrer sind nicht auf Radfahrer vorbereitet, die mit Geschwindigkeit vom Bürgersteig auf die Straße fahren.
- → Gruppen: Genießen Sie es, in Gesellschaft zu fahren, aber bleiben Sie aufmerksam, seien Sie berechenbar in Ihrer Fahrweise und schützen Sie Ihr Vorderrad.
- → Wählen Sie Ihre Routen gezielt aus: Versuchen Sie, relativ ruhige Straßen zu nutzen und stark befahrene Straßen zu meiden.
- → Nicht ablenken lassen: Seien Sie vorsichtig, wenn Sie Fahrradcomputer, Herzfrequenzmesser oder Wattmessgerät bedienen. Fahren Sie niemals mit Kopfhörern.

Notfallmaßnahmen

Sie sehen einen Unfall und eilen herbei. Was sollten Sie tun? Wenn Sie als erster am Unfallort sind, handeln Sie nach folgendem Ablauf. Die Bergung von Verletzten, Herz-Lungen-Wiederbelebung und Erste-Hilfe-Maßnahmen können im Rahmen dieses Buches nicht näher erläutert werden.

1. Nachdenken: Nicht einfach irgendetwas tun, bevor Sie Maßnahmen ergreifen, halten Sie kurz inne und verschaffen sich kurz einen Eindruck davon, was passiert ist und wie Sie vorgehen sollten.
2. Unfallort absichern: Ein verunglückter Fahrer ist genug. Bevor Sie ihm helfen, leiten Sie mit anderen Fahrern den Verkehr um die Unfallstelle herum. Falls Sie den Verletzten bewegen müssen, sollten Sie äußerst vorsichtig sein, wenn Anzeichen für Kopf- oder Wirbelsäulenverletzungen bestehen.
3. Wie schlimm sind die Verletzungen? Ist der Zustand der verunglückten Person lebensbedrohlich? Überprüfen Sie Folgendes:
   → Ansprechbarkeit: Fragen Sie laut, ob „alles in Ordnung" ist, wenn die Person nicht antwortet, klopfen Sie ihr auf das Brustbein und prüfen, ob eine Reaktion erfolgt.
   → Atemwege: Wenn die Person ansprechbar ist, bitten Sie sie, den Mund zu öffnen. Ist die Person nicht ansprechbar, ziehen Sie den Unterkiefer herunter. Entfernen Sie dann mit den Fingern eventuell vorhandene ausgeschlagene Zähne oder sonstige Fremdkörper aus Mund und Rachenraum. Da Kopf- und Wirbelsäulenverletzungen bei Radsportlern häufig vorkommen, darf der Kopf nicht angehoben oder gedreht werden.
   → Atmung: Führen Sie Ihr Ohr nah an Mund und Nase des Verunglückten und beobachten Sie seine Brust. Atmet die Person? Wenn dies nicht der Fall und Sie über eine entsprechende Ausbildung verfügen, beginnen Sie mit der Herz-Lungen-Wiederbelebung.
   → Kreislauf: Wenn Sie eine medizinische Ausbildung haben, prüfen Sie den Puls des Verunglückten. Wenn nicht, lassen Sie diesen Schritt aus, da das Ergebnis bei Laien oft unsicher ausfällt.
4. Notarzt verständigen: Wenn Sie allein sind, führen Sie alle genannten Schritte durch, bevor Sie den Notarzt verständigen. Sind weitere Personen anwesend, lassen Sie diese den Notarzt verständigen, während Sie die Lage einschätzen.

Da wir Ihnen im Rahmen dieses Buchs keine Unterweisung in Erster Hilfe geben können, empfehlen wir den Besuch eines Erste-Hilfe-Kurses. Außerdem sollten Sie eine kleine Erste-Hilfe-Ausrüstung zur Behandlung kleiner Verletzungen dabei haben, wie in Tabelle 11.4 gezeigt wird.

Medizinische Behandlung

Abschürfungen und andere offene Wunden müssen sachgerecht gereinigt und desinfiziert werden. Weil dies schmerzhaft sein kann und Sie vielleicht nicht die entsprechenden Hilfsmittel zur Verfügung haben, sollten Sie das nicht selbst zu Hause durchführen. Wichtig ist, dass Ihre Tetanusimpfung noch wirksam ist. Vielleicht haben Sie auch Verletzungen des Bewegungsapparats,

TABELLE 11.4	Erste-Hilfe-Ausrüstung
• mehrere 7,5 cm große, sterile Gazetupfer	
• eine Rolle 2,5 cm breites Heftpflaster	
• sechs Wundpflaster	
• Wundsalbe	
• sechs Reinigungstücher mit Alkohol	
• Pinzette, auch nützlich zum Entfernen von kleinen Fremdkörpern aus dem Reifen	
• Ibuprofen	
• mehrere Paar Latexhandschuhe zum Schutz der Hände vor Krankheitserregern	
• Desinfizierungstücher für die Hände	

die nicht auf den ersten Blick erkennbar sind. Ihr Hausarzt kann die Wunden reinigen, gegebenenfalls notwendige Impfungen verabreichen, Sie auf mögliche weitere Verletzungen untersuchen und Sie gegebenenfalls an einen Facharzt überweisen. Obwohl es Zeit kostet, einen Arzt oder eine Krankenhausambulanz aufzusuchen, kann ein schnelles Handeln das Risiko späterer Komplikationen deutlich senken.

Dokumentation

Ganz gleich wie harmlos ein Zusammenstoß mit einem Fahrzeug oder einem anderen Radfahrer auch aussehen mag, nehmen Sie sich die Zeit, alles zu dokumentieren. Wenn Sie einen Unfall hatten und Schmerzen haben, bewegen Sie sich nicht. Warten Sie, bis medizinische Hilfe eintrifft. Wenn mit Ihnen alles in Ordnung ist, tun Sie Folgendes:

→ Benachrichtigen Sie die Polizei oder den Notruf.
→ Lassen Sie Ihre Version des Hergangs in den Unfallbericht aufnehmen.
→ Lassen Sie sich Namen und Anschriften des beteiligten Fahrers und der Zeugen geben.
→ Dokumentieren Sie, was geschehen ist.
→ Dokumentieren Sie Ihre Verletzungen.
→ Sichern Sie die Beweise, reparieren Sie also Ihr Fahrrad nicht und reinigen Sie auch nicht Ihre Kleidung. Fotografieren Sie den Unfallort.
→ Besorgen Sie sich einen Anwalt.

Nicht immer ist bei einem Unfall ein Polizeibericht erforderlich, Sie sollten dennoch diese Grundsätze beherzigen und sich entsprechend verhalten.

Überlastungsschäden, Hitzeschlag, Unterkühlung, Höhenkrankheit sowie traumatische Verletzungen lassen sich nicht vollständig vermeiden, Sie können jedoch Maßnahmen ergreifen, um die entsprechenden Risiken zu minimieren. Behalten Sie die folgenden Punkte in Erinnerung, um Gesundheitsproblemen und Verletzungen vorzubeugen:

→ Fahrradeinstellung: Ihr Fahrrad sollte gut auf Sie eingestellt sein. Beachten Sie die Angaben in Kapitel 5 und denken Sie daran, dass sich Ihre Sitzposition mit der Zeit aufgrund des Alters, mehr oder weniger Kraft und Beweglichkeit oder veränderterter radsportlicher Ziele ändern kann.

→ Trainingsfortschritte: Überlastungsverletzungen beruhen oft auf einer unangemessenen Trainingsgestaltung. Unsere Trainingsprogramme sind so ausgerichtet, dass eine schrittweise Zunahme von Umfang und Intensität gewährleistet ist.

→ Ruhe und Regeneration: Wenn Sie trainieren, müssen Sie auch pausieren, denn dann regeneriert sich Ihr Körper. Denken Sie daran, dass Stress meist gehäuft auftritt. Familiäre oder berufliche Probleme beeinflussen die Zeiten, die Ihnen für Training und Regeneration zur Verfügung stehen. Geben Sie Ihrem Körper genug Zeit, um Kräfte zu sammeln, indem Sie Ruhetage, Regenerationswochen und Taperingphasen einbauen.

→ Holen Sie frühzeitig ärztlichen Rat ein: Lassen Sie sich ärztlich untersuchen, wenn Sie ungewöhnliche Schmerzen, dauerhafte Beschwerden haben oder in einen Unfall verwickelt waren. Je früher Sie sich um mögliche Gesundheitsprobleme und Verletzungen kümmern, desto besser wird das Ergebnis sein. Befolgen Sie den Rat Ihrer Ärzte und Therapeuten, versuchen Sie nicht, eine Heilung zu erzwingen.

→ Gute Ernährung: Ihre Leistung und Regeneration hängen in hohem Maße davon ab, wie Sie sich zu Hause und auf dem Fahrrad ernähren.

→ Benutzen Sie Ihre Sicherheitsausrüstung: Tragen Sie Ihren Helm, verwenden Sie helle und/oder reflektierende Bekleidung und statten Sie Ihr Fahrrad mit Leuchten und Reflektoren für sicheres Fahren bei Dunkelheit aus.

→ Schätzen Sie die Bedingungen ein: Beobachten Sie vor einer Fahrt das Wetter und schätzen Sie realistisch ein, ob Sie losfahren und welche Bekleidung angemessen ist.

→ Fahren Sie defensiv: Achten Sie immer auf Ihre Umgebung und fahren Sie im Straßenverkehr besonders vorsichtig.

Wenn Sie diese Richtlinien beherzigen und Ihr Urteilsvermögen gut einsetzen, können Sie das Risiko von radsporttypischen Gesundheitsproblemen und Verletzungen minimieren und viele Jahre lang Spaß am Radfahren haben. Fahren Sie raus, fahren Sie umsichtig, fahren Sie sicher, und vergessen Sie vor allem nicht, Spaß zu haben!

Anhang

Dank
Nützliche Informationsquellen
Literatur
Index
Bildnachweis

Anhang

Dank

Das Verfassen eines Buchs ist eine Ausdauerleistung ähnlich der Vorbereitung und Durchführung eines Langstreckenrennens und wir hätten dieses Ziel ohne die Hilfe vieler Personen niemals erreicht! An erster Stelle sind wir unseren Lebenspartnerinnen sehr dankbar für ihre Unterstützung während der drei Jahre von der Konzeption bis zur Veröffentlichung. Danke, Carol Garnand und LuAnn Kehlenbach – jetzt haben wir wieder mehr Zeit füreinander!

Unsere sportlichen Karrieren sind von verschiedenen Menschen maßgeblich beeinflusst worden. John ist dank seiner Trainerin Michelle Grainger zu demjenigen geworden, der er heute ist – Michelle, ohne dich würde es dieses Buch nicht geben. Lon Haldeman und Susan Notorangelo haben John auf seiner ersten transkontinentalen Pacific-Atlantic-Cycling-Tour (PAC-Tour) vor über 20 Jahren begleitet – Lon und Susan, vielen Dank für eure langjährige Freundschaft und Unterstützung. Dan ist besonders Richard Shumway zu Dank verpflichtet, der ihn während seines Studiums begleitete und ihm seine wertvollen klinischen Erfahrungen zugänglich machte.

Das Verfassen des Buchs war eine Teamleistung und unsere Teamkameraden haben durch Einzelbeiträge und die Überarbeitung bestimmter Abschnitte zur Verbesserung des Ergebnisses beigetragen: Ken Bonner, Paul Carpenter, John Lee Ellis, Julie Gazmararian, Michelle Grainger, Lon Haldeman, Jenny Hegmann, Dan McGehee, Pete Penseyres, Muffy Ritz und Lulu Weschler.

Viele Freiwillige haben Informationen zu bestimmten Themen geliefert, insbesondere zu den Veranstaltungslisten: Jamie Andrews, Marko Baloh, Susan Barr, Michael Bentley, Fabio Biasiolo, Fritz Blindenbacher, Chuck Bramwell, Dan Driscoll, Rex Farnsworth, Kim Freitas, Matt Haigh, Bill Ingraham, Kevin Kaiser, Peter Leiss, Doug MacKenzie, Warren McNaughton, Sven-Erik Olsson, Dave Parker, Dessa Paris, Michael Simon, Merry Vander Linden und Joel Voelz.

Unsere Freunde von Alaska Digital Visions haben Actionfotos zur Verfügung gestellt: Helen Budinger, Peter Lekisch und George Stransky. Diese Freunde haben sich als Models für die Fotoaufnahmen zur Verfügung gestellt: Tim Feldman, Michelle Grainger, Andrea Koenig, Elizabeth Weiss, Mark Swartzendruber und Rebecca Ray. Wir danken Rick Barron und John Elmblad dafür, dass sie ihre Ausrüstung zur Verfügung gestellt haben, Rob O'Dea und Neil Bernstein für die Erstellung der Fotografien, Jim Groh und Don Walker für die Assistenz und RallySport in Boulder, Colorado für die Erlaubnis, dort zu fotografieren.

Schließlich danken wir unseren Trainern, Dick Hughes, der John über die Jahre beigebracht hat, wie man gut schreibt, sowie Tom Heine und Carla Zych, unseren Lektoren bei Human Kinetics. Wenn Sie sich auf ein Ausdauerradsportevent vorbereiten und es schließlich fahren, wünschen wir Ihnen, dass Sie die gleiche Unterstützung von Ihrer Familie, Ihren Mentoren, Freunden und anderen Helfern erhalten und dass Sie unser Coaching als hilfreich empfinden.

Anhang

Nützliche Informationsquellen

Organisationen für Century-Rennen und mit Veranstaltungskalendern

Active,
www.active.com

ADFC,
http://www.adfc.de/

Adventure Cycling Association,
www.adventurecycling.org

BikeRide.com,
www.bikeride.com

California Triple Crown,
www.caltriplecrown.com

League of American Bicyclists,
www.bikeleague.org

Planet Ultra,
www.planetultra.com

Randonneurs Mondiaux,
www.lesrandonneursmondiaux.org

Randonneurs USA,
www.rusa.org

Ultra Midwest,
www.ultramidwest.net/main/bdmain.aspx

Ultra Marathon Cycling Association,
www.ultracycling.com

Randonneurs-Organisationen

Australien
Audax Australia
www.audax.org.au

Österreich
Audax Randonneurs Austria
http://members.liwest.at/jungferdinand/

Belgien
Randonneurs Belgium
www.randonneurs.be

Brasilien
Audax Randonneurs Brazil
www.randonneursbrasil.com.br

Bulgarien
Audax Bulgaria
www.sv-cycling.s5.com

Kanada – Alberta
Alberta Randonneurs
www.albertarandonneurs.com

Kanada – British Columbia
British Columbia Randonneurs
www.randonneurs.bc.ca

Kanada – Montreal
Randonneurs Montreal
http://pages.videotron.com/cvrm

Kanada – Manitoba
Manitoba Randonneurs
E-Mail:leir@mts.net

Kanada – Nova Scotia
Randonneurs Nova Scotia
www.randonneurs.ns.ca

Kanada – Ontario
Randonneurs Ontario
www.randonneursontario.ca

Kanada – Saskatchewan
Prairie Randonneurs, Inc.
www.saskcycling.ca/~pri/index.htm

Chile
Randonneurs Chile
E-Mail: Daniel@bicicletaspublicas.cl

China
Randonneurs China
E-Mail: hans.ngo@bikechina.org

Kroatien
Randonneurs Croatia
www.bksvn.hr

Dänemark
Audax Randonneurs Denmark
www.audax-club.dk

Finnland
E-Mail: paavo.nurminen@kymp.net

Anhang

Deutschland
Audax Randonneurs Germany
www.ara.randonneure.de

Griechenland
Audax Randonneurs Greece P.E.P.A.
www.pepa.gr

Ungarn
Randonneurs Hungary
E-Mail: simon_hursthouse@hotmail.com

Indien
Randonneurs India
E-Mail: dongarmaltroll@gmail.com

Irland
Audax Club Randonneurs Ireland
www.sorrentocyclingclub.com

Israel
Israeli Randonneurs
E-Mail:israeli.randonneurs@gmail.com

Italien
Bicitaliaudax
www.audaxitalia.it

Japan
Audax Randonneurs Japan
www.audax-japan.org

Luxemburg
Audax Randonneurs Luxembourg
www.sunshinebikers.eu

Niederlande
Lowlands Randonneurs
www.lowlands1000.nl

Neuseeland
Audax Australia
www.audax.org.au

Norwegen
E-Mail: oystein.rohlff@getmail.no

Polen
Randonneurs Poland
E-Mail: irek.koziol.cfteurope.pl

Russland
Russian Randonneurs
http://russianrandonneur.ru

Singapur
Audax Randonneurs Singapore
www.audaxsingapore.com

Slowenien
Slovenia Randonneurs
E-Mail: marko@markobaloh.com

Südafrika
Audax South Africa
www.audaxsa.co.za

Südkorea
Randonneurs Korea
E-Mail: vze79pi7@verizon.net

Schweiz
Radmarathon
www.radmarathon.ch

Taiwan
Randonneurs Taiwan
www.acp-randonneurs-taiwan.org.tw

Ukraine
Audax Randonneurs Ukraine
E-Mail: levkovsk@sat.poltava.ua

Großbritannien
Audax UK
www.audax.uk.net

Vereinigte Staaten
Randonneurs USA
www.rusa.org

Radtourenveranstalter

Adventure Cycling Association,
www.adv-cycling.org

Backroads,
www.backroads.com

Bicycle Adventures,
www.bicycleadventures.com

Breaking Away Tours,
www.breakingaway.com

International Bicycle Fund,
www.ibike.org

PAC Tour,
www.pactour.com

Second Summer Tours,
www.secondsummertours.com

Trek Travel Bike Tours,
www.trektravel.com

Vermont Bicycle Tours,
www.vbt.com

Ausrüstung

Adventure Cycling, Packing Your Bike,
www.adventurecycling.org/features/boxingbike.cfm

Bicycle Helmet Safety Institute,
www.bhsi.org

Bicycle Quarterly bike tests,
www.bikequarterly.com/biketests.html

Heine, J., and Oehler, A.,
Testing the Efficiency of Generator Hubs,
www.vintagebicyclepress.com/VBQgenerator.pdf

Heine, J., What Makes a Good Randonneur Bike,
www.vintagebicyclepress.com/images/BQRandonneurBike.pdf

Jones, C. C., The Big Blue Book of Bicycle Repair, 2005, Park Tool Company, St. Paul, MN.

McNaughton, W., and Hughes, J., Testing Equipment for Long Rides,
www.coach-hughes.com/resources/equipment_showstoppers.html

RBR Publishing Company, Kutztown, PA,
www.roadbikerider.com

Vande Kamp, M., Heine, J., and Wetmore, A., A Survey of Equipment in PBP 2007,
www.vintagebicyclepress.com/BQPBPEquipsurvey.pdf

Verletzungs-Prophylaxe

Kortebein, P., Saddle Sores: The What and Why, as Well as Tips on Prevention and Treatment,
www.liquicell.com/assets/pdf/Saddle%20Sores%20(P.%20Kortebein).pdf

Mayo Clinic,
www.mayoclinic.org

NOAA, National Weather Service,
www.nws.noaa.gov/os/windchill/index.shtml

Pruitt, A. L., and Matheny, F., Andy Pruitt's Medical Guide for Cyclists, 2006, RBR, Kutztown, PA,
www.roadbikerider.com

Mentale Vorbereitung

Hughes, J., Mental Training Techniques, a five-part article,
www.coach-hughes.com/resources/breathing1.html

Hughes, J., (2010) Stop Cycling's Showstoppers, RoadBikeRider, Atlanta, GA,
www.roadbikerider.com/e-books/stop-cyclings-showstoppers-ebook

Lynch, J., and Huang, C. A., Working Out, Working Within, 1998, Tarcher/Putnam, New York, NY.

Sterr, C., Mentaltraining im Sport, 2013: Hamburg, spomedis.

Miller, S., and Maass Hill, P., Sport Psychology for Cyclists, 1999, VeloPress, Boulder, CO.

Ernährung

American College of Sports Medicine. (2007). Exercise and fluid replacement position stand, pp 384-386.

Barr, S. I., and Hughes, J., Eating for Events,
www.coach-hughes.com/resources/calories.html

Calorie data: Calorie King,
www.calorieking.com

Calorie free phone app:
LoseIt!, http://loseit.com

Anhang

Carew, L., Musings of a Vermont Nutritionist, 2010, Wind Ridge Publishing, Shelburne VT

Clark, N., and Hegmann, J., The Cyclist's Food Guide, 2005, Sports Nutrition, West Newton, MA.

Clark, N., Nancy Clark's Sports Nutrition Guide, 1990, Leisure Press, Champaign, IL.
http://foodpyramid.com/wp-content/uploads/2009/09/MyPyramid2.jpg

Deutsche Gesellschaft für Ernährung e.V., http://www.dge.de/modules.php?name=News&file=article&sid=481

Hughes, J., (2011). Nutrition for 100K and beyond, RoadBikeRider, Atlanta, GA, www.roadbikerider.com/e-articles/nutrition-100K-and-beyond-earticle

Hughes, J., commentary by Barr, S. I., Experiment of One, Applying Nutrition Principles, www.coach-hughes.com/resources/nutrition_mantras.html

Institute of Medicine, http://iom.edu/Home/Global/News%20Announcements/DRI

Jeukendrup, A. E., (2010). Carbohydrate and exercise performance: the role of multiple transportable carbohydrates. Curr Opin Clin Nutr Metab Care. Jul;13(4):452-7.

Mayo Clinic, www.mayoclinic.com

United States Department of Agriculture, (n.d.), MyPyramid, www.mypyramid.gov

Weschler, L., Drinking Too Much, www.ultracycling.com/nutrition/drinking_too_much.html

www.glycemicindex.com

www.mayoclinic.com/health/mediterranean-diet/CL00011

www.mediterraneandiet.com/

www.oldwayspt.org/mediterranean-diet-pyramid

www.sfsn.ethz.ch/index_EN

www.sfsn.ethz.ch/PDF/pyramide/IJSNEM_2009.pdf

www.sge-ssn.ch/fileadmin/pdf/100-ernaehrungsthemen/10-gesundes_essen_trinken/Food_Pyramid.pdf

www.webmd.com/diet/features/the-mediterranean-diet

Tourenplanung
ADFC, http://www.adfc.de/

Adventure Cycling Association, www.adventurecycling.org

Google Maps, maps.google.com/biking

League of American Bicyclists, www.bikeleague.org

Map My Ride, www.mapmyride.com/

Sicherheit
ADFC, http://www.adfc.de/

Forester, J., Effective Cycling, 6th ed., 1993, MIT Press, Cambridge, MA, and London, England.

League of American Bicyclists, www.bikeleague.org

Pedestrian & Bicycle Information Center, www.bicyclinginfo.org

Training
Allen, H., & Coggan, A., 2012, Wattmessung im Radsport und Triathlon. Hamburg: spomedis.

Burke, E., Serious Cycling, 2nd ed., 2002, Human Kinetics, Champaign, IL.

Meagher, J., and Boughton, P., Sports Massage, 1990, Stanton Hill Press, Barrytown, NY.

Concept 2, www.concept2.com

Friel, J., The Cyclist's Training Bible, 4th ed., 2009, VeloPress, Boulder, CO.

Heine, J., et al., Randonneuring Basics, a series of 15 articles in Bicycle Quarterly, www.bikequarterly.com/RandoBasics.html

Hughes, J., and Kehlenbach, D., Resistance Training for Endurance Cyclists, Part 1 & Part 2, www.coach-hughes.com/resources/resistance_training1.html, www.coach-hughes.com/resources/resistance_training2.html

Hughes, J., (2010) Intensity: How to plan and gauge your most effective training efforts, RoadBikeRider, Atlanta, GA, www.roadbikerider.com/e-articles/beyond-century

Hughes, J., (2011), Beyond the century: How to train for and ride 200 km to 1200 km brevets, RoadBikeRider, Atlanta, GA, www.roadbikerider.com/e-articles/beyond-century

Matheny, F., Fred Matheny's Complete Book of Road Bike Training, 2002, RoadBikeRider, Atlanta, GA, www.roadbikerider.com

Allen, H., Cheung, Dr. S., 2013, Schneller Rad fahren, Hamburg: spomedis.

Trainingsaufzeichnungen

Garmin, www.garmin.com/garmin/cms/us/intosports/training_center#fragment-1 (if using Garmin GPS units)

Training Peaks, http://home.trainingpeaks.com/personal-edition/training-log-and-food-diary.aspx

Ultra Midwest, www.ultramidwest.net/main/bdmain.aspx

Anhang

Literatur

Allen, H., & Coggan, A. (2012). Wattmessung im Radsport und Triathlon. Hamburg: spomedis.

American College of Sports Medicine. (2007). Exercise and fluid replacement position stand. Medicine and Science in Sports & Exercise, 39, 377–390.

Anderson, M.K., Hall, S.J., & Martin, M. (2000). Sports injury management. Baltimore: Lippincott Williams & Wilkins.

Armstrong, L.E. (2000). Performing in extreme environments. Champaign, IL: Human Kinetics.

Bicycle Helmet Safety Institute. (n.d.). www.bhsi.org

Bundesministerium für Verkehr, Bau und Stadtentwicklung. (2011) Fahrrad Monitor 2011. http://www.nationaler-radverkehrsplan.de/neuigkeiten/news.php?id=3481

Burke, E. (2002). Serious cycling (2nd ed.). Champaign, IL: Human Kinetics.

Clark, N., & Hegmann, J. (2005). The cyclist's food guide. West Newton, MA: Sports Nutrition.

Clark, N. (1990). Nancy Clark's sports nutrition guidebook. Champaign, IL: Leisure Press.

Foster-Powell, K., Miller, J.B.: International tables of glycemic index. Am. J. Clin. Nutr. 62: 871S–890S,1995

Hew-Butler, T., et al. (2008). Practical management of exercise-associated hyponatremic encephalopathy, Clinical Journal of Sport Medicine, 18(4).

Jeukendrup, A. E. (2010). Carbohydrate and exercise performance: the role of multiple transportable carbohydrates. Curr Opin Clin Nutr Metab Care. Jul;13(4):452-7.

Kortebein, P. (n.d.). Saddle sores: The what and why, as well as tips on prevention and treatment. www.liquicell.com/assets/pdf/Saddle%20Sores%20(P.%20Kortebein).pdf

League of American Bicyclists. (n.d.). www.bikeleague.org

Mayo Clinic. (n.d.). Health information. www.mayoclinic.com/health-information

Mayo Clinic. (n.d.). Heat stroke. www.mayoclinic.com/health/first-aid-heatstroke/FA00019

Mayo Clinic. (n.d.). Heart disease. www.mayoclinic.com/health/heart-disease/DS01120

Mayo Clinic. (n.d.). Heat exhaustion. www.mayoclinic.com/health/heat-exhaustion/DS01046

Mayo Clinic. (n.d.). Muscle cramp. www.mayoclinic.com/health/muscle-cramp/DS00311

Mayo Clinic. (n.d.). Sodium: How to tame your salt habit now. www.mayoclinic.com/health/sodium/NU00284

Mionske, B. (2007). Bicycling and the law. Boulder, CO: VeloPress.

NOAA National Weather Service. (n.d.). Wind chill. www.nws.noaa.gov/os/windchill/index.shtml

NSCA. (2008). Nutritional factors in health and performance. by K. Reimers. In Essentials of strength training and conditioning (3rd ed.), edited by T.R. Baechle and R.W. Earle. Champaign, IL: Human Kinetics, 210.

Outdoor Foundation. (2008). Outdoor recreation participation report 2008. http://www.outdoorfoundation.org/pdf/ResearchParticipation2008.pdf

Pruitt, A. L., & Matheny, F. (2006). Andy Pruitt's medical guide for cyclists, Kutztown, PA: RBR, www.roadbikerider.com

Strickland, B. (2001). The quotable cyclist. Great moments of bicycling wisdom, inspiration and humor. Halcotsville, NY: Breakaway Books.

Weschler, L. (n.d.). Drinking too much. www.ultracycling.com/nutrition/drinking_too_much.html

Wilmore, J.H., & Costill, D.L. (1994). Physiology of sport and exercise.

Index

A
Abendessen 98
Abfahrten, sichere 258
Adaptation (Anpassung) 43
aerob 166
aerobes System 42
Akklimatisierung 320
Aminosäuren 93
anaerob 166
Anhänger 292
Anreise 182
Antioxidantien 95
Antriebskomponenten 111
Armlinge 130
ATP 41
Augenerkrankungen 319
Ausdauer 45
Ausdauerresistenz 56
Ausrüstung 227, 240, 288
Ausrüstungscheckliste 189

B
„Beam Bike" 116
Beinkräftigung, spezifische 56
Beinlinge 130
Bekleidung 126, 228, 247, 293
Beleuchtung 230, 295
    Batterie 295
    Dynamo 295
Besenwagen 181
„Bike New York" 26
Blutzuckerspiegel 94
Bremsgriffe 120
Brevets 22, 181, 218, 264, 266, 270
Brevetzielzeiten 281
Brille 126

C
Centurys 19
Centurydistanz, doppelte 22, 217
Checkliste 192
Cholesterin 92
Chrom 95
Crosstraining 47

D
DOMS (delayed onset muscle soreness) 317
Dreifachausstattung 112
dynamisches Dehnen 60, 76 f.

E
Einkaufstipps 102
Einschätzung und Planung 180, 200, 236, 264
Eisen 95
Eiweiß 93
Energiesysteme 41 f.
Erfrierungen 322
Ergänzendes Krafttraining 55
Ermüdungsresistenz 56
Ernährung 84, 174, 189, 231, 249, 256, 298
    beim Radfahren 100
Ernährungs
    -richtlinien 85
    -tagebuch 85
Ernährungspyramide, mediterrane 86
Erste-Hilfe-Ausrüstung 328
Event, 300-km 217

F
Fahren
    Formation 194
    Gruppe 192
    vorausschauend 162
Fahrkomfort 122
Fahrrad
    -anpassung 114
    -ausrüstung 131
    -check-up 138
    -computer 133
    -reinigung 135
    -schuhe 124
    -shorts 128
    -trikots 129
    -typen 108
    -umbauten 290
    -verpflegung 175
Fahrten
    lang 162
    Tempo 163
    zügig 164
Fast-Twitch-Typ 40
Fett 92
Fettsäuren 92
Flexibilitätstraining 60
Fluidtrainer 54
Formationsfahrten 172
Fragebogen 201
freie Rollentrainer 55
Frühstück 97
Funktionsleistungsschwelle 168

G
Gefahrenmanagement 194
Gegensteuern 259
Geometrie 117
Gepäckträger 291
Gesäßbeschwerden 309
Gesundheitsbeeinträchtigungen
    hitzebedingte 319
    kältebedingte 321
    umgebungsabhängige 316
glykämischer Index (GI) 94
Glykogen 92, 100, 174
    -speicher 93, 189
Glykolyse-System 41
Goniometer 117
Grundlagentraining 44
    -trainingsstrategie 80
Guideline Daily Amounts (GDA) 95

H

Hände	125
Hautkrebs	319
Helm	126 f.
Herzfrequenz	166
-messer	134
Herz-Kreislauf-System	14
Hitzeschäden	319
Hitzschlag	320
Höhenkrankheit	323
Hungerast	100
Hyponatriämie	99

I

Individualität	43, 178
individuelle Touren	19
Indoorcycling	51, 54
Inlineskaten	51
Intensitätstrainingseinheiten	171
Isolation	43

K

Kalium	95
Kalorien	
-bedarf	90
-verbrauch	174
Kalorienverbrauch	
täglicher	89
Kalzium	95
Karpaltunnelsyndrom	315
Kohlenhydrate	92, 94, 175, 189
Kontrollkarte	219
Körperkontaktpunkte	122
Kräftigung	
Beine	58, 62, 64 ff.
Oberkörper	59, 67 ff.
Krafttraining, ergänzendes	165
Krämpfe	319

L

Laktat	41
Laktatschwelle	166
Länderdurchquerungen	264
Laufen	49
Laufräder	
32-speichige	113
aerodynamische	113
Lebensmittelpyramide, Schweizer	86

M

Magnesium	95
Magnettrainer	54
„Mann mit dem Hammer"	100
Mayo Clinic	14, 95
medizinische Behandlung	327
mentale	
Erschöpfung	317
Probleme	252
Rennstrategien	195
Strategien	182
Vorbereitung	186, 227, 249, 271
Mikronährstoffe	93
Milchsäure-System	41
Mittagessen	98
Mountainbiken	50
Muskel	
-zerrungen	313 f.
-fasern	40
muskuläre	
(Dys-)Balancen	56
Erschöpfung	317
MyPyramid	88, 96

N

Nährstoffinformationen	175
Nahrungsergänzungsmittel	96
Natrium	95
Niacin (B3)	95
Notfall	
-maßnahmen	327
-fallnummer	181
-fallpläne	182

O

Osteopenie	57

P

Packliste	190
Packtaschen	292
Paris-Brest-Paris	218
Pedal	
-platten	119, 124
-system	124
Periodisierung	203
plyometrisches Training	59
Power Tap	134
Problem	
-bereiche	177
-lösungen	254
Programmintegration	80
progressive	
Muskelentspannung	187
Überlastung	43, 178
Proviantbehälter	133

R

„Radfahrerlähmung"	314
Rahmen	
-geometrie	110
-material	111
Randonneure	218
Rating of Perceived Exertion (RPE)	169
Regeneration	44, 176 ff., 256
Regenerationsfahrten, aktive	164
Reglement	181
Radikale, freie	95
Reifenpannen	136
Rennradlenker	120
Reparaturen	137
Reversibilität	44
Riboflavin (B2)	93
Routineabläufe	256
RPE-Skala	169
Rudern	50
Rumpf	
-kräftigung	58, 63
-muskulatur	56
RUSA R-12	29

S

Saisonplanung	28, 31
Sattel	
-form	122
-höhe	117
-längsstellung	118
-neigung	118
-oberfläche	123
-polsterung	123
Schwächen	32
Schwimmen	50
Selbstbeurteilung	26
Selbstmassage mit Hartschaumrolle	61, 78, 79
Sicherheit	20, 38, 46, 193, 230, 258, 294, 324
Skilanglauf	50
Slow-Twitch-Typ	40
Sonnenbrand	319
Spezifität	43, 178
sportliche Reife	203
Stärken	32
statisches Dehnen	60, 70 ff.
Straßenverhältnisse	181
Streckenplan	180
subjektives Belastungsempfinden	168

T

Tempo, kontinuierliches	253
Tendinitis	312
Terrain	180
Thiamin (B1)	93
Touren	22, 237 f., 266–269
-rad	289
-rahmen	110
Training	186, 204, 238
aerobes	44
Brevetserie	275
entspanntes	33
Ergänzungs	165
mehrtägige Touren	273
mit hoher Intensität	170, 174
Trainings	
-anpassung	177
-aufzeichnungen	36
-einheiten	143
-intensitäten	166, 207, 239, 274
-plan	142
-prinzipien	42
-pyramide	204
-steuerung	166
-tagebuch	80
-tagebücher	36
-zonen	166
-maximierung	161
Trainingsprogramm	
8-Wochen	145, 209, 276
12-Wochen	221, 241, 282
15-Wochen	150
12- und 24-Stunden-Veranstaltung	23
Formerhaltung	215
Trinksysteme	132

U

Überlastung	308
Überlastungsverletzungen	309, 316
Ulnariskompressionssyndrom	314
Unfälle	326
Unterkühlung	321

V

Variation	43, 178
Veganer	93
Vegetarier	93
Ventilatorentrainer	53
Veranstaltungen	30
Vereinstouren	18
Verletzungen	
Füße und Sprunggelenke	312
Hände und Handgelenke	314
Nacken und Schultern	314
traumatische	326
unterer Rücken	313
Verpflegungsstationen	181, 194
Virtual-Reality-Trainer	54
Visualisierung	187
Vitamin A	95
Vitamin D	95
Vorbau	120

W

Wandern	50
Wartung	135
präventiv	260
Wattmessgeräte	134, 167
Wetter	181
Windchill	321, 322
Windschattenfahren	172

Y

Year-Rounder (Y-R) Challenge	29
Yoga	61

Z

Zielfestlegung	17, 28
Ziele	32, 35
Zubehör	248
Zweifachkettenblätter	112
Zwischenmahlzeit	97 f.

Anhang

Bildnachweis

Monika Nösig, sportograf.com: Umschlag
dreamstime.com: Umschlagrückseite, 13, 25, 39, 83, 107, 141, 179, 199, 235, 263, 307, 331 sowie Seitenzahlen-Piktogramme (Tetyana Kochneva, Oxana Falkova)
Frank Wechsel: S. 6
Human Kinetics: S. 7, 46, 62–79, 110, 111, 113, 118, 120, 123, 125, 126, 195, 196, 249, 258, 259, 291
Alaska Digital Visions: S. 19, 27, 144, 197, 213
2009 Oldways Preservation and Exchange Trust: S. 87
Schweizerische Gesellschaft für Ernährung: S. 88
foodpyramid.com: S. 89
Silke Insel: S. 101
AIRO-Series, Inc.: S. 116
Randonneurs USA: S. 218, 219

Illustrationen: Human Kinetics, soweit nicht anders angegeben

Fachwissen Radsport

Hier profitieren Freizeitathleten von Profi-Wissen: Die Ratgeber zeigen, wie die neuesten technologischen Entwicklungen und aktuellsten wissenschaftlichen Erkenntnisse in Training und Wettkampf angewendet werden können.
Das „Praxishandbuch Wattmessung" erläutert sehr anschaulich die Grundlagen der Wattmessung und ist damit der ideale Einstieg in die komplexe Thematik. Das Standardwerk „Wattmessung im Radsport und Triathlon" gibt einen umfassenden und fundierten Einblick in alle Aspekte des wattgesteuerten Trainings. Es zeigt, wie ambitionierte Radsportler mit den verschiedenen Wattmesssystemen und Auswertungsprogrammen ihr Training optimieren können. „Schneller Rad fahren" vereint sport- und trainingswissenschaftliches Fachwissen mit vielen Empfehlungen für die eigene Trainings- und Rennpraxis.

Joe Friel
Praxishandbuch Wattmessung
272 Seiten
ISBN 978-3-936376-94-4

Hunter Allen und Dr. Andrew Coggan
Wattmessung im Radsport und Triathlon
368 Seiten
ISBN 978-3-936376-73-9

Hunter Allen und Dr. Stephen S. Cheung
Schneller Rad fahren
Wissenschaft im Training erfolgreich umsetzen
280 Seiten
ISBN 978-3-936376-93-7

Haftungsausschluss

Die Trainingshinweise, medizinischen Informationen und sonstigen Empfehlungen stellen die Meinungen und Erfahrungen der Autoren dar. Sie haben diese nach bestem Wissen und Gewissen überprüft. Die Anleitungen können jedoch eine Trainingsbetreuung und/oder eine individuelle medizinische Beratung nicht ersetzen. Weder die Autoren noch der Verlag oder sonstige beteiligte Firmen, Personen oder Institutionen können deshalb für eventuelle Schäden, die aus den im Buch gegebenen Hinweisen hervorgehen könnten, eine Haftung übernehmen.

Die spomedis-Philosophie

Richtig betriebener Ausdauersport ist gesund. Diese Tatsache hat nicht nur Bedeutung für den einzelnen Athleten, sondern auch für unsere gesamte Bevölkerung: Auf der einen Seite werden die Menschen immer älter, auf der anderen die Mittel für ihre Gesunderhaltung immer knapper. Wussten Sie, dass jeder Deutsche statistisch gesehen fast 20 Arzneimittelpackungen pro Jahr aufbraucht?

Nur eine wesentlich stärkere Betonung des Präventionsgedankens kann hier langfristig und nahezu kostenneutral Abhilfe schaffen. Das Team von spomedis möchte seinen eigenen kleinen Beitrag zum Ausweg aus diesem Dilemma leisten: Die Menschen zum Sport motivieren und Ihnen Tipps für das gesunde Sporttreiben mit auf den Weg geben – das ist unsere Auffassung einer modernen, aber anderen Medizin. Diesen Gedanken, der gleichermaßen im Gesundheits-, Breiten-, Leistungs- und Spitzensport gilt, verfolgen wir in unseren zahlreichen Buch- und Zeitschriftenprojekten.

Unser Motto lautet

Laufe nie in den Fußstapfen eines anderen! Wenn du immer nur die ausgetretenen Pfade anderer benutzt, dann lässt du erstens keine eigenen Spuren zurück. Zweitens wirst du deinen Vorgänger nie überholen. Und drittens kommst du immer nur dort an, wo andere längst waren.